金融学译丛
FINANCE

财务报表分析（第四版）

Financial Statement Analysis: A Practitioner's Guide（Fourth Edition）

马丁·弗里德森（Martin Fridson）
费尔南多·阿尔瓦雷斯（Fernando Alvarez） ／著

刘　婷　／译

中国人民大学出版社
·北　京·

出版说明

作为世界经济的重要组成部分，金融在经济发展中扮演着越来越重要的角色。为了加速中国金融市场与国际金融市场的顺利接轨，帮助中国金融界相关人士更好、更快地了解西方金融学的最新动态，寻求建立并完善中国金融体系的新思路，促进具有中国特色的现代金融体系的建立，中国人民大学出版社精心策划了这套“金融学译丛”，该套译丛旨在把西方，尤其是美国等金融体系相对完善的国家最权威、最具代表性的金融学著作，被实践证明最有效的金融理论和实用操作方法介绍给中国的广大读者。

该套丛书主要包括以下三个方面：

（1）理论方法。重在介绍金融学的基础知识和基本理论，帮助读者更好地认识和了解金融业，奠定从事深层次学习、研究等的基础。

（2）实务案例。突出金融理论在实践中的应用，重在通过实务案例以及案例讲解等，帮助广大读者将金融学理论的学习与金融学方法的应用结合起来，更加全面地掌握现代金融知识，学会在实际决策中应用具体理论，培养宏观政策分析和进行实务操作的能力。

（3）学术前沿。重在反映金融学科的最新发展方向，便于广大金融领域的研究人员在系统掌握金融学基础理论的同时，了解金融学科的学术前沿问题和发展现状，帮助中国金融学界更好地认清世界金融的发展趋势和发展前景。

我们衷心地希望这套译丛的推出能够如我们所愿，为中国的金融体系建设和改革贡献出一份力量。

中国人民大学出版社

序

刘婷博士主译的《财务报表分析（第四版）》即将付梓，这是她贡献的又一部译著。我拜读了这部《财务报表分析（第四版）》的译稿，应邀作序，深感荣幸。

《财务报表分析（第四版）》（*Financial Statement Analysis：A Practitioner's Guide*，4th Edition）的两位原作者分别来自实务界和学术界，马丁·弗里德森是特许金融分析师，历任美林公司董事、投资管理与研究协会总监、全美机构投资者固定收益研究组成员；费尔南多·阿尔瓦雷斯是纽约大学商学院伯克利创新研究中心副教授，主要研究领域为现金流量结构、现金流量管理和创业企业资本。

本书的特别之处在于真正立足于实务需要，从识别财务舞弊这一视角解读财务报表。基于委托代理理论，本书解释了财务报表具有逆向选择性，公司具有粉饰财务报表的天然动机，提示财务报表使用者应保持怀疑态度。本书进而以批判性的思维，对资产负债表、利润表、现金流量表进行分析，反复提醒读者要透过现象得出自己的结论。本书专门对利润进行了深入探究，结合现实世界中的重大财务舞弊事件，分析真实利润和会计利润的差别、收入和费用确认时点的选择及其影响，揭示利用EBITDA进行企业估值和信用分析的可能误区、信息披露和并购会计的操纵手法，并总结了利润操纵行为的迹象和常用的舞弊伎俩。所涉及的每个舞弊迹象或造假手段的描述，均有翔实的数据分析作为支撑，使得结论更为可信。这些都有助于读者持以缜密审视的思维，甄别公司财务报告的真伪，抓住公司造假的蛛丝马迹，真正读懂财务报表。本书还从分析师的视角，讨论了预测财务报表的方法、信用分析的工具以及所有者权益的分析方法，旨在提高读者的财务报表分析技术，意图达到"顶天立地"的境界。本书的理论基础和分析框架具有逻辑性和学术性，其生动详细的真实案例分析和深入浅出的例示，提升了本书的可读性和实用性。

本书的译者刘婷博士在中国人民大学攻读会计学硕士和博士期间，获公派到美国匹兹堡大学留学一年，参译出版了《公司财务管理（第二版）》和《财务报告与控制》（2009 年哈佛商学院案例第二辑）等译著；在北京工商大学就任教职以来，已主译出版了《金融理论与公司政策（第四版）》一书。作为一位青年学者，她坚持为会计学、财务学等专业的中西学术交流提供可资参考的文献，实属难能可贵。

这部《财务报表分析》在美国已经出到第四版，深受美国高校和实务界的欣赏，为能尽早与更多的中国读者见面，刘婷博士付出了大量辛勤的工作。可以期待，无论你是财会专业的本科生、研究生，还是实务界的分析师、投资者、管理者、监管者，抑或对财务报表充满好奇心的"外行人"，都将从本书中获得乐趣和技能。借此机会谨向大家推荐，相信你真的能够读懂财务报表，做一个明明白白的财务报表使用者和分析师！

中国人民大学　荆新

2016 年 5 月于北京

译者前言

在现代公司制企业中，所有者与经营者之间存在着典型的委托代理关系。所有者聘用经营者代为管理其资产，由于所有者并不直接参与经营管理工作，经营者必须向所有者定期提交“工作报告”，以反映其履职情况，并作为获得报酬的主要依据。编制财务报表所需的成本即为履约成本，是代理成本的重要组成部分。然而，由于经营者与所有者之间存在着严重的信息不对称，为了获得更高的奖金和更大的权限，当企业业绩并未达到委托代理合同中的要求时，如果经营者缺乏有效的监督，则往往会通过粉饰财务报表的方式，以期蒙蔽所有者。为了防止被经营者欺骗，所有者会建立起完善的监督机构，如设立审计委员会、聘请独立董事，并聘用外部审计师对财务报表的真实性和合规性进行鉴证，这就是代理成本中的另一重要组成部分——监督成本。理论上，通过设置完善的公司治理机制，能够将代理成本降至最低，从而有利于企业价值最大化目标的实现。

然而，公司治理在理论上的无懈可击却在真实的商业世界中被无情击碎，最具代表性的莫过于世界最大能源公司之一安然（Enron）的舞弊案。这桩严重的财务舞弊案导致安然于2001年破产，并直接造成世界五大会计师事务所之一安达信倒闭。此后，美国上市公司频频爆出舞弊丑闻，如2002年的施贵宝、世通公司财务舞弊事件，彻底打击了投资者对资本市场的信心，促使美国于2002年颁布了《萨班斯-奥克斯利法案》。该法案明确了公司高管、资本市场中介、外部审计在防范财务舞弊方面的责任，将公司高管犯罪的刑事责任提高到前所未有的高度。该法案不仅对美国商界造成了巨大震动，对世界各国经济社会也形成了深远影响。法案的实施在防范财务舞弊方面发挥了积极作用，但是舞弊事件仍然层出不穷，如2003年的南方保健舞弊案、帕玛拉特舞弊案等等。时至今日，财务舞弊仍然是世界经济社会的一颗毒瘤。2013年中国资本市场最大IPO造假案万福生科案，2014年全球第三大零售企业英国乐购（Tesco）财务丑闻，2015年、2016年两次曝光的日本东芝（Toshiba）财务舞弊案，仿佛一颗颗定时炸弹，在全球资本市场的各个角落炸响。涉案公司的高管们一次又一次突破职业道德底线，不断冲击着投资者与公司之间日渐脆弱的信任。财务舞弊带来了一时风光的表象，然而后果非常可怕——不仅可能导致一家家航母级公司的覆灭，而且必然会造成投资者巨额财富的蒸发，长此以往，一旦投资者丧失信心，必将危及整个资本市场的生存与发展。

作为报表使用者，站在公司之外，如何真正看清数字背后的事实？这成为广大投资者、财务分析师、税务机关等利益相关者最为关切的问题。然而，放眼主题为财务报表分析的书籍，有些书完全围绕财务分析指标进行论述；而实务中，精明的公司高管们往往能够绕开这些传统分析指标，通过一些更为隐秘的手段隐藏债务和费用，报表使用者通过简单的比率分析，难以识破舞弊真相。有些书形而上学，泛泛而谈，缺乏可操作性，真正"有用"的财务报表分析实战型工具书却寥寥可数。我们非常惊喜地发现了弗里德森教授和阿尔瓦雷斯教授所著的《财务报表分析（第四版）》这本书。该书将经典财务理论与重大财务舞弊案例结合，运用生动的语言和严谨的逻辑，一层一层剥开公司财务报表的神秘面纱，向读者揭露公司"漂亮"业绩背后的真相。更为可贵的是，该书还提供了简洁的分析工具，辅以充分的数据支撑，向读者传授如何甄别公司舞弊迹象的实用方法，并对舞弊的蛛丝马迹进行了总结，为读者"去伪存真"提供线索。读者一旦熟悉了公司常用的舞弊伎俩，就能够对企业的业绩真假作出初步判断。该书还提供了一些分析师们在实务工作中常用的证券分析工具，有助于读者学习从专业的视角对公司进行客观的评价，并对分析师的工作有一定了解。

总之，书如其名，该书是一本适合工商管理硕士（MBA）及会计专业硕士（MPAcc）、会计从业人员、股票投资者、证券监管人员以及证券分析师的实务指南，也能够为公司管理者提供警示。不仅如此，任何对财务报表感兴趣的人，即使缺乏专业的财务会计知识，也能够从这些鲜活的案例与生动的文字中，找到阅读的乐趣，并在不知不觉中汲取到专业知识的养分。

本人毕业于中国人民大学，曾公派美国匹兹堡大学留学一年。现为北京工商大学商学院会计学副教授、硕士生导师、全国会计领军（后备）人才（学术类）、北京高校"青年英才"。同时，担任北京工商大学商学院国际交流与认证办公室执行主任，兼任国有资产管理协同创新中心兼职研究员；主讲MPAcc《商业伦理与会计职业道德》、本科《中级财务会计学》（全英语授课）等课程。曾出版译著《金融理论与公司政策（第四版）》和学术专著《公司增长与价值创造——基于治理机制效应》。本译著得到了国家社会科学基金项目《跨境上市、会计信息质量与资源配置效率研究》（13CGL037）、教育部人文社科青年基金项目《盈余波动对公司价值的作用机理研究》（12YJC630124）、北京高等学校教师队伍建设——青年英才计划项目《跨境上市背景下会计信息质量与资本成本研究》（YETP1454）的资助。本译著的翻译与校对主要由我本人完成，感谢中国人民大学荆新教授的指导与作序，感谢本书第三版译者朱丽女士的前期积累。学生赵扬、刘晓哲、师露茜、刘晓玉、刘依、徐世峰参与了部分初译工作，感谢他们为本书付出的努力。同时，对编辑崔惠玲的工作表示感谢。

需要说明的是，本书的翻译力求尊重作者原意，对原书个别印刷错误进行了更正，如有任何翻译上的疏漏，欢迎读者批评指正。

刘　婷

2016 年 5 月于北京

对本书的赞誉

我喜欢这本书。它对于培养质疑性思维——一种财务甄别思维很有助益。它教授了一门关于怀疑和批判性思维的课程。读者能够超越概念和计算，真正读懂内涵。

——三一大学 Prassel 商学院特聘教授，菲利普·L·库尔利博士

在我从事高收益债券工作的数十年间，马丁·弗里德森就一直是领先的真理代言人。正如他在《财务报表分析》一书中准确表述的，债券投资者被要求参与到一场与公司管理层之间的猫鼠游戏，管理层旨在通过在其财务报表上蒙上一层漂亮的光泽来使其资本成本最小化。马丁这本了不起的著作的第四版，对于如何甄别并应对管理层的这些伎俩，无疑是一本圣经。

——橡树资本管理有限公司董事局主席，霍华德·马克

《财务报表分析》是一本独一无二的教科书；这本书将大量学术成果与无数真实案例结合起来，为权益投资者、债权人、同时投资于这两种资产的投资人提供了非常有用的参考。无论你是投资者、投资顾问，还是教师，《财务报表分析》都必将是相当有价值的。

——摩根大通全球信贷研究部前主任、哥伦比亚大学商学院助理教授，玛格丽特·M·坎内拉

马丁看清了一切！他已前瞻性地看清了高收益债券市场的产生、低迷与重生……反复多次！在《财务报表分析（第四版）》中，马丁清楚地阐述道，尽管 2002 年《萨班斯-奥克斯利法案》颁布实施，并采取了其他措施以遏制会计系统舞弊，但人们仍然需要一双批判性分析的眼睛，用来确定管理层没有试图掩盖真相。案例研究通过很有代表性的新近案例，介绍了公司最近误导投资者的一些新的手段。

——标准普尔公司全球公司与政府评级及权益研究部前总裁，
爱德华·Z·埃默

虽然读了财务报表，却没有理解战略性内容的人们，将会因此在经历过扣人心弦的遭遇之后最终走向失败。正如债券市场的传奇马丁·弗里德森在其经典著作《财务报表分析（第四版）》中描述的那样。我们所有依赖于市场将资本配置于最佳用途的人，都希望投资者在行动之前先读读这本书。

——宾夕法尼亚大学沃顿商学院金融学教授，大卫·马斯托

这本书恰当地敦促人们在审查财务报表时，坚持怀疑主义。不过，这本书更大的价值在于，用纯粹的口语将真实世界剥离出来，并用描述性的案例展示如何看穿数据，看清其背后的真实问题与动机——因此，有助于分析师与记者都能提出好问题。

——路透社“最新观点”助理编辑，理查德·比尔斯

第四版前言

秉承早期各版的宗旨，《财务报表分析（第四版）》致力于帮助读者应对当今商业实务中的挑战。我们再次重申，本书旨在使具备基础会计技能的读者了解将书面知识应用于拓展信贷和证券投资等现实世界的复杂性。正如在快速变迁的环境中，我们有必要对本书第二版和第三版进行全面修订和增补一样；伴随着 21 世纪第一个十年的到来，财务报表使用者产生了新的担心和挑战。

第三版反映出的基本变革是关注点从意在强化股东价值诉求的报告盈余向公司经理薪酬计划转变。理论上，这条新路径将经理与股东利益保持一致，但是这个概念存在黑暗的一面。首席执行官所背负的提升公司股价的压力与日俱增，然而他们不能再通过财务报告伎俩虚增报告盈余以提高其奖金，因为那些信息在股票市场中是透明的。在这种状况下，他们不得不转而设计更为隐蔽的方法欺骗投资者，使其相信他们的报告盈余是真实的。

为了适应新环境，公司经理变得越来越倾向于误报业绩。通过采用金融衍生品与特殊目的实体（special purpose vehicle）等不要求在财务报表中披露信息的会计手段，他们完全就在操纵盈余，在夸大利润的道路上渐行渐远，并没有花费精力在生产与销售产品或提供服务上。这种潜伏的趋势在出现诸如安然（Enron）和世通（WorldCom）等巨大会计丑闻时达到巅峰，这些丑闻不仅严重打击了人们对财务报告的信心，而且也打击了人们对证券市场的信心。

人们对财务造假的愤怒促使政府于 2002 年施行了《萨班斯-奥克斯利法案》(Sarbanes-Oxley Act)。根据法案规定，首席执行官与首席财务官必须证实财务报告的真实性，因此，相比之前只需要检举并证明虚假披露的存在，如今他们承受着更大的风险。《萨班斯-奥克斯利法案》纵然创建了针对虚假报告的制约机制，然而，正如这一新版本的案例研究所述，财务报表使用者仍然无法安心度日。

为了帮助读者免受虚假财务报表的误导，我们始终努力说服读者将对会计原则的理解和对公司理财的理解结合起来。我们将这种整体性训练贯穿在《财务报表分析》一书中，同时，本书也涉及经济学与企业管理等方面的内容。此外，我们鼓励分析师考虑财务报告编制时的制度因素。组织的压力会导致财务报表的分析以及审计师对会计原则的解释偏离完美的理论。尤其是当有强大的政治家对财务报表的发布方施压时，报表发布方也会对会计原则的制定施加巨大影响。

在第三版中，我们强调了严格审查财务报表的成功事例。只要我们找到了必要的文件，我们不仅会说明如何通过应用基础分析技巧预测企业的失败，而且还会告诉读者，在实务中，执业分析师如何能够在人们普遍意识到企业失败之前发现企业的问题。我们希望读者在这些事例的鼓励下，能够进行真正的目标导向的财务报表分析，而不仅仅是简单计算一些标准财务指标。此外，当诸位遇到困难时，就算管理层们很可能又会喋喋不休，但愿上述案例研究能够说服诸位坚定自己的观点。（“我们的财务报表遵守了一般公认会计原则，并得到了一家世界顶级会计师事务所的鉴证。我们不允许一群贪婪的卖空者把我们杰出的员工们所创造的价值毁掉。”）通常，管理层愈发激烈的抗议、形势的恶化，以及对激进会计制度的谴责，都会导致财务报表欺诈发生。

新增一章（第 11 章）的标题是“舞弊能否被识破?”，旨在给读者以重要警示。一些公司仍然采用难以通过诸如财务比率分析等常规技术识别出的方法，侥幸隐瞒了财务报表误报的真相。舞弊公司设法蒙蔽或者干脆买通审计人员，这样就消除了保护财务报表使用者的一条关键防线。通过阅读本章的案例研究，读者能通过诸如卖空者这样老练的金融侦探，发现公司的可疑行为。我们还突出了一些新近研究成果，这些研究分析了财务误报跟公司经理与投资者和分析师的电话会议用语之间的关联。

至于《财务报表分析》的阅读计划，读者不必非得按照本书事先安排的章节顺序阅读。为了便于想跳读书中某些章节的读者，本书提供了词汇表。词汇表中有定义的词汇在文中用加黑字体突出。对很多读者而言，虽然跳读是最有效率的阅读方式，但需要强调的是，本书的顺序是基于逻辑链条安排的。

在第一部分“读懂财务报表”中，我们告诉读者，财务报表并非仅仅公允地反映企业的财务业绩并解释其原因。本部分分析了公司和其经理们出具报表的复杂动机。针对分析师在组织情境中造成的信息失真，我们也进行了研究。

在第二部分“基本的财务报表”中，我们详尽分析了资产负债表、利润表和现金流量表所披露的信息。当我们仔细审视诸如“价值”和“利润”等术语时，其含义也开始变得比抽象概念中更加模糊了。甚至像“现金流”如此普通的概念，人们也往往认为其传递的信息不可操纵，而事实上，有预谋设计而披露的现金流是非常容易失真的，从而达到操纵投资人和债权人意图的目的。

在第三部分“对利润的深入研究”中，我们瞄准资本主义制度的命脉。我们对利润的审视，着眼于使盈余被虚增甚至被虚构的各种伎俩。正是基于本书的此种视角，我们将通过向读者大量灌输怀疑主义意识，培养读者秉持必要的良性的怀疑态度，进行完整的结构化的财务报表分析。

第四部分“预测与证券分析”的主题是“应用”。对于信用和权益的评估，进行预见性分析比踯躅于那些看似秀色可餐却最终未能如愿的过去更加重要。我们介绍了最大程度提高预测精度的技巧，并且剖析了实务中的预测方法。即使标准财务比率和估值模型得到了广泛认同，我们仍然以批判的眼光对其进行审视。

金融市场在不断发展中日趋完善，但某些隐藏在新的面具背后的特定现象仍然层出不穷。如此一来，公司永远都会想尽办法运用新的手段歪曲其业绩。通过仔细分析这些手段，分析师可能洞察出“财务造假”这一顽疾在未来即将出现的各种新变化。

马丁·弗里德森
费尔南多·阿尔瓦雷斯

目 录

第一部分 读懂财务报表

第1章 财务报告的逆向选择性 …… 3
1.1 财务报告的目标 …… 4
1.2 推理中的缺陷 …… 8
1.3 小利润与“洗大澡” …… 10
1.4 最大化增长预期 …… 11
1.5 掩饰或有事项 …… 15
1.6 保持怀疑态度的重要性 …… 17
1.7 小 结 …… 20

第二部分 基本的财务报表

第2章 资产负债表 …… 25
2.1 价值计量 …… 26
2.2 金融资产估值的可比性问题 …… 27
2.3 价值“瞬间”蒸发 …… 29
2.4 商誉有多“好”? …… 30
2.5 旧经济模式下的价值损失 …… 33
2.6 难以捉摸的真实权益 …… 34
2.7 基于市场价值权益的利弊 …… 34
2.8 共同尺度的资产负债表 …… 36

2.9　小　结 …… 38

第3章　利润表 …… 39

3.1　让数字说话 …… 39
3.2　这些数据有多真实？ …… 43
3.3　小　结 …… 62

第4章　现金流量表 …… 63

4.1　现金流量表与杠杆收购 …… 65
4.2　分析应用 …… 70
4.3　现金流和公司生命周期 …… 70
4.4　财务弹性的概念 …… 79
4.5　捍卫财务自由 …… 83
4.6　小　结 …… 85

第三部分　对利润的深入研究

第5章　利润是什么？ …… 89

5.1　比较真实利润与会计利润 …… 89
5.2　收入是什么？ …… 90
5.3　成本包括什么？ …… 91
5.4　概念拓展的边界在哪里？ …… 93
5.5　小　结 …… 94

第6章　收入的确认 …… 95

6.1　医药行业的渠道超载 …… 95
6.2　再次盈余造假 …… 99
6.3　在分期付款的销售中误入歧途 …… 102
6.4　确认会员费 …… 103
6.5　其他不严谨的收入确认技巧 …… 106
6.6　利用空卡路里让盈余增肥 …… 107
6.7　哈里伯顿的推迟披露 …… 112
6.8　利用“未雨绸缪”的储备进行盈余管理 …… 114
6.9　捏造数据：一个系统性问题 …… 117
6.10　小　结 …… 120

第7章　费用的确认 …… 121

7.1　北电的推迟确认利润计划 …… 121
7.2　抓住通用汽车盈余的实质 …… 125
7.3　房地美的时移术 …… 128
7.4　小　结 …… 129

第8章 EBITDA的应用与局限 …… 130
8.1 EBIT、EBITDA与企业总价值 …… 130
8.2 EBITDA在信用分析中的作用 …… 134
8.3 误用EBITDA …… 136
8.4 更综合的现金流量计算方法 …… 138
8.5 营运资本为现金流量分析增添了新视角 …… 141
8.6 小 结 …… 142
第9章 审计和披露的可靠性 …… 144
9.1 巧妙地处理 …… 145
9.2 遗产税 …… 148
9.3 审计的系统性问题 …… 149
9.4 小 结 …… 153
第10章 并购会计 …… 154
10.1 使并购后的报告收益最大化 …… 154
10.2 并购日期管理与避免重述 …… 158
10.3 小 结 …… 159
第11章 舞弊能否被识破? …… 161
11.1 操纵行为的蛛丝马迹 …… 161
11.2 骗子的骗术有限 …… 163
11.3 安然：一场媒体的轰动 …… 163
11.4 南方保健的痛苦煎熬 …… 170
11.5 牛奶与其他流动资产 …… 177
11.6 小 结 …… 180

第四部分 预测与证券分析

第12章 预测财务报表 …… 183
12.1 典型的一年期预测 …… 183
12.2 预测财务报表的敏感性分析 …… 192
12.3 预测财务弹性 …… 196
12.4 预测财务报表 …… 198
12.5 预测并购的财务报表 …… 198
12.6 多年期预测 …… 202
12.7 小 结 …… 212
第13章 信用分析 …… 213
13.1 资产负债表比率 …… 214
13.2 利润表比率 …… 221

13.3 现金流量表比率 …… 225
13.4 组合比率 …… 227
13.5 衡量信用风险的相关比率 …… 231
13.6 小　结 …… 242

第14章 所有者权益分析 …… 244

14.1 股利折现模型 …… 244
14.2 市盈率 …… 249
14.3 为什么市盈率倍数不同？ …… 250
14.4 杜邦公式 …… 256
14.5 通过可能的重组进行估值 …… 259
14.6 小　结 …… 263

附录 …… 265
词汇表 …… 269
参考文献 …… 280

第一部分

读懂财务报表

第1章

财务报告的逆向选择性

财务报表分析是进行投资管理、公司财务、商业贷款和授信等工作的一项基本技能。对于从事这些活动或者为个人投资目的而进行财务数据分析的人来说，有两种不同的财务报表分析方法。

第一种是遵循固有的程序，根据所给定的定义计算标准的财务比率，然后填列。分析人员也可能比上述简单的计算、填列多付出一点努力和思考以满足财务分析领域的诸多需求。但是，这种纯粹机械的方式，基本上不能体现专业的挑战性，而生搬硬套所有这些所谓"合适的"分析过程也不可能得出有用的结论。但一些人却认为这些问题都只是微不足道的缺陷而已。

本书针对的是采取第二种方法的分析人员。第二种方法是一种不断揭示被分析企业真实财务状况的方法，也是更受推崇的一种分析方法。由于财务报表隐藏的信息总是多过其披露的信息，因此，这种刨根问底是非常重要的。对于采用这种更为主动的分析方法的人来说，生成标准的电子表格只是一种手段而不是目的。表格中的数据不能直接支持投资决策，否则会给出不合时机的投资建议，投资者也是不会满意的。真正有价值的分析只有在所有常见问题得到解答后才会出现。实际上，高级分析师甚至还会提问一些非常规问题来增加其分析的价值。

我们有必要从一种将所有公司都置于标准的、客观的框架中进行分析的分析结构中跳出来。可能有些读者还不能马上认同这种必要性。作者认为，当合理的分析取决于一系列的相关因素而不是标准财务比率之间的对比时，我们需要完全抛弃原有的分析结构，这种观念会让人退却。毕竟，可比性（comparability）是**公认会计原则**（generally accepted accounting principles，GAAP）的奠基石。由此，根据公认会计原则编制的财务报表也必然会揭示出与价值相关的公允、有用的信息。

另外，提供便捷的、千篇一律的财务分析，从表面上看，编制财务报表的公司也会自然获益。为向外界传递其财务业绩方面的信息，公司花费了大量的成本。它们雇用投资者关系经理（investor-relations manager），通过中报和公告与现有股东和潜在股东进行沟通，派高管与证券分析师会谈。既然公司如此希望股东获悉其经营成果方面的信息，它们就应该让分析师能比较方便地对公司业绩的发展情况进行监控。由此，公司会以一种透明且直观的……或者貌似透明且直观的方式来报告经营状况。

1.1 财务报告的目标

如果分析师相信根据公认会计原则编制的数据具有内在可靠性，且公司管理层具备良好的诚信，那么他们就误解了财务报告的本质。然而，这种概念上的错误并不表明分析师在智力上的缺陷，他们只是照搬了典型的会计学教科书上对财务报告目标所作的理想但并不相关的阐述。即使是霍华德·施利特（Howard Schilit）（见后文关于微观战略公司（MicroStrategy）的讨论）事实上这样一个苛刻的财务报告评论家，也对财务报告的目标给出了一个高尚的观点：

> 财务报告的主要目标是发布准确反映企业盈利能力和财务状况的财务报表。[①]

上述定义没有指出“准确反映”是谁的主要目标。对于本章第一段中所列举的财务报表使用者来说，施利特的话很中听，但他们并不是编制财务报告的人。财务报告的主体是一般以公司（corporation）形式组织的营利性企业。[②]

公司是为股东的利益而存在的。公司的目标不是为了向公众报告它的财务状况，而是为了最大化股东价值（maximizing shareholders' wealth）。如果公司通过“发布准确反映其盈利能力和财务状况的财务报表”能实现该目标，那么原则上管理层应该这样做。然而，至多以透明且直观的方式报告财务成果只是达到目的的一种手段。

管理层可能会认为降低公司的资本成本（cost of capital）是实现股东财富最大化目标的一种更为直接的方法。简而言之，公司的借款利率越低或者向新投资人发行股票的价格越高，股东财富越大。从这个角度，最好的财务

① Howard M. Schilit, *Financial Shenanigans: How to Detect Accounting Gimmicks and Fraud in Financial Reports*. New York: McGraw Hill, 1993, 153.

② 虽然本书集中讨论的是营利性企业，但是非营利性企业和政府组织也编制财务报表。而且，千万不要认为它们就一定不会发生财务欺诈。因为，一方面，和营利性组织一样，非营利性组织也要筹集资金。当需要借入资金或者要向提供资助的机构证明其财务能力时，它们就具有粉饰财务报表的动机。而另一方面，非营利性组织有时候会尽量使自己看上去比实际情况要糟糕，以此来感动资助者提供资金。有时行政单位也会提供虚假的财务报告，来避免不利财政政策可能带来的政治效应。纯粹的利益驱动会导致歪曲的财务报告，对此，反资本主义的理想家也不能真正站出来反驳。

报表不是充分地、公允地反映公司状况的报表，而是能带来最高信用评级（见第 13 章）和市盈率（见第 14 章）的报表。即使能够带来最高信用评级和市盈率的报表所披露的盈利水平和财务状况并不准确，但出于对股东的受托责任，管理层也必须这样披露，并不会像会计学教科书中的标准范式那样进行报告。在这种情况下，最好的可能结果是公司的资本成本比该公司本身资质所对应的资本成本更低。从财务报表披露方的角度来说，这个明显不合理的论断可以概括如下：

财务报告的目标就是为了获得廉价的资本。

细心的读者马上会提出两点质疑。首先，通过不真实的、经过粉饰的财务状况来获取低于公允利率水平的资本成本，这本身就是一种欺诈行为。其次，一些读者认为，从长期来看，对于企业来说，误导财务报表的使用者并不是一种可持续的战略。依据被高估的历史数据预测企业未来的盈利情况，投资者会发现结果往往不能达到预期水平。此后，他们便会通过预测一个较低的收益来调整这种高估所产生的偏差。结果是股票估价并不高于企业进行真实报告时的水平。意识到这样做会事与愿违时，企业应该理智地制止高估财务业绩的行为。据此推理，财务报表的使用者是可以相信账面价值的，因为企业出于自身利益的考虑也会诚实地报告其经营成果。

而令人沮丧的事实是，财务报表往往并未如实地反映企业的业绩状况，这使得上述观点混淆在一起，更加令人困惑。财务报表的使用者经常会发现企业并没有提供易于理解的、准确的信息，财务数据虽然是按公认会计原则编制的，但却传递了误导公众的利润信息。而更为糟糕的是，许多时候企业甚至公然违反会计原则。作为分析师的第二道防线，即使是独立审计师认定财务报表遵循了公认会计原则，这也不能完全保证财务数据就是可靠的。近年来，大量的案例表明，过度信赖财务报表会被误导，导致极其严重的后果。

1.1.1 埃培智一遍……又一遍尝试

埃培智集团公司（Interpublic Group）2002 年 8 月 13 日发布公告称，该公司曾不适当地确认了 6 850 万美元的费用，为此，将重新披露其财务业绩，并一直追溯至 1997 年。广告公司运营商表示，该报表重述事项与美国麦肯世界集团广告（McCan-Erickson Worldwide Advertising）分公司的各家欧洲办事处之间的业务有关。有消息来源称，当各家办事处联合起来从事国际项目时，他们对同一项收入进行了多次有效确认。在报表重述公告发布前一周，公司推迟出具季报，以致未能留出足够时间给审计委员会进行会计数据的审核，股票价格大跌了近 25%。

也许并非巧合，埃培智的大规模修订与**美国证券交易委员会**（SEC）新颁布的处罚要求的有效期恰好吻合。按照新规则，一旦公司的首席执行官和首席财务官被判定出具了虚假财务报告，将会面临罚款甚至监禁。对于那些曾经在财务报告中玩数字游戏的公司，能够（在有效期前）侥幸逃脱处罚，真是碰上了一个幸运的时刻。

2002 年 8 月，埃培智的报表重述并没有一次性搞清楚所有问题。10 月，公司原计划重述的数字扩大了几乎两倍，至 1.2 亿美元；而 11 月，有迹象表明，数字还会更高。2002 年 11 月，埃培智的股票价格相比年初下降了 55%，标准普尔也将埃培智的信用评级从 BBB+降至 BBB，埃培智的很多高管被解雇。

正如很多发布了财务报表随后又需要修改报表的其他公司一样，埃培智也面临着盈利压力。最近，企业的广告支出大幅下降，导致广告行业在近几十年的发展中处于最糟糕的时期。此外，公司正面临着兼并大量企业的困境。主席约翰·J·杜内尔（John J. Dooner）急于将上述困难的焦点转移，其初衷能够理解。“手指指向的是过去”，他说，“而我关注的是现在和未来。”①

遗憾的是，未来会带来更多的会计问题。杜内尔声明发表几天后，公司将其预计重述的数字上调至 1.813 亿美元，几乎是最初报告数字的三倍。一周后，又一场风暴来袭，SEC 要求该公司提供导致重述的错误的相关信息。该事件也表明误报并不仅仅是麦肯欧洲办事处复核收入的问题。其他问题包括未确认保险收益的估计，冲销应收账款和营运资本，以及上溯至 1996 年低估对其他麦肯分支机构的负债。杜内尔评论说：“曝光过去所做的那些事的重述最终还是提交了。”② 他还声明，会计问题导致的危机已经被他解除，而这一切永远不会再发生。

快进至 2005 年 9 月。杜内尔的后继者，自会计问题第一次浮出水面的第三任 CEO，迈克尔·I·罗斯（Michael I. Roth），宣布他的当务之急在于解决埃培智的财务报告问题。这是公司第一次意识到，诚实的过错可能不会导致所有的会计错误。进一步，对于埃培智，投资者不应仅仅依赖以往对报表重述的估计，还应涉入对公司上百桩并购的追踪过程。那被证明是某种程度的低估。埃培智最终发布了针对 2000 年至 2004 年 9 月 30 日期间 5.5 亿美元的重述公告，是最初报告估计的三倍。2008 年 5 月，面对 SEC 对埃培智公司通过将内部公司间的费用记为应收账款的方式舞弊误报的指控，公司支付了 1 200 万美元罚款。

1.1.2 微观战略公司反复无常

2000 年 3 月 20 日，微观战略公司宣布重新披露 1999 年的收入，从最初报告的 2.053 亿美元调整为大约 1.5 亿美元。公司股票立即从每股 140 美元暴跌至 86.75 美元，首席执行官迈克尔·塞勒（Michael Saylor）的账面财富因此缩水超过了 60 亿美元。公司解释此次调整与软件公司大型、复杂项目的收入确认有关。③ 一开始，微观战略公司与为其进行审计的注册会计师提出，根据最近（1999 年 12 月）SEC 发布的有关软件收入会计处理的咨询意见，公司不得已才进行报表重述。SEC 否认了这种说法之后，公司不得不承认原来的会计处理确实与美国注册会计师委员会（American Institute of Certified

① Stuart Elliott, “Advertising,” *New York Times*, November 11, 2002-11-11, C10.

② Vanessa O'Connell and Suzanne Vranica, “Interpublic Says SEC Seeks Data Related to Its Bookkeeping Errors,” *Wall Street Journal*, November 20, 2002, A3.

③ Nick Wingfield, Paul Beckett. “MicroStrategy, Results Restated, Is MacroLoser,” *Wall Street Journal*, March 21, 2000, B1, B4.

Public Accountants）在 1997 年颁布的会计原则不一致。

直到微观战略公司宣布这个令人震惊的消息之前，尽管会计学专家霍华德·施利特在 6 个月前就对微观战略公司的财务状况提出了质疑，记者戴维·雷蒙德（David Raymond）在 2 月 21 日发表在美国《福布斯》杂志科技版（*Forbes ASAP*）的文章中也提出了相同的问题，而对公司报表进行审计的注册会计师却依然认可了微观战略公司的收入确认政策。[①] 据报道，会计师事务所的一名会计师在读到雷蒙德的文章后，联系了负责微观战略公司审计的当地分所，最终使该所撤销了之前对微观战略公司 1998 年和 1999 年财务报表所做出的鉴证报告。[②]

1.1.3 莱尔努 & 奥斯比公司谎话连篇

2000 年 11 月 16 日，为莱尔努 & 奥斯比（Lernout & Hauspie，L&H）公司进行审计的注册会计师撤销了其对该公司 1998 年和 1999 年财务报表所出示的无保留审计意见。事发起因是，此前这家生产语音识别和翻译软件的比利时公司在 11 月 9 日发布公告称，公司内部调查发现存在会计差错和违规行为，致使 1998 年度、1999 年度及 2000 年上半年的财务报表需要重新披露。两个星期后，该公司申请破产。

在 2000 年 11 月 16 日前，审计意见表明，L&H 公司财务报表遵循了公认会计原则，投资者对其十分信赖，正在这时，出现了一些使人们对审计意见产生怀疑的事件。1999 年 6 月，专门从事股票卖空交易的戴维·罗克（David Rocker）对 L&H 公司的一些交易提出了质疑，如与布鲁塞尔语音转换集团（Brussels Translation Group，BTG）之间的交易。在两年多的时间内，BTG 集团先是支付给 L&H 公司 3 500 万美元开发翻译软件，而后 L&H 公司收购了 BTG 集团及其翻译软件产品。通过这些交易，L&H 公司不但没有确认 3 500 万美元的研发费用，反而确认了 3 500 万美元的收入。[③] 2000 年 8 月，L&H 公司宣称收入来自其客户某韩国公司，事实上该韩国公司与 L&H 公司并没有任何交易往来。9 月，美国证券交易委员会和欧洲伊斯达克（Easdaq）开始了对 L&H 公司的会计调查。[④] 与此同时，L&H 公司的股价从 72.5 美元跌至 11 月停牌前的 7 美元。事后看来，基于审计意见和管理层希望分析师获得企业真实的业绩水平的前提假设，就盲目信赖公司财务报表是一个错误的想法。

---

① Floyd Norris，"A Hard Fall as Highflier Revises Figures，" *New York Times*，March 21，2000，C1，C16.

② Floyd Norris，"Failed Audit：The Humiliation of Pricewaterhouse Coopers，" *New York Time*，March 24，2000，C1.

③ Alan Abelson，"Up & Down Wall Street：Way to Go，" *Barron's*，July 19，1999，5. L&H 公司支付给 BTG 集团的 5 900 万美元购买价既不能作为收入也不能作为费用，而只是以一项资产（货币资金）来交换另一项资产（BTG 集团的股票）。

④ John Carreyron and Mark Maremont，"Lernout Files for Bankruptcy Protection，" *Wall Street Journal*，November 30，2000，A3，A6.

1.2 推理中的缺陷

上述违反公认会计原则的案例表明，公司不会因为担心违反反舞弊法或者出于开明的利己主义（enlightened self-interest）而放弃做假账。这两种力量能促成诚实报告的推理是建立在一系列隐含假设基础之上的。而这些假设在实际编制财务报告的企业中是站不住脚的。

首先，公司可以在不违反公认会计原则的前提下对会计数据进行一些操纵，因舞弊而被起诉的可能性较小。当重大的财务报告违规被发现时，同其他类型的白领犯罪一样，是否界定其为真正的丑闻还需要判断哪些操作是没有被明令禁止的。事实上，公认会计原则就支持许多计量原则，而这些计量原则至少在短期看来显然是不准确的。

例如，公司经常肆无忌惮地进行利润平滑，即创造出利润按一定比率稳定增长的假象。在注册会计师的庇护下，公司进行利润平滑的原因是因为表面上的稳定增长会获得股票市场投资者的青睐，从而获得比实际情况高的市盈率（price-earnings multiple）。

假设某个季度最后几个星期的盈余有达不到预计年增长率的迹象，此时，公司可以通过向客户提供特别折扣以鼓励客户比原计划提前订货的方法从下个季度"借入"销售收入（及相关利润）。同时，高于趋势线的增长对利润平滑的公司而言也是一个问题。如果利润突然上扬，接着又回到较为正常的增长水平，由此所带来的波动是不利的，应该不惜一切代价来避免其发生。管理层的解决方法是通过安排培训项目和厂房维修来抬高本期费用。而这些支出正常情况下是应该在下个季度发生的。

这些不是只有那些靠不住的公司才会采取的伎俩。蓝筹股（blue chip）公司就公开承认，由于华尔街对利润的变动过于敏感，它们有时候别无选择，只能进行利润平滑的操作。通用电气的管理人员曾表示，当某个分部可能达不到年度目标利润时，选择在衰退期进行并购活动是可以接受的做法。据该公司金融服务业务部的主管人员说，在这种时候，他和他的同事们都会寻找合适的并购机会，"吉（Gee），还有哪些赚钱的公司吗？还有其他的并购机会吗？"① 被并购方整个季度的利润都可以合并到通用电气的财务报表上，从而使利润保持稳定增长，因而备受投资者赞赏。

为什么审计人员不阻止这种行为呢？这些平滑的技巧基本上都有悖于财务报告名义上的目标，即准确反映公司的盈余水平。对此的解释是，会计理论中基于合乎逻辑的原则只是反映了财务报告准则产生中的一个因素。

财务会计准则委员会（Financial Accounting Standards Board，FASB）是隶属于美国证券交易委员会的准则制定机构，其代表来自会计师事务所、

---

① Randall Smith，Steven Lipin，and Amal Kumar Naj，"Managing Profits：How General Electric Damps Fluctuations in Its Annual Earnings，" *Wall Street Journal*，November 3，1994，A1，A6.

财务报表的发布者及使用者。通常，当财务会计准则委员会确定在某个领域需要发布一部新的准则时，专业人士会在短短几个月的时间内完成理论方面的构架。而由于公司作为财务报表的发布者，所追求的目标并不像纯理论那么抽象，所以，新准则的颁布可能需要好几年的时间。

令人高度紧张的事项，诸如管理层股票期权和并购，往往导致财务会计准则委员会和企业界之间剑拔弩张。尘嚣之后所做出的妥协往往不能让理论研究者满意。而另一方面，通过谈判来制定准则可以避免议会中公司利益的代表者对准则制定机构的全力攻击。一旦立法者被彻底激怒了，那么他们就有可能严重削弱财务会计准则委员会的权威，在极端情况下，他们甚至会建立新的准则制定机构来替代财务会计准则委员会，而新的机构会更加容易服从于立法者的意志。

还有另外一个原因使得公司不能在开明的利己主义驱动下披露诚实的财务报告。公司的管理层作为企业与财务会计准则委员会进行博弈的主导者，他们也有自己的利益取向。与购买公司股票的投资者一样，管理层也追求自身价值的最大化。如果披露真实的利润有利于其目标的实现，那么首席执行官（chief executive officer，CEO）这样做是理智的。然而，有时候他们通过一些财务报告技巧可以利用公司的薪酬系统，从而获得更高的私人收益。

例如，假设 CEO 的年终分红是根据每股收益的增长来计算的，同时假设出于财务报告目的，公司的**折旧**（depreciation）政策规定固定资产的平均年限为 8 年。如果将该假设人为地调整为 9 年（并获得注册会计师的同意），公司就可以降低每年的折旧费用。严格说来，这是一项会计变更；对使用过程中不断磨损的设备进行重置的实际成本并没有降低。不仅折旧费用所带来的税收抵减额没有增加，最终现金流量也没有增加（见第 4 章）。①投资者意识到利润（见第 5 章）并没有真正地增加，所以公司的股票价格并不会因为这项新的会计政策而变化，而实际上增长的是随每股收益的人为调高而变化的 CEO 的报酬。

这个例子解释了为什么明明投资者开明的利己主义会使其偏好直白的、透明的财务报告，但公司却要变更会计政策，使投资者更难追踪其真实的业绩水平。根本的原因在于，有时公司的管理层会将自身的利益置于股东利益之上。他们通过高估利润来增加自身报酬，而投资者却承担了市盈率下降的成本，该成本正是由报告盈余的质量恶化②造成的。

对于公司来说，合乎逻辑的解决办法似乎是使股东和管理层的利益相一致。董事会可以将管理层的报酬与股价上涨所带来的股东财富增加相联系，而不是与每股收益相联系。这样的安排不会让 CEO 产生虚增利润的动机，因为这些诡计显然不能真正地提高利润，也就不会带来股价的上涨。

---

① 在为纳税目的编制的财务报表中，将固定资产在所允许的最短期间内折旧可以使得企业的应纳税收益最小，这是一种既合法也合乎惯例的做法。公司允许为纳税和财务报告目的分别设立账套。为披露财务报告而编制财务报表时，管理层可以对一些可操控的会计事项做出选择，从而得出高于前者的收益水平。

② 高管通常会持有公司一定的股份，因此，盈余质量的下降在一定程度上也会影响其自身价值。但是，除非他们持有的股份非常大，否则管理层通过增加报酬所带来的直接利益会完全抵消所持有股票价值降低的影响。

沿着这个逻辑，由于高管报酬与股票增值相联系，财务报告应该是接近真实反映公司业绩水平的理想状态了。但事实上，我们并没有看到这种明显的趋势。上述埃培智、微观战略、莱尔努＆奥斯比公司的案例表明，随着时间的推移，公司在财务报告中造假越来越多、越来越激进。

使管理层和股东利益相一致也有消极的一面。公司管理层不能再通过一些易于被投资者甄别的财务报告伎俩来增加奖金。在这种情况下，他们会转而设计出更具隐蔽性的方法来欺骗市场，并人为地抬高股价。因而，财务报表分析师必须比以往更加努力，拆穿这些花招。

1.3 小利润与“洗大澡”

当然，财务报表分析师并非孤军奋战。证券交易委员会和财务会计准则委员会一直在阻止企业过分粉饰财务报表以抬高股票价格的行为。但是，这些监管机构却没有明确指出多大程度是“过分”。毋庸置疑，企业必须向市场披露坏消息，这一行为会对股票市场估值带来负面影响。但是企业对于是否需要披露诸如此类事项，各有见解。对于某些企业来说，如果没有人对特定事项提出疑问，那么企业没有自愿地提供该信息就不能构成欺骗，这似乎就是它们的披露标准。

虽然并非每一家公司的状况都那么严峻，但是这种严峻的局面却在不断地扩大。哈佛大学经济学家理查德·泽克豪瑟（Richard Zeckhauser）的研究团队撰文指出，证据表明企业界普遍缺失理想的诚实。[①] 研究人员通过分析公司季报盈利略高于或略低于上年同期水平的情形引出了上述结论。

一方面，假设会计人员按财务报告的理想目标进行列报，准确反映企业的真实业绩水平。那么，根据概率论，公司的季报利润略高于和略低于上年同期水平的可能性应该持平。但是，泽克豪瑟与其团队成员却发现，公司报告小幅增长利润的频率要明显大于小幅下降利润的频率。这表明，当公司相比上年同期可能出现利润小幅下降的危险时，它们会对可操纵项目大肆进行调整，硬挤出利润，以表现出利润小幅增长的表象。

另一方面，假设某公司季度利润大幅下降，且不能通过可操纵项目来平滑。在这种情况下，公司有通过最大程度增加本期亏损进行“洗大澡”的动机。因为对于投资者来说，30%的利润下降幅度和20%没有什么差别。因此，管理层会发现将未来期间的特定费用加速确认（accelerate），集中到本期是有利的，这样就可以使得以后年度出现报告盈利。这也是确认如过时的生产设备、前期不成功并购中所产生的商誉（goodwill）等资产长期损失的合适时机。事实上，企业会大幅冲销这些资产的账面价值，以致冲销的幅度远超准确反映资产价值原则所要求的范畴。在以后若干会计期间，它们又可以通过

① Richard Zeckhauser, Jayendu Patel, Francois Degeorge, and John Pratt, “Reported and Predicted Earnings: An Empirical Investigation Using Prospect Theory,” Project for David Dreman Foundation, 1994.

转回这些超额的冲销，人为地稳定报告盈利。

泽克豪瑟与其团队成员通过揭示出利润的大幅下降比大幅上升更为普遍，证明了“洗大澡”的假设。言外之意，管理层是不会被动地按要求来报告综合反映其能力和各个非可控因素的经营成果的，他们会利用会计原则赋予的自主裁量权来干预利润的计算。研究人员的总体评价是：公司将财务报告看成是抬高股价的一种手段，而不是发布客观、真实信息的方法。①

如果公司的诡计没有被投资者和债权人发现，则会给公司带来很丰厚的回报。例如，10 亿美元借款的利率能够降低 0.5 个百分点，则每年可以节省利息费用（税前）500 万美元。如果这家公司的税率为 34%，市盈率为 15 倍，那么这种故意隐瞒风险的财务报表会使得股票总市值增加 4 950 万美元。

能令公司获得财富增加的机会，除了泽克豪瑟所研究的“洗大澡”的手段外，还有一些流行的方法如：

- 最大化增长预期。
- 掩饰或有事项。

1.4 最大化增长预期

假定某公司当期报告年度净利润为 2 000 万美元。假设在此后的 5 年，公司增长趋于平缓，市盈率为 15 倍。另外，假设公司在接下来 5 年不分配股利，增长型股票的投资者的期望收益率目前为 25%（不考虑资本利得税）。

在上述假设的基础上，再加入一个数据，分析师就可以计算出公司发行在外股票（outstanding shares）的总市值。最后一个必需的输入变量是盈利的预期增长率。假设公司利润的年增长率为 30%，并且在未来 5 年内将按该比率持续增长。那么，在第 5 年末，公司的年利润将达到 7 400 万美元（取整），与市盈率倍数 15 相乘，即可得出第 5 年末的价值为 11.14 亿美元。期望收益率为 25%时，投资者为获得该未来价值现在愿意支付的价格为 3.65 亿美元。

为了便于说明，假设公司创始人或首席执行官持有发行在外股票的 20%，他将会很高兴地看到上面计算的这些数字。这位成功的企业家，其账面财富高达 7 300 万美元，而可能就在几年前，他还是一无所有。同时，这位新产生的千万富翁从此就会被市场预期所左右。

假设由于某种原因，投资者认为公司盈利的潜在年增长率为 25%，低于原预期增长率 30%。这仍然高于美国公司的平均增长水平。但是，在其他假设不变的情况下，公司的股票价值将会从 3.65 亿美元降至 3 亿美元。

对于长期奋斗的创始人而言，一夜之间，他个人的股票价值就陡然下跌了 1 300 万美元。财务分析师是不会可怜他的。说到底，他仍然身价 6 000 万

① Richard Zeckhauser，Jayendu Patel，Francois Degeorge，and John Pratt，“Reported and Predicted Earnings：An Empirical Investigation Using Prospect Theory，” Project for David Dreman Foundation，1994.

美元。但是财务分析师设身处地想一下，又有几个人能若无其事地接受 1 300 万美元的损失呢？至少，大多数人会迫切希望能够想方设法地在公认会计原则允许的范围内避免发生相当规模的财务逆转。

在面临预期增长率下降时，所有者—经理（owner-manager）所表现出的也是人们的普遍反应，符合人之常情。许多人，有可能是大多数人，并不是有意进行欺骗，只是企业家天生就是超自信的乐观主义者。并且，一个成功的企业家把他自身的这种乐观变成了现实。他带领自己的公司克服重重困难，从一无所有发展到盈利 2 000 万美元，他相信自己也一定能解决公司所面临的任何短期问题。他自信能将企业拉回 30%的增长曲线，也许他是对的。有一点是肯定的——如果他不是那种相信能再次战胜困难的人，那么他就不可能创立起一家价值 3 亿美元的公司。

财务分析师应该更加客观地评价事实。他们必须认识到，公司陷入困境绝不是个别现象，而恰好相反，是非常普遍的事情。几乎所有高级经理都会努力消除投资者对公司增长率下降的印象，因为对于他们来说，这将会使他们付出沉重的代价。然而，通过简单的数学计算就推测企业将在未来无限期地保持高增长，会导致错误的预期。并且，企业增长一旦趋于平稳（如图 1—1 所示），就需要突破许多强大的限制才能再回到历史的增长水平。

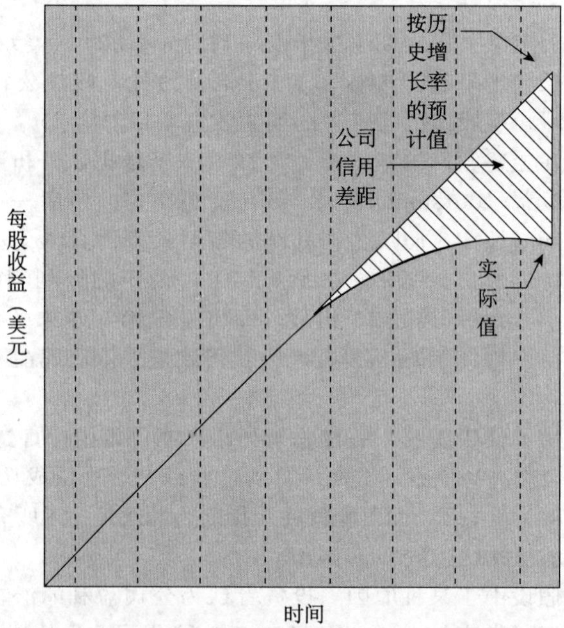

图 1—1　增长减速的必然性

注：对于公司来说，穿过公司信用差距（credibility gap）*，将投资者预期从实际增长率抬高到管理层所预计的增长率，显然具有潜在价值，但是也有其内在的困难。自由地进行财务报告会使该任务变得简单。因此，分析师应该以怀疑的态度来解读财务报表。

* 信用差距是指言行不一。——译者注

1.4.1 限制持续增长的因素

市场饱和 一种新上市的热门消费产品，其销售收入会在一段时间内以惊人的速度增长。但是最终，所有喜欢的人都会拥有一件（或两件，或消费者认为足够的某一定量）。那时，潜在的销售收入将局限于消费者置换商品所带来的收入，加上人口增长，即潜在消费者的增长所带来的收入。

竞争者进入 一家公司所生产的产品或提供的服务很可能被其他相似度极高的山寨品模仿或侵权，这些产品可以满足市场的同类需求，而又具有一定的差异性，以避开专利权或商标保护法因对原创者的保护而对仿制者的限制。

不断扩大的基数 如果公司第一年销售收入为 1 000 万美元，第二年它只需要新增销售收入 400 万美元就可以实现 40%的增长率。然而，如果公司要保持这一增长率，那么，在第 10 年将需要新增销售收入 5 900 万美元才能达到 40%的增长率。

从绝对数的视角，销售量无限期地增长在数学计算上是可能的。但是，远远超出国内生产总值（gross domestic product，GDP）年增长水平的增长率几乎是不可能维持几个时期的。根据定义，某类产品的增长率超过 GDP 的增长率时，其对年度 GDP 的贡献将占到一个较大的比重。随着产量的扩大，要转变消费者的支出模式来适应特定产品的持续高增长将变得越来越困难。

市场份额约束 在损害其他竞争者利益的前提下，通过扩大销售，公司在一段时间内可能突破在市场中和整体经济中增长的限制。但是，即使这种增长是通过市场份额的扩张，而不是通过产品市场需求的扩大来实现的，公司未来的增长也最终会达到极限，成为一个常量。例如，假设某产品占 10%的市场份额，年增长 25%，而整个市场需求每年仅增长 5%。要想保持该增长率，第 14 年，该高增长公司必须获得 115%的市场份额（先不考虑数学上的不可实现性，公司的这种高增长也可能被反垄断机构限制）。

基本的经济因素分析，加上复利表，向分析师证明了所有的高增长都会有终止的一天。这是一个残酷的现实，也必然会最终反映到股价中。然而，财务报告却经常编故事。考虑这一切所面临的风险，这显然是有悖常理的，也终究会被揭穿。财务报表的使用者应该熟识那些最常听到的公司版“杰克和豆茎”（Jack and the Beanstalk）的故事，在这些故事中，盈余的确像流行的谚语一样——“长到天上去”，而事实上正相反，报表使用者应当识破这些谎言。

1.4.2 对增长下滑的常见解释

“我们公司的年度比较被歪曲了” 意识到投资者对增长下滑的敏感，面临盈利减速增长的公司通常会用一些标准化的解释来说服投资者，让他们相信公司盈利增长的基本趋势依然是保持了历史水平（见图 1—2）。对这些所谓异常的、低于趋势线的盈利状况，公司可能会将其归咎于气候反常。或者，公司可能会借口由于一时的生产困难造成了延迟交货（不是取消，仅仅是延迟）。有意思的是，公司认为正是由于公司的爆炸式增长带来一时的生产困难（本来看上去是一个影响股价的消极因素，但是换句话说，就变成积极因素了，公司接受的订单超过了其处理速度——这确实是一个“高档次”的困难）。广为传播的一些宏观经济事项，如千年虫（Y2K）问题①，被责难为利润下滑的重要原因，而实际上其对利润的影响并没有那么大。但是，不管这些解释听起来有多么合理，分析师都应该认识到，许多过去所认为的短期异常变动，结果却证实了是盈利下滑的先兆。

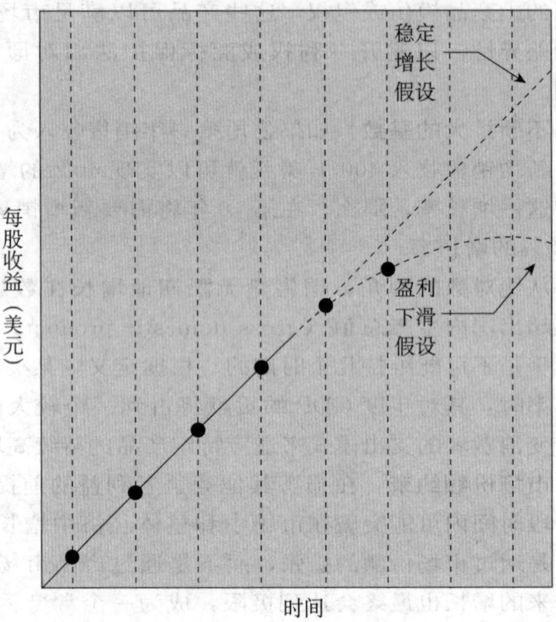

图 1—2　“我们公司的年度比较被歪曲了”

说明：最近的盈利数据仅仅是偏值（或异常值）还是增长下滑的开始，只有经过一段时间之后才知道。但是，企业会积极地强调前一种假设。

“新产品会将增长拉回正轨”　当公司提出其**成熟的**（mature）产品线会将现有增长下滑的情况恢复到原增长路径，这种解释有时是站不住脚的。此时，如果管理层能宣传一种或两种新产品，上述解释倒是一个绝妙的主意。即使该产品还处于开发阶段，一些强烈希望能充分信任公司的投资者仍会坚定地认为盈利会按历史水平持续增长（投资者以高于当前市价的成本买入股票时，这种希望可能会更强烈）。而一个冷静的分析师会希望有更加充分的理由来说服自己，他们清楚新产品通常都具有较高的失败率。

“我们公司正从成熟市场转向多元化经营”　如果一家注重增长的公司，其所处的整个行业都到了下滑的拐点，该公司除了将盈利转向高增长业务，可能别无选择。渴望增长，与追求周期性平衡一样，是公司采取**多元化**（di-

① 随着 1999 年 12 月 31 日的临近，经济权威人士警告说很多电脑系统将会把接下来的日期标记为 1900 年 1 月 1 日，该程序漏洞会导致严重的错位。很多公司将 1999 年下半年发生的滞销归咎于消费者不愿在即将发生的混乱之前做出大宗购买承诺，而这种恐惧事后看来是被严重高估了。

versification）战略的主要动因。

多元化经营在20世纪60年代的多元化并购热潮中受到追捧，达到顶峰。此前，能否通过处于不同行业、具有不同增长率的公司之间并购来实现高盈利增长还没有积累相应的经验证据。许多公司随后发现，多元化战略在实践中并没有收到理论上的效果。其中一个主要的原因是，那些各方都趋之若鹜的增长型企业往往拥有非常高的市盈率倍数，拟并购企业通常需要为并购该企业支付很高的价格。因此，除非盈利在新的所有权结构下能获得显著增长，否则主并方（acquirer）的投资收益率（return on investment）就必然处于一个较低的水平。在管理层不具备所并购业务的专业知识时，这个问题更加突出。而如果主并方支付了较高的溢价却只购买了"热门"行业中某个表现一般的公司时，情况会更加糟糕。而遗憾的是，从定义上来看，可供收购的行业领先者在数量上总是有限的。

到20世纪80年代，股票市场又提出了一种论断，认为多元化企业的市盈率具有多元化折价（conglomerate discount）。其中一个原因是认为证券分析师可能很难对跨行业经营的企业进行追踪。多元化企业的管理层对整个公司帝国的经营负责，其整体交易价格低于集团内部每个公司单独出售的价值之和，并非如同管理层所承诺的那样"2＋2＝5"。

虽然曾经历过多元化折价，企业仍将多元化经营作为一种在未来永久保持高盈利增长的方法，并进行了周期性尝试。在一次尝试中，管理层提出一种想法，即把一个业务分部的服务交叉销售（cross-selling）给另一个业务分部的客户的潜在可行性。但是，为什么支付溢价将两家企业收归在一个公司中，就比让一家独立的公司付费获得另一家公司的邮件列表更有利？答案并不明确。久经沙场的分析师想知道，多元化的公司战略是否取决于真正的**协同效应**（synergy），以及同样重要的变幻莫测的并购会计（mergers-and-acquisitions accounting）。

总之，财务报表使用者应该抱着"等着瞧"的态度看待企业以多元化经营重新实现高增长这种故事。这往往只是永远超平均增长神话的另一个变体。跨行业经营的公司同样会遭遇单一业务公司盈利增长的数学边界。

1.5 掩饰或有事项

掩饰特别重大的或有负债（contingent liabilities）是符合报表发布者利益的信息披露模式的第二种方法。由于**集体诉讼**（class action suit）的出现，即使是净值数十亿美元的公司也有可能因为环境污染或产品质量保证而被提起诉讼。因而，财务报表的发布者通常希望证券分析师关注公司的其他方面。

分析师一度倾向于回避那些表面上给企业带来破产威胁的索赔要求。他们发现，大规模诉讼通常满足于获得原索赔要求非常小的一部分。并且，诉讼的结果往往取决于案件最终进入审判时才出现的证据（即根据定义，如果庭外和解将永远不可能出现）。同时考虑到陪审团可能感情用事，以往时期的证券分析师认为，在盈利预测中考虑法律风险是一件非常困难的事情，盈利预测主要取决于**微观经济**（microeconomic）因素和**宏观经济**（macroeconomic）因素。至多，可以将可能影响公司权益的或有事项作为决定市盈率倍数的一个定性因素。

1982 年，曼威乐公司（Manville Corporation）的破产成为分析师看待法律或有事项的分水岭。关于该公司的或有负债，在该公司申请破产之前，建筑材料方面的专家一直在长期调查曼威乐公司所面临的石棉相关人身伤害诉讼案的细节问题。但是，当 1982 年 8 月 26 日该公司按《破产法》第 11 章提出破产申请时，许多投资者仍然认为这是一场意外的灾难。曼威乐公司的股价在申请破产的第二天即暴跌了 35%。

这种意外部分地取决于披露的程度。该公司在破产前，向证交会报告的最后一期季报中暗示，解决石棉相关诉讼的总成本大约为 3.5 亿美元，不到曼威乐公司股东权益（8.3 亿美元）的一半。但是，8 月 26 日，曼威乐估计诉讼的潜在损失将不少于 20 亿美元。

对于财务报表分析师来说，曼威乐事件将以前认为难以想象的情境变成了现实。一家在其他方面财务状况都表现良好的公司，可能仅仅因为法律诉讼而导致破产，这已经成为残酷的现实，而问题潜伏多年又将使打击更沉重。曼威乐公司的破产就产生于几十年前因接触该公司产品而染病的诉讼。接下来的几年，一系列破产申请也说明了石棉相关诉讼的长期性。它主要包括华尔德工业（Walter Industries）公司（1989 年）、国民石膏（National Gypsum）公司（1990 年）、优仕吉（USG Corporation）公司（1993 年；2001 年再次申请破产）、欧文斯科宁（Owens Corning）公司（2000 年）和阿姆斯壮世界工业（Armstrong World Industries）公司（2000 年），这些公司的资产总额都在 10 亿美元以上。

与石棉暴露、硅胶乳房填充物、环境灾害（见第 13 章）等相关的破产事件使分析师加大了对法律风险的关注。但是，即使是这样，在有些情况下，分析师仍然会只见树木不见森林，对面临重大或有负债的公司仍将注意力集中于财务比率的细节之上。对重大诉讼提出相关问题时，也仍然会满足于公司做出的就事论事的回答。

从报表发布者的角度出发，对于投资者关系负责人（investor-relations officer）对重大法律或有事项的责任往往没有经济生活的现实可怕。首先，公司经理显然希望能掩饰可能影响其所持有股票或期权（option）价值的风险。其次，作为诉讼的当事人，管理层发现其处于矛盾之中。对于他们来说，很难在告知投资者原告的索赔要求是合理的并且有可能最终胜诉的同时，很好地为公司辩护（的确，任何这样的公开承认都可能使公司在诉讼中妥协。因此，坦诚的披露可能并不可行）。最后，如果潜意识里，管理层否认对公司可能陷入困境的真实判断，这并不是反常的举动。对他们来说，承认自己的公司可能由于某些不可控的原因而倒闭，心理上是很难接受的。即便公司拥有盈利增长的出色表现和稳健的资产负债表，申请破产仍可能是其唯一的出路。

基于以上原因，分析师必须特别小心：当潜在的可能为公司带来毁灭性打击的或有负债影响到据其计算的财务比率时，分析师必须进行独立判断。这并不是指对管理层的诚实和坦白妄加评论。如果公司管理层总是否认问题的严重性，可能并不表明他们在通过过于乐观的财务报告来刻意地误导分析师。并且，即使公司管理层冷静地面对现实，也可能无法进行可靠的估计，毕竟，他们从未在发生类似问题的公司工作过。因此，也就没有对事件的最坏可能性进行预计的基础。而对于见过类似公司的分析师来说，他们对事件会有深刻的见解，也会更加客观。另外，分析人员应该与原告方代表进行交流，而不是完全相信公司关于重大诉讼所做的定期跟进报告。原告方的观点虽然不可能完全保持中立，但是能帮助发掘出管理层认定诉讼不成立的一些逻辑错误。

1.6 保持怀疑态度的重要性

至此，读者可能明白了为什么本章的标题为“财务报告的逆向选择性”。财务报表的发布者总是选择有利于抬高股价的会计方法，而不是帮助分析师来了解公司真实的财务状况，因此，分析师不能对公司的发展过于乐观，而是应该保持怀疑的态度。如果分析师的工作就是不断地进行否定，提出令人尴尬的问题，让那些希望获取投资者、顾客和供应商好感的公司头疼和讨厌，那么，一些读者可能会认为他们天生就不是当分析师的材料。

一味与人对立确实不是一种愉快的生活方式，本书的立场建议分析师不要总是对财务报表发布方恶言相向。相反，分析师应该将报表的发布者看成是篮球友谊赛中暂时对立的对手。在球场上，他们之间的竞争可以很激烈，但这也只是为了增加比赛的娱乐性而已。比赛结束，所有的人可以一起出去吃比萨、喝啤酒，玩个痛快。简而言之，财务分析师和投资者关系负责人对待工作应该像律师那样超然。他们打每一场官司纯粹都是出于想要胜诉的心理，而不在于诉讼本身一定要有多大的内在意义。

财经记者往往以一种崇高道义的语气来描述财务报告和分析之间的相互关系。典型的表现是，他们揭露公司在玩数字游戏，谴责公司的贪婪和欺诈。将编制财务报表看成是正义和邪恶之间的伟大斗争，这可能适合于记者。但是，对于财务分析师来说，想要做好自己的工作并不需要加入道德警察的行列中来。

另一种方法是学着去了解财务报告中的诡计，甚至在一定程度上去欣赏发布者的聪明才智，他们不断地想出新招，引导投资者偏离正轨。我们并不是支持彻底的舞弊，而是要做到那些隐藏经济实质、同时又并不违法的披露，确实需要杰出的才智才行。将报表发布者和使用者之间的互动关系看成是一场比赛，而不是一幕道德剧，设身处地，分析师会更容易理解对方的行为。就像象棋大师预计对手的下一步棋一样，分析师也应该考虑，如果他们处在发布者的位置，将会采用什么策略。

“噢，不！”此时，一些读者肯定会想，“起先，本书的作者告诉我，我不能简单地往标准化的电子表格中填入数字。现在，我又必须去进行角色扮演的练习，在报表生成之前猜测他们会使用哪些花招。我原以为这本书应该是让我的工作变得更简单，而不是更复杂。”

事实上，本书的目的是为了使读者成为一个更好的财务分析师。如果能有达成此目标的捷径，作者将会毫不犹豫地那样去做。但是，财务报告产生的制度环境要求谨慎的分析师必须除了计算传统的财务比率之外，还要做更多的工作。没有本书这几页所提到的怀疑态度，财务报表的使用者将会陷入这样一个系统之中：这里对复杂问题提供过于简单的答案，对拒绝接受财务报告账面数据的人形成打压之势，而且，不合理的是，报表发布者能够从被怀疑的地方获益。

股票投资就存在这样的内在系统偏差。在广大投资者中，许多大型复杂的金融机构利用最可行的分析技术为其投资组合（portfolios）选择证券。同时，在股票投资者中也有一些人并没有接受过财务报表分析的培训，没有能力评估企业年度和季度的盈余报告。这两种投资者都是企业重要的融资来源，从长远来看，也都能从市场经济资本回报中获利。但是，却不能用同一种方式向他们兜售股票。

通常什么股票在个人投资者中卖得最好？这只是一个“故事”。有时候，“故事”与某种具有很大的市场潜力的新产品有关。在另一种情况下，“故事”中推荐的股票反映了当前的经济趋势，如利率降低或国防支出递增。还有一些“故事”产生于可能的公司收购这样的谣言。大多数“故事”的主要特征都包括承诺高收益、表面上逻辑合理和缺乏数据验证。

分析师对财务报表进行深入研究后得出的股票购买建议，如果能够适应财务分析“外行”的需求，将其转化成软性的、定性的描述是没有坏处的。但是，很多时候，“故事”源于股票经纪人，甚至是报表发布公司的高管办公室。在这种情况下，传播“故事”的热情可能更多地取决于描述性文字的吸引力，而不是支持性分析的可靠性。

个人投资者对“故事”的偏爱削弱了进行严肃财务分析的动力，但是机构投资者也没有营造理想的环境。虽然最好的投资机构会进行严谨的、富有想象力的研究，但是，其他许多机构仍如本章前面所述，采取非常机械的方式。它们将财务报表分析简化为预测每股收益，然后得出市盈率倍数。实际上，一些不是很严谨的投资经理通常假定只要这一种方法确实对某种股票有效，就表明是一种具有吸引力的投资。遗憾的是，许多华尔街的研究报告也迎合了这些机构的做法，丢掉了分析的全面性，而是根据公司的大量数据预测其最新盈利，以实现其经营目标。

此外，投资公司并不是唯一让严谨的财务报表分析师感觉格格不入的地方。制造业企业和批发企业的信用部门也都存在其制度的弊端。

首先来看一下专业词汇“授信审批流程”。顾名思义，“授信”即意味着企业倾向于扩展信用而不是拒绝提供信用。这在某种程度上是正确的。图1—3中，中立的临界点 A，即接受和拒绝的客户各占一半，是一种不必要的高信用标准。任何采用该标准的公司都可能会错失很多潜在的客户，而这些客户几乎没有违约的风险。而临界点 B 可能会失去更多的客户，同时也没有任何信用损失，也不是最优的方案。追求利润最大化的管理层会以临界点 C 为目标。临界点 C 表示在该信用水平下，会发生应收账款损失，但是新增客户所带来的利润能抵消该损失，并略有节余。

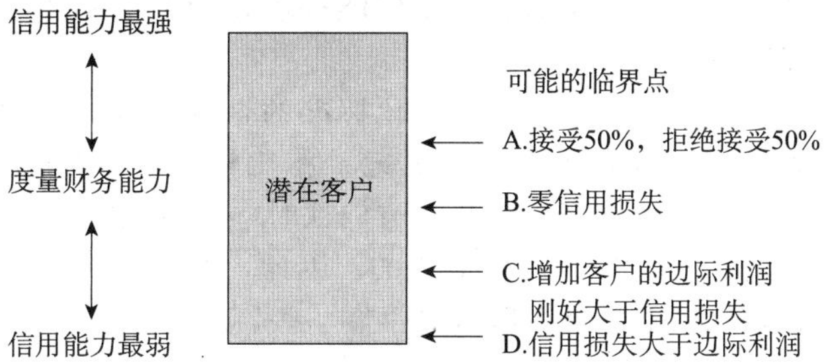

图 1—3　对有利信用评估的偏向性

为了达到最优结果，信用分析师必须核准一些最终可能违约的客户，即需要分析人员“犯错”。而这些所谓的“错误”在分析师严格遵从对客户财务报表进行分析后所得结论时，是可以避免的。公司通过避免另一种相反错误（拒绝不会违约的潜在客户，即“误拒”）的产生来弥补这种“误受”错误的成本。

只要目标真的是为了实现利润最大化，以一种错误来抵消另一种错误是完全合理的，符合理性分析。然而，这总是存在一种危险，即公司将会以销售收入最大化替代利润最大化。在这种情况下，信用经理将会使系统偏差更严重，至图 1—3 中的临界点 D。如果公司向销售人员支付佣金，而且其薪酬并非紧密连接其顾客的体验数据时，上述问题就会发生。那种激励系统的理性回应是向信用分析师施压，要求其批准那些财务报表表明本应拒绝的信用申请人。

在商业信贷中也存在着类似的压力，需要在收入增长和合理的信用政策中作出权衡。银行或金融公司的财务报表分析师可能会被借款人百般游说，称其是忠实的长期客户，目前出现了临时的困难。或者，借贷人员可能忽视客户的财务比率不符合标准而坚持认为应该予以核准某项贷款，理由是申请借款的单位是一个新兴的、进取的企业，具备成长为大客户的潜力。在贷款需求不足的时期，信贷政策的例外情况在数量上和程度上都会增加。

在考虑例外情况时，信贷分析人员应该考虑财务报表没有反映出的定性因素。同时，分析师必须牢记在心，信贷的定性因素无非两个方面：适宜信贷的和不适宜信贷的。读者务必牢记的第二点是，冷冰冰的但可靠的统计数据表明，通常陷入“临时”困境的公司和创业期的公司比一般公司更容易发生债务违约。

任何一个高风险的公司在竭力取得贷款时，都会给出貌似合理的理由，令投资者忽略其财务比率。但是，由于这些看似合理的定性因素是华而不实的，总体上来看，这样的借款方大多数都会发生违约。1989—1991 年，美国高收益债券（垃圾债券）出现了一次大规模的违约潮，这些债券的发行依赖于公司据称有价值的资产的实力，而这些资产本身在资产负债表外。发行方告诉债券投资者，伟大的梦想加上管理层的雄心足以保证企业的持续偿债能力。另外一次大规模的违约潮发生在2001年，当时处于发展早期的电信行业几乎没有任何财务数据以供计算财务比率。向这些新生企业贷出资金的理由是认为新技术突飞猛进的发展能提供各种电信服务，以满足人们对电信服务的无限需求。

不可否认，一些符合量化标准的企业也可能会发生违约。不同的是，分析人员能将财务比率与历史记录相比较，从而判断用其预测破产（见第13章）的可靠性。而在企业申请贷款时，采用资本不足公司的高度异质的定性因素进行比较测试是行不通的。因此，对于分析人员来说，主要依靠数据要比在定性因素中进行取舍更可靠一些。

1.7 小 结

本章的一个主要目标是对财务报表分析的很多讨论能弥补其往往缺乏的重要部分。除了会计原则、现金流量和标准比率的定义之外，分析师还需考虑公司管理层的动机，以及其所处组织环境的动态性。忽略这些因素将导致分析师对报表发布者与报表使用者之间沟通的根本意图形成错误的假设。

并且，如果分析师不了解其所在企业的运作，就可能对分析结论进行错误的推断。当进行充分的财务分析后所得出的结论被认为是“错误的”时，分析师需要弄清楚这到底是反映了分析本身的不足，还是由于上级越过财务分析师的建议而作出的决策。有时，高管层为支持其利用闲置资金（进行投资）或者进一步筹集借款资金的行为，会使财务报表分析服从相关决策。通常在这种时候，企业会以财务报表分析的原则已经发生了根本变化来说服自己，从而使其行为合理化。分析人员不必采用辞职这种极端的方式来进行抗议，不过，如果他们能够避免深陷当时的错觉，他们将会从中获益。

当然，至今为止有关财务报表分析的文献并没有完全忽略组织行为。典型的学术研究将报表发布者界定为追求利润最大化目标的企业，如果企业能合法地高估盈利，而且它们相信这将有助于提升权益的市场估值，它们将倾向于高估盈余。该模型落后于企业的主流研究，目前在金融学其他分支研究中盛行。[①] 其不再将企业视为一个持续追求股价最大化明确目标的单一组织，而将企业视为由具有不同利益取向的个体所组成的集合体。

采用这一更复杂的模型，分析师可以揭示关于财务报告的未解之谜。由于作为肇事者的企业终将受到惩罚，高估利润的行为从长远来看似乎得不偿失。例如，假设企业将资产在较长的时期内折旧，该折旧年限与补偿资产的物理损耗及制造方法上的技术革新速度不相符合。当需要重置现有资产时，企业面临两个缺乏吸引力的选择。第一种选择是将设备的折余价值一次性转

---

① 参见 Michael C. Jensen and William, H.，“Meckling Theory of the Firm：Managerial Behavior，Agency Costs and Ownership Structure，” *Journal of Financial Economics*，1976，(3)：305-360.

销，由于已经过时，设备转让价值很小，从而影响企业的当期盈利。另一种选择是企业推迟更新最新的设备，这样企业将失去竞争优势，并影响未来的盈利能力。试想，如果企业最初就没有高估盈利，虽然可能影响当时投资者对企业的信用评价，那么企业目前所面临的状况是否更好？

如果分析师从管理者的角度来考虑问题，就可以获得对上述谜团的一种可能解释。当企业通过低估折旧“借入”报告盈利时，计算盈余的那一天，当企业必须“偿还”报告盈余时，可能已经超过了高管的计划期。一个计划在 5 年后退休，且其任期内的薪酬基于报告盈利增长的首席执行官，会以未来经营业绩为代价来夸大本期盈利。换句话说，企业所有者的长期利益可能与其代理者，即获取报酬的经理人的短期利益并不一致。

显然，分析师不可能总是能读懂管理层的心理或洞悉管理层的真实动机。不过，读懂财务报告目标还是有好处的，这里所说的目标不是初级会计学教材所假定的目标。不考虑其他情况，当认识到管理层有要伎俩的动机时，这会鼓励作为分析师的读者在公司出现披露不实的情况下更加相信自己的直觉。在既定情形下，管理层可能认为坚持己见、拒绝变动是消除分析师对其明显错误的决策进行批判的最好方法。即使首席执行官能不露声色地摆脱困境，但错误终究是错误。意识到管理层可能正致力于实现利己目标时，分析师将会提前防备。他们对管理层总是为获取股东长期利益而进行艰难决策的说法表示怀疑，而对此公司的外部人难以识别。

认识到财务报告的责任应由做出披露的人承担，现在，分析师就可以对基本财务报表进行分析了。揭示财务报表所隐藏信息的方法及其所隐藏信息的具体内容，就构成了以下三章的核心内容。从掌握基础知识到利用最后两章所给出的方法进行投资决策，分析师都必须始终保持怀疑的态度。

第二部分

基本的财务报表

第2章

资产负债表

资产负债表是一个伟大的发明，但是，它也有两个重要的缺陷。第一，从理论上来说，资产负债表应该可用来汇总企业所拥有的所有资产的价值，但实务中这些价值量经常让人难以捉摸。第二，许多事物都拥有价值，应该被确认为资产，至少一个外行也认为是这样。但是，并非所有事物都能够被赋予一个具体的价值并被记录于资产负债表上。例如，服务业的所有者总爱说："我们的资产每晚都像在乘电梯下行。"* 人人都知道，企业拥有"人力资本"——员工所拥有的技能和创造性，但是没有人设计出一种估值方法能够精确计量人力资本，以反映于资产负债表上。会计人员并没有走向相反的极端，将所有的无形资产（intangible assets）都排除在资产负债表之外，而是不可避免地主观将其分为允许计量反映的无形资产和禁止计量反映的无形资产两大类。①

20 世纪 90 年代末，随着许多大公司智力资本占公司估值比重的增加，对资产会计处理的学术争论愈演愈烈。五大会计师事务所之一的安达信（Arthur Andersen）进行的研究表明，1978—1999 年，美国上市公司的**账面价值**（book value）占股票市值的比重从 95%下降为 71%。② 投资者越来越

---

* 形容价值下降得非常快。——译者注

① 出于记录的目的，会计行业将资产定义为"过去的交易或事项形成并由企业拥有或控制的未来经济利益"(Statement of Financial Accounting Concepts No. 6, Financial Accounting Standards Board, Stanford, Connecticut, December 1985, 10)。

② Barry Libert and Barbara Sayre Casey, "Accounting for Value," (letter to editor) *Barron's*, December, 11, 2000, 65.

愿意为传统资产之外的事物支付溢价。这些传统资产是由公认会计原则规范的，包括厂房、机器、存货、应收款项和有限范围内的资本化支出。

极端的例子是，新兴的互联网公司几乎没有实物资产，却获得了巨大的**市场价值**（market capitalization），其价值来源于承诺在遥远的未来能带来高额利润的“商业模式”。通过向消费者投放大量广告建立起用户基础，这种方式成本较为高昂。但是投资者相信，大量的、忠实的用户终有一天会转化成企业丰富的收入来源。

在 2000 年的“科技灾难”中，许多网络公司的股票市值蒸发了，但是信息密集型的新经济与传统资产概念之间的不匹配却依然存在。著名会计学家认为，财务报告实践起源于重型制造业占主导地位的时代，公认会计原则不允许对研发费用资本化，严重低估了研发支出所产生的价值。他们进一步发现，传统会计只有在资产出售时才确认其价值增值。纽约大学的巴鲁克·列夫（Baruch Lev）认为，“在当今的经济环境下，交易不再是价值创造或减损的唯一基础，因此，传统会计系统在反映经济实质上存在缺陷。”他举例说明，药品通过关键的临床测试或者软件程序成功通过 Beta 测试都会提升价值，“但由于并没有金钱交易，所以并没有会计事项发生。”[①]

2.1 价值计量

历史上，会计人员试图解决的价值计量问题一直以来也困扰着哲学家、经济学家、税务稽核人员以及司法机关。数个世纪以来，道德哲学家坚持认为，商人应当按照“公允”价值进行交易。早期的经济学家尝试着根据计算产品中所耗费的劳动力的单位数量来获得产品的内在价值。对不动产价值的评估也形成了几种不同的方法，包括租金的**资本化**（capitalization）、基于可比资产的销售价格来推算不动产价值以及在假定资产得到充分高效利用时估计其价值。虽然不同阶层债权人之间的协商对最终决策起到重要作用，但法院在对破产企业资产进行估价的过程中也采用了类似理论。

在对企业愿景有了较为清晰的认识后，会计行业经过理论流派之间的激烈竞争，很早就达成共识，将历史成本（historical cost）作为非金融资产的计量基础。资产取得或构建的成本具有客观性和可验证性的优点，因此，作为价值的基准，历史成本与会计的传统原则——谨慎性（conservatism）保持一致。

然而，不管具有怎样的优点，历史成本系统也有其自身的缺陷，即使是对会计初学者也显而易见。如前所述，基于交易的计量原则意味着，只有交易中的资产才能在资产负债表中得以反映。这一惯例所带来的最常见的问题就是对商誉的处理。由于卓越的品牌效应及与供应商多年以来建立起的紧密关系，A 公司的价值超出其有形资产（tangible assets）的价值。但是，因为

① Jonathan R. Laing, “The New Math: Why an Accounting Guru Wants to Shake Up Some Basic Tenets of His Profession,” *Barron's*, November 20, 2000, 31-36.

不涉及任何交易，该无形价值并没有在 A 公司的资产负债表中得以反映。当 B 公司以高于账面价值的溢价购买 A 公司时，该无形资产随即确认。对于财务报表的使用来说，其好处在于 A 公司的资产得到了完整的反映。但是，缺点在于在 C 公司与 A 公司拥有相同的有形资产和无形资产的情况下，由于 C 公司没有被并购，从资产负债表上来看，A 公司的价值却高于 C 公司。

在试图衡量公司真实价值的时候，人们可能会遇到相当多的困难。试想，例如，一台专业机器，取得时的价格为 50 000 美元。在该设备投入运行的当天，甚至先不管周围设备的折旧率设定得如何五花八门，关于设备的价值，已经是仁者见仁、智者见智。如果这台设备的估值低于 50 000 美元，则公司可能不会支付 50 000 美元购买该设备。然而，为公司提供担保的借款方可能会抱有更保守的态度。一方面，由于每年生产的类似机器只有很少的数量（如果机器是个性化定制的，则可能根本没有可比机器），借款方将会发现未来要通过可比机器的情况监督该抵押机器的价值很难。另一方面，由于该机器的专业化特性，使得该机器仅适用于少数几个厂家，所以，一旦借款人最终被迫取消抵押品赎回权，可能不会有买家准备购买 50 000 美元的机器。进一步，所有的潜在买家可能远在数英里之外，所以清算中的机器价值将因为运输成本和再安装成本降幅更大。

当处理活跃交易的商品诸如原油储备时，可能不会像评估某一行业的设备价值一样面临那么多问题。但是，即使是这种资产，也难以得到精确的、易于达成共识的估值结果。由于石油公司频繁买卖埋于地下的储备，现货交易价格很容易获取。然而，由于无法直接测量石油储备，这些交易是基于对特定地质构造中最终产出量的估计进行的。甚至当石油工程师采用最先进的技术，他们的估计仍然主要依赖于主观判断和推测。进一步，对于一口油井而言，开始出油时按照采用最科学的方法预计的产出率产油，短时间后产出逐渐下降，最终的产量仅为其估计储备的一部分——这并非闻所未闻。由于存在这种不确定性，将记录石油储备的真实价值作为会计人员的目标并不现实。财务报表使用者至多期望那（会计记录的资产价值）是明智的猜测，而最诚实的人们（不考虑流氓和既得利益者）有足够的空间去质疑这些估计。

2.2 金融资产估值的可比性问题

有形资产估值存在很多困难，如果不要求最优解决方案，则凭借其客观性的优势，使得历史成本获得青睐。不过，一些金融资产并不受上述困难的影响。这些金融资产每日在诸如纽约股票交易所之类的成熟资本市场交易活跃。采用财务报告期期末的市场报价而非根据历史成本作为这类资产估值的基础，同时达到客观性和准确性，是可行的。

然而，分析师必须记住，基于在高度流动性市场上形成的持续报价，很多公司在资产负债表上确定并披露的大量金融资产价值并不可验证。在**公允价值会计**（Fair Value Accounting）下，这种资产所据以估值的金额是在现实交易中买卖双方都有交易意愿的情况下确定的，而并不包括清算销售的情况。如果不存在该资产的活跃市场，公司可以根据交易活跃的类似资产的报价确定其在资产负债表上的价值。在这种情况下，公司必须作出假设，在有活跃交易的资产和非活跃交易的资产二者非同质的情况下，市场将如何进行调整。如果不存在可比资产，公司可以采用其自己假设市场参与者将采用的、假设正在估值的资产的招标价或竞标价。财务报告使用者有理由认为，一些公司对市场假设所作出的假设将会是自由设定的，具有高估非活跃交易资产价值的潜在性。滥用自由裁量权是造成安然舞弊案的一个原因（参见第11章）。

归功于近几十年的金融市场创新，出现了一大类主观估值的金融资产，包括非交易性金融衍生品（derivatives）。（这些资产的共同名称“衍生”意味着其价值是从其他资产价值中衍生出来的，后者诸如商品或证券指数。）在金融市场危机中，金融工具能够被购买或出售的价格会发生剧烈波动。公司将偏好那些决定其股票价格的投资者不去看或考虑价值的损失，公司永远将这种损失划定为暂时性损失（这并不总是正确的）。对于一家金融机构，更大的担忧是基于市场推断出的情况以及资产负债表上金融衍生品价值真的发生暂时性下降，其监管者将会宣告机构破产。

看到上述缺陷，财务报告的发布者已经拒绝强制全面推行公允价值会计的政策。作为妥协，财务报告会计准则（SFAS）115称，金融工具的估值根据发布财务报告的公司的使用意愿来确定。如果公司打算持有负债至到期，则按照摊余成本减去减值（如果有）后的金额作为其价值进行会计记录。（摊销是指在到期日前的剩余时间内，扣减超过面值的溢价或加回低于面值的折价。减值是由于有确切证据表明债务人将难以满足偿债条款。）如果公司打算在近期销售一笔负债或权益证券，希望通过这一交易赚取利润，则应按照公允价值记录金融工具，并在盈余中包含未实现利得和损失。公司的第三种态度是将负债或权益证券既不划分为持有至到期投资，也不划分为交易性金融资产，而是将其划分为不明确的类别，即可供出售金融资产。在这种情况下，金融工具按照公允价值进行计价，但是未实现利得和损失不计入利润，而是计入其他综合收益，作为所有者权益的独立组成部分。

关键点在于一项资产在一家公司资产负债表上的估值可能与同质资产在另一家公司资产负债表上的估值存在根本差异，原因在于不同的公司持有资产的意图不同。

甚至是一张资产负债表上所披露的一项资产也可能会呈现两种不同的价值。例如，当2008年权益价值大幅缩水时，杠杆收购合伙公司的经理对于他们所持有的股份所作出的减值存在严重差异。许多交易是由多个私人权益企业共同参与的。一项大学养老基金或养老金计划的出资方可能是一家私营公司的有限合伙人，而这家私营公司可能是由两个或更多个私人权益基金持有，这些基金对公司的估值是不一致的。投资于机构的这些基金，其资产负债表上对同质的股份估值不同，而这正反映了其基础价值。

不考虑诸如私人权益企业的外部相关方的参与，估值不一致也会破坏一家企业的资产负债表的完整性。一项针对2008年9月雷曼兄弟破产案的调查发现，投资银行内的每一个交易平台都有其各自的资产定价方法。甚至对于某一种资产类别，方法亦不同。而所谓在估值中强制实行标准化的产品控制组，从事控制工作的人手又不足。顺便一提，我们至少可以推断，雷曼兄弟所采用的一些控制方法是非常可疑的。例如，投资银行基于当年第一季度发表的摩根士丹利研究报告估计其2008年第二季度的价格。①

2.3 价值“瞬间”蒸发

由于许多资产的价值估计过于主观，资产负债表容易发生突然的、随心所欲的修改。例如，2001年7月27日，通信网络配件制造商JOS Uniphase公司将其商誉价值降低了448亿美元。这是时至当时公司历史上最大的核销金额。

该公司经济价值的大幅下降并不是在一天之内发生的。早在几个月前，JDS公司就曾提醒投资者公司将会发生一笔巨大的核销，这源于公司在20世纪90年代末通信行业繁荣时期所并购业务的衰退。② 但是，如果投资者完全依赖JDS公司的资产负债表，他们将会认为此次价值损失是突然事件。

在JDS Uniphase公司事件发生前不久，北电网络公司（Nortel Networks）将其商誉核减了123亿美元，互联网软件及光纤领域的一些大公司也紧随其后。但是，发生价值“瞬间”蒸发的也不仅限于高科技公司。2000年第四季度，油漆及相关产品制造商宣威·威廉姆斯公司（Sherwin-Williams）确认了3.52亿美元（税后2.936亿美元）的减值损失，而这大部分来源于商誉的下降，其商誉产生于公司一系列的并购活动。即使在确认巨额减值损失后，商誉仍然占到宣威·威廉姆斯公司资产的18.8%，占股东权益的47.9%。

简而言之，新经济公司和旧经济公司都可能遇到账面资产价值的突发性损失，表现得不堪一击。因此，财务报表的使用者不能假定资产负债表上的数字总是与资产的当前经济价值相符，而只能合理预期这些数字是根据公认会计原则计算的，解决问题的关键在于把握这些会计惯例与现实之间的关系。

如果认为这是一项艰巨的任务，则读者可以从债券评级机构（bond rating agency）（参见第13章）的成功中获得鼓励，这些债券评级机构通过详细审阅财务报表来识别经济实质。2001年数百亿美元商誉的核销并没有如人们

① Henny Sender, Aline van Duyn, “Lack of Consistency in Lehman's Asset Valuations,” *Financial Times*, March 15, 2010, 17.

② Barnaby J. Feder, “JDS Uniphase Will Write Down $44.8 Billion in Assets,” *New York Times*, July 27, 2001, C1-C2.

所预计的那样引起大幅降级。这是因为，在前述公司核销资产价值时，穆迪（Moody's）公司和标准普尔（Standard & Poor's）公司并没有将会计价值的变动等同于对债权人保护的减少。当然，公司核销一项价值 10 亿美元的商誉时，其资产对负债比（the ratio of assets to liabilities）会下降。但是，其有形（tangible）资产对负债的比率并不会改变。虽然评级机构对两个指标都关注，但是通常更重视剔除无形资产，如商誉之后的比率。

2.4 商誉有多“好”？

在整个 20 世纪 90 年代末新经济迅猛发展的时期，穆迪公司和标准普尔公司对无形资产的价值持怀疑态度，这与当时的市场主流观点相悖。一种较为新颖的观点认为，根据公认会计原则所编制的资产负债表低估了动态行业如计算机软件和电子商务（e-commerce）公司的价值。这些公司的盈利能力及其持续发展来源于商业灵感和创新的经营模式，并非“钢筋水泥”，而传统会计是为后者设计的。因此，为适应经济的变化态势，宣告构建新范式的大势所趋，会计准则制定者必须将所有原费用化支出进行资本化处理，并反映在资产负债表的资产方。在这种背景下，商誉是在公认会计原则下长期被视为合法的会计项目，而分析师质疑商誉的合理性，看起来的确过于保守。

事实上，Uniphase 公司巨额核销前股市的亢奋即说明了评级机构对商誉持怀疑态度的原因。通过以股换股的并购交易，20 世纪 90 年代末股价的急剧上升得以在资产负债表中反映，而不管公司股价变动不影响账面净值的一般假设。与将卖出股票的现金流入作为公司收入确认（参见第 3 章）的做法一样，这也是一种典型的“金融炼金术”（financial alchemy）。

表 2—1 描述了股价上涨与商誉增加之间的关系。情景 I 中，相关主并公司（简称“主并公司（amalgamator）”）和联合被并公司（简称“被并公司（consolidator）”）都按照每股账面价值的 1.0 倍进行交易。* 主并公司和被并公司的股东权益（shareholders' equity）分别为 2 亿美元和 0.6 亿美元，等于公司的市场价值（market capitalization）。主并公司用 0.8 亿美元的库存股（treasury stock）并购被并公司，即支付了占被并公司市场价值 $33\frac{1}{3}\%$ 的溢价（premium）。

现在对信用质量的一个重要指标进行分析。在并购前，主并方和被并方的总资产对总负债比率（参见第 13 章）分别为 1.25 和 1.18。在换股并购中（stock-for-stock acquisition）并没有产生新的实物资产（如现金、存货或厂房），也没有减少任何现有负债。从逻辑上来说，被并方的 1.18 会拉低合并方的 1.25，使得合并后公司（combined company）的数值居于二者之间。

* 即股票市盈率都为 1。——译者注

表 2—1　　**预计资产负债表，20××年 12 月 31 日**　　单位：百万美元

	主并公司	被并公司	并购价格	合并后公司预计值
情景Ⅰ				
有形资产	1 000	400		1 400
无形资产	0	0		20
总资产	1 000	400		1 420
负债	800	340		1 140
股东权益	200	60	80	280
负债和股东权益合计	1 000	400		1 420
有形资产/总负债	1.25	1.18		1.23
总资产/总负债	1.25	1.18		1.25
市场价值	200	60		280
情景Ⅱ				
有形资产	1 000	400		1 400
无形资产	0	0		60
总资产	1 000	400		1 460
负债	800	340		1 140
所有者权益	200	60	120	320
负债和所有者权益合计	1 000	400		1 460
总资产/总负债	1.25	1.18		1.28
有形资产/总负债	1.25	1.18		1.23
市场价值	300	90		480*

* 忽略稀释每股盈余的可能影响。

然而，事实上并购后总资产对总负债比率却为 1.25。通过支付被并方有形资产价值溢价，主并方产生了 2 000 万美元的商誉。该无形资产虽然仅占合并后公司总资产的 1.4%，却足以使主并公司在不影响债务指标的基础上并购一家债务质量比率差的公司。

如果上述结论看上去不尽合理，我们来看一下情景Ⅱ。如表 2—1 所示，股市回暖使得两家公司的股票都涨至其账面价值的 1.5 倍，而主并方和被并方总资产对总负债比率依然维持在 1.25 和 1.18 的水平。对于保守的债券投资者来说，股票交易的狂热可能会在不知不觉的任意时刻消失，账面资产不受狂热股市影响而依然按历史成本减去折旧后的金额列示，会让他们倍感安心。

在情景Ⅰ中，主并方支付占被并方市场价值 $33\frac{1}{3}\%$ 的溢价来完成并购。不过，溢价是根据更高的市场价值计算的。在市场价值上升的情况下，为达到此溢价水平，并购价格从 8 000 万美元增加到 1.2 亿美元。此时，并购产生的商誉不再是 2 000 万美元，而是 6 000 万美元的无形资产。

当保守的债券投资者计算并购后公司的总资产对总负债比率时，他们会惊人地发现，将总资产与总负债比率分别为 1.25 和 1.18 的两家公司合并后，不知出于怎样的原因，合并后公司的比率竟然为 1.28。并且，通过简单的计

算可知，如果主并方支付一个更好的并购价格，合并后公司的比率将更高。由此看来，对于公司来说，改善信用质量最简单的方法就是以高价进行换股并购了。

显然，这是个荒谬的结论。事实上，情景Ⅱ中应收账款、存货和机器等可用于出售以偿债的资产相比情景Ⅰ并没有增加。在给定主并方总资产对总负债比率高于被并方的情况下，合并后公司的比率必然低于主并方。并且，依常识判断，相比按公允价格并购，主并方按较高溢价进行并购时，并不会因此就真正提高信用质量。

这种情况下，解决该逻辑矛盾的一种简单方法是，在计算资产对负债比率时将商誉剔除。如表 2—1 所示，主并方在并购被并方后，有形资产对总负债比率在情景Ⅰ和情景Ⅱ中均为 1.23。该结论最为准确地反映了经济现实。为了确保获得常识性结论，信用分析人员应该借鉴信用评级机构的做法，在计算资产负债表比率时，同时考虑含商誉和其他无形资产的情形与剔除无形资产的情形，并且对后者予以更多的关注。

基于有形资产的计算并不等于说无形资产就不重要。主并方如果能在明天即将被并公司转手或卖出，就有可能实现 6 000 万美元无形资产的全部或部分。但是，这几乎是不可能发生的。比较可能的情形是，几年后当股票从当前高位下跌之后，将被并方卖出。在这种情况下，6 000 万美元是不可能完全实现的。

即使不考虑股价下跌的可能，在基于资产负债表进行信用质量分析时，也应该剔除或降低商誉的价值。与存货或应收账款不同，商誉不是可以出售或让售（factor）以变现的资产。商誉也不能同厂房和设备一样用于**售后租回**（sale-leaseback）。简言之，商誉不是在公司发生财务困境时管理层可以将其变现或用于筹资的独立资产。因此，在对资产保护的分析中，将商誉包含在内是有问题的。

总体来看，20 世纪 90 年代新经济高歌猛进，评级机构抵住诱惑，给出了合理的判断。由于一些狂热的情绪助长了所有类型无形资产的价值，评级机构陆续将分析的重心转向资产负债表中仅含有形资产的核心指标。因此，基本上，在公司突然增加无形资产价值时，并不会改变穆迪和标准普尔公司对其的信用评级。

一般而言，资产核销并不会使公司的信用评级下跌。有时，在宣告核销的同时会披露之前未确认的、由经营活动所引起的资产减值损失。这种情况下会降低公司的信用评级。另外，有时核销还会伴随着关闭特定经营活动。与之相关的遣散成本（员工辞退支出）会使企业发生较大的现金流出，从而使企业财务状况恶化。最后，核销可能会使企业违反债务契约（参见第 12 章）的规定。紧张的债权人可能通过取消公司的信用额度而发生**技术违约**（technical default），使企业陷入流动性（liquidity）危机。但是，就其本身而言，仅仅出于经济现状调整资产负债表，并不是一种降低债务的信用保护方法。

2.5 旧经济模式下的价值损失

高科技企业，如JDS Uniphase公司的商誉核销成为财经新闻中引人注目的头条，但是商誉核销绝不是资产负债表内资产价值突然急剧下降的唯一形式。在旧经济模式下，大量的制造业企业只能赚取低技术含量产品的低边际利润，在长期侵蚀下，其未来盈利能力较为脆弱。常见的弊端有激烈的价格竞争以及由于近期压力需要留存现金而对现代化厂房、设备投资不足。由于其固定资产收益率的持续下降，如纸、化工和钢铁等行业生产商必将面临报告资产的永久减值。

在公司收益率持续较低的情况下，要想精确预测未来会计价值的减少幅度是不可能的。的确，我们不能保证企业可以完全把握其被高估的净值，特别是在企业发展的第一个阶段更是如此。但是，要想估计预期减值幅度，分析师可以根据可比公司的收益率来调整资产负债表上的股东价值。

举例说明，假设Z公司在过去5年的平均净利润为0.24亿美元。由于公司的中等盈利中大部分用于支付股利，公司的股东权益一直维持在大约3亿美元的水平。另外，假定同期标准普尔400指数内同行业公司的平均收益率为14%。

3亿美元准确代表了Z公司的权益价值吗？如果是，就意味着即使其他股票能提供14%的收益率，投资者愿意持有该公司的股票，并获取仅为8%（2 400万美元除以3亿美元）的收益率。投资者似乎没有明显的理由自愿作出牺牲。因此，Z公司的账面价值肯定被高估了。

对低利润公司的权益真实价值的合理估计，应该是使其权益收益率等于当前市场平均水平时的数值：

$$\frac{\text{Z公司平均盈利}}{X}=\text{美国公司平均权益收益率}$$

$$\frac{2\ 400\ \text{美元}}{X}=14\%$$

$$X=1.71\ \text{亿美元}$$

尽管这种调整业绩较差公司股东权益的方法作为一般指南是有用的，但是它也忽略了许多重要的细节。首先，投资者可能认为Z公司的风险水平高于行业平均水平，因此持有该公司股票可能会要求一个高于14%的收益率。其次，相比净利润，现金流量在衡量公司经济业绩方面可能是一个更好的指标。这就意味着，应该调整现金流占市值比，而不是权益收益率。另外，投资者对收益率的要求反映的是其对未来收益的期望，而不是历史收益。根据企业发展前景，我们能够合理假设要么Z公司未来5年的利润水平会比过去5年高，要么其未来利润会进一步下降。同理，证券分析师可以预期同行业股票所代表的其他投资在未来年度的收益率会高于或低于14%。因此，似乎是分析师在寻求真实价值的路上渐行渐远，而真实价值的概念就变得愈发模糊不清。

2.6 难以捉摸的真实权益

经济学家认为，财务报表分析师真正追寻的而又不能在资产负债表中获得的是权益。学术研究中，权益（equity）不是指会计账面价值，而是属于公司所有者的未来现金流量的现值。例如，企业从商标中获取巨大盈利，而商标由于是**内部**（internally）形成、而非并购获得的，因此不具有会计价值。由商标所带来盈利的现值应该包含在经济学家所定义的权益中，但不包含在会计人员所定义的权益中，因此，两者之间可能会出现数十亿美元的差距。

经济学家和会计人员对权益定义的认定差异在出现负权益时会更加明显。在经济学家的概念中，权益小于零是破产的同义词。理由是，当公司负债超过所有未来盈利的现值（present value）时，所有者继续偿债就是不合理的。他们会停止向贷款人和供应商付款，从而促使债权人申请企业破产以获偿。另外，假设一家非常成功的公司，其未来收益的现值远远超出负债价值。如果该公司遭遇发展不顺，连续几年出现亏损，并核销了部分业务，其资产的账面价值就会下降，直至低于其负债价值。从会计角度看，其结果是股东权益为负。但是，资产的经济价值可能仍然超过负债的账面价值。在这种情况下，公司没有理由暂停偿债或申请破产。

西联汇款公司（Western Union Company）于 2006 年 9 月从第一资讯有限公司（First Data Corporation）分立出来，意味着会计意义上的权益为负并不是破产的同义词。资金提供者将分布的大约 35 亿美元的服务以现金和债券的形式转移给第一资讯。不考虑同期其他事件的影响，2006 年 12 月 31 日，股东权益从 1 年前的 28 亿美元下降至−3.148 亿美元。归功于随后三年赚取的高额盈余，2009 年 12 月 31 日，西联汇款的股东权益猛涨至 3.535 亿美元。如果将 2006 年年末的负数视为西联汇款的经济价值指标，则会高估其股票价值至约每股 18.85 美元。然而，至 2009 年年末，西联汇款的股票表现远远优于股票市场的整体表现。标准普尔 500 指数下降了 21.4%，而西联汇款仅下降了 15.9%。

2.7 基于市场价值权益的利弊

经济学家对权益较为精确的定义是预期未来现金流的现值，该定义过于理论化，在实践中，财务分析师依据市场价值估算公司权益。如果试图通过传统财务报告系统来获得相关数据，对任何人而言，都会面临巨大的困难。原因在于传统会计倾向于反映那些能够被客观计量的事项。而遗憾的是，未来盈余和现金流都是无法观测的。并且，计算现值需要选择一个代表公司**资本成本**（cost of capital）的**折现率**（discount rate）。而众所周知，确定折现率是金融领域一件颇具争议的事，此事由于棘手的税务问题和风险调整而变得异常复杂。简而言之，用于计算经济学家所谓的权益所需要的数据并不是会计人员愿意处理的。在会计人员看来，能通过已付支票进行独立验证的发票价格才是较为理想的数据。

市场价值除了相对容易计算外，还有其他优点。首先，它代表了大批分析师和投资者的一致意见，这些分析师和投资者通过持续关注公司未来的盈利前景来进行估值。其次，只要股票交易所开放，那么就可以在任何一天计算出最新的市场价值。这相比资产负债表上显示的股东权益具有巨大优势，因为资产负债表上的数据每 3 个月才会更新一次。而市场价值会随一些消息及时作出调整，比如竞争者突然进行产品投放、重点工厂因爆炸而中止生产或者联邦储备银行突然提高利率。而这些事件却不能以独立的、可辨认的方式反映在账面价值上。市场价值的倡导者想不出其他更精确地估算真实权益价值的方法。

然而，相对于优点来说，分析师也必须权衡依据市场价值估算公司真实权益价值的一些缺陷。一方面，虽然建立在竞争市场上的报价其客观性确实是一个优点，但是也只有拥有上市交易股票的公司才能获得这些数据。对于私营企业而言，市场价值的拥护者只能通过参考同行业上市公司的数据来获得真实权益的替代值。例如，要计算一家私营纸业生产商的权益，分析师可以用同行业上市公司的平均市盈率（参见第 14 章）乘以该私营企业的收益。同行业市盈率倍数是基于息税、折旧及摊销前利润（EBITDA，参见第 8 章）而非净利润计算的。该方法能够将同行业数据进行拓展，将那些不再上市交易但近期在杠杆并购中被收购的公司纳入考虑。基于行业数据进行估值的方法有一个缺陷，即该方法没有抓住公司本身的特质，因此这种方法未能体现市场价值作为真实权益价值衡量标准的主要优点。

即使分析师限制其对上市公司的市场价值的依赖，他们将仍然会遇到陷阱。例如，2008 年 10 月 22 日，道琼斯工业平均指数（Dow Jones Industrial Average）暴跌 190 点，跌幅 5.7%。道琼斯指数的成份股沃尔特·迪士尼的股价下跌 8.9%，意味着在当天没有任何关于娱乐公司的重要负面新闻的情况下，其市场价值蒸发了 40 亿美元。此后不到一周，股票市场大盘的损失就得到完全恢复，而迪士尼的股价却花了 9 天才重新回到其在 10 月 21 日的水平。

无论是出于什么样的理论观点支持将市场价值作为公司的真实权益价值，迪士尼公司在 2008 年 10 月 22 日所经历的价值瞬间巨变都应该使我们更加谨慎。从字面上理解，市值的巨大的突然的波动表明对公司盈余预期的变化。然而，在极端的案例中，公司股票总市值的暂时波动似乎解释了股票市场的动态变化。学术界对“行为金融学”（behavioral finance）的深入研究为相关推论提供了理论支持。与传统的金融经济学家不同，行为金融学家认为，投资者不一定总会准确地处理信息，并且根据经济学家所定义的理性原则来做出行动。行为金融支持者的实证研究表明，市场价格并不是完全遵循公司的内在价值（intrinsic value），而是经常对新闻事件做出过度反应。即使投资者可以根据预计未来股利对股票进行估价（参见第 14 章），行为金融学家发现，股票市场的波动性远远不是股利的变动所能解释的。[1]

当然，这些结论仍然存在争议。传统主义者已经对支撑行为金融的实证研究提出了质疑，由此引起了激烈的争论。但是，对那些难以相信相比从财务报表数据中推算出的数据，市场价值在一天之内骤减数十亿美元是公司权益价值变化更为真实的反映的分析师来说，行为金融学的研究结论为分析师提供了精神上的支持。

因此，市场价值是一个有用的工具，但是也不能盲目地运用。最后，“真实”权益仍然是一个令人难以捉摸的数值。与其一味追求理论上概念的纯粹，分析师不如采取一种变通的态度，根据特殊的应用情况采取最有用的权益价值计量方法。

例如，通过以历史成本为基础的资产负债表数据，可以评估公司违反贷款合同（loan covenant）的风险，该贷款合同要求公司维持最低债务资本比（ratio of debt to net worth）（参见第 12 章）。而对于评估债权人资产保护程度的清算分析师来说，历史成本数据具有较低的相关性。也就是说，如果出售一家公司来偿付债务，相对于资产的账面成本，其出售价格可能更接近资产的当前市场价值。

然而，任何计量方法所测量出的价值都不可能完全等同于出售公司所实现的实际收益。在做出清算决定和具体执行的间隔期内，公司的市场价值都可能会纯粹由于股票市场本身的波动而发生重大变化。同理，特定资产在资产负债表上的当前价值，可能由于没有及时确认减值损失（impairment）而被高估，或者由于没有确认持有资产的未实现升值而被低估。

2.8 共同尺度的资产负债表

正如 2001 年科技公司发生巨大的资产减值那样，一家公司财务状况的恶化会让投资者大吃一惊，因为它虽然是逐步地发展变化，却被突然地报告出来。即使在风险发生时就进行报告，增大的财务风险也有可能不知不觉地降临在分析师身上。许多公司以循序渐进的方式改变了资产组合，或者改变了融资的方法。为了发现这些细微而重大的变化，很有必要编制共同尺度资产负债表。

共同尺度资产负债表也称为百分比资产负债表（percentage balance sheet），它把每一项资产转化为总资产的一定百分比，把每一项负债或者权益的组成转化为负债和权益合计的一定百分比。表 2—2 将该方法用于星巴克（Starbucks）2009 年的资产负债表，该公司是一家从事咖啡生产和经销的商家。

① Richard H. Thaler, ed., *Advances in Behavioral Finance* (New York: Russell Sage Foundation, 1993).

表 2—2　　星巴克公司资产负债表　　单位：千美元

	2009 年 9 月 27 日	占总计的百分比（%）
资产		
流动资产：		
现金及现金等价物	599.8	10.76
短期投资——可供出售金融资产	21.5	0.39
短期投资——交易性金融资产	44.8	0.80
应收账款净额	271.0	4.86
存货	664.9	11.92
预付费用和其他流动资产	147.2	2.64
递延所得税资产	286.6	5.14
流动资产合计	2 035.8	36.50
长期投资——可供出售金融资产	71.2	1.28
权益和成本投资	352.3	6.32
不动产、厂房和设备（净值）	2 536.4	45.48
其他资产	253.8	4.55
其他无形资产	68.2	1.22
商誉	259.1	4.65
资产合计	5 576.8	100.00
负债和股东权益		
流动负债：		
商业票据和短期借款	—	—
应付账款	267.1	4.79
应付薪酬和相关成本	307.5	5.51
应付租金成本	188.1	3.37
应付税金	127.8	2.29
保险准备	154.3	2.77
其他应计费用	147.3	2.64
递延收入	388.7	6.97
一年内到期的长期负债	0.2	0.00
流动负债合计	1 581.0	28.35
长期负债	549.3	9.85
其他长期负债	400.8	7.19
负债合计	2 531.1	45.39
股东权益：		
普通股（面值 0.001 美元）——授权发行 1 200.0 股；在外发行分别为 742.9 股和 735.5 股（包括两个时期的 3.4 普通股单位）	0.7	0.01

续前表

	2009 年 9 月 27 日	占总计的百分比（%）
资本公积——股本溢价	147.0	2.64
其他资本公积	39.4	0.71
留存收益	2 793.2	50.09
其他累计综合收入	65.4	1.17
股东权益合计	3 045.7	54.61
负债和股东权益合计	5 576.8	100.00

资料来源：Company 10-K，Capital IQ，以及作者的计算。

举例说明，分析师可以通过观察几个季度的共同尺度资产负债表，来检查存货占总资产的比重是否有显著的提高。这种提高可能表明由于不曾预料的销售下降所造成的**被动存货积压**（involuntary inventory buildup）。类似地，应收账款占总资产比重的增加可能表明依靠扩大信用条件来提高销售额，或者以前赊销款的收回存在问题。长期内，不动产、厂房和设备比重的提高则可能说明公司的业务正变得更加资本密集化（capital intensive），也就意味着固定成本占收入的比重可能正在上升，从而使得公司的收益更趋不稳定。

2.9 小 结

通过对资产负债表反映的内在价值进行研究，本章强调用一种批判性的而非消极的方法来进行财务报表分析。对权益报酬率、商誉和**杠杆资本重组**（leveraged recapitalization）的讨论强调了本章的主题——难以捉摸的真实价值。仅运用历史成本原则不能使会计价值（accounting value）和经济学家定义的权益相一致，更确切地说，不能和财务分析师的期望相一致。在多数情况下，市场价值可能是一种更好的方法。但是，在特定情境下，可能也会存在将公司股票价值作为价值标准的有效性问题。最后，本章认为财务报表使用者不能停留在所获得数据的背后，而应该对其进行判断，从而得出更加合理可靠的结论。

第3章

利润表

分析利润表（income statement）的主要目的是判断所报告的信息是好的、不好的还是一般的。为了实现这个目标，分析师先要作出一些初步结论，然后，将利润表和以前期间的利润表，以及其他公司的报表进行比较。这些步骤在本章中被称为“让数字说话”。

简单的分析技术能够从利润表中提取出大量的信息，而信息的质量比信息的数量更应该受到关注。一个负责任的分析师必须确定报表所反映的收入、成本和收益的准确程度。要进行深层次的研究，分析师还需要注意因会计系统缺陷造成经济事实被歪曲的问题。

标题为“这些数据有多真实?”一节描述了报表发布者是如何孜孜以求地针对会计系统缺陷要各种伎俩的。分析师必须同样足智多谋，尤其是出现了将股票价值上升转化为收入的新做法，财务报表分析的学习者必须要跟进，识别这些可疑的收入事项。

3.1 让数字说话

通过观察一般形式的利润表，读者便能够得到一些尽管有限但是很有用的信息。例如，皮特咖啡与茶（Peet's Coffee & Tea's）公司2009年的利润表（表3—1）显示，公司是盈利的而非亏损的。利润表也在某种意义上显示了公司的成本结构。主营业务成本（cost of goods sold，COG）是总成本的最大组成部分，相当于销售费用及管理费用（selling，general，and administrative expenses，SG&A）总和的 10 倍。而像折旧和摊销这样的固定成本在短期来看只占很小的比例。

根据上述分析，我们可以推断，皮特咖啡与茶公司的盈利对主营业务成本中的直接材料和直接人工价格变动非常敏感。

表 3—1　　皮特咖啡与茶公司年度损益表　　单位：千美元

会计期间至 2009 年 12 月，共计 12 个月	（纳斯达克股票代码：PEET）
收入合计	**311.3**
主营业务成本	248.5
毛利	**62.7**
销售费用及管理费用	24.5
筹备成本	
折旧和摊销	15.2
其他经营费用/（收入）	—
其他经营费用合计	**39.7**
经营利润	**23.1**
利息费用	—
利息收益和投资收益	0.1
净利息费用	**0.1**
来自子公司的利润/（损失）	
汇兑收益（损失）	
其他非经营收入（损失）	—
不包括非经常性项目的税前利润	**23.2**
重组费用	4.2
处置投资收益（损失）	7.3
资产减值损失	(0.9)
其他非经常性项目	(3.0)
包括非经常性项目的税前利润	**30.8**
所得税费用	11.6
少数股东权益	—
持续经营利润	**19.3**
非持续经营利润	—
非经常性项目与会计政策变更	—
净利润	**19.3**

资料来源：Capital IQ，以及作者的计算。

总体上公司只能对那些成本实行有限的控制。管理层更多地考虑销售费用及管理费用，但它们的变动只对净利润有很小的影响。

皮特咖啡与茶公司的业务有很大一部分是变动成本，这部分相对更为重要，包括茶叶、咖啡、特色食品的销售，通过自有零售店进行的相关商品销售、副食店销售网络、送货上门业务、办公室、饭店以及餐饮服务账户。在需要大型生产设备的重工业企业（比如钢铁厂、汽车工厂）的利润表中，折旧占很大一部分。

皮特咖啡与茶公司的利润表有两个科目是空的——研发费用和财务费用，而这些科目对于其他公司非常重要。对于制药企业、生产经营电子设备和计算机软件的企业来说，研发费用通常是重要的成本构成部分。类似的，财务费用是银行和财务公司以及电气设备公司的一项重要成本项目。皮特没有未偿贷款，与其不同，上述公司的借款比例很高，所以它们的净利润对利率波动的敏感性比皮特公司更高。

甚至在同一个行业，费用开支也会因为商业模式和财务政策的不同而存在差异。如表 3—2 所示，皮特咖啡与茶公司和其他两家通过店铺进行销售的食品饮料公司进行了对比。一家是星巴克公司，一家是主营烘焙的帕纳拉面包（Panera Bread）公司。为方便对比，表中将公司利润表中的各项转换成各项占收入的比例。我们注意到，采用收入百分比报表有助于比较同一家公司近几年的业绩变化，并比较两家不同的公司在控制成本方面的有效性。

像皮特公司一样，星巴克通过零售店和其他销售渠道实现对整豆咖啡的烤制及销售，以及相关饮料副品和其他食品的销售。尽管处于同一行业，但星巴克却有完全不同的成本结构，其主营业务成本只占收入的 43.25%，而皮特的主营业务成本占 79.83%。另一方面，星巴克收入的 39.04%是销售费用及管理费用，而皮特只有 7.87%。另一个不同点是星巴克采用负债融资，因此有一定的利息费用。

成本结构最大的不同反映了两家公司商业模式的不同。星巴克更强调通过它无处不在的店面销售，而皮特的销售主要通过其他的营销渠道。本质上，皮特更是一家咖啡烘烤商，而星巴克是以为顾客冲泡其所想要的咖啡为主业。

另外一个导致同一行业内成本结构不同的因素是经济规模，我们会在接下来讨论。规模大的公司并不一定对获得经营利润有利。星巴克 2009 年的收入大约是皮特的 30 倍，并且星巴克的确实现了更高比例的利润率 9.74%，而皮特的利润率为 7.42%。另一方面，帕纳拉面包 2009 年只取得了相当于星巴克七分之一的收入，但实现了 10.62%的利润率，比星巴克 9.74%的利润率更高。

表 3—2　　星巴克公司、帕纳拉面包公司、皮特咖啡与茶公司的利润表

单位：百万美元

会计期间至 2009 年 12 月， 共计 12 个月	星巴克公司 （纳斯达克股票 代码：SBUK）		帕纳拉面包公司 （纳斯达克股票 代码：PEET）		皮特咖啡与茶公司 （纳斯达克股票 代码：PEET）	
收入合计	**9 882.1**	100.00%	**1 353.5**	100.00%	**311.3**	100.00%
主营业务成本	4 273.8	43.25%	904.4	66.82%	248.5	79.85%
毛利	**5 608.3**	56.75%	**449.1**	33.18%	**62.7**	20.15%
销售费用及管理费用	3 858.2	39.04%	83.2	6.14%	24.5	7.87%
筹备成本			2.5	0.18%		
折旧和摊销	531.0	5.37%	67.2	4.96%	15.2	4.87%

续前表

会计期间至2009年12月，共计12个月	星巴克公司（纳斯达克股票代码：SBUK）		帕纳拉面包公司（纳斯达克股票代码：PEET）		皮特咖啡与茶公司（纳斯达克股票代码：PEET）	
其他经营费用/(收入)	256.2	2.59%	152.5	11.27%	—	
其他经营费用合计	**4 645.4**	47.01%	**305.3**	22.55%	**39.7**	12.75%
经营利润	**962.9**	9.74%	**143.8**	10.62%	**23.1**	7.41%
利息费用	(34.3)	−0.35%	(0.7)	−0.05%	—	
利息收益和投资收益	48.3	0.49%	0.9	0.07%	0.1	
净利息费用	**14.0**	0.14%	0.2	0.01%	**0.1**	
来自子公司的利润/（损失）	127.8	1.29%				
汇兑收益（损失）	(19.8)	−0.20%				
其他非经营收入(损失)	43.8	0.44%	(2.5)	−0.18%	—	
不包括非经常性项目的税前利润	**1 128.7**	11.42%	**141.5**	10.45%	**23.2**	7.44%
重组费用	(275.2)	−2.78%			4.2	1.34%
处置投资收益(损失)	(12.4)	−0.13%	1.3	0.10%	7.3	2.35%
资产减值损失	(11.1)	−0.11%	(2.9)	−0.21%	(0.9)	−0.29%
其他非经常性项目	—		—		(3.0)	−0.96%
包括非经常性项目的税前利润	**830.0**	8.40%	**139.9**	10.34%	**30.8**	9.90%
所得税费用	260.4	2.64%	53.1	3.92%	11.6	3.71%
少数股东权益	(1.6)	−0.02%	(0.8)	−0.06%		
持续经营利润	**568.0**	5.75%	**86.1**	6.36%	19.3	6.18%
非持续经营利润	—		—		—	
非经常性项目与会计政策变更	—		—		—	
净利润	**568.0**	5.75%	**86.1**	6.36%	**19.3**	6.18%

资料来源：Capital IQ，以及作者的计算。

帕纳拉的主营业务成本占收入的比重是星巴克的一半，前者为66.82%，后者为43.25%。这一优势是因为它有较低的销售费用及管理费用比例，帕纳拉为6.14%，而星巴克为39.04%。

截然相反的成本结构反映了两家公司商业模式的主要区别。2009年年末，帕纳拉的商店中42%的是公司所有，58%是特许经营。相反，星巴克连锁店则是全部由公司自己拥有和运营的。

成本占收入的比例在同一行业的不同公司存在差异，原因不仅仅是商业模式不同。一些公司比其他公司经营效率更高，每一美元的投入能产生更多的收入。公司处在企业生命周期的阶段不同也是一个影响因素。例如，2009年，星巴克总共有8 800个零售商店，并且在继续拓展中受到了制约。2008年年初，一方面，由于市场达到了饱和，星巴克关闭了一些店面。另一方面，帕纳拉拥有1 380个咖啡店，但是它并没有按照极限增长率迅猛增长。它的盈利能力增强是因为不需要选择更多新增区域来保持新店面开张的速度。

皮特、星巴克和帕纳拉在食品饮料的成本结构和利润边际的差异，同样存在于其他行业。例如，一些制药企业也会制造和销售医疗设备、非处方保健产品、化妆品和美容产品。与同行业仅仅专注于处方药的公司相比，多样化经营的制造商可能具有较高的制造成本和较低的研发费用。分析师必须注意，不要将实际上经营战略的差异误认为是管理技巧的优劣造成的。

在财务报表附注里的分部财务报告数据提供了一种方法，用以剖析趋于构成组合的不同公司利润边际的基本差异。遗憾的是，公司经过了深思熟虑才界定其分部边界，这就使比较因为缺少标准而变得困难。在这种情况下，分析师必须挖掘得更深，以更好地理解竞争对手的成本结构，从而获得大量的信息，如同投资者关系负责人试图通过业内人士泄露及借鉴的信息量那么大。

3.2 这些数据有多真实?

许多人被“商人”这个职业所吸引，这不仅是因为能够获得金钱，更因为在其他职业中，缺少被客观标准评价的机会。希望提高报表最后一行的数值，即公司净利润，这样的欲望挑战着商人，就像一个运动员被打破世界纪录这个量化目标所激励一样，利润表是公司经营的计时器，净利润则是公司在这个赛季赢或输的记录。

我们将商业和运动进行类比，在于二者都是仅靠高超的技巧和团队合作并不一定能赢得冠军，这一点显而易见。棒球队的经理可以通过在球道上打电话抗议来威胁裁判，从而使下一个裁定有利于自己的棒球队。公司有权利解雇它的审计师，并且可能运用这种权利来影响会计决策，这些决策是关于职业判断的问题，而不是一个明确的报告标准。棒球队可以降低主场右边场地的障碍，从而有利于一个有左撇子击球手团队的发挥；同样，一个公司的管理层可以选择对其结果最有利的会计方法。总的来说，如果球队所有者相信击球次数的增加会提高获胜的可能性，他们便会敦促规则委员会（Rules Committee）调低击球板；同样地，如果新的会计准则可能会降低报告收益，很多公司将会尽力阻止它的引入。

当业绩评价的标准比评价本身的精确性对参与者更加重要时，人们将会努力改变评价标准。令人遗憾的是，在公司试图将管理层的薪酬与具体财务目标的实现相挂钩时，这是经常发生的情况。奖金与每股收益挂钩的管理者不仅有创造真实收益的强烈动机，而且还会通过会计手段，运用合法的方式使利润数字虚增。

限于篇幅，本章不会对公司运用会计准则虚增利润的所有方法进行详细介绍，而是将通过下面的例子告诉读者公司歪曲准则的思维过程。理解了歪曲准则的人是怎么想的，财务报表的使用者就能够识破必然会遇到的其他诡计。

3.2.1 销售收入并不是目的

"搞好第一行和最后一行就能搞好企业自身"，这是企业惯例，它强调了从收入（第一栏）到净利润（最后一栏）的重要性。也就是说，如果一个公司想要解决盈利问题，它应该集中精力提高销售收入。

一般来说，只要通过加强营销能带来销售收入的增加，这就是一个好的建议。然而，如果是财务人员通过会计手段弥补收入的缺口，则公司的问题就变得复杂了。一些虚增收入的技巧在公认会计原则允许的范围之内，而另一些则明显地处于法律范围之外。但是，它们都造成了相似的不良后果，即在提高报告销售收入从而增加报告盈余的同时，并没有等量地增加现金流量。

通常，当公司的利润和现金流分离，以至不能继续维持运营时，最终的结果就是对前期财务报表进行突然调整。在这个过程中，利润和现金流重新变得一致，但是管理层的可信度大大降低了。即使不会发生如此大的震动，通过任意的会计决策来提高收入的行为对分析师来说也是一个灾难。至少，它降低了公司本期财务报表和下期报表之间的可比性。

3.2.2 其他怀疑收入的理由

然而，对分析师来说，公司不会在财务报表附注中披露其人为提高收入的手段。一个公司可能降低适用于未来顾客的信用标准，但没有同时提高反映应收账款损失的坏账准备率。结果是提高了本期的收入和利润，却相应地增加了以后期间的信用损失，即使该信用损失从目前看并不明显。另外，制造商可能提供短期折扣来鼓励经销商或者批发商提早订货。这样，和不存在这种激励相比，本季度的销售收入和利润会提高，但是，这种差异仅仅是收入从后一个期间转移到前一个期间。如果分析师将这种虚增的季度销售收入看做是对未来的反映，他们会很失望。

虽然本期利润表不会提供运用这些虚增收入策略的线索，但是通过一些技巧可以帮助分析师识别人为提高的收入部分。基于历史数据，信用损失的突然增加或者收入的突然减少可能表明，通过运用前述方法，公司前一期间的收入被提高了（这种事后的认识并不是没有价值；发现以前期间有虚增销售收入情况的分析师，同样会怀疑未来看起来非常漂亮的利润表）。基于当期数据，如果一家公司与其竞争者相比，所公布的销售收入增长更快，分析师就应该注意。如果与公司和其他行业信息的讨论得不到一个令人满意的解释（比如引入成功的新产品），那么很可能人为地操作就是问题的根源。通过这些策略将收入从未来期间转移到本期，行业信息也能提供运用这些手段的直接证据。

3.2.3 非经常性项目

对于大部分分析公司利润表的人来说，反映过去信息的资料没有反映未来信息的资料重要。[①] 例如，去年的收益对公司的股票价格没有直接的影响，公司的股价代表的是未来收益流的折现（参见第 14 章）。因此，权益投资者对一家公司以前年度的利润表感兴趣，主要是把它们作为预测未来盈余的基础。同样地，在利润表公布之前，债权人（creditor）已经知道公司是否支付了上一年度的到期利息。他们分析这些资料是为了判断本年以及以后年度的支付可能性。

公司除了意识到读者会把利润表作为预测未来的一个指标之外，还知道创造更为有利的未来预期能提高公司的股票价格，并且降低其借贷成本。正因为如此，公司会努力说服报表使用者，损害上年盈余的主要因素不会对未来的盈余产生不利的影响。为了达到这个目的，一种方式是说明公司所遭受的任何巨大损失都在业务的正常范围之外，是反常的，即暗示不可能再次发生。

为了说明损失不同于公司正常的行为方式，公司会在利润表中用单独一行列示损失，被称为“非经常性项目”（extraordinary item）。注意，非经常性项目是以税后基础列报的，列示在持续经营所得的收入（或者损失）之后。这种列报方式即暗示损失在正常的业务范围之外，它使利润表的分析师在预测未来业绩时不会过多地考虑这种损失。

因为“线下项目”（below the line）处理的影响如此之大，所以会计准则会严格地予以限制。根据**会计原则委员会**（Accounting Principles Board，APB）的相关指导意见，非经常性项目必须是“能够以其不同寻常的特性和发生几率很低与一般事项区分开来”。[②] 这些标准并不容易满足。根据指导意见，**不同寻常的特性**（unusual nature）是指“考虑到企业经营所处的环境，发生的事项或者交易应该具有很高的特殊性，并且是一种与企业主体日常典型的经营业务明显无关，或者仅仅偶然相关的事件”。为避免**非经常性**（extraordinary）被滥用，在实行严格标准时，指导意见对被认为具有非常性质的多种事项中限制使用“非经常性”，包括：

- 应收账款和存货的核销。
- 外币折算中的利得和损失（即使它们主要产生于贬值或者升值）。

---

① 对于这个概括也有例外的情况。例如，征税人员研究公司的利润表来确定其应付税款。对他们来说，下年度的情况是不相关的，因为他们是用公司已经获得的收益来计算应付税款。

② FASB，Financial Accounting Standards：Original Pronouncements. June 1，1980，Financial Accounting Standards Board，Stanford，Connecticut，371-373。APB 关于这个问题的意见于 1973 年 10 月 1 日生效。

● 处置部分业务或不动产、厂房和设备的出售或报废所产生的利得和损失。

在财务会计准则委员会的严格标准下，即使在 2001 年 9 月 11 日发生的恐怖分子袭击五角大楼和世界贸易中心的事件也不能被确认为非经常性事项。当暂时决定公司可以将由于灾难造成的成本增加作为线下项目时，研究这个问题的任务小组投票反对这样的实务操作。任务小组的主席、财务会计准则委员会的研究室主任蒂莫西 · S · 卢卡斯（Timonthy S. Lucas）认为，即使是普遍遭受事件打击的航空公司，也很难将同一时期收入与利润面临的其他压力和袭击所产生的影响分离开来。①

考虑到确认非经常性事项的严格条件，分析师或许应该扪心自问：在预测未来盈余时是否很大程度上忽略了这些事项？毕竟，会计原则委员会指导意见补充了“发生的几率很低”指存在疑问的事项或者交易“在可预见的未来，合理预期将不会再次发生”。但是，有时候，在同一家公司，在发生符合该严格标准的事项几年之后，或许会出现在本质上完全不同，但是符合偶然事项和线下列报条件的事项。并且，在极少数的情况下，即使“合理预期将不会再次发生”，在确认偶然事项的下一年度，仍有可能会发生会计准则意义上本质相同的事项。然而，根据 APB 指导意见中极其严格的措辞来判断，如果一家公司在几年之内记录一个偶然事项超过两次，这将令人非常不可思议。

虽然看起来不可思议，但是，Capital IQ 数据库的一项调查表明，截至 2009 年，在 8 年之内至少有 3 年记录非经常性利得或者损失的公司有 30 家。在多次经历那些据称不常发生且具有不同寻常特性事件的公司中，不乏像好事达保险公司（Allstate）、康尼格拉食品公司（Conagra Foods）、金佰利公司（Kimberly-Clark）、孟山都公司（Monsanto）、美国西方石油公司（Occidental Petroleum）、时代华纳（Time Warner）这样美国企业中的中坚力量。美国电力公司（American Electric Power）在这一期间记录了 6 次非经常性事项。从实际经验来看，不论管理者有多么期望他们那样做，分析师都不能当作非经常性事项从来没有发生过，在此基础之上简单地预测公司的未来盈余。

实际上，公司希望分析师在通过评价过去的经营成果据以预测未来业绩时能更加变通。公司管理层不仅鼓励财务报表的使用者忽视被称为非经常性事项的损失，而且希望财务报表使用者能忽视某些对盈余的冲击，仅仅是因为管理层已经声明这些冲击是非正常的。为了引导分析师注重真实的（即处于更高轨迹的盈余）、被管理层自认为是正常的盈余，公司将其认为偏离正常业务的部分和其他经营利润分离。会计准则要求公司在“线上项目”（也就是税前）列示这类异常项目，也不允许使用**“非经常性”**（extraordinary）字眼。据此，公司使用像**“非重复发生的”**（nonrecurring）或者**“非正常的”**（unusual）之类的词汇进行描述。这些词语在公认会计原则中没有正式的表述，但

① Floyd Norris, "No Special Accounting Breaks for Recent Corporate Setbacks," *New York Times*, October 2, 2001, C9.

是这些重点强调的事项给人的印象就是其本质上是特殊的。有时，不符合非经常性事项标准的损失以更加中性的标题——“特别费用”出现。然而，即使是这种用词，也给人一种公司对这类问题不负责任的印象。语义学的灵活运用对公司管理者具有强大的吸引力，Capital IQ 数据库的一项调查表明，2002—2009 年期间，标准普尔 500 指数中的 487 家公司至少有一半的年度都报告了非经常性项目。将近一半（230 家）的公司在上述区间的八年每年都报告了非经常性项目，包括诸如埃克森美孚公司（Exxon Mobil）、摩根大通集团（JP Morgan Chase）、麦当劳（McDonald's）、微软（Microsoft），以及斯普林特奈科斯特公司（Sprint Nextel）这样的蓝筹股。上述八年每年都报告非经常性项目的公司中，很多公司都是既报告有利的非经常性项目也报告不利的项目，强烈暗示着想要说服财务报告使用者的意图，即公司的真实盈余比按照公认会计原则所报告的数据要更为平稳。

最近几年，“重组”已经成为某类费用的代名词，它并不符合作为线下项目列报的要求，公司希望分析师认为它是正常业务范围之外的一种费用。这个词语有一种积极的暗示，意味着公司已经丢弃了使它亏损的业务，从而显著地提高了自身的盈利能力。如果该项目被滥用，则单列重组费用会把过去的公司业绩打造得过于亮眼。通过淡化由于管理层决策错误导致失败的商业行为对公司的严重影响，从而坑害粗心的分析师。另外，如果发生在继任者任期的早期，与重组有关的损失很可能会归咎于公司的前任首席执行官。在一年之内，与将损失归咎于前任管理层相比，新的管理层很可能因为扭转局面使盈余提高而受到称赞。

更为隐秘的是，有时公司核销的金额大于其破产业务的实际经济损失。公司管理者通常认为，核销 15 亿美元（因为诉讼）与核销 10 亿美元相比，并不会对公司的股票价格造成更大的危害。夸大损失的好处在于，公司可以在接下来的几年时间里小额转回，而不用进行详细的披露。管理者可以利用这些利得来弥补或者做平公司的实际经营利润。

然而，财务报表的使用者必须避免的最危险的陷阱是，推断重组（restructuring）即预示着结束。一些公司有常年重组的坏毛病。对于这些公司，分析师预测未来盈利能力的基线应该是扣除重组费用之后的盈余，而非重组之前的盈余。

宝洁（Procter&Gamble，P&G）公司就是一个典型的例子。2001 年 4 月，这个快速消费品公司在连续 7 个季度里记录重组费用，累计达 13 亿美元。并且，管理层暗示他们计划继续提取这种看似不会再发生的费用，直至 2004 年年中，最终将接近 40 亿美元。

宝洁为它的报告辩称，这个重组计划是在 1999 年 6 月公布的，证券交易委员会（SEC）的会计原则不允许其在重组计划开始时便一次性提取巨额费用，却允许公司在费用实际发生的期间确认费用。根据这一点，SEC 并没有强制宝洁把关闭工厂和解雇员工的成本与其他经营费用分开。然而，一些观点更支持应该将相关费用作为正常的经营成本，因为宝洁快速消费品业务的竞争非常激烈，许多产品将随着时间的推移而过时或失去市场。

然而，证券经纪公司分析师对宝洁的盈余记录的看法，却很少受到抽象会计理论的影响。进行追踪分析并且向汤姆森财务公司（Thomson Financial/First Call）递交每股盈余预测数据的14位分析师，在他们的计算中都剔除了重组费用。宝洁的管理层肯定喜欢华尔街对数据进行的解释。如果包含所有看似非正常的利得和损失，公司2000年四个季度的经营利润都下降了。而如果不考虑那些管理层认为的非正常事项，则除了在第一季度之外，其他三个季度公司的净利润都提高了。显然，相比按照公认会计原则所披露的讨人嫌的数据，后一种解释肯定能令投资者对宝洁的前景持更乐观的态度。①

一般来说，当特殊事项碰巧是利得而不是损失时，公司鼓励分析师在计算利润时包含特殊事项。显然，公司认为反复无常是正常的做法，并且，从结果来判断，许多证券分析师明显同意公司的做法。之前提到的14位华尔街的分析师，虽然他们剔除了非正常和非经常性损失，但都将利得包含在"核心净利润"（core net earnings）中，这些利得被宝洁归类为不再发生的或者偶然的事项。

3.2.4 将股票市场收益转化为收入

公司经理在以新的利润调整方法补充传统策略的同时，近几年，也集中精力提高收入。对于想给投资者呈现最好一面的公司来说，这非常有意义。如果公司达到了它的收入目标，那么它获得盈利的战争已经胜利了一多半。可以肯定的是，完全依赖于费用控制，而没有一个良好的第一行的数据*，公司不可能走捷径，到达相当好的最后一行数据**。

提高销售收入是一项重要而艰巨的工作。竞争者永远在通过引进更好的产品，或者降低销售价格的方式努力夺取收入。从使客户的价值最大化和提高经济效率的角度出发，管理层应对挑战的最佳方法是升级自己的产品和节约成本，使客户受益。增加广告支出或者扩大市场营销力度也能带来收入的增加。但是，伴随着产品设计或者市场计划的有效实施，另一个选择也应运而生。管理层可以通过公司理财（corporate finance）的一些手段来提高销售收入。

最常见的例子是通过合并和收购来提高收入增长的速度。公司可以通过购买其他公司，将其销售收入并入自己的销售收入中，从而较为容易地使销售收入加速增长。但是，通过收购来为股东创造真正的价值则是更为困难的，虽然有时粗心的投资者并没有认识到其中的差别。

举一个虚拟示例进行说明，如表3—3所示，第二年和第一年相比，大时代公司（Big Time）的销售收入增加了5%。另一个私人拥有的、规模相对较小的同行业公司小变革公司（Small Change），也取得了5%的销售收入同比

① Emily Nelson, "P&G's One-Time Charges Make Critics Look Twice at Earnings," *Wall Street Journal*, April 4, 2001, C1-C2.

* 销售收入合计。——译者注

** 净利润。——译者注

增长。假设在第一年年末，大时代公司用自己的股票收购了小变革公司。在这种假设（“收购场景”）下，第二年和第一年相比，大时代公司的利润表显示 10%的销售收入增长（注意，第一年和最初报告的情况相同，即小变革公司仍然是一个独立的公司。但是，在第二年，被收购的公司小变革的经营结果被合并到母公司的财务报告中。分析师也可以分析一下预计利润表来反映如果收购发生在第一年年初，大时代公司在第一年会实现的销售收入、费用和收益的水平）。

表 3—3　销售收入加速增长，而实际盈利能力并没有提高：大时代公司和小变革公司

单位：百万美元

	无收购场景				收购场景	
	大时代公司		小变革公司		大时代公司	
	第一年	第二年	第一年	第二年	第一年	第二年
销售收入	5 000.0	5 250.0	238.1	250.0	5 000.0	5 500.1
产品销售成本	3 422.7	3 591.4	160.6	171.1	3 422.7	3 762.5
销售费用及管理费用	1 250.0	1 315.0	61.9	62.5	1 250.0	1 377.5
利息费用	100.0	105.0	4.8	5.0	100.0	110.0
成本和费用合计	4 772.7	5 011.4	227.3	238.6	4 772.7	5 250.0
税前利润	227.3	238.6	10.8	11.4	227.3	250.0
所得税	77.3	81.1	3.7	3.9	77.3	85.0
净利润	150.0	157.5	7.1	7.5	150.0	165.0
销售收入年增长率	—	5%	—	5%	—	10%
销售净利率	3%	3%	3%	3%	3%	3%
流通在外的股数（百万）	75	75			75	78.6
每股收益（美元）	2.00	2.10			2.00	2.10
市盈率（倍数）	14	14			14	14
每股市价（美元）	28.00	29.40			28.00	29.40

从表面上看，公司 10%的年增长显然比 5%更有吸引力。但是我们注意到，如果以销售净利率来衡量大时代公司的盈利能力，其盈利能力并没有因为收购而提高。将边际利润（profit margin）均为 3%的两个公司合并，产生了一个利润率也为 3%的更大的公司。正如表 3—3 的补充数据所显示的那样，在这个过程中，股东没有得到任何好处。

如果大时代公司没有收购小变革公司，它的流通股数量仍然是 7 500 万股。收益从第一年的 1.5 亿美元增加到 1.575 亿美元，从而使每股收益从 2.00 美元提高到 2.10 美元。如果市盈率保持在 14，与同行业公司的平均值相等，大时代公司的股票价格就将从每股 28.00 美元上升至每股 29.40 美元。

另一方面，在收购场景下，大时代公司按 14 倍的行业平均收益倍数向小变革公司支付对价，总的收购价格是 710 万美元乘以 14，即 9 940 万美元。按照大时代公司第一年 28.00 美元的股价，收购需要发行的股票数量是 9 940 万美元除以 28.00 美元，即 360 万股。加上小变革公司的净利润，大时代公司第二年的收益是 1.65 亿美元。用这个数字除以增加后的流通股股数 7 860 万股，每股收益为 2.10 美元。按照 14 的市盈率倍数，大时代公司每股的价值为 29.40 美元，刚好等于无收购场景下计算出来的价格。年度销售收入的增长从 5%到 10%的变化并没有使股东受益，不论大时代公司是否收购小变革公司，股东的股票价值都是增加 5%。

分析师请注意，每种方案下的假设条件发生变化时都会对分析结论产生影响。例如，假设大时代公司支付给小变革公司的收购对价是借来的而不是通过发行股票筹集的。假设大时代公司必须为 9 940 万美元的新借款支付 8%的利息。在收购场景下，其第二年的利息费用是 1.18 亿美元，而不是 1 亿美元。因此，税前收入从 2.5 亿美元下降到 2.42 亿美元，按照公司 34%的有效税率（effective tax rate），净利润将从 1.65 亿美元降低到 1.597 亿美元。但是，在这种情况下，仅有 7 500 万股流通股，而不是在股票收购场景下的 7 860万股。结果，大时代公司的每股收益上升至 1.597 亿美元除以 7 500 万股，即 2.13 美元。

假设市场仍然给大时代公司 14 倍的市盈率，则现在的股票价值为 29.82 美元，稍高于无收购场景下的股价。在实践中，由于利息保障倍数（interest coverage）的下降，公司风险增大，投资者可能会稍微调低大时代公司的市盈率倍数（按照第 13 章给出的公式，从股票收购情况下的息税前收益 3.6 亿美元除以 1.1 亿美元，即 3.3 倍，下降到债务融资收购情况下的 3.6 亿美元除以 1.18 亿美元，即 3.1 倍）。如果由于债务保护的下降，使得市盈率倍数仅从 14 下降到 13.8，在这种情况下，大时代公司的股票价格为 29.40 美元，和无收购场景下第二年的股价相等。因此，如果投资者对公司债务负担增加之于信用质量的影响敏感，则大时代公司借入资金与用股票来支付小变革公司的收购对价一样，都不会使股东获利。

3.2.5 内部增长和外部增长

比计算的精确性更为重要的是以下原则：公司不可能在仅提高收入增长率而未能提高获利能力的情况下实现股东财富的真正增长。但是，这并没有阻止公司试图通过收购并入其他公司的销售收入，从而形成较高的销售收入增长率，以此迷惑分析师。分析师可能由于没有区分内部增长（internal growth）和外部增长（external growth）而被这个诡计所迷惑。

内部增长是指由公司现有的经营活动所带来的销售收入的增长，而外部增长是指通过收购带来的销售收入增加。如果内部（或者有机（organic））增长率高于行业平均水平，意味着公司正从其竞争者那里取得市场份额。为谨慎起见，分析师必须进一步确认管理层是否仅仅通过降低毛利率而增加了销售量。如果这种情况不存在，则才可能证实公司的竞争力确实得到了提高，并且最终实现了价值增值。另一方面，如果公司A通过收购公司B实现了外部增长，并且公司A和它的新子公司都没有提高获利能力，那么，合并后的公司内在价值并不会大于两家公司的价值总和。

但是，如果并购提高了盈利能力，则外部增长也能增加股东财富，这通常被称为协同效应（synergy）。这个词语被一些公司所滥用，它们承诺通过收购来实现经营效率，但并没有具体所指，而那些收购看起来并不会提供这样的机会。即便如此，那些长期以来并没有看到所谓协同效应实现而变得愤世嫉俗的分析师们仍然承认，通过外部增长来提高公司利润率的途径确实存在。

首先，公司可以通过增加采购的规模来降低其单位成本。一般来说，供应商会给它的大客户提供数量折扣，相对于小客户，供应商对大客户的服务会更有效率。如果在一个稳定的竞争环境中，生产每件产品所需的原材料、燃料和运输成本降低，而产品的销售价格保持不变，则公司的毛利率就会增加。

另一种通过外部增长来提高盈利能力的方法是**范围经济**（economies of scope）。举个简单的例子，一个薯条制造商需要销售人员对零售商店进行电话营销。大部分的相关费用表现为销售人员从一个商店到另一个商店所发生的时间和运输成本，还包括销售人员的健康保险和其他福利。现在假设薯条制造商收购了一个饼干制造商。为简单起见，假设饼干公司以前依赖于食品经销商，而不是内部的销售人员。被收购公司终止了与经销商的合同，并且把饼干添加到其薯条销售人员的产品系列中。由于添加了饼干产品，每个促销电话带来的收入和毛利润都会提高。因为为增加产品提交订单花费的时间很少，所以每个销售人员的促销电话数量基本保持不变。因此，每个促销电话时间和运输成本不会显著地提高，而健康保险和其他福利的成本也没有上升。总的来说，通过同一销售渠道来销售薯条和饼干的获利能力比仅仅销售一种零食的获利能力要强。

需要提醒分析师的是，以过去的经验看，范围经济的作用往往被夸大了。例如，数十年以来，银行、券商和保险公司不断宣称"金融超市"即将出现，在金融超市里，单一的销售渠道能给消费者有效地提供各种类型的金融服务，这些业务之间确实实现了相当程度的整合。但是，事实证明，各种金融业务之间的文化障碍比公司规划人员所预见的要强大得多。要教会销售人员如何从快节奏的股票交易业务转换到更为辛苦的保单销售活动中来，就需要进行相当多的培训。一般来说，合并公司之间的联系越不紧密，实现范围经济的不确定性就越大。当不同类型的公司合并以追求新的协同效应时，分析师应该对管理层编制的预计利润表中显示的利润增长持非常谨慎的态度。

3.2.6 获得规模经济

最后，或许也是读者最为耳熟能详的是，通过规模经济（economies of scale），并购能够真正提高公司获利能力和股东财富。如表 3—4 所示，目前中心控件（Central Widget）公司仅仅利用了 83.3%的生产能力。

表 3—4　　规模经济

生产及财务报表（部分）数据			
	中心控件公司	精细控件公司	中心控件公司（预计）
生产能力（百万）	300	36	300
销售量	250	30	280
生产能力利用率	83.3%	83.3%	93.3%
销售量（百万）	250	30	280
单价（美元）	10.00	10.00	10.00
单位变动成本（美元）			
劳动力	4.75	4.75	4.75
原材料	3.00	3.00	3.00
可变销售成本	0.75	0.75	0.75
合计（美元）	8.50	8.50	8.50
固定成本总额（百万美元）			
折旧	200.00	24.00	200.00
利息费用	25.00	3.00	28.00
一般费用及管理费用	75.00	20.00	85.00
合计（百万美元）	300.00	47.00	313.00
销售收入（百万美元）	2 500.00	300.00	2 800.00
变动成本（百万美元）	2 125.00	255.00	2 380.00
固定成本（百万美元）	300.00	47.00	313.00
税前利润（百万美元）	75.00	2.00	107.00
所得税（百万美元）	25.00	0.70	35.30
净利润（百万美元）	50.00	1.30	71.70
销售净利率	2.0%	0.4%	2.6%
流通在外股数（百万）	20	3	22.2††
每股收益（美元）	2.50	0.43	3.33
市盈率倍数	13	N. M.	13
每股市价（美元）	32.50	18.00	43.29

按照目前的生产水平，公司的单位**固定成本**（fixed cost）等于 3 亿美元除以 2.5 亿，即每单位 1.20 美元，或者说是每 1 美元销售收入中固定成本占 12 美分。这些不能缩减的成本是公司边际净利润的一个主要制约因素，公司边际净利润仅为 2.0%，因而其权益报酬率（参见第 13 章）仅为 11.1%，也并不乐观。

中心控件公司发现了一个并购机会，即为其规模较小的竞争者精细控件

(Excelsior Widget) 公司。因为两家公司在同一地理区域进行经营，利用中心控件公司未充分利用的产能进行合并生产是可行的。管理层以获得规模经济为前提，提出了并购计划。

除了一般费用及管理费用占销售收入的比重偏高（精细控件公司 6.7%相比中心控件公司 3.0%）之外，精细控件公司的成本结构和中心控件公司类似。问题是精细控件公司的某些成本（比如总部大楼的维修费和高级管理人员的薪酬）几乎和中心控件公司一样高，但是精细控件公司用于分摊这些成本的销售收入基数却比较小。因此，按照现有的经营水平，精细控件公司正面临经营亏损。所以，精细控件公司的董事会接受了收购对价。中心控件公司以自己的股票为精细控件公司的每股股票支付等值 23.40 美元（相当于 0.72 股中心控件公司的股票价值），相比精细控件公司的现行市场价格，有 30%的溢价。

与表 3—3 所描述的大时代公司收购小变革公司不同的是，本次交易不仅增加了收购公司的销售收入，也提高了它的获利能力。收购之后，按照预计的情况，中心控件公司的单位固定成本是 3.13 亿美元除以 2.8 亿，从 1.20 美元下降到 1.12 美元。边际净利润从 2.0%上升至 2.6%，每股收益将从 2.50 美元跃升至 3.33 美元。如果市场仍然给予中心控件公司 13 倍的市盈率倍数，那么，理论上，股票价格应该从交易前的 32.50 美元上升至 43.29 美元。实际上，这个数字很可能夸大了中心控件公司的股东所期望的实际增长水平。除了在预计利润表中没有反映的解聘成本（severance cost）之外，投资者还很有可能会降低公司的市盈率倍数来反映在任何合并中都会面临的无数不确定性，比如可能丧失重要的员工，在不同企业文化的融合中可预见的伤害。但是，在所有的遗留问题被解决之后，中心控件公司的股东肯定能够从规模经济中受益，而规模经济正是通过对精细控件公司的收购所获得的。

许多情况下都可以带来规模经济。技术进步能有效利用当前的剩余生产力。例如，电算化提高了金融服务人员进行清算交易的效率。与之前雇用的工作人员总数相比，现在处理两个公司的总交易量只需要较少的行政工作人员，由此带来的成本节约使银行业和券商加快了**合并**（consolidation）的进程。

另外，通过“夫妻店”业务的合并也能产生规模经济。“夫妻店”业务是指以许多小型公司为代表的、在小的市场范围内进行经营的行业。例如，垃圾运输就从高度本地化的业务发展成为全国范围内经营的行业，其效率来自通过在多个相邻的市区之间使用垃圾车，从而减少垃圾车的闲置时间。

3.2.7 数字背后：固定成本和变动成本

如前协同效应所述，通过同业务范围内公司合并获得规模经济比通过不同业务范围内公司合并获得范围经济更加具有可行性。对于公司内部的经营分析师和外部的管理咨询师来说，他们对于公司长期存在未充分利用生产能力的状况是心中有数的。而且，消息将不可避免地从他们那里传出，直至投资者都意识到公司需要通过合并来提高效率。由于公司的公开财务报表一般提供极少的细节，所以难以直接计量潜在的规模经济。

公司并不总如表 3—4 那样区分固定成本和**变动成本**（variable costs），而是将固定成本和变动成本在产品销售成本中综合反映。诸如折旧和利息等主要固定成本还是会单独列示，对于分析略有助益。但是，总的来说，公司的公开财务报表仅提供有关**经营杠杆**（operating leverage）的有限信息，即在多高的**盈亏平衡比率**（break-even-rate）以上，销售量的增加会带来净利润的提高。这是很可惜的，因为固定成本和变动成本的分离，对于计量通过合并达到的潜在规模经济具有重要作用。而且，由于利润是销售量的函数，这些信息将大大方便公司进行盈利预测。

图 3—5 用中心控件公司例中的数据描述销售量和税前收入（所得税之前的收入）之间的关系。公司在 2 亿单位销售量时达到盈亏平衡，也就是 1.50 美元的**单位边际贡献**（per unit contribution）（高于变动成本的边际收入）刚好能补偿 3 亿美元的固定成本。一旦固定成本被弥补，每增加一单位的销售收入所带来的边际贡献便直接被加入税前收入。在生产能力饱和（full capacity）时，也就是 3 亿单位销售量时，中心控件公司取得了 1.5 亿美元的税前收入（注意，分析师也可以把利息费用排除在计算之外，以经营利润为基础进行盈亏平衡分析）。

在理论上，分析师可以通过报告的销售收入和利润数据来推断一个公司的固定成本和变动成本构成。其目的在于形成如图 3—5 中所示的直线图，同时估计单位边际贡献。这样，分析师就能根据图 3—5 创建出与之相对应的表格，从而确定利润对已利用生产能力的敏感性。

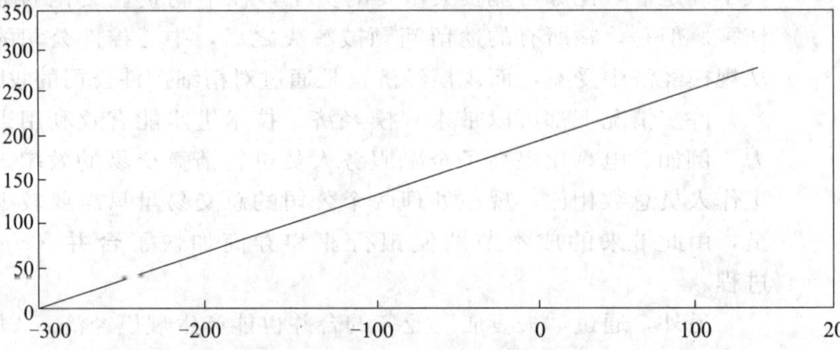

图 3—5　经营杠杆——中心控件公司

图 3—6 以西岸玩具公司（West Coast Whatsit）这一虚拟公司为例。图 3—6 中，上图描绘的是在过去 10 年该公司每一年的销售量及税前利润情况（西岸玩具公司无债务，并且没有其他的非经营性收入和费用，所以公司的经营利润与税前利润相等）。从图中可见，描绘的点集中于图的右上角，表明在该期间内，公司的年销售量从来没有降至 3.8 亿单位（生产能力的 63%）以下。当销售陷入低谷时，公司的税前利润将降至零以下。

如图 3—6 上图所示，下一步是拟合一条通过那些点的对角线（关于拟合直线的精确方法，参见第 14 章中对最小二乘法的讨论）。根据从经验观测值

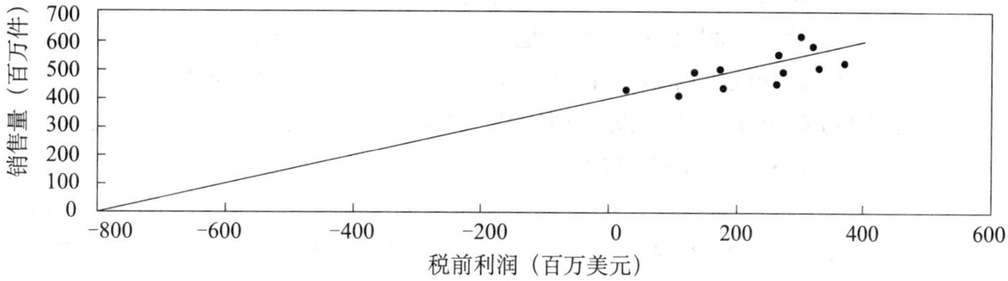

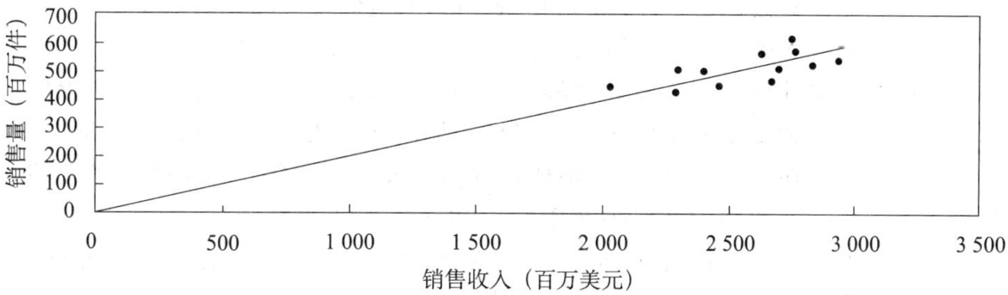

图 3—6 退回分解固定成本和变动成本——西岸玩具公司

中所得出的直线，公司的盈亏平衡销售量为 4 亿单位，也就是对角线上横坐标（税前利润）为零的点。虽然在过去 10 年的任意一年，西岸玩具公司都没有百分之百地利用其生产能力，但是，从图中可见，当销售达到该水平（纵坐标为 6 亿件）时，税前利润将达到 4 亿美元。

为完成分析，分析师还需绘制出在过去 10 年中报告的销售量（以件为单位）与销售收入（以美元为单位）的比照图，如图 3—6 中下图所示。接下来就只需计算出填写图 3—6 底部的表所需要的数据。起初，分析师只知道以黑体字显示的数据，这些数据可以从图 3—6 的两个图中直接获取。例如，从拟合线可见，达到完全生产能力（6 亿件）时，公司销售收入为 30 亿美元。

根据已知的数据，从盈亏平衡销售量（4 亿件）到 5 亿件的销售量，税前收益增加了 2 亿美元，即为 1 亿件的边际贡献。用 2 亿美元除以 1 亿件，得到单位边际贡献为 2.00 美元，分析师可以把这个数字填在对应的一整列中。用“销售收入”一栏中的任意数字除以相应的单位数（比如，用 25 亿美元除以 5 亿件），就得到了单位价格 5.00 美元，将其填入“单位价格”一列中的每一行。通过相减，得到单位成本为 3.00 美元。

在盈亏平衡水平上（税前收益＝0 美元），总的边际贡献为 4 亿件乘以 2.00 美元，等于 8 亿美元。分析师可以将这个数据填在“固定成本”一列中。接下来要做的，就是将每一行的单位数和单位边际贡献 2.00 美元相乘，得到“边际贡献”这一列的数据。

遗憾的是，上述过程虽然有助于理清思路，但这个美妙的计算过程是建立在高度假设的基础之上。首先，生产多产品的公司并不披露分析师所需要的分产品产量数据，其销售量和价格之间的关系远比生产一种基本金属或者一种纸张复杂。多产品公司可能会与财务报告的管理者讨论和分析部分披露销售量的期间变化，而非绝对数，以此方式对收入波动作出解释。但是，收入的上升或下降也可能反映的是单位销售价格的变化，而单位销售价格可能对行业范围内生产能力利用程度的差异较为敏感。另外，收入可能随产品组合（product mix）的不同而变化。比如，当经济衰退导致消费者谨慎消费重大商品时，他们可能会选择给厂商带来较低边际贡献的廉价替代品。最终，在如图 3—6 所假设的 10 年内，多产品公司的产品系列肯定会发生重大变化。

基于以上原因，实际上，分析师通常难以分离出固定成本和变动成本。而预测公司下一年度的利润表时，通过假定产品销售成本（COGS）和销售费用、一般费用及管理费用（SG&A）占销售收入的百分比（参见第 12 章），一路计算下去，直到“经营利润”那一行。分析师会在一定程度上考虑固定成本和变动成本的影响，但是，他们并不能确定其预测在内部保持一致。

在图 3—6 中，税前成本（pretax cost）合计等于产品销售成本和销售费用、一般费用及管理费用的总和（注意到西岸玩具公司没有利息费用及其他非经营性项目）。当分析师预测 COGS 与 SG&A 之和占销售收入的 92%时，表明预期销售量为 5 亿件或者说生产能力利用率为 83%。在该销售量下，变动成本的总额是 5 亿件乘以 3.00 美元，等于 15 亿美元，加上固定成本 8 亿美元，得到的总成本是 23 亿美元，或者说是 25 亿美元销售收入的 92%。如果分析师实际上预期西岸玩具公司与该行业 90%的生产能力利用率保持一致，那么，92%的税前成本合计假设就显得太悲观了。90%的生产能力意味着 5.4 亿件的销售量，那么变动成本就是 16.2 亿美元，总成本是 24.2 亿美元。营业费用占 27 亿美元销售收入（5.40 亿件乘以 5.00 美元）的比率仅仅为 90%。可以看出，随着销售量的增加，销售利润率和销售量都提高了。

用估计的 COGS 和 SG&A 占销售收入的百分比来替代区分固定成本和变动成本的分析，尽管必需，但是并不完美。认真的分析师必须努力降低由此捷径可能造成的歪曲。分析师应该避免陷入陷阱，随意采用由公司投资关系部所提供的 COGS 和 SG&A 占比的预测值。如果这样做，分析师将失去其独立判断能力。前述段落已经阐明，对销售利润率的预测一定会反映对销售量的暗含假设。相应的，公司对于 COGS 和 SG&A 占销售收入百分比的“指导意见”也必然包含了管理层对于下一年度销售量的假设。与分析师独立进行的预测相比，管理层隐含的销售收入预测通常会更为乐观。

读者不应该因为缺乏披露固定成本和变动成本的信息，就推断这些信息对于了解公司的财务业绩并不重要。相反，公司的固定成本和变动成本组成在分析其信用质量和权益价值（分别参见第 13 章和第 14 章）时是一个主要因素。固定成本相对较高的公司通常具有较高的盈亏平衡点，即使发生轻微的经济衰退也会使公司的产能利用率降至公司盈利所需销售量以下。这种类型的成本结构表现出较大的风险，收益会降低到弥补公司利息费用所需的水平以下。另一方面，如果对于同一家公司，其变动成本较低，那么，伴随着衰退，公司的收益会显著上升。其每一单位的新增销售量对经营利润会产生较大的贡献。这两个实例表明，即使从财务报表中不太可能获取成本构成的准确信息，理解成本结构中固定成本和变动成本的本质也是具有分析价值的。

作为一家游乐园的经营者，雪松娱乐公司（Cedar Fair）就是一家高固定成本的公司。游玩人数（影响收入）随季节变化波动剧烈，但公司的成本并不随着游玩人数的变化而改变。比如地租、游乐设施的折旧、保险以及员工的工资，那些员工无论游玩的人多还是人少都要在岗位上。

一个时间序列中主营业务成本占主营业务收入的比例（参见图 3—7）表现为较大的季节性波动，很大程度上反映了公司业务的极端季节性变化。例如，2009 年，温暖的夏季和秋季的收入占年收入的 86%。在夏季和秋季，主营业务成本大概只占主营业务收入的 50%。利润率在第四季度和第一季度很低，雪松公司出现了亏损，因为主营业务成本大概占到了主营业务收入的 150%，甚至更高。

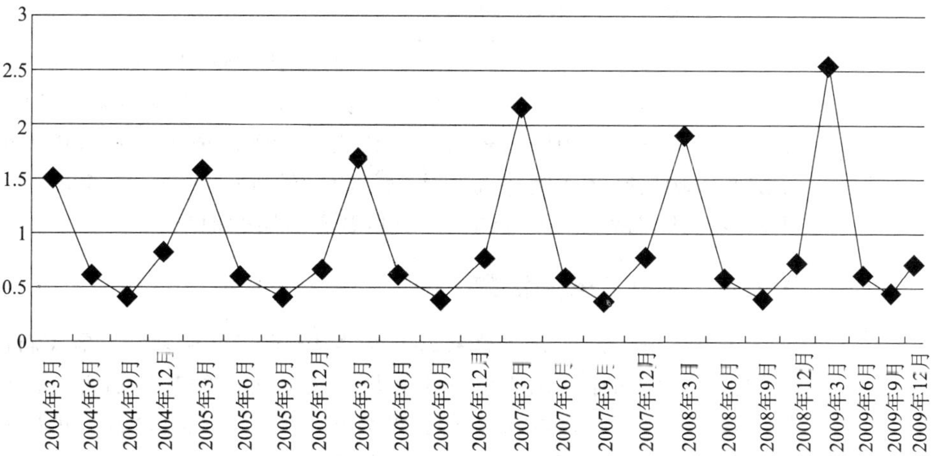

图 3—7　雪松娱乐公司主营业务成本占销售收入的百分比

资料来源：Capital IQ 与作者的计算。

福陆公司（Fluor Corporation）（参见图 3—8 ）代表了另一类极端的成本结构。该公司主要经营工程和建设，导致公司所签订的每单合同中包含的劳务成本和材料成本总是不断变化。一旦福陆公司完工，所有相关成本都中止了。如果本年可以完成的工程量相比来年下降，公司的总成本也会按比例下降，因为固定成本非常低，以至不会对总成本造成大的影响。

如图 3—8 所示，在五年间，主营业务成本占销售收入的比例保持在 98.91%～93.98%。从 2006 年 12 月的季末到 2009 年 12 月的季末，这个比例保持在 95.57%～93.98%这一更窄的区间。福陆公司正常边际利润的最大波动并未表现出季节性变化，而是非正常的业务拓展。例如，在季末 2006 年 9 月 30 日，福陆公司对美国国务院大使馆项目计提的预计成本超支 1.33 亿美元。主要损失是由于海地项目造成的，该项目因当地动乱而被推迟。

2006 年福陆公司的边际利润被压缩，表明即使一家公司具有变动成本占主导的成本结构，也会发生难以预料的利润变动。甚至长期保持如图 3—8 中所示的成本占销售收入比例的工程与建筑公司华盛顿国际集团（Washington Group International）（原为莫里森公司（Morrison Knudsen）），于 2001 年 5 月破产。

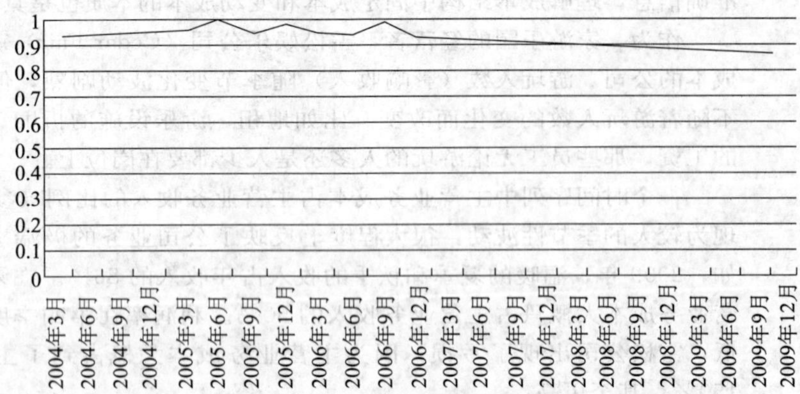

图 3—8　福陆公司的主营业务成本占销售收入的百分比

资料来源：Capital IQ与作者的计算。

该公司因 2000 年 4 月收购雷神工程和建筑集团（Raytheon Engineers & Constructors）接受了一单无利可图的合同，导致严重的流动性问题。然而，信用分析师仍然认为以雪松公司为代表的高固定成本模式有更大的风险。对于那些以玩具制造商销售商为代表的季节性强的公司，一个惨淡的寒假销售季甚至会达到营业收入降到不能支付利息费用的地步。

3.2.8　利用市盈率倍数

正如示例中需要关注盈余的不连续性一样，“警惕性”是我们在探讨利润表的各种问题时始终出现的一个主题。需要小心的其他陷阱包括没有实现的协同效应和公司提供的对于成本比率的预测，其中包含着管理层对销售量的假设。在进一步分析之前，警惕的分析师必须熟悉公司的惯用伎俩，管理者正是利用它来绕开一般的观点，即除非确实提高了盈利能力，否则合并不会增加企业价值。

回到表 3—3 中假设的收购案例，改变其中的一个假设（见表 3—9）。作为行业内相对较小的公司，可能不能要求小变革公司具有和行业内较大的公司一样高的市盈率倍数。因此，我们假设大时代公司能够按照 12 的市盈率倍数来收购小变革公司，而不是表 3—3 中的 14。

不论在收购场景下或者无收购场景下，假设条件变化并不会改变任何一年的利润表。但是，收购价格从 9 940 万美元降低到了 8 520 万美元（即 710 万美元乘以 12）。大时代公司仅仅发行 8 520 万美元除以 28.00 美元，即 300 万股股票来支付这次收购，而不是之前假设的 360 万股。因而，在收购场景下，第二年年末大时代公司的流通股股数为 7 800 万股。每股收益则为 1.65 亿美元除以 7 800 万股，即 2.12 美元。在 14 倍的市盈率倍数下，收购小变革公司之后，大时代公司的股票被估值为每股 29.68 美元，略高于无收购场景时的 29.40 美元。通过进行类似的一系列收购，大时代公司可以将它的股票价格提高到相当高的水平。

与表 3—3 的结果相反，大时代公司通过收购小变革公司提高了其股票价值。公司达到了这个效果，但并没有通过合并实现经营效率。

表 3—9　　利用市盈率倍数的差异：大时代公司和小变革公司　　单位：百万美元

	无收购场景				收购场景	
	大时代公司		小变革公司		大时代公司	
	第一年	第二年	第一年	第二年	第一年	第二年
销售收入	5 000.0	5 250.0	238.1	250.0	5 000.0	5 500.0
成本和费用						
主营业务成本	3 422.7	3 591.4	160.6	171.1	3 422.7	3 762.5
销售费用、一般费用及管理费用	1 250.0	1 315.0	61.9	62.5	1 250.0	1 377.5
利息费用	100.0	105.0	4.8	5.0	100.0	110.0
成本和费用总额	4 772.7	5 011.4	227.3	238.6	4 772.7	5 250.0
税前利润	227.3	238.6	10.8	11.4	227.3	250.0
所得税	77.3	81.1	3.7	3.9	77.3	85.0
净利润	150.0	157.5	7.1	7.5	150.0	165.0
销售收入年增长率	—	5%	—	5%	—	10%
销售净利率	3%	3%	3%	3%	3%	3%
流通在外的股数（百万）	75.0	75.0			75.0	78.0
每股收益（美元）	2.00	2.10			2.00	2.12
市盈率倍数	14	14			14	14
每股市价（美元）	28.00	29.40			28.00	29.68

在这项交易之后，大时代公司的净利润相对于销售额的比率仍为 3%，和收购之前保持不变。

对于其可能的理性解释为，大时代公司有能力在较为有利的条件下，用它的股票来交换私营公司小变革的股票。通过用估值为 14 倍的股票，以 12 倍于收益的价格来收购较小的公司，相比市场对于两家公司相同的倍数估值，大时代公司在较少的股票之间分享了小变革公司的收益。纯粹通过财务手段达到的效果是，在没有提高经营效率的前提下，企业在合并中模仿了规模经济的实现。

近年来，许多公司一直在利用市盈率倍数的差异，为了对现实世界中的这些公司做到公平合理，可以说，大时代公司提高股票价格的收购完全在公平竞争的范围之内。当公司决定是在国内还是在国外采购原料和设备时，它们可以合法地利用更有利的货币汇率。如果美元相对于欧元来说价格较高，那么，位于美国的公司可以在欧洲较国内更加经济地采购商品。原则上，对于股东来说，用高估值的"收购货币"，也就是他们自己的股票来购买收益，这没有什么不合适的，对股东也是有利的。

此外，作为私人公司的股东，小变革公司的所有者并不一定要被迫将公司出售给大时代公司。私人公司的所有者有机会把不能流动的投资兑换为社会公众股，对于公众股来说，存在一个深度的、活跃的交易市场，市盈率倍数的差异因此也可以获得调整。大时代公司 14 的市盈率倍数和小变革公司 12 的市盈率倍数之间的差异有可能低估了社会公众股和私人股之间的价值差异。由于缺乏能够赋予更高报告利润以更高股价的二级市场（secondary market)，私人公司的所有者—经理一般会通过额外津贴的方式获取补偿，然后将其合法地记录为业务费用。结果，与可比较的成功的上市公司相比，私人公司只能报告较低的净利润，但是，却在税前获得了"意外好处"。所有者—经理不是用税后利润分配的红利来购买汽车，他们可以驾驶公司提供的更加豪华的、昂贵的汽车，而且购买汽车的费用可以在税前扣除。由于这些费用在大时代这样的上市公司里是不会发生的，所以，考虑小变革公司的费用对其报告利润进行调整之后，8 520 万美元的收购价格可能代表的仅仅是 10 倍或者 11 倍的市盈率，而不是 12 倍。

简而言之，用高倍数的股票来购买低倍数的公司，在本质上并没有什么不合适的。那么，在有关利润表这样一个大主题的章节里，为什么这个技术需要特别关注呢？答案是：与其他合法的财务实务操作一样，利用市盈率倍数差异的操作也有被滥用的可能。利用市盈率倍数的差异可能在许多方面带来麻烦。

首先，假设在估值差异非常大的时期，一个高倍数的公司收购了一个低倍数的公司。从正常情况转变到"双重价格"市场，为了方便说明，假设各自的市盈率可能从 15 和 12 上升到 25 和 10。低倍数公司的卖方股东很可能会认为，在现行市价下接受高倍数公司的股票作为支付手段是一个公平的交易。但是，如果随着购买者的股票收益从 25 降低到较为正常的 15，双重价格市场便突然结束了，购买者的感觉很可能会发生巨大的变化。取得收购公司股票的股东会发现，他们接受的价值突然降低了 40%（假设大部分股东持有股票是合理的，因为一般来说，持有股票延迟了由于出售带来的资本利得税的支付。和用现金购买股权的交易不同的是，用股权交换股权的收购通常被认为是免税的）。

读者可能会觉得卖方股东是喜欢抱怨的人。毕竟，当他们接受收购公司的股票作为支付手段时，他们就清楚这项交易将会使其面临同交易前一样的股票市场的波动。但是，不同的是，如果他们继续持有低倍数的股票，他们的损失将不是 40%，而仅仅是 17%，也就是从 12 倍降低到 10 倍的收益倍数（完整的对比还需考虑卖方股东接受的现行股票价格可能发生的溢价）。

财务报表分析可能并没有提醒卖方股东注意即将发生的、市场范围内市盈率倍数的下降。但是，通过仔细研究收购公司的利润表，能判断出股票价格很可能发生急剧的下跌。多年以来，许多贪婪的收购者利用财务报告上的一些手段，使他们在收购货币上暂时达到了较高的市盈率，但是，精明的分析师能够在股票价格回落到实际价格之前，发现他们的阴谋。

在某些情况下，夸大的市盈率（P/E）倍数是基于财务手段而不是基于真正的协同效应实现的每股收益（EPS）的快速增长。刚开始，公司的股票具有适度的倍数，但是，通过收购一些低倍数的小公司，使得公司的收益出现了加速增长。可能每一次的交易都太小，没有被认为是重要事项，因而会豁免公司披露细节的义务。而对于分析师来说，细节的披露对其定量分析公司操纵市盈率倍数所带来的影响是非常重要的。随着季度之间每股收益的加速增长，公司刚开始的时候被认为是一只高增长的魅力股。投资者给予公司股票较高的倍数，这将提高公司在更为有利的条件下购买收益的能力。公司管理层宣称，公司能够通过收购补充公司核心业务的外部公司而获得范围经济，这可能会进一步提高市盈率倍数。

这些技术在 20 世纪 60 年代得到了普遍应用，近年来又重新受到欢迎，并且有了一些新的变化。随后，收购公司股票价格大幅下跌的事件频繁发生。下降的主要原因是，整合不同类型的公司业务可能面临着许多实际问题。由于不兼容的信息系统、不同的销售渠道、高级管理人员的个性冲突和公司文化的差异会使纸上合同遭遇诸多障碍。另外，通过收购低倍数市盈率的公司提高每股收益的方法也被证明是不可持续的。例如，如果通过收购来寻求增长的公司之间的竞争加剧，收购公司和目标公司（target company）之间的市盈率差距将可能缩小。这将会阻碍连续的收购活动，因为在盈利能力不能获得提高的情况下，需要靠市盈率的较大差异来维持每股收益的增长。而且，贪婪的收购者将不可避免地遭遇经营利润正常的周期性衰退，公司的市盈率倍数可能会低于其潜在目标值，从而限制必要的收购活动。

对于一家频繁地进行收购活动并且披露尽可能少的细节的公司来说，详细分析其利润表并不是一件简单的工作。然而，一个精力充沛的分析师能够通过比较深入的分析，把经营活动带来的利润增长和购买实现的利润增长分离开来。上市公司收购能够在一些监管所需的文件资料中找到相关信息。而私人公司进行收购的信息可以通过搜索媒体资料获得，包括专门的行业期刊和本地报纸。这类调查中经常会出现这样的话："收购条件没有被披露"，但是，可通过各种可靠的资源对支付价格进行推测。最后，收购者可能会提供在最近交易中支付的收益倍数范围的一般信息。如果可获得的数据分析表明，管理层正在扩张他们的帝国，而没有通过真正的规模经济或范围经济来创造额外的价值，那么，谨慎的投资者应该在公司彻底崩溃之前出售股票。

3.3 小 结

在本章的讨论中，对于利润表分析所提出的若干问题，只能在报表之外找到答案。仅仅研究公司公布的财务数据，并不能全面了解发布报表的公司据以进行判断。对于估值来说一些基本的非定量因素，包括行业状况、企业文化和管理者对于变革的预期和有效反应的能力，并不能在财务报告中获得。

第4章

现金流量表

根据财务会计准则（Statement of Financial Accounting Standards，SFAS）第95号规定，自1988年7月15日起，公司需公布反映公司资金流入和流出的报表，即现金流量表（the statement of cash flows）。表4—1以思科公司（Cisco Systems）2009年的现金流量表为例，现金流量表包括经营活动产生的现金流量、投资活动产生的现金流量和筹资活动产生的现金流量三个部分。现金流量表的前身是财务状况变动表，会计原则委员会（APB）在1971年发布的第19号指导意见首次要求公司公布财务状况变动表。

1971年以前，一直追溯到15世纪在意大利产生的**复式记账法**（double-entry bookkeeping），财务分析师都只能通过资产负债表和利润表进行粗略的分析。为增加财务报表分析的洞察力，由此产生了现金流量表。现金流量表的优点正好弥补了利润表的缺点，并且，体现出更为明确的利润观。以往很多实例证明，利润是一个容易被操纵的数字，为了迎合管理层的需要，容易被放大或缩小，不利于公司之间的横向公平比较。

举例说明，上市公司和私人公司在编制其利润表时，具有不同的目的，可能形成错误的比较结论。

对于财务报告（与税务会计不同）的目的，由于投资者用净利润作为股票估值的基础，上市公司往往追求报告净利润最大化。因此，在会计准则允许的范围内，公司都有费用最小化的动机。因而，公司将会对任何能够资本化的费用进行资本化处理，并且，在尽可能长的期间里对固定资产进行折旧。而公司可能不这样做的理由（除了良心之外）主要是，避免被认为滥用

表 4—1　　思科公司现金流量表　　单位：百万美元

公司名称：思科公司

表格类型：10-K

发布时间：2009 年 9 月 11 日

年度截止时间	2009 年 7 月 25 日
经营活动产生的现金流量：	
净利润	6 134
将净利润调整为经营活动产生的现金流量：	
折旧、摊销以及其他非货币项目	1 768
以股份为基础的员工补偿费用	1 140
并购和投资相关的以股份为基础的补偿费用	91
坏账准备	54
递延所得税	(574)
以股份为基础的补偿中的溢税收益	(22)
在研的研究与开发支出	63
投资净损失（收益）	80
经营性资产与负债的变动额，不包含合并影响：	
应收账款	610
存货	187
应收租金（净额）	(222)
应付账款	(208)
应付所得税和应收所得税	768
应计补偿	175
递延收入	572
其他资产	(780)
其他负债	61
经营活动产生的现金流量净额	9 897
投资活动产生的现金流量：	
取得投资	(41 225)
出售投资取得的收益	20 473
投资到期取得的收益	12 352
购买不动产和设备	(1 005)
并购业务，扣除所取得的现金和现金等价物	(426)
对私人公司投资的变动额	(89)
其他	(39)
投资活动产生的现金流量净额	(9 959)

续前表

公司名称：思科公司 表格类型：10-K 发布时间：2009 年 9 月 11 日	
年度截止时间	2009 年 7 月 25 日
筹资活动产生的现金流量：	
发行普通股	863
回购普通股	(3 611)
发行长期债券	3 991
偿还长期债券	(500)
结算长期债券相关的利率衍生品	42
以股份为基础的补偿中的溢税收益	22
其他	(134)
筹资活动产生的（发生的）现金流量净额	589
现金及现金等价物的净增加	527
期初现金及现金等价物	5 191
期末现金及现金等价物	5 718

资料来源：从 Capital IQ 获取的 10-K 表以及作者的计算。

了宽松的会计处理，因为这会使其市场估值低于其报告盈余。如果与同行业其他公司相比，某公司采用的折旧期限较长，就会给公众留下滥用宽松的会计处理这样的印象。

相反，私人公司由于没有公众股东，不必受其影响。上市公司不仅需要向公众公布一套报表，还要向美国国税局（Internal Revenue Service，IRS）提供一套报表。与此不同的是，私人公司一般只为税务机关编制一套报表。它的动机不是最大化报告利润，而是最小化，从而使其纳税额也最小化。如果分析师分析私人公司的利润表，并且试图把它和同行业内的上市公司进行比较，将会得出私人公司的绩效表现相当差的结果，而这并不正确。

4.1 现金流量表与杠杆收购

当分析通过**杠杆收购**（leverage buyout，LBO）（见表 4—2）而被并购的公司时，净利润将变得更加不相关。杠杆收购指投资者通过少量的股权资本，其他资金全部依赖借款（在本例中是 70%）收购一家公司。高负债的资本结构（capital structure）的结果是产生高额的利息费用，使之前盈利状况非常好的公司在杠杆收购后的头两年（2011—2012）发生净利润下滑。从表面上看，这很难成为一个具有吸引力的投资，如果债权人对一家盈利能力确定会下降的公司提供资金，人们自然会对他们的智商表示怀疑。

表 4—2　　杠杆收购预测——基本场景　　单位：百万美元

资本 2010 年 12 月 31 日						
优先债务	900	45%				
次级债务	500	25%				
负债总额	1 400	70%				
普通股权益	600	30%				
资本总额	2 000	100%				
预测利润表	2010 年（实际数）	2011 年	2012 年	2013 年	2014 年	2015 年
销售收入	1 429	1 543	1 667	1 800	1 944	2 100
销售成本	800	864	933	1 008	1 089	1 176
折旧	100	108	117	126	136	147
销售费用、一般费用及管理费用	286	309	333	360	389	420
经营利润	**243**	262	283	306	331	357
利息费用	45	108	100	91	80	68
税前利润	**198**	**154**	**183**	**215**	**250**	**289**
计提（抵免）所得税	65	51	60	71	83	95
净利润	**133**	**103**	**123**	**144**	**168**	**194**
预测现金流量表		2011 年	2012 年	2013 年	2014 年	2015 年
净利润		103	123	144	168	194
折旧		108	117	126	136	147
经营活动产生的现金流量		**211**	239	270	304	341
减去：不动产和设备增加		100	108	117	126	136
可用于偿还债务的现金		**111**	**131**	**153**	**178**	**205**
预测资本	2010 年（实际数）	2011 年	2012 年	2013 年	2014 年	2015 年
优先债务	900	789	657	504	326	121
次级债务	500	500	500	500	500	500
负债总额	1 400	1 289	1 157	1 004	826	621
普通股权益	600	703	826	970	1 138	1 332
资本总额	2 000	1 992	1 983	1 974	1 964	1 953

然而，更深入的研究表明，所有的股权投资者都不是傻瓜。2013 年，公司的销售预计能带来 18 亿美元的现金流入。现金支出包括产品销售成本（10.08 亿美元），销售费用、一般费用及管理费用（3.6 亿美元）和利息费用（9 100 万美元），总计是 14.59 亿美元。加上 1.26 亿美元的折旧费用，总费用是 15.85 亿美元，销售额减去费用，得出税前利润为 1 830 万美元。但是，折旧费用并不代表本年度的现金流出。它只是一个记账分录，表示由于实物资产的使用所带来的价值的逐渐下降。因此，杠杆收购公司产生的资金应该等于销售额减去付现费用（cash expense）（注意：上例中假设税率为 33%）。

	销售收入	1 800（百万美元）
减：	现金支出	
	产品销售成本	1 008
	销售费用、一般费用及管理费用	360
	利息费用	91
	应计所得税	71
等于：	产生的现金	$270（百万美元）

同样的结果可以通过把折旧加回到净利润中得到①：

	净利润	$144（百万美元）
加：	折旧	126
等于：	产生的现金	$270（百万美元）

从现金流入和流出的角度，而不是收益的角度看，杠杆收购看起来是一个还不错的冒险行为。2013 年，虽然公司销售收入比 2010 年增长了 26%，然而净利润仅增长了 8%，但是公司现金正在增加而借款已经减少。（注意，权益投资者并没有取得红利，而是把产生的多余现金用于偿还债务。）

在接下来的几年里，情况得到了更大的改善。在销售收入按照 8%的年增长率增加的情况下，预测利润表表明，经营利润将稳步增长。另外，不断降低负债规模也使得利息费用下降，所以，净利润随着时间的推移而增加。在本例中，虽然折旧费用也提高了，但是，经营活动产生的现金流量始终略高于资本性支出的需求。

如果预测无误的话，那么，股权投资者在 2015 年年底，将获得 21 亿美元的销售额和 3.57 亿美元的经营利润，而在 2010 年，则分别是 14 亿美元和 2.43 亿美元。除了最初投入的 6 亿美元之外，他们并没有注入额外的资金，却获得了这样的增长。

假设投资者决定将收益增长带来的公司价值的增加变现。假定其能够按

① 表 4—2 和与之相关的文字说明向读者简单介绍了现金流的概念。这里讨论的现金的两个主要来源——净利润和折旧，留到之后的细节问题，比如递延所得税继续进行讨论。递延所得税是由于税款的确认和支付时间的差异造成的。同样地，剔除营运资本因素的现金运用，将会在接下来的表 4—9 中进行讨论。

照与收购时相同的 EBITDA（息税、折旧及摊销前利润）[1] 倍数来出售公司，投资者将实现 17.4 亿美元的净收益，如下列示（以百万美元为单位）：

1. 计算在 2010 年支付的 EBITDA 倍数。

$$\text{EBITDA}=\frac{\text{购买价格(股权+借入资金)}}{\text{净利润+所得税+利息费用+折旧和摊销}}$$

$$=\frac{\$2\,000}{\$133+\$65+\$45+\$100}$$

$$=5.8$$

2. 用这个倍数乘以 2015 年的 EBITDA 来确定 2015 年的出售价格。

$$(5.8)\times(\$194+\$95+\$68+\$147)=\$2\,923$$

3. 用上一步得出的数字减去现有的负债来确定税前收益。

$$\$2\,923-\$621=\$2\,301$$

4. 在超出初始权益投资的利得中减去纳税金额，来确定净收益。

\$2 301	税前收益
−600	初始股权投资
\$ 1 701	资本利得
× 0.33	资本利得税率
\$ 561	资本利得税
\$2 301	税前收益
−561	资本利得税
\$ 1 740	净收益

在 5 年之内，股权持有者的投资从 6 亿美元增加到 17.4 亿美元，税后年复合收益率为 24%。而有趣的是，预测期的平均年度权益回报率（以报告的净利润和期初权益账面价值为基础）明显更低，仅为 17%。对于估计杠杆收购议案投资价值的分析师来说，如果他们关注的是收益而不是现金流，他们将错失投资机会。

在分析杠杆收购的负面影响时，不是报告收益，而是现金流也同样重要。

能够预见的是，权益投资者在获取较高收益的同时，必然也面临着较大风险。危险在于，如果公司不按计划运行，权益投资者就可能损失全部的投资。特别是，公司存在销售收入和营业收益低于预期的风险，这可能是由于经济衰退，或者是投资者一开始的预期就太高，脱离了现实。对于低负债资本结构的公司来说，营业收益的降低或许没那么严重。但是，在杠杆收购情况下，较高的利息费用很可能将令人失望的营业收入转化为巨额净损失（见表 4—3），即使将折旧加回，公司经营活动产生的现金流量也会下降到零或者为负（注意，这里显示的下降之后的数据是由表 4—2 中预测的销售收入下降 10%，以及销售

① 如果想了解用 EBITDA 来评估公司价值的详细内容，请参见第 14 章“通过可能的重组进行估值”一节。也可以参见第 8 章“EBITDA 的应用与局限”。

成本，销售费用、一般费用及管理费用变动 10%之后得出的)。

表 4—3　　　　　　　　杠杆收购预测——悲观的情况　　　　　　　　单位：百万美元

预测的利润表	2011 年
销售收入	1 286
销售成本	950
折旧	108
销售费用、一般费用及管理费用	340
经营利润	(112)
利息费用	(108)
税前利润	(220)
应计（抵免）所得税	(73)
净利润	(147)
净利润	(147)
加：折旧	106
等于：产生的现金	(39)

现在看来，对于权益投资者来说，未来情况并不是很乐观。如果他们不能降低营业费用以减少现金流支出，他们将没有足够的现金来支付巨额的利息费用，而利息费用还远远低于需偿付的本金。如果公司不能大力削减成本，其他方案的作用可能都是有限的。投资者可以选择向公司注入资金，而这将使投资者的资金紧张，并会降低其最终实现利润所带来的权益回报率。此外，现有的股权持有者可以选择将其股权卖给新的投资者。在这种情况下，由于企业被认为陷入困境，新投资者很可能会提出一些严重影响原投资者利益的条件，并且，很可能处于控制地位。而对于那些同意（如果有的话）公司通过借款来摆脱困境的债权人来说，他们可能会提出更为苛刻的条件。如果债券持有者接受降低利息或延迟偿还本金的条件，则不得已的要约收购对于股权持有者来说可能比较具有吸引力，但是，这很可能遭到债权人的强烈反对。

如果所有这些方案都被证明是不能被接受的或者是不可行的，那么杠杆收购公司将会拖欠债务。此时，债权人可能会申请公司破产，这将会造成权益投资者的完全损失。另外，债权人可能以对公司管理施加影响作为交换条件，同意降低其贷款利率，并且延迟所要求的本金偿还。简而言之，一旦出现负的现金流，对于权益投资者来说，可能的结果一般而言都是比较惨淡的。

关键的一点在于，是现金流量表，而非利润表，能够提供高负债公司财务健康状况的最好信息。假如产生（和保留）现金的最主要的目的是降低负债，由于权益投资者并没有获取股利的要求，所以，揭示出会计利润并没有好处，主要的后果是产生税金，进而会造成现金流量的减少。此外，公共股票持有者也不会要求增加每股收益。因而，在分析高负债公司时，现金流量表是最有用的工具，因为它反映了公司所有者真实的动机——产生现金，而不是使报告利润最大化。

4.2 分析应用

虽然私人公司和高负债公司的示例生动地说明了现金流量表的优点，但是，现金流量表在分析上市公司和传统的资本化公司时也具有重要的作用。其中，一个重要的运用是用来确定公司所处的生命周期阶段，即引入期、成长期、成熟期和衰退期。生命周期的不同阶段具有不同类型的风险。因此，了解公司处于哪个阶段，能够把分析师的精力集中在最关键的分析因素上。现金流量表的第二个作用是用来判断一家公司的财务弹性。财务弹性指的是，如果出现业务衰退的情况，公司能够在一个较长的时期里，继续最小化资本成本，并提高竞争地位的能力。最后一点，当分析陷入困境的公司时，现金流量表是一个需要研究的关键报表。当一个公司濒临破产时，由于核销（write-off）对公司经营获利能力衰退的滞后反映，公司的资产负债表可能会高估其资产的价值。另一方面，资产负债表不能反映以历史成本计价的资产的重置价值，公司可能会出售这些资产来筹集现金。对于即将破产的情况而言，利润表也不具有特别的相关性。因为在目前的情况下，公司的主要目标不是保持一个完美的收益记录，而是生存下来。“公司会继续让它的债权人陷入绝境吗?”现金流量表对此问题的回答提供了最有用的信息。

4.3 现金流和公司生命周期

商业企业一般要经历几个发展阶段，这些阶段在很多方面与人类生命的阶段是类似的。正像小孩容易感染的疾病和折磨年长的人的疾病是不同的，投资年轻公司和成熟公司存在的风险也是不同的。因此，了解公司所处的生命周期阶段和在这个阶段最可能面临的财务困境，是非常有用的。

当公司开始运转、发布其产品时，收入会在产品试销阶段逐步积累。随着公司的产品打入市场，产量达到盈利规模，收入在成长阶段从一个小基数实现快速增长。在产品成熟阶段，销售机会仅限于对以往销售的产品的替代，以及人口数量增长所带来的新的销售量。在这一阶段价格竞争往往会加剧，因为每个公司都想通过提高市场占有率从而实现收入增长（从饼中分得更大的一块，而饼正以更慢的速度增长）。产品衰退期并不是自动跟在产品成熟期之后。但从长期来看，一些行业会因为技术进步而被淘汰。销售收入和利润急剧下降最终导致企业破产，是行业严重衰退的标志。

图 4—4 描述了经营活动和筹资活动的商业生命周期，这两种活动通常是现金流的来源；图中还描述了投资活动，这种活动一般表现为现金流的运用。我们观察到，筹资曲线的顶点最早出现（在产品引入期），经营活动和投资活动的顶点都出现得较晚（在产品成熟期）。交叉点出现在产品成熟期，在该点经营和投资带来的现金流开始超过筹资带来的现金流。

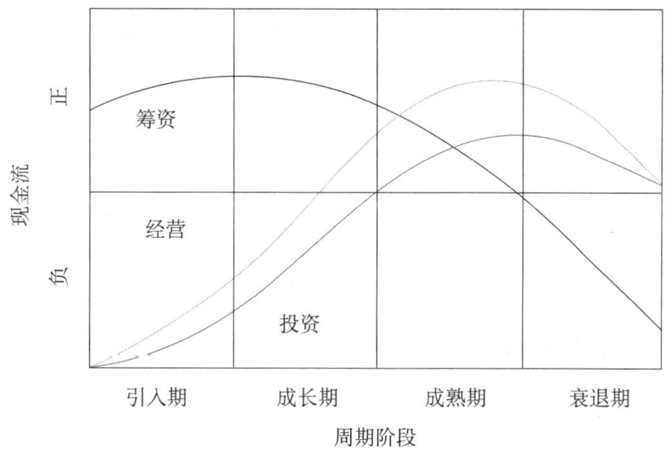

图 4—4 现金流与生命周期

资料来源：© 2007 *Intermediate Accounting*，12th ed.（Hoboken，NJ：John Wiley&Sons）.

产品引入期的公司主要靠筹资生存下来，因为公司从开始经营一直到该点，才逐渐产生现金流。成长中的企业盈利能力很强，但是它们要求更多的外来资本为商业扩张提供**资金支持**（funding）。成熟期的企业不会达到那么高的利润率，但由于它们对投资的需求下降了，其资金开始实现自给自足，最终产生净现金流入。这一点我们能从图中筹资曲线降到负值区域看出来。能够摆脱现金约束的公司是很好的杠杆收购待选目标。或者，它们会通过行业间的横向并购增加利润（即企业并购减少了竞争者数量），以实现规模经济。走下坡路的公司最终会达到这一点，其经营活动和投资活动产生的现金流会逐渐减少，使其成为纯粹的现金使用者。它们无法填补外部筹资的空缺（如图中所示，筹资曲线已经到达负值区域），因为它们代表了高信用风险，不能再给投资者带来可观的回报。

特斯拉汽车公司（Tesla Motors）解释了公司在生命周期中产品引入期的现金流模式（参见表 4—5）。特斯拉制造的电动汽车，在其现金流量表涵盖的期间内，显示它刚刚开始在消费者中站住脚。特斯拉在表中所处的时期还只是一家私人公司，并未上市，直至 2010 年 6 月才上市。

表 4—5　　特斯拉汽车公司，表 S—1

公司名称：特斯拉汽车公司 报表类型：S—1 提交时间：2010 年 1 月 29 日				
	年度截至 12 月 31 日			9 个月末
	2006 年	2007 年	2008 年	2009 年 9 月 30 日（未经审计）
经营活动产生的现金流：				
净损失	（$ **29 957**）	（$ **78 157**）	（$ **82 782**）	（$ **31 498**）

续前表

	年度截至 12 月 31 日			9 个月末
	2006 年	2007 年	2008 年	2009 年 9 月 30 日（未经审计）
经营活动对净损失的调整：				
折旧和摊销	615	2 895	4 157	5 005
可转换优先股认股权证负债的市场价值的变化：	（$196）	（$36）	2 800	404
兑付可转换票据与认股权证的收益	—	—	（$1 245）	（$1 468）
以股份支付为基础的补偿	23	198	437	449
处置固定资产的损失	—	2 421	—	—
可转换票据的利息	411	—	3 692	2 686
经营资产和负债的变动：				
应收账款	—	（$59）	（$3 261）	1 934
存货	—	（$2 108）	（$14 542）	（$3 003）
预付账款和其他流动资产	（$819）	（$1 884）	750	（$2 184）
其他资产	（$27）	（$64）	12	（$654）
应付账款	2 242	523	8 815	3 173
应计负债	2 175	7 572	2 633	（$79）
其他长期负债	—	—	1 192	2 321
递延发展补偿	—	—	10 173	（$6 023）
递延收入	—	—	4 073	326
预订付款退还	22 105	15 230	10 684	（$23 207）
经营活动产生的净现金流	**（$3 428）**	**（$53 469）**	**（$52 412）**	**（$51 818）**
投资活动产生的现金流量：				
购买不动产和设备（融资租赁除外）	（$6 505）	（$9 802）	（$9 630）	（$5 685）
受限现金流的增加（减少）	（$300）	40	（$960）	（$2 360）
投资活动产生的净现金流	**（$6 805）**	**（$9 762）**	**（$10 590）**	**（$8 045）**
筹资活动产生的现金流量：				
可转换优先股 F 系列的发行收益，扣除发行成本$122	—	—	—	82 378
可转换优先股 E 系列的发行收益，扣除发行成本$556	—	—	—	49 444

续前表

	年度截至12月31日			9个月末
	2006年	2007年	2008年	2009年9月30日（未经审计）
可转换优先股D系列的发行收益，扣除发行成本＄59	—	44 941	—	—
可转换优先股C系列的发行收益，扣除发行成本＄211	36 801	—	—	—
支付融资租赁及其他负债的本金	—	—	（＄191）	（＄275）
发行可转换票据和认股权证的收益	3 000	—	54 782	25 468
向咨询师发行普通股的收益	—	—	21	—
股票期权的行权收益	6	100	456	118
筹资活动产生的净现金流量	**39 807**	**45 041**	**55 068**	**157 133**
现金和现金等价物的净增加（减少）	**29 574**	**（＄18 190）**	**（＄7 934）**	**97 270**

资料来源：公司S—1表。

像特斯拉这样在产品引入期就发生净损失的公司并不鲜见。可能会经过好几年，公司的销售收入才能够达到足以弥补高额固定成本的水平，而如此高的固定成本对公司经营是非常必要的。年轻的公司也会遭受成长的烦恼。2006—2009年，特斯拉公司通过裁员来降低成本。在此期间更换了四个不同的首席执行官，其中包括一个临时首席执行官。该公司到2009年7月终于实现了盈利。

由于截至2009年之前的亏损，经营产生的现金流负数越来越大。投资活动，主要是资本支出，并没有对现金流施加太多额外的压力，但特斯拉不得不发行大量的债券和优先股以维持公司业务。资金由在公司发挥积极作用的董事长艾伦·马斯克（Elon Musk）；其他企业家，如谷歌的联合创始人谢尔盖·布林（Sergey Brin）和拉里·佩奇（Larry Page）；风险投资公司；以及德国汽车制造商戴姆勒股份公司（Daimler AG）提供。

绿山咖啡公司（Green Mountain Coffee Roasters）（参见表4—6）是一家快速成长公司，已经完美地越过了产品引入期。该公司成立于1981年，1993年上市，在2010会计年度创造了12亿美元的收入。从2005年至2006年期间，绿山以高达50%的增长率实现了收入的快速扩张。显然，它年复一年的收入增长源于产品更受欢迎，而不是像成熟期的公司一样，收入增长只是源于人口增长。

表 4—6　　绿山咖啡公司——合并现金流量表　　单位：百万美元

现金流						
至会计期间期末	重述 12 月，2004 年 9 月 25 日	重述 12 月，2005 年 9 月 24 日	重述 12 月，2006 年 9 月 30 日	12 月，2007 年 9 月 29 日	12 月，2008 年 9 月 27 日	12 月，2009 年 9 月 26 日
净利润	7.8	9.0	8.4	12.8	22.3	55.9
折旧和摊销	4.7	6.0	7.9	10.3	13.5	18.0
商誉和无形资产的摊销	—	—	1.4	4.8	4.8	5.3
折旧和摊销合计	4.7	6.0	9.3	15.1	18.3	23.3
出售资产的损失（收益）	(0.1)	0	0	0.1	0.2	0.7
权益投资的损失（收益）	1.8	0.8	1.6	—	—	—
以股份为基础的补偿	0.2	0.2	0.2	0.2	0.2	1.0
股票期权的税收收益	0.3	2.2	0.3	(3.3)	(6.6)	(11.2)
计提和核销坏账	0.3	0.3	0.4	0.6	1.2	0.2
其他经营活动	0.8	0.2	2.2	4.8	7.0	8.8
应收账款的变动	(1.3)	(3.1)	(7.9)	(9.9)	(16.6)	(37.0)
存货的变动	(2.1)	(4.5)	(8.6)	(7.0)	(46.4)	(49.8)
应付账款的变动	1.3	2.6	5.5	9.0	8.7	25.8
所得税的变动	0.3	0.7	(1.3)	(5.4)	6.8	11.7
其他净经营资产的变动	2.0	0.2	2.8	2.0	6.9	9.1
经营活动产生的现金流	16.0	14.7	12.8	29.8	1.9	38.5
资本支出	(18.5)	(9.4)	(13.6)	(21.8)	(48.7)	(48.3)
出售不动产、厂房和设备	0.5	0.7	0.5	0.2	0.4	0.2
现金收购	—	—	(101.1)	—	—	(41.4)
资产剥离	—	—	—	—	—	—
可交易权益证券的投资	—	—	—	—	—	(50.0)
新增/出售贷款的净（增加额）减少额	—	—	—	—	—	—
其他投资活动	—	—	—	—	—	—
投资活动产生的现金流	(18.0)	(8.7)	(114.2)	(21.7)	(48.3)	(139.5)

续前表

至会计期间期末	重述12月，2004年9月25日	重述12月，2005年9月24日	重述12月，2006年9月30日	12月，2007年9月29日	12月，2008年9月27日	12月，2009年9月26日
发行的短期债券	—	—	—	—	—	—
发行的长期债券	9.0	0.1	102.8	0.0	33.5	50.0
发行债券合计	9.0	0.1	102.8	0.0	33.5	50.0
偿还短期负债	(0.4)	—	—	—	—	—
偿还长期负债	(3.4)	(8.7)	(8.6)	(12.9)	(0.1)	(95.7)
偿还负债合计	(3.7)	(8.7)	(8.6)	(12.9)	(0.1)	(95.7)
发行普通股	0.9	4.3	2.2	3.1	5.7	394.9
支付股利合计	—	—	—	—	—	—
支付特殊股利	—	—	—	—	—	—
其他筹资活动	(0.1)	—	(0.2)	3.3	5.3	(7.2)
筹资活动产生的现金流	6.1	(4.2)	96.2	(6.4)	44.4	342.0
现金变动净额	4.0	1.7	(5.2)	1.8	(2.0)	241.0
增补项目						
支付现金利息	0.5	0.8	2.2	6.7	6.1	5.1
支付现金税费	3.5	2.7	5.5	3.2	6.7	20.4
杠杆化自由现金流	(3.4)	2.2	(8.1)	7.2	(56.5)	(29.6)
非杠杆自由现金流	(3.3)	2.6	(6.7)	11.1	(52.9)	(26.7)
净营运资本的变动	(1.3)	4.0	13.7	(0.2)	51.1	51.2
发行的债券净值	5.3	(8.6)	94.2	(12.9)	33.4	(45.7)
填报日期	2006年12月14日	2007年12月13日	2008年12月11日	2009年11月25日	2009年11月25日	2009年11月25日
重述类型	RS	RS	RS	NC	NC	O
计算类型	REP	REP	REP	REP	REP	REP

资料来源：公司10-K表，Capital IQ，以及作者的计算。

绿山的现金流量表表明，其折旧和摊销实现了稳定增长，其总额占五年累计经营活动产生现金流的79%。绿山不能实现资金自给自足，并不像一个成熟期的公司。它每年会发行大量的债券和股票来满足日益增长的**营运资本**（working capital）和并购的资金需求。

纸制品供应商金佰利公司（Kimberly-Clark）（参见表4—7）成立于1872年，经历了很长一段时间的成熟期，却一直没有进入衰退期。它的主要产品是重要消费品，如面巾纸、女性卫生用品、卫生纸和纸尿裤。除非生老病死的生命周期的影响，人们对于这些产品的消费不太可能出现激增。因此，金佰利产品需求的增长源于其市场占有率的扩大。类似的，只要继续向包括舒洁（Kleenex）、高洁丝（Kotex）、Cottonelle和好奇（Huggies）等著名金佰利自有品牌投资，它就能期待保持稳定的需求。

表 4—7　　　　　　　　金佰利公司合并现金流量表

（单位：百万美元，每股项目除外）

至会计期间期末	重述 12 月，2005 年 12 月 31 日	重述 12 月，2006 年 12 月 31 日	重述 12 月，2007 年 12 月 31 日	12 月，2008 年 12 月 31 日	12 月，2009 年 12 月 31 日
净利润	**1 580.6**	**1 500.0**	**1 823.0**	**1 690.0**	**1 884.0**
折旧和摊销	818.5	894.0	793.0	763.0	765.0
商誉和无形资产的摊销	26.0	39.0	14.0	12.0	18.0
折旧和摊销合计	**844.5**	**933.0**	**807.0**	**775.0**	**783.0**
出售资产的损失（收益）	45.8	116.0	30.3	51.0	36.0
资产减值和重组成本	80.1	—	—	—	—
权益投资的损失（收益）	(23.8)	27.0	(40.0)	(34.0)	(53.0)
以股份为基础的补偿	32.4	67.0	63.0	47.0	86.0
利润中的少数股东权益	86.5	95.0	—	—	—
持续经营下的净现金	—	—	—	—	—
其他经营活动	(154.2)	(163.0)	76.0	322.0	(360.0)
应收账款的变动	(41.9)	(231.0)	(192.0)	184.0	(20.0)
存货的变动	(81.1)	(252.0)	(439.0)	(45.0)	523.0
应付账款的变动	51.1	150.0	152.0	(43.0)	278.0
所得税的变动	13.6	(65.0)	(57.0)	(96.0)	(27.0)
其他净经营资产的变动	(121.8)	403.0	206.0	(299.0)	351.0
经营活动产生的现金流	**2 311.8**	**2 580.0**	**2 429.0**	**2 516.0**	**3 481.0**
资本支出	**(709.6)**	**(972.0)**	**(989.0)**	**(906.0)**	**(848.0)**
出售不动产、厂房和设备	46.8	44.0	97.0	28.0	25.0
现金收购	**(17.4)**	**(100.0)**	**(16.0)**	**(98.0)**	**(458.0)**
资产剥离	—	—	—	—	—
可交易权益证券的投资	100.8	(10.0)	36.0	115.0	(7.0)
新增/出售贷款的净（增加额）减少额	—	—	—	—	—
其他投资活动	(16.8)	2.0	(26.0)	14.0	—
投资活动产生的现金流	**(596.2)**	**(1 036.0)**	**(898.0)**	**(847.0)**	**(1 288.0)**
发行债券合计	922.0	262.0	2 171.0	551.0	2.0
偿还负债合计	(599.7)	(495.0)	(399.0)	(710.0)	(590.0)
发行普通股	142.7	331.0	349.0	113.0	165.0
回购普通股	(1 519.5)	(762.0)	(2 813.0)	(653.0)	(7.0)
支付股利合计	(838.4)	(884.0)	(933.0)	(950.0)	(986.0)
筹资活动产生的现金流	**(1 927.7)**	**(1 551.0)**	**(1 427.0)**	**(1 747.0)**	**(1 788.0)**
现金变动净额	**(230.0)**	**(3.0)**	**112.0**	**(109.0)**	**434.0**

资料来源：公司 10-K 表，Capital IQ，以及作者的计算。

金佰利处于企业发展的成熟阶段，经营活动产生的现金流水平高而且稳定。在图 4—7 所示的五年中，除了 2009 年现金流达到 35 亿美元，其余各年均在 23 亿～26 亿美元之间。在经济萧条那一年，销售收入降低了 1.5%。为了避免利润下降，公司采取了节约成本的举措，实际上带来了年复一年的净利润。在这种情况下，金佰利减少了 5.23 亿美元存货，并且更加依赖供应商融资，应付账款增加了 2.78 亿美元。

由于金佰利过去长期处于经济周期（business cycle）的高速增长阶段，公司不必花很多钱用于增加产能。资本支出作为最重要的投资活动，从 2005 年至 2009 年，只吸收了经营活动产生的现金流的三分之一。这让金佰利可以在融资活动之前就有 15 亿～17 亿美元（2009 年为 22 亿美元）的现金。在该时期每年支付 8.384 亿～9.86 亿美元股利之后，金佰利会将大部分经营产生的现金中剩余的部分用于回购股票。

在此期间，普通股的回购额远远超过了债券的净发行额（发行的债券减去偿还的债券）。公司并没有依赖外部资本，这个成熟的公司向投资者返还了资本，让投资者有机会再投资增长率更高、更需要资金的企业。此外，金佰利公司通过减少流通在外股票的数量以提高每股收益（参见第 14 章）来使股东获益。一些成熟的公司采用另一种做法——将正的现金流进行内部再投资。它们开拓或者收购比其原有核心业务成长潜力更好的业务。原有业务变成了现金牛，为新业务提供资金支持。

纽约时报公司（参见表 4—8）展示了处于生命周期中衰退期的公司现金流状况。这与技术变革对报纸发行行业的影响是一致的。广告转投向诸如互联网这样的新媒体上的趋势，从根本上削弱了平面媒体的经济基础，平面媒体一直依赖广告商的支持维持生计。依赖传统传媒技术的平面媒体企业能否在新时代重塑自我？让我们拭目以待。

分析纽约时报公司现金流量表时，需要注意的是，2008—2009 年所有媒体都面临着广告销售收入的萎缩。很难精确地将企业生命周期和公众偏好变化对净利润的影响区分开来。对于进入或者即将进入衰退期的企业而言，这是一个值得分析的重要问题。

表 4—8　　纽约时报公司合并现金流量表

（单位：百万美元，每股项目除外）

至会计期间期末	重述 12 月，2005 年 12 月 25 日	12 月，2006 年 12 月 31 日	重分类 12 月，2007 年 12 月 30 日	重述 12 月，2008 年 12 月 28 日	12 月，2009 年 12 月 27 日
净利润	**253.5**	**(543.4)**	**208.7**	**57.8**	**19.9**
折旧和摊销合计	**143.8**	**169.9**	**147.0**	**139.4**	**133.8**
+资产减值	—	**814 433.0**	**11 000.0**	**197 897.0**	**4 179.0**
持续经营下的净现金	—	—	**(229.6)**	—	**(34.9)**
=出售广播媒体集团的收益	—	—	(190 007.0)	—	—

续前表

至会计期间期末	重述 12 月，2005 年 12 月 25 日	12 月，2006 年 12 月 31 日	重分类 12 月，2007 年 12 月 30 日	重述 12 月，2008 年 12 月 28 日	12 月，2009 年 12 月 27 日
＋出售广播业务的收益	—	—	(39 578.0)	—	(34 914.0)
＋递延所得税	**(34 772.0)**	**(139 904.0)**	**(11 550.0)**	**(18 958.0)**	**44 431.0**
＋养老金削减净收益	—	—	—	—	(53 965)
＋租赁和其他损失	—	—	—	—	34 633
＋提取养老金费用	—	—	—	—	78 931
经营活动产生的现金流	**294.3**	**422.3**	**110.7**	**246.4**	**256.8**
资本支出	**(221.3)**	**(322.3)**	**(380.3)**	**(167.0)**	**(51.1)**
出售不动产、厂房和设备	183.2	—	—	—	26.5
现金收购	(437.5)	(35.8)	(174.1)	(5.7)	—
＋并购和投资	—	—	—	—	—
＋购买爱迪生公司（Edison，N.J.）设备的支出	—	—	(139 979.0)	—	—
资产剥离	—	—	90.8	—	—
＝处置净收益	—	—	—	—	—
＋出售爱迪生公司（Edison，N.J.）的资产	—	—	90 819.0	—	—
其他投资活动	(0.6)	(20.6)	611.8	12.2	44.1
＋出售广播媒体集团的收益	—	—	575 427.0	—	—
＋出售广播业务的收益	—	—	40 000.0	—	45 424.0
投资活动产生的现金流	**(495.5)**	**(288.7)**	**148.3**	**(160.5)**	**8.1**
发行债券合计	161.1	61.1	195.0	185.0	431.8
偿还负债合计	—	(76.1)	(412.7)	(161.3)	(738.5)
发行普通股	14.3	16.0	0.5	—	0.4
回购普通股	(57.4)	(52.3)	(4.5)	(0.2)	(0.5)
支付股利合计	(94.5)	(100.1)	(125.1)	(108.5)	—
筹资活动产生的现金流	**204.4**	**(106.2)**	**(280.5)**	**(81.2)**	**(286.2)**
现金变动净额	2.5	27.4	(20.8)	5.3	(20.3)

资料来源：公司 10-K 表，Capital IQ，以及作者的计算。

乍一看，纽约时报公司的现金流情况并不都是看上去那么糟糕。2005—2009 年间，投资活动只吸收了 8 亿美元，与此同时，经营活动却产生了 13 亿美元现金流。现金来源显然超过了现金使用，出现这个悖论是因为衰退期的公司会用现金偿还债务，并回购普通股股票。

然而，仔细观察发现，纽约时报公司只是通过大约 7.5 亿美元的撤资收益及出售不动产、厂房和设备收益，内部满足了资金需求。实际上，纽约时报公司正在清算自己，在金融上的含义等同于为了让火车继续前行而把车厢的木质部分拆了扔进炉膛里作为燃料。最大的一笔资产剥离，即广播集团，并不是维持核心报纸出版业务的关键。然而，没有公司能继续以剥离资产的方式替代经营活动为公司产生现金；经营活动产生的现金流在减去资本支出后，连同其他融资活动产生的现金流，能够实现净现金流入。

如前所述，目前从事传统媒体的公司，如何对自身业务进行再投资，以保证在新媒体时代兴旺起来？对于这个难解之谜，有一个可能的对策。总体上看，对传统技术的大额投资是让公司实现完全转变的巨大障碍。然而，也有一个先例，这家处于成熟期并面临衰退的公司在图 4—4 中描述的分岔口，走上了更高的那条路径，实现了飞跃。

苹果公司曾经因一系列失败的产品导致竞争力被削弱，而在 2000—2010 年中期，公司实现了逆转，一改颓势（参见表 4—9 ）。公司将重点从计算机硬件转移到了移动电子设备上，其标志是废弃了原来使用的“苹果计算机”这一名称。诸如 iPod 音乐播放器、iPhone 手机、Apple 电视以及 iTunes 商店等非常成功的产品，令苹果公司成为了娱乐界、科技界乃至整个世界的明星。经营活动产生的现金流迅猛增长。

4.4 财务弹性的概念

除了反映公司的发展阶段及其可能面临的风险之外，现金流量表还能提供反映公司财务弹性的基本信息。通过研究现金流量表，分析师能够在以下问题上做出理智的判断：

- 公司股利的稳定性（持续支付的可能性）怎样？
- 如果外部资本资源突然变得稀缺或者极其昂贵时，公司能够从内部筹集到所需要的资金吗？
- 如果公司的业务出现大幅减少，公司能够继续偿还债务吗？

表 4—10 以简明的形式帮助我们解答了上述问题。最上面的是基本现金流（basic cash flow），界定为包括净利润（剔除了非现金部分）、折旧和递延所得税等部分。各种各样的现金支出按可以**自由支配**（discretionary）的程度从小到大排列，依次扣除。

当公司在困难时期必须削减各种各样的支出来留存现金时，管理层面临许多艰难的选择。主要目标是要避免损害公司的长期健康发展。如表 4—10 所示，财务弹性对满足这个目标起着关键的作用。

沃尔玛（Wal-Mart）是美国最大的零售商，在截至 2010 年 1 月 31 日的会计期间，该公司表现出不同寻常的财务弹性。公司经营活动产生的现金是稳健的 262 亿美元，因而，根本不需要通过借债或者发行股票来支付公司野心勃勃的 122 亿美元资本支出计划。

表 4—9　　苹果公司合并现金流量表　　（单位：百万美元，每股项目除外）

至会计期间期末	12 月，2003 年 9 月 25 日	重述 12 月，2004 年 9 月 24 日	重述 12 月，2005 年 9 月 24 日	12 月，2006 年 9 月 30 日	重述 12 月，2007 年 9 月 29 日	重述 12 月，2008 年 9 月 27 日	重述 12 月，2009 年 9 月 26 日	12 个月时，2009 年 12 月 26 日
净利润	**69.0**	**266.0**	**1 328.0**	**1 989.0**	**3 495.0**	**6 119.0**	**8 235.0**	**9 358.0**
折旧和摊销	108.0	132.3	154.0	195.0	279.0	423.0	656.0	697.0
商誉和无形资产的摊销	5.0	7.0	9.0	12.0	35.0	46.0	53.0	53.0
折旧和摊销合计	**113.0**	**139.3**	**163.0**	**207.0**	**314.0**	**469.0**	**709.0**	**750.0**
其他摊销	—	10.7	16.0	18.0	13.0	27.0	25.0	25.0
出售资产的损失（收益）	2.0	7.0	9.0	15.0	12.0	22.0	26.0	25.0
出售投资的损失（收益）	(31.0)	(5.0)	—	—	—	—	—	—
资产减值和重组成本	12.0	—	—	—	—	—	—	—
以股份为基础的补偿	16.0	46.0	49.0	163.0	242.0	516.0	710.0	745.0
股票期权的税收收益	7.0	83.0	428.0	—	—	—	—	—
其他经营活动	(18.0)	19.0	50.0	53.0	73.0	398.0	1 040.0	1 189.0
应收账款的变动	(201.0)	(8.0)	(121.0)	(357.0)	(385.0)	(785.0)	(939.0)	(894.0)
存货的变动	(11.0)	(45.0)	(64.0)	(105.0)	(76.0)	(163.0)	54.0	(180.0)
应付账款的变动	243.0	297.0	328.0	1 611.0	1 494.0	596.0	92.0	1 815.0
预收账款的变动	—	—	—	319.0	566.0	718.0	521.0	927.0
所得税的变动	—	—	—	—	—	—	—	—
其他净经营资产的变动	88.0	124.0	349.0	(1 693.0)	(278.0)	1 679.0	(314.0)	(1 758.0)
经营活动产生的现金流	**289.0**	**934.0**	**2 535.0**	**2 220.0**	**5 470.0**	**9 596.0**	**10 159.0**	**12 002.0**
资本支出	(164.0)	(176.0)	(260.0)	(657.0)	(735.0)	(1 091.0)	(1 144.0)	(1 181.0)
出售不动产、厂房和设备	—	—	—	—	—	—	—	—
现金收购	—	—	—	—	—	(220.0)	—	—
资产剥离	—	—	—	—	—	—	—	—
出售（购入）无形资产	—	—	—	(28.0)	(251.0)	(108.0)	(69.0)	(60.0)
可交易权益证券的投资	959.0	(1 323)	(2 275.0)	(1 032.0)	(2 312.0)	(6 760.0)	(16 147.0)	(11 434.0)
新增/出售贷款的净（增加额）减少额	—	—	—	—	—	—	—	—

续前表

至会计期间期末	12 月，2003 年 9 月 25 日	重述 12 月，2004 年 9 月 24 日	重述 12 月，2005 年 9 月 24 日	12 月，2006 年 9 月 30 日	重述 12 月，2007 年 9 月 29 日	重述 12 月，2008 年 9 月 27 日	重述 12 月，2009 年 12 月 26 日	12 个月时，2009 年 9 月 26 日
其他投资活动	33.0	11.0	(21.0)	10.0	49.0	(10.0)	(74.0)	(78.0)
投资活动产生的现金流	**828.0**	**(1 488.0)**	**(2 556.0)**	**357.0**	**(3 249.0)**	**(8 189.0)**	**(17 434.0)**	**(12 753.0)**
发行的短期债券	—	—	—	—	—	—	—	—
发行的长期债券	—	—	—	—	—	—	—	—
发行债券合计	—	—	—	—	—	—	—	—
偿还短期负债	—	—	—	—	—	—	—	—
偿还长期负债	—	(300.0)	—	—	—	—	—	—
偿还负债合计	—	(300.0)	—	—	—	—	—	—
发行普通股	53.0	427.0	543.0	318.0	365.0	483.0	475.0	772.0
回购普通股	(26.0)	—	—	—	—	—	—	—
发行优先股	—	—	—	—	—	—	—	—
支付普通股股利	—	—	—	—	—	—	—	—
支付股利合计	—	—	—	—	—	—	—	—
支付特殊股利	—	—	—	—	—	—	—	—
其他筹资活动	—	—	—	6.0	374.0	633.0	188.0	352.0
筹资活动产生的现金流	**27.0**	**127.0**	**543.0**	**324.0**	**739.0**	**1 116.0**	**663.0**	**1 124.0**
现金变动净额	**1 144.0**	**(427.0)**	**522.0**	**2 901.0**	**2 960.0**	**2 523.0**	**(6 612.0)**	**373.0**
增补项目								
支付现金利息	20.0	10.0	NA	NA	NA	NA	NA	NA
支付现金税费	45.0	(7.0)	17.0	194.0	863.0	1 267.0	2 997.0	3 427.0
杠杆化自由现金流	84.6	510.1	1 333.9	1 669.1	2 761.4	5 257.4	6 807.5	7 206.5
非杠杆自由现金流	89.6	512.1	1 333.9	1 669.1	2 761.4	5 257.4	6 807.5	7 206.5
净营运资本的变动	(125.0)	(328.0)	(388.0)	(596.0)	(666.0)	(756.0)	51.0	680.0
发行的债券净值	NA	(300.0)	NA	NA	NA	NA	NA	NA
填报日期	2005 年 12 月 1 日	2006 年 12 月 29 日	2007 年 11 月 15 日	2008 年 11 月 5 日	2010 年 1 月 25 日	2010 年 1 月 25 日	2010 年 1 月 25 日	2010 年 1 月 25 日
重述类型	NC	RS	NC	NC	RSA	RSA	RSA	O
计算类型	REP	REP	REP	REP	REP	REP	REP	LTM

表 4—10　　沃尔玛公司

财务弹性分析 截至 2010 年 1 月 31 日的会计期间 （单位：百万美元）	
基本现金流（1）	21 881.0
调整营运资本的增加（2）	4 368.0
经营现金流	26 249.0
资本支出	(12 184.0)
可自由支配的现金流	14 065.0
支付股利合计	(4 217.0)
其他投资活动	564.0
筹资前的现金流	10 412.0
长期负债的变动净额（3）	(833.0)
短期负债的变动净额	(1 033.0)
普通股发行净流入	(7 276.0)
其他	638.0
现金的变动净额	632.0

说明：（1）包括净利润、折旧和摊销、递延所得税以及其他。

（2）剔除了现金和应付票据。

（3）包括融资租赁的债务。

资料来源：公司的 10-K 表，Capital IQ，以及作者的计算。

内部产生的资金也足以支付公司的 42 亿美元股利。沃尔玛并没有去资本市场筹资，就已经实现了长期负债和短期负债的净值双双降低，并回购了净值为 73 亿美元的普通股。

能够通过内部融资来满足其扩张需求是沃尔玛公司的一个重大优势。通常，由于高利率或股票价格下跌会使新的融资变得非常昂贵。在商业领域还会偶尔出现“信用紧缩”（credit crunches），在这种情况下，企业出再高价格也难以获得外部融资。

沃尔玛公司不依靠外部融资的基础是盈利丰厚的折扣商店业务。如果由于经济萎靡或竞争压力加大，使得这个盈利的引擎运转暂缓，那么，沃尔玛公司将面临两个选择：或是控制商店的扩张速度并减少对旨在加强获利能力的技术的投资，或是变得更加依赖外部融资。前一种方法会进一步损害企业的获利能力，而后一种选择会使沃尔玛 EBITDA 中的较大部分用于支付利息和股利。简而言之，财务弹性的丧失会导致财务弹性的进一步丧失。

如果公司资金紧张的状况非常严峻，董事会可能会采取比较极端的措施，即削减或者取消股利（比取消股利更为极端的措施是急剧减少、停止或拖欠利息支付，使得公司必须出售核心资产来产生现金）。公司会努力避免走到减少股利这一步，因为公司害怕失去投资者的青睐，从而造成资本成本（cost of capital）的提高。为维持现有的股利支付率，董事会有时可能会选择借款。但这种做法不能长时间地持续，以免利息成本提高而内部现金又不足，最终可能导致公司破产。

尽管有时公司坚持派发股利，但是，在盈余下降的时期，股利也应被视为财务弹性的潜在资源。毕竟“可自由支配”是指支付经营费用和资本支出之后仍然可用的现金流，它强调了股利不是契约型支付，而是按照董事会的意愿来进行分配的。当保留股利危害到公司良好的财务状况时，股东实际上可能会要求董事会减少**派息**（payout），以此作为在较长时期内提高股票价值的一种手段。

为了衡量股利的安全性，分析师可以计算可自由支配现金流对股利的倍数。在沃尔玛的案例中，该比率让人较放心，为 3.34×，即 140.65 亿美元除以 42.17 亿美元。事实上，如果沃尔玛该年度赚得的利润为 0，仍然足以支付其股利。仅折旧一项 71.57 亿美元（未填入表 4—10 中）就已经超过了股利。

沃尔玛财务弹性的程度是一个例外。很多其他公司净利润的适度下降会使其可自由支配现金流降到低于计划股利支付的水平。然而，这些公司往往都有额外的缓冲，作为其资本预算的潜在缩减。零售商不但可以降低商店发展的速度，而且可以推迟现有商店的装修计划。不过，后一种措施会降低其未来的竞争力。零售商发现，如果它们的商店看上去很陈旧，其销售额将会下降。同样地，如果工业公司在任何一个扩张时期降低到“稳定水平的资本支出”，那么将会失去它们的竞争优势。这时的资本支出只能维持现有的厂房和设备的工作效率，并没有额外的支出来增加产能或者升级设备以提高生产率。另外，分析师应该获取信息对管理层所认为的稳定水平进行独立确认，比如，可以从熟悉业务的工程师那里进行确认。公司可能会夸大在发生衰退时削减资本支出以保存现金的程度。

在估计财务弹性时需要注意的最后一个因素是调整后的营运资金的变化。和传统的营运资金（流动资产减去流动负债）不同，这个数字剔除了应付票据、现金和短期投资。在表 4—10 中，前面是短期负债变动净额的一部分，而现金的增加或减少在财务弹性分析中被视为残差。

对沃尔玛来说，调整后的营运资金代表的是会计期间较少的资金（43.68 亿美元）运用。一般来说，随着销售额的增长，存货和应收账款的规模会扩大。资产负债表结构良好的公司，可以通过增加应付账款（供货商扩大信用）来筹集所需的大部分现金。但是，如果未销售货物的积压造成存货和销售额不成比例的上升，那么，可能就需要进行外部融资。同样地，如果和以前期间相比，顾客支付的速度开始减慢，应收账款可能会扩大营运资金需求和可用的商业信用之间的差距。反过来，由此造成的信用质量评估（参见第 13 章）的下降，可能会使供货商减少它们愿意提供的信用数额。再次，财务弹性的丧失会变本加厉。

4.5 捍卫财务自由

或许是由于金融市场的一般情况，或许是由于公司的债务质量下降，造成了信用稀缺，公司会非常艰难。有时，由于公司实际上被拒绝发放贷款，情况更为糟糕。典型的银行贷款协议包含限制性条款，如对债务总额（total indebtedness）的限制（参见"预测财务弹性"）。受到上述协议的约束，公司负债一旦超过某一限值，就不能继续用新的贷款来偿还债务。

违反债务契约或者努力避免破产的一个典型后果是，管理层通过降低可自由支配的支出来避免出现失控局面。公司可以在不影响短期经营活动的情况下削减很多项目，但这些项目对公司的长期健康发展则是很重要的。广告和研发费用显然是削减的对象。因为它们能够带来的好处需待未来才能显现，而其成本在当期却是很显眼的。若干年后，习惯性地缩减这些支出的公司肯定会损害自身的竞争力，从而将一个短期的问题变成一个长期问题。

能防止出现上述衰退是财务弹性的主要好处。如果公司在发展好的时期能够在不进行融资的情况下产生正的现金流，它将不用削减资本支出和其他能够成为投资未来的支出。在多半情况下，有一定的**闲置的生产能力**（slack）的公司也不会被迫取消股利。因而，公司将不会损害其在资本市场上的形象，也有利于避免未来融资成本提高。

虽然财务弹性能够带来很多好处，但是，保持一个资金缓冲并不总被认为是公司的明智之举。其对立观点源于**自由现金流**（free cash flow）的概念。自由现金流是指"满足公司所有的项目所需的资金之后多余的现金流，而这些项目是指按照相关的资本成本**折现**（discounted）后，具有正的**净现值**（net present value，NPV）的项目"。[①] 根据该观点，管理层应该把所有溢余的现金流都分给股东，否则就只能投资于回报低的项目（或者可能投资于更低回报的有价证券），这样，就不能使股东获得公平的资本回报。这种观点的支持者认为，如果让管理层决策，管理层将把现金用于低回报的投资，因为管理层薪酬和其所控制资产的增长呈正相关。因此，应该鼓励管理层把所有溢余的现金都分给股东。认为财务弹性毫无价值的人提出，如果不能推动管理层分配溢余的现金，就应该利用**敌意收购**（hostile takeover）的手段。

当然，反对保留溢余现金流的观点是具有一定逻辑性的。并且，获得了许多研究[②]的支持，这些研究表明，即使不再具备好的投资机会，公司仍然有继续投资的倾向。虽然这种增长在经济学的理论之外，但相关理念必须谨慎地应用于实践。在许多行业中，过度投资毫无疑问会导致长时间的产能过剩，然后导致长期获利能力低下。现在看来，如果过度投资的公司当初能增加股利支付，或者回购股票，而不是建设新的厂房，它们会更好地服务于股东。然而，这不过是事后诸葛罢了。管理层可能已经过度投资，因为他们相信经济增长的预测，而这种预测最终被证明过于乐观。如果需求按照预期的速率

---

① Michael C. Jensen，"The Free Cash Flow Theory of Takeovers：A Financial Perspective on Mergers and Acquisitions and the Economy，" in *The Merger Boom*：*Proceedings of a Conference ed.*：Lynn E. Browne and Eric S. Rosengren (Boston：Federal Reserve Bank of Boston，1987)，102-137. 这篇文章为本章所描述的自由现金流之争的简介以及所引用的自由现金流的概念提供了理论基础。

② 同上书。

增长，没有扩大生产能力的公司可能不能保持其市场份额。从长远来看，与几年的产能过剩相比，不能取得与具有较强扩张性的竞争者相一致的规模经济，这对股东的损害将更大。财务分析师应对公司的再投资政策作出判断——而非事后诸葛——且并非被动地接受当前的主流观点，如近期的低回报说明该行业不存在值得开发的未来机会。

不容易被理论家发现的一个细节是，财务弹性可以直接转换为经营弹性(operating flexibility)。将现金“留存”于有价证券，当紧缩的信用状况导致筹集所需的营运资金比较困难时，能够使公司较其“精干刻薄”的竞争者领先一步。丧失财务弹性的另一个风险不太明显，经济衰退所引起的暂时解雇可能会使公司永远地失去经验丰富的、有技能的员工。在接下来的经济恢复期，由于这些员工在其他地方找到了永久性的工作，从而使本公司的生产能力受到影响。因此，继续经营工厂以留住有价值的员工，这可能是划算的做法，虽然这样做会人为地积压存货。当营运资金的筹资需求突然增大，而公司又没有能力适应这种变化时，该战略是很难实施的。

4.6 小 结

在过去的40年，现金流量表已经成为其他报表的宝贵补充。当资产负债表和利润表只能提供有限的信息时，现金流量表是很有价值的。例如，一家高负债的公司最小化而不是最大化报告收益时，利用利润表来衡量公司成功与否并不可靠。同样，一个实际上已耗尽其净值的公司，分析其资产负债表披露的本季度权益是否比前期降低了10%，也已无关紧要了。此时此刻，投资者或者债权人最关心的问题是：公司能否继续偿还近期债务，从而赢得足够的时间来解决它的经营问题?

对于利润表和资产负债表不能描述的风险和机会，现金流量表不仅丰富了这些方面的分析，还能帮助我们确认公司所处的生命周期阶段。在公司发展的各个阶段，财务弹性对应对各阶段公司所面临的挑战起着关键作用。与广泛持有的观点不同，现金流量表不仅仅是风险厌恶型投资者的安全保障，而且是度量财务弹性的最好工具。对于有雄心但却谨慎的管理者来说，当竞争对手被迫削减支出时，现金流的缓冲能够使公司维持主要的长期投资支出。

第三部分

对利润的深入研究

第5章

利润是什么？

利润在商业领域和经济学理论中都居于很高的地位。产生利润的必要性是要求商业组织遵纪守法，这推动了企业在降低成本上的创新。反过来，创新促进了稀缺资源的有效利用。追求利润的动机也鼓励了储蓄和风险承担，而这两者是经济发展中不可或缺的元素。最后，利润是商业人士衡量成就的标准，也是他们提出薪酬要求的依据。

鉴于利润具有这些重要的经济学功能，人们可能会认为，财务报表的使用者一定在很早之前就对利润给出了普遍接受的定义。而实际情况是，利润只有下面这种非常粗浅的定义：

利润＝收入－成本

用这种方式定义的利润引发了一系列问题：什么是收入？成本包括哪些内容？或者，更为精确地说，成本现在包括什么和以后包括什么？由于这些问题可以用许多不同的方式来回答，所以，产生了无数关于利润的定义。对财务报表分析师而言，最重要的是要理解真实利润和会计利润之间的不同。

5.1 比较真实利润与会计利润

在界定**真实利润**（bona fide profits）时，最简单的公式是收入减成本，表现为一个非常有用的起点。当计算这种定义的利润时，分析师必须要考虑真正的收入，并且减去所有相关的成本。完整的成本内容包括劳动力、原材料、厂房、购买的服务、设备的折旧和税收。但是，不论分析师多么谨慎，利润的计算都不会令人满意，除非通过了以下决定性的检验：

如果一家公司赚取了真实利润，那么它的所有者比以前将会更加富有。

该观点强调的是，没有增加财富就不存在真实利润。真实利润是在财务报表分析中真正有意义的唯一利润形式。

至于会计利润，公认会计原则定义了许多规则来极其精确地计算利润。但是，对于财务分析师而言，会计利润在实务中的定义非常简单：

会计利润就是按照会计准则定义的利润。

在某一期间，如果企业没有为所有者增加财富，但是，根据会计准则，企业取得了利润，这就足够了。因为即使没有反映出真正的财富增加，会计利润对于股票市场上的许多投资者来说已经足够充分了。他们会很高兴地对公司的市盈率倍数赋予一个值，而这个数字是由有声誉的会计师事务所利用其会计技巧得来的，并且宣称这就是公司的利润。

5.2 收入是什么?

比如，假定一位企业家开发了一项饭店特许经营的商业活动。虚拟公司莎莎·梅思特国际公司（Salsa Meister International）并未经营任何一家莎莎·梅思特（Salsa Meister）的饭店。它仅仅把特许经营权出售给其他企业并且收取特许经营费。

遗憾的是，特许经营的饭店持续亏损。但是，这对于莎莎·梅思特国际公司的会计利润没有任何影响。饭店的经营并不是莎莎·梅思特国际公司业务的一部分，饭店的收入也不是它的收入，并且，饭店的成本也不是它的成本。莎莎·梅思特国际公司的收入完全由特许经营费构成，这些收入是该公司通过向特许经营者提供服务而获得的，包括研发菜单、提供会计系统、培训饭店员工和设计广告宣传活动。

精明的分析师会提出疑问：亏损的特许经营者从哪里获得现金来支付特许经营费？图5—1解答了这个谜题。莎莎·梅思特国际公司向公众出售股票，然后将获得的资金转借给特许经营者。

特许经营者以特许经营费的名义再把这些现金还给莎莎·梅思特国际公司。这些费用超过了经营公司总部所需的适度成本，莎莎·梅思特国际公司欣然接受了这些费用，并将它称为收入。

按照公认会计原则，莎莎·梅思特国际公司取得了利润。投资者赋予其特定的市盈率倍数，根据会计利润进行估价后，公司开始下一轮公开发行股票。然后，这些股票发行收入再次提供给特许经营者来支付费用。而且，随着莎莎·梅思特连锁店向新的地区扩张，特许经营者的数量不断增加，随之会计利润也将不断提高。因而，先将股票市场的现金流入转化为费用，最后作为收入，这样的循环周而复始。

但是，精明的分析师感到困惑了。这些交易形式的实质是很明显的，莎

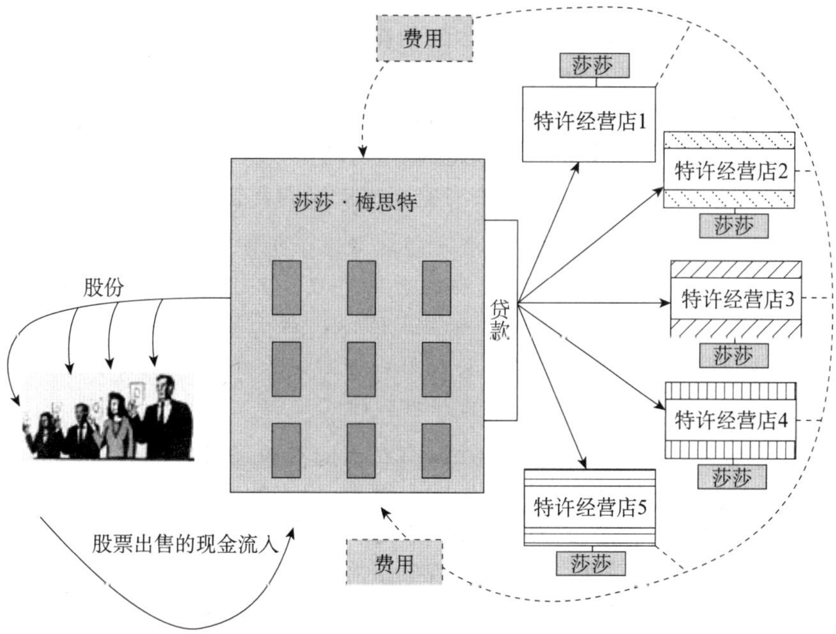

图 5—1　把股票市场的现金流入转化为收入

莎·梅思特国际公司的财富并没有增加。现金只是简单地从股东那里流向了公司，然后流向特许经营者，最后又返回到公司，整个过程只是经历了一些名称的变化而已。

仅仅循环资金并不会增加财富。如果杰克给吉尔 1 美元，吉尔很快又把 1 美元还给了杰克，“交易”之后与交易之前相比，任何一方都没有变得更好。根据定义，也就是说，杰克和吉尔都没有获得真实利润。因而，不论公认会计原则对于会计利润如何定义，莎莎·梅思特国际公司都没有获取真实利润。

投资者迟早会认识到这一点。当这种情况发生时，莎莎·梅思特国际公司就失去了在股票市场上筹集新的资金来制造会计利润的能力。莎莎·梅思特国际公司的股票价值将会将它的内在价值降低至零。投资者将会遭受严重的损失，而如果他们曾经研究过公司的报告利润是否反映了其财富的增加，他们将会避免这样的损失。并且，除非投资者开始认识到有些时候真实利润和会计利润是非常不同的，否则，他们将继续犯类似的错误。

5.3　成本包括什么？

从账面价值以外的其他资源获取会计利润的信息，是财务报表分析真正有用的一个重要因素。同时，分析师在决定用什么来代替公认会计原则中的利润定义时，必须谨慎操作。一旦他们偏离了公认会计原则，分析师就陷入了一个充满自由观点的市场。在这里，不同的群体提出各具竞争力的观点。

这么多的差异主要取决于一个问题，就是扣除哪些成本来得到关于收益的定义。有些常见的收益定义对财务报表分析中的复杂问题提供了信息，而有些定义却起着掩盖事实的相反作用。许多财务报表的发布者企图利用对于公认会计原则的不满，来鼓励分析师采用他们的收益测量方法，在这种方法下，他们的收益比会计利润或者真实利润要高。

现在我们所选择的收益测量方法中，大部分的原型都是加回折旧的收益。早在1930年，一个投资专家就支持投资者忽视基于会计的收益，如下所示：

> 课本中建议投资者获取考虑了折旧费用影响的收益数据。但是，折旧毕竟是一个纯粹的会计科目，并且可以通过适度地调整折旧，从而得到期望的净收益。因此，对于投资者来说，如果可能的话，折旧前利润看起来会更好，并且，投资者要做出自己的判断来估计折旧，以便得到最为接近的净收益。①

可见，该投资专家并没有对折旧和收益计算的相关性提出疑义，而是认为这样计算的主观可操作性太强。② 报表的发布者可以利用其自由度，来为可折旧资产设定较短或较长的平均年限，从而很容易提高或降低报告收益。

当公司把财务报表呈现给潜在的投资者时，我们能合理地假设“其期望的净收益”比公司的真实利润要高。因此，必要的调整就是增加折旧，从而减少收益。目前，收益衡量方法认为，正确的分析需要对报告的收益进行调整，该投资专家同意这种观点，但是，他也认为分析师不应该完全忽视折旧。

另一方面，报告收益很低的公司积极支持投资者忽略折旧。这种冒险违反**权责发生制**（accrual accounting）的做法，是从私人拥有的房地产领域获取的灵感。在那个领域，管理上市公司的逻辑被颠倒过来了。与利用会计准则的自由度来最大化报告收益不同，房地产的私人拥有者努力将报告收益最小化，从而进一步最小化所得税。因此，当私人投资者购买建筑物（可折旧的资产）和建筑物所在的土地（不可折旧）时，一般的，他们把购买价格中尽可能大的部分归于建筑物。这样处理能够最大化折旧费用，从而最小化所有者的纳税金额。

假设建筑物每一年的租金收入能抵消房东的付现费用，如维护、维修、财产税和不动产按揭利息。也就是说，如果不考虑非付现折旧费用，所有者实现了盈亏平衡。如果包含折旧，该建筑物则表现出年度亏损，这将降低其所有者应缴纳的所得税。另外，假设几年之后，所有者出售了土地和建筑物。由于随着时间的推移，房地产价值有提升的趋势，所以，在偿还贷款余额之后，投资者得到的现金将高于初始投资额。

重新回顾一下这个房地产投资者的经历。她出售财产的所得高于她购买时支付的现金，其收益并没有因为在经营过程中的净现金支出而减少，相反，

① John Francis Fowler, Jr., *Introduction to Wall Street: A Practical Guide Book for the Investor or Speculator*, New York: Harper & Brothers Publishers, 1930, 76.

② 与现在相比，可能在1930年会更加真实，因为1933年的证券管理条例中曾规定，美国大部分上市公司的财务报表都必须经过独立的公共会计师的审计。即便在那时，财务报告的准则仍然是相当宽松的，因为当时联邦政府和会计从业协会正全力解决怎样建立最好准则的问题。

由于非付现的折旧费用所产生的税收节约，使她的财富有所增加。关键在于，和购买建筑物之前相比，投资者变得更加富有了。根据我们的定义，尽管每一年都报告损失，但她实现了真实利润。另外矛盾的一点是，投资者是通过出售资产获取收益。经济学原理表明，一项投资只有在产生利润时才具有价值。进一步说，只有利润增加，价值才能增加。但是，在这个例子中，尽管出现了一连串连续的亏损，财产的价值却提高了。

当然，这些奇怪的事情总会有一个理性的解释。根据税法所计提的资产折旧高估了实际的损耗。建筑物的可使用年限较长，它可能因为税收目的而多次折旧。经济学上的折旧和以税收为基础的折旧之间的差异可以看成是对社会化生产性投资的补贴。另外，它也可以被视为房地产商影响美国税法立法者的证明。

总之，传统的利润表对买卖建筑物的盈利能力进行了歪曲的反映。更为接近事实的做法是完全忽略折旧费用，而集中关注现金利润（cash-on-cash profit）。简而言之，就是所有者在拥有建筑物的期间，除通过税收节约产生现金外，投资者在投资之初支付一定金额，在投资结束时获得一个更大的金额。

5.4 概念拓展的边界在哪里?

一定程度上，忽略折旧提高盈利能力，在除房地产以外的其他领域也是适用的。在广播行业，一般公司记录的折旧与摊销都远远超出了资产的物理损耗。例如，当公司购买一台录音机或者电视机时，其价值只占到厂房和设备的很小部分。电台的大部分价值来源于它所具有的利用部分广播频率的特权，这种权利是一种稀缺资源，并且随着时间的发展，将变得更有价值。和房地产案例一样，广播电台在折旧之后可能会表现出持续的亏损，但是，当最后出售电台时，却可以实现可观的利润。所以，不能根据传统的利润表来分析广播电台，对分析师来说，关注广播的现金流才是合适的，现金流通常被定义为：

营业收益＋折旧与摊销＋公司管理费用

（要更为精确地计算广播电台的现金流，在减去前期收购项目的成本摊销的同时，还要减去收购新项目的现金支出，这两者都能在现金流量表中找到。）

显然，读者应该谨慎地运用忽略折旧的分析方法。许多行业的固定资产主要由机器或交通工具组成，其价值确实在使用过程中减少了。此时，可能的错误分析的风险，不是源于报告的折旧费用远远超过了经济学中的折旧，而是恰恰相反。

通过房地产和广播行业的分析类推，任何一个处于资本密集型行业、边际上不盈利的公司都可以宣布它是盈利的。这个策略只是简单地声明分析师不应再考虑折旧。但是，在这种方式下产生的收益，既不是会计利润，也不是真实利润。

5.5 小 结

尽管衡量利润具有重要意义，然而，企业家却不能对利润给出一个适用于任何状况的定义。即使是收入减去成本的简单公式，也会由于基于会计的收入和成本的延伸性而遭遇困难。正如第 6 章和第 7 章所描述的，这些公司业绩的基本衡量方法太过主观，而且，因为采用的是账面价值，业绩也将被歪曲。另外，对房地产和杠杆收购的讨论也表明，可以完全根据公认会计原则来计算净收益，但是，净收益和投资者回报率之间几乎没有联系。

鉴于上述分析，分析师必须谨慎。一方面，他们必须冲破会计上的传统做法，不能脱离经济现实。另一方面，也不能接受寻求廉价资本的公司为欺骗他们而伪造的现实。对于那些宣称企业所谓的“成本”仅仅是会计惯例的言论，分析师必须持怀疑的态度，任何相信这种言论的人都是守旧者。

第6章

收入的确认

经验表明，即使财务报告经过了审计，接受账面报告收入也是存在风险的。许多公司运用高度激进的实务操作来确认收入，这些操作虽然符合公认会计原则，但是却扭曲了根本的经济实质。有时，不顾一切“提高数字”的管理者还会越过规则的界限，进行欺诈性的收入确认。通常，异常成功的外在表现可能实际上预示着公司将对前期的报告收入向下调整。在维持股票价格的强烈压力下，销售收入增长很快的公司倾向于滥用会计政策。

6.1 医药行业的渠道超载

2002年4月3日，百时美施贵宝（Bristol-Myers Squibb）公司在宣布第一季度经营收益预计为每股0.44～0.47美元后，盘后交易的股价大跌14%。分析师调查发现，汤姆森金融公司First Call网络（Thomson Financial/First Call）上的信息曾预期该公司经营收益为每股0.56美元。对于整个2002年度，制药厂商的收益相比2001年的每股2.41美元，下降了至少25%。

在此震惊事件之后，该公司首席执行官彼得·杜兰（Peter Dolan）被指责要为全世界医药产业负直接责任。作为前任公司领导人，他离开了公司。两周后，公司宣布，其首席财务官也已经下台。

预计收益的突然下降源于2001年施贵宝给批发商提供折扣，要求他们以远远超过药店开处方的速度购买公司的产品。由于给批发商的销售量超过了终端客户的需求量，这种做法在2001年大幅提升了特定药品的收入。然而，

2002年，批发商没有再订货，因为他们要努力消化积压的库存，提供给他们的药店客户。最终，施贵宝销售给批发商所获得的销售收入减少。杜兰告诉分析师和投资者，公司正在削减运费，2002年的利润取决于批发商消化库存水平的速度。

渠道超载（channel-stuffing）是证券分析师描述一种财务报告操纵手段的专业术语，施贵宝利用这种手段将未来收入提前到本期确认。药品批发商很乐意持有超出其需要的存货，只要他们获得的折扣足够高到能够弥补由此带来的**持有成本**（carrying costs）。他们库存的药品到期日一般到未来两年以后，所以，这些药品尽管被搁置在批发商的库房里，也不会因为损失价值而令批发商蒙受风险。进一步，批发商按照现行价格购买超量药品，会因为制造商在以后期间调高零售价格而获利。零售价格上涨，批发商就可以对按照原价采购的存货以更高的加价进行销售。

尤其是考虑到因折扣而放弃的销售收入永远不会得到弥补，为什么施贵宝仍然刻意令其批发销售渠道超载？批发商只能消化那些超量的存货。迟早有一天，销售会终止，这样一来，公司曾经通过借未来的销售高估本期收益这一事实必然会昭然天下。

对于施贵宝而言，一语成谶。2003年3月10日，公司对1999—2001年的财务报表进行重述，更正了“错误以及不当的会计处理”。公司将持续经营利润砍掉了9亿美元，2002年虚高年报版本的利润被抵消了。早前，公司曾告诉投资者，公司计划的重述仅仅是将早期报表中报告的收入转移到2002年和2003年。然而，最终表明，公司在以前年度报表中删去了25亿美元，但在之后年度报表中仅仅确认了19亿美元的收入，对消失的6亿美元，公司解释说：“主要是因为销售退回的应计项目的变化，退税，以及会计政策变更。”① 施贵宝的股票曾经在2000年年末达到顶点70.37美元，2003年3月10日收盘价仅为22.51美元。甚至在对投资者造成如此伤害之后，施贵宝并未因上述更正受到处罚。2004年3月16日，公司重述了1999—2002年的利润，并上调了2003年的利润。

6.1.1 注定失败的计划：背景

2001—2002年间股票价格的陡降解释了施贵宝利用注定不可持续的方式操纵利润的原因。由于开发新药以替代销售专利保护即将到期的产品非常困难，施贵宝连同其他制药厂商都感受到了利润压力，自从1989年百时美与施贵宝合并至今，公司投入数十亿美元的研究经费，但尚未发明出一种主要药品。高管层的最大希望——治疗高血压的药品Vanlev，2000年由于被发现存在不良副作用，没有获得美国食品与药品管理局的批准。2001年，公司同意支付20亿美元给生物科技公司ImClone系统公司的发明，用于抗癌药品爱必妥（Erbitux），然而该药品随后又没有通过美国食品与药品管理局的批准，导

① Gardiner Harris, “Bristol-Myers Says Accounting Was ‘Inappropriate,’ Inflated Sales,” *Wall Street Journal*, March 11, 2003, A2, A8.

致施贵宝遭遇困窘。

1996 年，当时的首席执行官小查尔斯・亨博尔德（Charles Heimbold, Jr.）承诺投资者，在 2000 年实现年利润 12%的增长。然而，该目标最终被证明是难以实现的，因为行业竞争升级，低价的通用药作为施贵宝最畅销的抗癌药的替代品，严重威胁着该公司的销售。继 1999 年年末的会议之后，亨博尔德替换了医疗组的组长小唐纳德・海顿（Donald Haydon, Jr.）。根据《华尔街日报》[①] 对公司过去和现任执行官的采访，海顿以坦言施贵宝销售下降、前景堪忧而闻名。因此，他的免职传递出一个信号，执行官必须不惜一切代价达到他们的销售配额。出于这一点，医疗组开始给批发商提供折扣，以促使他们订购比药店处方所需更多的药品。

此外，根据被采访的执行官，施贵宝开始提高其底线，将以前期间产生的重组储备转化为盈余的组成部分。这种做法完全违背了美国证券交易委员会（SEC）的会计政策，该政策在 1999 年公告中被重申，要求公司储备只能用于具体目的，禁止将储备在长期内以小金额的形式逐步转移到盈余中去。令人质疑的还有，施贵宝重复建立重组储备，而该储备恰恰等于出售资产收益。而且，执行官表示，公司通过出售小型生产线，所获处置收益一次又一次为每股收益（EPS）增加了一便士或两便士，却没有报告其撤资情况或强调这是一次性事项。SEC 对于公司隐瞒上述事项的相关信息非常震怒，要求对公司进行非物质性索偿。SEC 声明，如果公司只是没有披露一桩小事项，可以被合法忽略，但是公司没有披露的此类事项相当之多就是对投资者严重的误导。最终，一些接受采访的执行官承认，在 2001 年中期，对杜邦（DuPont）药品业务的并购，施贵宝高估了 78 亿美元，这笔金额被归为在研的研发费用，因此，按照 GAAP 的规定，能够立即冲销。SEC 很早以前就一直强调，公司高估在研的研发费用，以使商誉的金额最小化，会导致随后的冲销处理。《华尔街日报》采访执行官时，他们认为公司高估了在研的研发费用的冲销额，为将来转回冲销部分创造了机会，这是另一种调整报告盈余的方式。

公司管理者们极力否认其会计政策旨在进行盈余管理，或者，推而广之，是为了最大化高管的薪酬，虽然他们的薪酬与公司股价相挂钩。然而，施贵宝在 2003 年 3 月 10 日的冲销恰逢 SEC 与联邦调查局加速调查不恰当会计处理案例中高管的责任的大背景。

2004 年 8 月，施贵宝同意支付 1.5 亿美元了结 SEC 对会计造假的处罚。随后，2005 年 6 月，施贵宝又支付了 3 亿美元了结司法部对公司操纵存货的处罚。公司进一步同意免去 CEO 杜兰的主席之职，并承诺向西顿霍尔大学（Seton Hall University）法学院捐赠设立商业伦理课教席。美国纽瓦克的律师，随后被选为新泽西州州长的克里斯托弗・J・克里斯汀（Christopher J. Christie）表示，该事件反映了强调不惜一切代价提高销售收入的公司文

① Gardiner Harris, "At Bristol-Myers, Ex-Executives Tell of Numbers Games," *Wall Street Journal*, December 12, 2002, A1, A13.

化。“这些人明白，他们应当向投资者公众披露信息，然而他们却没有”，克里斯汀评论说，“这并不是一个渠道超载的案例，这是一个隐瞒披露的案例。”①

6.1.2 甄别超量存货

并非每个人都会受到施贵宝分销渠道堵塞的蒙蔽而完全放松警惕。在公司 2002 年 4 月 3 日公告前几天，美林证券（Merrill Lynch）的分析师史蒂芬·泰伊（StevenTighe）写道，公司的十大核心零售品牌所关联的批发销售链的存货价值总计达 5 亿～8 亿美元。② 相当于每周销售收入的大约 2.42 倍，是一个不正常的高存货水平。泰伊估计，由此造成的销售下降将会导致 2002 年第一季度施贵宝的每股收益下降 0.02～0.03 美元。

分析师是基于施贵宝 10 种主要药品对批发存货进行估计的，这些药品占医药收入的 50%，估计时还采用了保健数据的供应商 IMS Health 提供的价格及处方统计数据。例如，IMS 报告，一种降胆固醇药品——普拉固的药店销售收入，2001 年增长了 8%，零售价格提高了 6%。当年，施贵宝报告其销售利润增长了 21%，意味着对应药店的销售存在一个 7%的空间。③ 最大的销售差距达到 17 亿美元，包括一种口服降血糖药格华止（Glucophage）。根据 IMS，处方数量下降了 8%，抵消了零售价格上升的 8%，而施贵宝记录销售利润率提高了 18%。泰伊估计格华止批发的存货相当于其估计的 2002 年该品牌销售收入的 78%，比例非常惊人。

结果表明，存货数量激增，导致对盈余的影响甚至要比泰伊分析的更加严重。甄别渠道超载仍然为即将发生的股票价格下跌敲响了警钟。更令人印象深刻的是，瑞银华宝（UBS Warburg）的分析师西尔维斯特（C. J. Sylvester）对 2001 年 9 月的一项 5.5 亿美元的订单提出了存货超量的警告，而这发生在公司丢下重磅炸弹的半年以前。

对于大多数财务报表使用者而言，遗憾的是，要获得每年由诸如 IMS 和 NDC Health 等公司提交的此类分析所需数据，需要花费数万美元。施贵宝的案例分析不过是说明了检验公司报告盈余对独立提供信息的价值。公众能够获得的对特定行业，如汽车和赌场行业的销售分析，可以作为一种有效的检验。

---

① Stephanie Saul, "Fraud Case Filed against Ex-Officers of Bristol," *New York Times*, June 16, 2005, C1, C17.

② Steven C. Tighe, *Bristol-Myers: Analysis Reveals Excess Inventory in the Trade*, Merrill Lynch & Co., March 25, 2002.

③ 在本分析中，采用全增长率计算是关键，我们没有简单地对价格和数量增长的百分比进行相加，然后减去报告收入利得。举例说明，假设一个制造厂以每件 5 美元的价格销售了 100 件商品，则第一年的销售收入为 500 美元。在第二年，销售量增长了 12%，价格提高了 8%。收入增长了 112 件×5.4 美元/件＝604.8 美元。意味着收入增长为 604.8 美元÷500 美元＝20.96%。四舍五入，收入增长达 21%，并非数量增长百分比和价格提高百分比之和，即 12%＋8%＝20%。

6.2 再次盈余造假

《侠盗猎车手 3》(Grand Theft Auto 3) 是一款因暴力因素而非常火爆的电子游戏，最终，这些暴力因素使得《侠盗猎车手 3》在澳大利亚被禁止出售。

并非虚拟的暴力因素，而是真实的劣迹，使得 Take-Two 公司被列于财务虚假列报的名单中。在公司不到六个月的时间里股价涨了超过两倍之后，事件开始拉开帷幕。即使在当时，一些专家也认为相对于诸如美国艺电公司 (Electronic Arts) 和动视暴雪公司 (Activision) 的同行企业，Take-Two 公司的股票价格被低估了，引人猜测 Take-Two 公司可能会成为一块诱人的糖果被微软公司 (Microsoft) 并购。

短期内维持股价上升势头的美梦在 2001 年 12 月 14 日破灭。因为谣言称公司不得不重述其盈余，Take-Two 公司的股价下跌了 4.72～10.33 美元，跌幅达 31%。最终该谣言被证实。12 月 17 日，Take-Two 公司宣告，将重述其截至 2001 年 10 月 31 日会计年度前三个季度的盈余。根据管理层的说法，调整的原因在于公司确认了向"特定独立第三方分销商"销售而随后被退回或被 Take-Two 公司回购的游戏收入。公司估计，2000 会计年度的每股收益将会被重述，从每股 0.88 美元重述为每股 0.75～0.77 美元。

令一些观察家惊奇的是，Take-Two 公司的股票价格在 12 月 7 日上升了 3.23 美元至 13.56 美元，获得了 31% 的利得。对于卖空者洛克合伙公司 (Rocker Partners) 的马克·科蒂斯 (Marc Cohodes) 而言，Take-Two 公司的公告就是该公司依赖会计伎俩实现盈利的证明。正如他所述，Take-Two 公司曾经自买自卖并且将那些销售确认为收入。[①] 然而，董事会主席保罗·爱贝乐 (Paul Eibeler) 抱怨说报表重述掩盖了 Take-Two 公司的"潜在实力"[②]，而且公司预期 2002 会计年度的前景会非常好。一些华尔街分析师分享了这一观点。韦德布什·摩根证券 (Wedbush Morgan) 的米格尔·伊里瓦伦 (Miguel Iribarren) 重申其购买建议，认为 Take-Two 公司一年后的目标价格为 25 美元每股。商业资本市场的理查德·齐默曼 (Richard Zimmerman) 确定其强烈购买建议，目标价格为 20 美元每股。

在接下来的几个月，财务报告信息越来越糟糕。2002 年 1 月 22 日，Take-Two 公司宣布，将推迟发布公司第四季度季报及年报结果。纳斯达克股票市场很快暂停了 Take-Two 公司的股票交易。2 月 12 日，公司重述了其 2001 会计年度的每股收益，从 0.88 美元调整至 0.23 美元，而且小幅降低了其报告的 2002 会计年度前九个月的每股损失，从 0.11 美元调整至 0.09 美元。此外，Take-Two 公司披露，证券交易委员会已经对该公司进行调查。此

---

① Gene Marcial, "Take-Two Gets a Second Chance," *Business Week Online*, December 19, 2001.

② 同上书。

后一天，当公司的首席财务官阿尔伯特·帕斯提诺（Albert Pastino）被辞退时，另一个危险信号出现了。

尽管出现了这些不利的事件，但当2月15日Take-Two公司股票的交易价格恢复时，一些分析师仍然对该公司持乐观态度。摩根·基根（Morgan Keegan）公司的鲍勃·迪林（Bob DeLean）评论道："从负面的视角，管理层没有信誉，而且公司在历史上曾采用激进的会计处理。但是向前看，他们有多次轰动一时的成功，而且资产负债表看起来更好了。"[①] 他认为该公司股票会跑赢大盘，六个月后的目标股价为30～35美元每股。洛克合伙公司的科蒂斯仍然保持怀疑态度，他辩驳道："我们已经确信，Take-Two公司公布的数据是捏造的。其他的一切都是炒作。"[②]

在这种情况下，与很多其他财务误报案例所得出的教训不同，人们相信了那信誉扫地的管理层所作出的保证，后者说公司商业前景一片光明，人们为此支付了很高的溢价。分析师伊里瓦伦预测的2002年12月的目标股价20美元每股，到当年4月就已实现，在那段时期，标准普尔500指数未曾改变过。迪林所预测的六个月目标股价，即2002年8月达到30～35美元每股，尽管过程更加缓慢，不过，至2002年11月其低线似乎已实现，虽然标普下降了15%。

尽管事实上Take-Two公司的收入确认误报最终表明比公司2002年披露的数据差距更大，但对股东而言，股价上升仍然是好消息。2004年1月31日，Take-Two公司宣布它将重述盈余，追溯至1999会计年度。最新更正的差异包括对公司价格优惠准备金的记录。

2005年6月9日，Take-Two公司同意以750万美元支付美国证券交易委员会对该公司会计舞弊的罚款。前主席瑞安·布兰特（Ryan Brant）同意支付50万美元罚金，以及基于以往报告盈余所非法获得的奖金连同判决前利息310万美元。前首席运营官拉里·穆勒（Larry Muller）和前首席财务官小詹姆斯·戴维（James David，Jr.）也同意支付罚金以及非法获得的奖金。

没有一方承认或否认美国证券交易委员会投诉Take-Two公司所做的指控，但是那些指控正以其自有的方式，与《侠盗猎车手3》描述的打架斗殴一样，令公司备受困扰。证券交易委员会指控Take-Two公司系统地记录大约180家分立的所谓泊车设施的收入。证券交易委员会指出，在会计年度或季度期末当天或前后，公司发运了成百上千的电子游戏给分销商，而这些分销商并不需要承担付款的义务。公司虚假记录了这些运费，就好像它们是真的销售业务一样，然后在以后期间接受商品退回。证券交易委员会指出，管理层多次虚开假发票，将退回伪装为"购入配套产品"。[③] 进一步，根据其指控，Take-Two公司对仍然处于生产环节的游戏不恰当地确认了收入，因而无法运

① Greg Chang, "Take-Two Drops on U.S. SEC's Accounting Investigation," *Bloomberg News*, February 15, 2002.

② 同上书。

③ U.S. Securities and Exchange Commission Release No. 19260, June 9, 2005.

输这些货物。最终，证券交易委员会指出，公司不恰当地记录了两家电子游戏出版社的合并，而且未能建立合理准备金用于记录游戏零售价格的下降。令人联想到该公司最臭名昭著的游戏中对无辜的路人的处置，就如同 Take-Two 公司高管层手执一支棒球棒打在了公认会计原则上一样。

6.2.1 收入与现金的差异

对于财务报表使用者而言，令人欣慰的是，那些不恰当地确认收入的经理们往往会被他们造假时留下的数字线索出卖。让我们看看一家计算机生产商的财务报表在收入确认方面是如何暴露出潜在问题的。在肯德尔方块研究公司（Kendall Square Research）于 1993 年 10 月修改以往的报告收益之前，一家以发布财务报表报警器而闻名的研究服务机构发出警告说，这家公司涉嫌提前确认收入。

肯德尔方块公司于 1992 年 3 月上市，公司公布其上市之后 6 个季度的收入是 4 540 万美元。洛伦·凯洛格（Loren Kellogg）——财务报表报警器的联合发布方，将这家公司的利润表和现金流量表中的数据进行了比较。在同样的 18 个月中，肯德尔方块公司"从客户那里收到的现金"仅仅为 2 570 万美元。凯洛格以这两个数据之间的差异 1 970 万美元来证明肯德尔方块公司记录的销售收入中很大一部分是可疑的。

这个警告是有先见之明的。凯洛格的分析在《华尔街日报》（*Wall Street Journal*）发表后不到一个月，肯德尔方块公司披露，其 1993 年第三季度的收入将"大大低于"证券分析师的预期。与之前 0.11 美元的每股收益（与扎克斯（Zacks）投资研究公司的跟踪预测数据一致）不同的是，肯德尔方块公司称，将会报告亏损。另外，肯德尔方块公司推迟公布公司第三季度收益，并且宣布其高级副总裁兼财务主管已提出辞职，这位管理者仅仅在一个月之前才加入公司。所有这些情况正是肯德尔方块公司面临严重问题的典型信号。

收入确认的争议是肯德尔方块公司困境的核心问题。肯德尔方块公司暗示，虽然其第三季度的发货量"大致和预期保持一致"，但是，对于如何从发货中确认恰当数量的收入，却存在问题。所罗门兄弟公司（Salomon Brothers）的分析师杰弗里·卡宁（Jeffry Canin）对肯德尔方块公司内部可能存在的分歧做出了猜测。他认为，对于那些同意进一步升级使用肯德尔下一代计算机的顾客而言，肯德尔方块公司可能会给予返利，但是，一些管理者可能反对把这种情况作为收入的减少。史密斯·巴尼·希尔森公司（Smith Barney Shearson）的分析师巴里·博萨克（Barry Bosak）认为，肯德尔方块公司可能由于过于依赖向大学销售计算机而受到损害。这些大学中的很多大学都依赖政府拨款，而政府拨款正在日益减少，以致它们难以支付货款。的确，一些评论者暗示肯德尔方块公司曾向教育机构提供研究经费，以此作为交换，让它们提交订单，不过，管理层否认存在这项费用。

无论如何，由于审计机构普华永道（Price Waterhouse）对肯德尔方块公司 1992 年的财务报表撤销了标准无保留审计意见，肯德尔方块公司的困境将会继续。管理层承认，最初公布的本年 2 050 万美元的销售收入中包含了 420

万美元"没有恰当确认"的收入。肯德尔方块公司补充说明，1993 年上半年未经审计的数据可能也需要重述。

在这些公告之后，肯德尔方块公司先是对公司的总裁、首席财务官和技术产品组的负责人进行了降职处理，随后将其解雇。肯德尔方块公司的代理首席执行官宣布，此后，肯德尔方块公司将集中于按照订单来生产计算机，而不是根据预期订单来生产产品。这个改革可能会减少由于收入确认而产生的问题，但是，待到肯德尔方块公司改革之际，财务报表使用者的损失已经非常严重。7 月中旬，肯德尔方块公司的股票价格已经从 3 个月之前的最高峰下跌了大概 70%。[①]

6.3 在分期付款的销售中误入歧途

2000 年 8 月 9 日，沃尔玛公司公布其截止到 7 月 31 日的第二财务季度的净利润同比增加了 28%，每股收益（稀释后）为 0.36 美元，上升了 29%。销售收入也很正常地提高了 20%，开业超过一年的沃尔玛分店数量增加了 5%。

鉴于以上结果，一位分析师称之为"一个非常好的季度"，预期该折扣连锁店的股票价格将要上涨。至少，如果沃尔玛公司每股收益的增加和华尔街分析师的预测保持一致，投资者预期股价将保持稳定，这些预测数据由汤姆森金融公司 First Call 网络发布。然而，事实上沃尔玛公司的股票却下跌了 4.375 美元，股价降至 53.125 美元。这个数据表明公司股价在一天之内下降了 8%，而在同一天，道琼斯工业指数仅出现了温和的变动（下降了 0.6%）。

《华尔街日报》[②] 和彭博新闻社（Bloomberg）[③] 都认为沃尔玛公司股价的意外下降与会计政策的变化相关，并预期会计政策的变化还将减少下一（第三）季度的收益。该零售商的管理层建议分析师将 8—10 月期间每股收益的预测降低 1.5～2 美分，反映公司对于分期付款销售会计政策的变化。在这类交易中，顾客支付首付款预定商品，然后在一个具体的期限内支付剩余的款项，当顾客支付全款之后收到商品。在会计处理变化之前，按照 FAS 第 101 条的强制性规定，沃尔玛公司在把商品作为分期付款商品时，就记录了分期付款的销售收入。而按照新的、更加谨慎的方法，只有当公司的顾客支付了

① 关于肯德尔方块公司的收入确认争议的讨论来自以下文章：John R. Dorfman and William M. Bulkeley, "Supercomputer Maker Kendall Square's Effort to Crack Business Marker Has Some Skeptics," *Wall Street Journal* (October 11, 1993), C2; Liz Roman Gallese, "Kendall Square Fires Founder Burkhardt, Two Demoted Executives," *Bloomberg News* (October 26, 1993); "Kendall Square Closes Down 32%," *Bloomberg Business News* (October 29, 1993); David Zielenziger, "Kendall Square Drops 21% after Auditors Withdraw Backing," *Bloomberg News* (November 29, 1993)。

② Chip Cummins, "Wal-Mart's Net Income Increases 28%, but Accounting Change Worries Investors," *Wall Street Journal*, August 10, 2000, A6.

③ Heather Landy, "Wal-Mart 2nd-Quarter Netto Miss Forecasts," *Bloomberg*, August 9, 2000.

所需的全部款项，并且拥有了商品所有权时，公司才能确认销售收入。

按照一位分析师的说法，沃尔玛公司的股票价格下跌8%表明了“某种程度上的过度反应”。实际上，股票价格的下降完全是一种过度反应。会计政策的变化既没有改变零售商最终收到的现金数量，也没有改变它收到的时间。因此，沃尔玛公司收入确认政策的变化并没有使公司遭受货币时间价值上的损失。沃尔玛公司解释说，第三财务季度中报告收益的小幅减少将会在第四季度得到弥补，以免有些人继续错误地将经济上的差异归因于收入确认的时间。除此之外，管理层在9月8日的电话会议之前，就已经宣布了会计政策的变更。

一位机构投资组合的经理说出了实话：市场对于这种臆想的信息的反应“比其他任何信息都令人感到迷惑”。从表面看，新闻报道表明，投资者根据过时的、不相关的“信息”给出了股价下跌的估价。不然，投资者可能确有其他的理由来压低股价。一方面，和前一季度的水平相比，截至7月31日的3个月中，商店的客流量下降了。另外，德国的经营造成的损失比管理层所预测的更严重。如果这些是沃尔玛公司股票下滑的真正原因，那么，《华尔街日报》和彭博新闻社就错误地把证券的下跌归因于会计政策的变化，而非真正的经济影响。无论是哪一种原因，都存在着困惑；唯一的问题是投资者困惑，还是记者困惑了。

6.4 确认会员费

美国倍力健身公司（Bally Total Fitness）是关于收入确认的另一个案例，这个收入确认的问题导致市场对于看似乐观的收益信息反应却并不理想。1998年7月30日，这个连锁健身俱乐部公布稀释后的每股收益是0.08美元，相比一年前的每股亏损0.59美元有了很大提高。根据《华尔街日报》① 的报道，提高的利润“出人意料地鼓舞人心”。他们认为，倍力健身公司新开业的更大规模的俱乐部成功地支撑了全局的业绩。然而，在公布收益后的一个月内，倍力健身公司的股票价格却下跌了44%。而同期的道琼斯工业指数仅下降了16%，没有倍力健身公司的情况严重。倍力健身公司发布报告后，卖空预期（代表股票价格将会下降的预期）占据了所有在外流通股票的15%。而在1998年第一季度，倍力健身公司股票的卖空比例（short interest ratio）一直在3%～5%的范围内波动。

投资者并不愿意接受倍力健身公司按照账面价值计算的收益增长，因为公司的增长依赖于收取会员费，而非通过销售以获取现金。倍力健身公司收取的初始会员费，标准为600～1 400美元，最多36个月，按照16%～18%

① Linda Sandler, “Bally Total Fitness's Accounting Procedures Are Getting Some Skeptical Investors Exercised,” *Wall Street Journal*, August 26, 1998, C2.

的年利息率计息[1]（目前的会员费仅占净收入的27.9%，1998年大概90%的会员平均每月仅支付7美元）。总体而言，倍力健身公司报告的利润率得益于收取的会员费占总收入比例的增加。但是，报告收益还取决于公司对最终未能按期支付所有款项的顾客比例的假设。

即使在最好的情况下，即便支付了初始会费，任何一家健身俱乐部的新会员中仍然会有相当一部分放弃会员资格。正如纽约大学（New York University）的会计学教授保罗·布朗（Paul Brown）所提到的，“失去健身俱乐部的会员资格，并没有给人带来多大的损失。我们所讨论的并不如健身计划本身那般重要，或者甚至还不如我们可能需要用于交通出行的轿车。”[2]

可以肯定的是，虽然倍力健身公司为不能收回的会费金额计提了坏账准备，秉持良好的会计处理方式。但是，具体计提准备的金额要求公司对新会员的信用质量进行判断。由于并不是所有的会费都来自公司的新会员，所以，管理层还是有一些经验作为推断的基础。另外，最近几年，倍力健身公司成功地增加了电子资金转账（electronic funds transfer）支付方式。相比有些会员每月通过账单来支付会费，采用信用卡或者银行账户自动转账支付的回款比例要更高。不过，过于依赖那些需要借钱来加入俱乐部的顾客，公司是存在风险的。与其他销售一样，一味地追求发展新业务会导致公司接受更多处于信用边缘的顾客。一般来说，与较早拥有会员资格的顾客相比，新加入的会员财务能力通常较弱，而且对于健身的忠诚度较低。如果比管理者预测的更多的会员不能支付款项，事后倍力健身公司可能会意识到公司在确认收入方面过于自信，公司必须调整之前报告的收入。

即使对倍力健身公司1998年第二季度的收益将信将疑，但财务报表的使用者也不必对倍力健身公司的管理层恶语中伤。不过，对于一家以往在收入确认方面存在问题的服务行业公司，报表使用者变得更加谨慎，这是可以理解的。在《华尔街日报》的评论文章发表后，一些分析师支持倍力健身公司的观点，他们强调，按照证券交易委员会工作人员的要求，倍力健身公司于1997年7月已经采用了更为保守的会计处理。之前，在倍力健身公司出售会员资格的时候，公司全部确认了初始的会员费。健身俱乐部的经营者会滥用这种方法，他们会运用高压战术向预订的个人顾客收取会员费，而这些会员很可能不能坚持付款。依赖财务报表了解公司运营情况的外部投资者会看到收入的增长，但是，这种收入是不能持续的。按照新的会计处理方法，倍力健身公司将其初始的会费收入在预期的会员期内进行分摊——现金销售在36个月内分摊，融资销售在22个月内分摊。

证券交易委员会敦促倍力健身公司分摊其会员费，是希望将这项准则延伸到健身俱乐部之外的行业。配比原则（matching principle）并没有发生变化。在健身俱乐部的案例中，会员的预付费用代表的是他们在会员期内享受

---

① Eric Matejevich, “Bally Total Fitness: Flexing Its Muscles; Buy Reiterated,” *Merrill Lynch HYLights*, September 2, 1999, 18-24.

② Sandler, “Bally,” C2.

服务所应支付的款项。因此，俱乐部经营者应该在提供服务的期间来确认收入。20 世纪 90 年代末，基础理论并没有变化，而一些公司对该项准则的理解却非常不严谨，为此，证券交易委员会加强了对会员费的监督力度。会员制俱乐部零售商是被加强调查的行业之一。在这种经营方式下，消费者为获得在折扣店购物的特权，就必须预先支付费用。

1998 年 10 月 19 日，比吉批发俱乐部（BJ's Wholesale Club）从即时确认年度会员费（一般两个家庭成员的会员费为 35 美元）变更为在整个会员期内确认会费，期限一般是 12 个月。为了与会计政策的变化保持一致，比吉俱乐部重述了截至 8 月 1 日的前半个会计年度的净利润为 1 040 万美元，这与之前公布的 2 860 万美元的收益相比，下降了 64%。这次重述反映了会计政策变更对以前年度累积影响所发生的一次性费用，并且，由于比吉俱乐部对新开门店开办费用的确认转变为更加严谨的会计政策，从而产生了 110 万美元的税后费用。

而就在这些事情发生的一个半月之前，比吉俱乐部发布了一则公告，宣称公司即时确认年度会员费的会计处理与公认会计原则是一致的。① 管理层也认为不需要递延确认，因为其会员仅在加入后 90 天内具有取消会员资格、接受退款的权利。实际上，只有 0.5%的会员要求退款。另外，与美国倍力健身公司的情况不同的是，会员费只占比吉俱乐部收入的很小一部分，俱乐部收入的 98%来源于销售商品。

然而，按照公认会计原则，一般要求在整个会员期内分摊会员费。如果公司给予了消费者退款的权利，那么，公司在退款期到期之前，不能确认任何收入，除非有足够长的时间使管理层有合理的证据来预测未来的发展。很有可能是由于比吉俱乐部的相关退款记录使得该俱乐部能在会员加入当天就确认会员费。但是，在任何情况下，公司在整个会员期内分摊会员费都是必需的。②

1999 年 12 月，证券交易委员会发布了《专职会计公报第 101 号——财务报表中的收入确认》（Staff Accounting Bulletin No. 101—Revenue Recognition in Financial Statement，SAB 101）。证券交易委员会提出，公司在退款权失效之前，不能记录会员费。Member Works 是一家会员制企业，在保健、个人理财和旅游等领域为会员提供服务和折扣。该公司按照 SAB 101 变更了会计政策，SAB 101 的生效时间是 2000 年 7 月 1 日。由此，该公司发生了一笔一次性的非付现费用（non-cash charge）2 570 万美元，反映了对以前所确认会员费的递延处理。③

---

① "BJ's Wholesale Club, Inc. Says Membership Income Accounting Complies with All Applicable Standards," *Business Wire*, September 3, 1998.

② Elizabeth Mac Donald, Laura Hohannes, and Emily Nelson, "Discount-Club Retailers Shift Accounting," *Wall Street Journal*, October 28, 1998, B4.

③ "Member Works Reports Record Fiscal 2000 Fourth Quarter Financial Results," *Business Wire*, July 28, 2000.

6.5 其他不严谨的收入确认技巧

在加强实施 SAB 101 中收入确认准则的同时，证券交易委员会也叫停了其他一些专职人员认为过于激进的收入确认方法。Professional Detailing 公司是一家为制药公司招聘和管理销售人员的公司，它不得不停止在收入确认中包含为顾客投放求职招聘广告而收到补偿款。在一个月之内，该公司的股票价格下降了 31%。医生 & 医院系统 & 服务（Physician & Hospital Systems &Services）是国家数据公司（National Data Corporation）的一个部门，该公司放弃了长久以来的收入确认会计政策。公司收入来源于公司提供的后台办公信息系统服务，公司不是在完成工作之前记录收入，而是在寄出账单之前记录。国家数据公司终止了这种会计操作，并且提取了 1 380 万美元的一次性费用来调整之前被高估的收入。美国第一财务公司（First American Financial）开始在贷款期限内分摊贷款业务的收入，而不是进行即时记录，从而使收入符合配比原则，为此，公司累计提取了 5 560 万美元的费用。[①]

6.5.1 完工百分比法（percentage-of-completion method）

在某些情况下，涉及长期合同的公司，可以在给顾客开出账单之前确认收入。这种做法源于公认会计原则针对不配比现象的对策，建筑公司经常会发生这种不配比的现象。许多服务公司、国防承包商和资本性商品制造商也遇到了同样的会计问题。

一般来说，公司同意在合同期限内，按照分期付款的方式给顾客开出账单，账单可能会滞后于公司为履行义务而发生的费用。如果不采取措施来纠正这种不匹配的现象，在合同初期，报告的利润会被不恰当地低估，而在合同后期，则会被高估。

公认会计原则通过完工百分比法解决了这个问题。这种方法允许公司按照已经完成的工作量的比例来确认收入，而不是按照公司发出账单的时间来确认收入。完工百分比法能够解决不匹配的问题，但是也可能带来一定程度的主观性。当公司需要为遇到的特定问题寻找专门的解决方法时，尤其会发生上述问题。比如，当工作不能简单地按照工程标准来进行测量时，管理层形成的假设可能会加速合同收入的确认。管理层的假设是不严谨的，但是对于审计师来说，又很难有客观的理由来否定这种假设。与人为地加速收入确认的情况类似，不严谨地利用完工百分比法也会把未来的收入转移到现在，从而会不可避免地带来未来某个时间收入的大幅下降。

---

① Elizabeth MacDonald, "Are Those Revenues For Real?" *Forbes*, May 29, 2000, 108-110. 作者认为是贝尔斯登公司（Bear Stearns&Co.）的功劳，其指出有 120 家公司宣布已经改变或者将在最近几个月内即将改变收入确认政策。

6.5.2 越界

在前述案例中，监管方只是批评公司现行的收入确认政策对未来前景的描绘过于美好，而在其他一些情况下，管理层则会被指控歪曲了事实。例如，1996 年，证券交易委员会声称，计算机制造商 Sequoia 系统公司及其四位前任管理者参与了一个“欺诈计划”，该计划的目的是虚增公司的收入和利润。根据地处华盛顿的美国联邦地方法院（U. S. District Court）的申诉文件，该公司的前任主席及其四位管理者将合同意向书（letters of intent）记录为收入，还追溯了一些订单，并且给予了顾客特殊条款，但 Sequoia 从没有披露过这些条款。另外，证券交易委员会指出，管理者在公司财务问题凸显之前出售了股票，从中获益。公司及其前任管理者解决了证券交易委员会的民事控告，但对该项指控既没有承认也没有否认。[①]

6.6 利用空卡路里让盈余增肥

甜甜圈制造商卡卡圈坊（Krispy Kreme）在 2000 年 5 月以每股 21 美元的价格上市。在第一个交易日卡卡圈坊的股价就上涨了 76%，至每股 37 美元。这令卡卡圈坊的市盈率提升到 78 倍，当时标准普尔食品指数约为 23 倍，卡卡圈坊的市盈率是其三倍多。

尽管对于卡卡圈坊生产的甜甜圈，不能否认的是其令人吃了还想吃的品质，但是一些分析师还是认为卡卡圈坊的股价涨得过高。虽然如此，投资者仍然为远超普通食品企业的增长率深受鼓舞，同店销售收入在 2000 年会计年度（截至 1 月 30 日）增长了 17%。1998 年商店的数量从 20 家跃升到 144 家——58 家企业拥有的店铺和 86 家授权经营店铺。每当一家新店开张，只要店铺一开门，热切的消费者就会陆续前来选购商品。在消费者的热情推动下，卡卡圈坊的股价继续拉升，在 2000 年 11 月达到每股 108.50 美元。

消费者的热衷不会永远持续下去。2003 年，开设新店的步伐放慢了，这使卡卡圈坊是“超级成长性股票”这一说法受到质疑。此时，根据美国证券交易委员会（SEC）在 2009 年发布的报告，卡卡圈坊修改了管理层薪酬计划。[②] 自此以后，只有公司每一季度的季报收益至少超过每股收益 1 美分，员工才能拿到奖金。

据美国证券交易委员会称，为了达到为自己设定的标准，卡卡圈坊的管理人员开始篡改某些费用和收益来创造出比标准至少高出 1 美分的每股净利润。最终，卡卡圈坊总共在 13 个连续的季度中超过了那个临界值。另外，据

---

① “Sequoia, EX-Officials Settle SEC Charges of Inflating Results,” *Wall Street Journal*, February 17, 1996, B6.

② *SEC v. Scott A. Livengood, John W. Tate, and Randy S. Casstevens*, SEC Complaint against Scott A. Livengood, John W. Tate, and Randy S. Casstevens, May 4, 2009.

美国证券交易委员会称，卡卡圈坊不恰当地记录了令人质疑的业务，包括公司购买的特许经营店。

6.6.1 长期下滑的开始

2004年5月7日，卡卡圈坊公司发布了前所未有的利润警告，告知投资者公司的实际收入将会比预期低10%。卡卡圈坊公司将其利润的下降归咎于低碳水化合物饮食的流行，但是一些分析师怀疑真正的问题是公司过度扩张。他们发现卡卡圈坊的竞争对手唐恩都乐（Dunkin' Donuts）并未因低碳水化合物一事影响销售。卡卡圈坊的股票在2001年进行了两次股票分割，新闻报道，该公司股价遭遇了一天内下跌29个百分点的惨况。当月下旬，根据交易知情人提供的信息，《华尔街日报》详细报道了加盟店回购令人质疑的情况。①

2003年，根据会计账目，卡卡圈坊开始谈判回购其苦苦挣扎的七个密歇根特许经营店。Dough-Re-Mi欠卡卡圈坊几百万美元的特许经营费，设备费和原料费一直拖欠未支付。《华尔街日报》报道说，双方达成了一项初步协议，卡卡圈坊要求其特许经营者关闭两家表现不佳的门店，以削减成本并偿还逾期利息。在此之后，根据《华尔街日报》的报道，卡卡圈坊同意提高购买价格，以弥补增加的成本。

为什么卡卡圈坊试图获得关店结算费用和逾期利息，只是为了要它们偿还欠款吗？其动机可能是为了增加报告收益。正如《华尔街日报》所分析的，如果交易事项被重构，额外支付给Dough-Re-Mi的资金就成了一项无形资产，购回特许经营权，也不会被摊销。换言之，没有计划的逐步减记将减少未来收益。另一方面，当同一笔资金回到卡卡圈坊，将被记录为利息收入。据《华尔街日报》报道，本质上，卡卡圈坊通过从一个口袋里拿出钱再放到另一个口袋中来创造盈利。

再次假设《华尔街日报》的推断是准确的，支付给Dough-Re-Mi支付关店结算费用的资金也成为一项无形资产。如果卡卡圈坊不这样做，而是回购了特许经营店，然后关闭回购的门店，则会产生一项费用。问题是，资产被定义为能够创造未来经济价值的资源。而关停门店并不满足这个定义。

卡卡圈坊为其会计处理所做的辩护是一种典型的说辞。首先，公司称，审计师批准公司对上述事项进行这样的会计处理。但考虑到公司的审计师每年都会批准多项打擦边球的会计处理，这并不是一个有说服力的理由。其次，卡卡圈坊辩称，Dough-Re-Mi支付的利息与并购无关。但是，一个明显的巧合是，就在同一天，这笔资金被从卡卡圈坊向特许经营店卖方的汇款中扣除了。

该交易事项还有一个疑点。最初，卡卡圈坊表示，它将为密歇根特许经营店支付相当于2.45亿美元的款项。后来，价格上涨了26%，涨至3.21亿美元。该公司的首席财务官声称，二者差异源于对该事项成本的初步不完全

---

① Mark Maremont and Rick Brooks, "Krispy Kreme Franchise Buybacks May Spur New Concerns," *Wall Street Journal*, May 25, 2004, C4-C5.

评估。该首席财务官表示，卡卡圈坊的回购价格应该包括价格中潜在的期票额外成本，Dough-Re-Mi 的首席执行官兼大股东以此差额作为标的，作为同意推迟收取他在购买价格中的部分，并继续留任作为卡卡圈坊员工的交换。然而，卡卡圈坊在该交易完成后很快就解雇了该高管，最终造成比原期票所需支付金额多支付了 500 万美元。这笔额外的资金再次成为无须摊销的无形资产的一部分，即所谓购回特许经营权。交易本身与增加的支付之间的间隔如此短暂，以至产生了一个问题：是否至少有一部分支出本质上是作为遣散费支付给了这位高管？如果账面是这样记录的，卡卡圈坊理应注意到这笔当期确认的费用。卡卡圈坊的反驳很可疑，他们声称这笔钱不是遣散费，它被支付给了 Dough-Re-Mi，而非直接支付给了这位高管。

进一步削弱卡卡圈坊可信度的是加州北部的第二桩特许经营店回购事项的详细资料。2002 年 5 月提交的10-K报表载明，截至 2001 年 1 月，首席执行官斯科特·利文古德（Scott Livengood）持有特许经营店 3%的股份。事实上，他的股份达 6%，但在 2001 年 8 月，他将 3%的股份转给他的妻子，作为分居协议的部分条款。这对夫妇在 2002 年 6 月离婚。一位卡卡圈坊的发言人指责 10-K 报表上一个校对错误导致了差异，但该公司有一个潜在的动机是想尽可能压低报告数据。允许高管持有特许经营店的大额股份，本身就是不寻常的。一些其他加盟形式的食品公司都禁止这一做法，认为这会造成利益冲突。

2004 年 7 月 29 日，卡卡圈坊披露，美国证券交易委员会已经对其会计处理展开了一项非正式的调查。该消息一经披露，公司的股价就下跌了 16%。调查的一个重点是特许经营权回购。驼峰研究联盟（Camelback Research Alliance）指出，卡卡圈坊不摊销回购权在特许经营行业是违规做法。公司回应认为，上述特许经营权已经无限期存在，因此不应该随着时间流逝进行摊销。

驼峰研究联盟的联合创始人唐·W·维克瑞（Donn W. Vickrey）还暗示卡卡圈坊在一些特许经营权回购中支付了过高的金额。[①] 他指出，该公司在 2003 年斥资 6 750 万美元回购两位前董事拥有的在达拉斯和什里夫波特的特许经营店。这些资产包括五家门店和提供远程客户服务的生产设施的一家职工商店。与此同时，卡卡圈坊以 8 000 万美元的价格回购一家南加州特许经营店，该特许经营店拥有 22 家门店。维克瑞质疑加州的商店是否真的只值8 000 万美元。对特许经营店回购估值的疑问引发了对关联方交易的质疑。综合考虑卡卡圈坊所有的会计处理，驼峰研究联盟在对卡卡圈坊的盈余质量的评估上给出了 F，此等级一般只会评定给满足下述三个特征的企业：

（1）基本面持平或下降，为粉饰财务数据提供了动机。

（2）有明显证据证明存在不寻常或是不恰当的会计处理或交易事项。

（3）有证据证明公司治理薄弱。

---

① Gretchen Morgenson, "Did Someone Say Doughnuts? Yes, The S. E. C." *New York Times*, July 30, 2004, C1, C6.

6.6.2 事件发酵

维克瑞的批评被证明是明智的。卡卡圈坊的首席运营官辞职不到一个月，就更换了一个顶级高管，托马斯-魏泽尔合伙公司（Thomas Weisel Partners）的分析师史普·卡朋特（Skip Carpenter）将此视为发生更多问题的标志。[①]随后发布的当月主营业务利润令人失望。该公司拒绝提供盈余预期，这通常是一个令人担心的理由。罗克合伙公司（Rocker Partners）的戴维·罗克（David Rocker）进一步指出，即使不是全部，卡卡圈坊资产负债表上的大部分现金来自一项售后租回交易，而不是经营业务。[②]2004 年 9 月 12 日，会计师事务所普华永道拒绝完成评估最新季度的财务报表，最后由董事会聘请一个外部律师事务所才完成了审计师要求的特定程序。

2004 年 10 月 8 日，美国证券交易委员会将非正式调查升级，正式调查卡卡圈坊的财务报告行为。不到一个星期，两位前董事被提起诉讼，称他们以外部投标的方式，提高了卡卡圈坊为他们所拥有的达拉斯和什里夫波特的特许经营店支付的价格，而他们从未认真考虑过这种方式。2004 年 11 月 22 日，因该公司作为一个上市公司首次宣布损失，卡卡圈坊的股票下跌了 16%，至 9.64 美元。这是自 2003 年 8 月股价达到巅峰后的一次下跌，当月对股票分割进行调整，价格为 49.74 美元。同时还有其他令人沮丧的统计数据，同店销售收入下降了超过 6%，公司花费了 300 万美元应对美国证券交易委员会的调查和诉讼。未能沿袭发布盈余通知的惯例，管理层拒绝回答任何问题，撤销了先前预计的 2005 年 15%的销售增长。

卡卡圈坊再也不能把问题归咎于低碳水化合物饮食时尚，因为这股风潮似乎正在消退。一位美盛（Legg Mason）的分析师指责该公司在选择新店位置时粗心大意，而且未能很好地培训特许经营店的店员。此外，该公司通过在超市和便利店销售自己的产品以渗入市场。一家圣安东尼奥的卡卡圈坊新店的经理发现，当他到店开门时，只有他的雇员在等待他，而不是一长排的客人在店门口野营，睡在睡袋里等待开门。这个城市还有其他三家卡卡圈坊网点，它们的甜甜圈在 Albersons 和 H-E-B 超市销售。加盟方中也有应变的迹象。一个美国中西部的加盟方执行了一项期权，出售其 11%的股份给卡卡圈坊公司，同时卡卡圈坊披露，为两个加盟方计提了 200 万美元的坏账准备。

2004 年 12 月 16 日，卡卡圈坊承认一些付给 Dough-Re-Mi 的前任所有者的款项理应被作为补偿费用。但是由董事会聘请的律师在交易事项中并没有发现故意的不当行为。管理层也承认其收购加利福尼亚州的特许经营店时存在会计错误。受此消息的影响，卡卡圈坊的股票上涨了 8.7 个百分点，因为分析师欣喜地发现，公司披露的信息并没有更糟糕。但是普华永道仍然拒绝

---

① Mark Maremont and Rick Brooks, "Krispy Kreme Franchise Buybacks May Spur New Concerns," *Wall Street Journal*, May 25, 2004, C4-C5.

② Lauren R. Rublin, "Full of Holes," *Barron's*, September 13, 2004, 16.

完成前两个季度经营业绩的审查，最终由正在进行调查的董事会特别委员会和外部律师事务所完成所有程序。

显而易见，卡卡圈坊公司还没有走出困境。2005 年 1 月 4 日，卡卡圈坊表示无法提交财务报告，也可能由于收入的减少，导致其以前年度的报告利润将会被调减，而且，该公司 1.5 亿美元银行信贷会发生违约。卡卡圈坊表示，公司没有能力进一步扩大银行信贷额度，它将无法履行对加盟方债务的担保，其中，1 670 万美元的债务已经违约。2 月，卡卡圈坊称，在 3 月底前需要额外的信用额度来维持经营。此时，十几名股东已经提起诉讼，包括一个声称卡卡圈坊曾试图通过命令员工将超过批发商订单所需的甜甜圈装运，以期达到投资者的预期收益增长的指控。

为了应对恶化的局面，卡卡圈坊更换了其首席执行官斯科特·利文古德，代之以一位翻盘专家。2005 年 2 月 24 日，美国纽约南部地区的律师事务所对美国证券交易委员会正在进行的探查焦点展开调查。2005 年 4 月 9 日，当卡卡圈坊扩大了对 2004 会计年度经营成果进行更正的范围，从原先的 380 万～490 万美元的区间，调整为 520 万～620 万美元的区间时，财务报告问题的披露出现了很多新线索。以往尚未披露的问题包括衍生品交易、租赁业务的会计差错、租赁的相关维护，以及在卡卡圈坊购买设备用于经营之前，将其出售给加盟方所确认的相关利润的转回。管理层表示，最后一项可能需要进一步重述，因为确认收入的基础将会更改为设备安装日，而不是起运或运输日。

6.6.3 事件的解决

10 个月之后，董事会特别委员会提交了一份调查报告，这份措辞谨慎的文件表示，尽管被调查的所有雇员和加盟商都否认曾故意扭曲卡卡圈坊的盈余或者被命令这么做，“会计差错的数据、性质以及时机都强有力地说明，这些数据是故意操纵利润的结果。”[①] 报告批评这种“往返旅行式交易”，现金流出到特许经营店卖家，再流回公司，被确认为收入，使得管理层能够达到其高出盈余预期 0.01 美元的标准。

2009 年终于等到了结局，前任 CEO 利文古德和前任 CFO 约翰·泰特（John Tate）与兰迪·卡斯蒂文斯（Randy Casstevens）受到了证券交易委员会的指控，指控书中指出，他们虚增卡卡圈坊盈余以提高其薪酬。他们没有承认也没有否认上述指控，但是同意交出证券交易委员会所述的他们的非法所得，支付民事处罚的罚款。证券交易委员会还指控卡卡圈坊的管理层对证券分析师进行了误导性会议电话，以助其保持股票价格高于公司没有被指控财务操纵时的价格。证券交易委员会表示，高层们知道那些行为，但是没有披露。利文古德、泰特以及卡斯蒂文斯在 2003 年 8 月总共卖出了大约324 000 股股票，其交易价格接近其股票价格峰值。

---

① Melanie Warner, “Report Details Some Failures That Hurt Krispy Kreme,” *New York Times*, May 22, 2005, C1-C2.

6.6.4 从甜甜圈学到的教训

卡卡圈坊并不是一个大肆虚构利润的案例。证券交易委员会的指控描述了一个通过众多的财务报表项目，以小额形式进行财务舞弊的过程，该公司在每个季度都能够赢得超出盈余预期 0.01 美元。证券分析师在报告数据中没有发现清晰的证据表明利润是不准确的。不过，财务报告使用者仍然能够从未来参考资料中学到教训。

开始时，超过盈余预期的出乎意料的长记录或发布年复一年季度盈余的盈利，这令人有理由怀疑存在盈余管理。多年间，业务倾向于增长不平均，反映出商业周期、竞争压力有轻重之分，以及投入成本的波动。卡卡圈坊案例的第二个教训是关联方交易往往伴随着虚假财务报告。最后，当管理层给出一个盈余恶化的借口，而该借口在调查中站不住脚时，正如卡卡圈坊举出了低碳水化合物饮食热潮作为借口，该公司可能正利用财务报告上的伎俩试图隐藏背后真实的原因。

6.7 哈里伯顿的推迟披露

2002 年，《纽约时报》报道了哈里伯顿公司（Halliburton）在 1998 年的会计政策变更，使得工业建筑公司将超过 1 亿美元有争议的成本确认为收入。[①] 哈里伯顿当时并没有披露其对成本超支会计处理的变更，直到一年多后才披露。明显是为了回应《纽约时报》的报道，美国证券交易委员会开启了一项调查，最终，证券交易委员会指控该公司提交了严重误导人的财务报告。

因为在任首席执行官的身份，会计因占不到那么大的分量而引起争议，哈里伯顿事件可能吸引了过度的关注。在哈里伯顿推迟披露事件众所周知之际，当年在任的首席执行官迪克·切尼（Dick Cheney）已经升任美国副总统。白宫的麻烦在于，一桩股东诉讼指控哈里伯顿公司编制了一个大骗局欺诈投资者，直指切尼以及其他哈里伯顿的高管，而此事就发生在总统乔治·W·布什（George W. Bush）要求严厉打击会计舞弊之后。布什主张对涉嫌舞弊的公司管理者采用更严厉的监禁处罚，并加强证券交易委员会揭露财务报告丑闻的能力。

另一个令美国官方尴尬的是切尼与安达信（Arthur Andersen）的紧密联系。安达信曾因对安然公司的审计丑闻招致了广泛批评，并最终被迫退出审计行业。在 2000 年与同僚的备忘录中，安达信的特里·哈契特（Terry Hatchett）自称他与切尼的关系非常紧密，以至即使离开达拉斯办公室，开始负责亚洲事务之后，他仍然是哈里伯顿账面上的主要合伙人。此外，切尼还曾在一段营销视频中称赞安达信的能力。

---

① Alex Berenson and Lowell Bergman, "Under Cheney, Halliburton Altered Policy on Accounting," *New York Times*, May 22, 2002, C1-C2.

6.7.1 会计问题

会计问题包括在建筑项目中发生的成本超支。根据合同条款以及超支的性质，哈里伯顿可能会从客户收回相关成本。1998 年前，公司在解决索赔的季度从收回超支成本中确认收入。然而，始于 1998 年第二季度，哈里伯顿放弃了其惯例做法，开始通过抵消特定项目的损失来确认收入，估计这些项目从还没有解决的索赔中可能收回的金额。

在公认会计原则下，旧的会计处理方法和新的会计处理方法都是允许的。然而，新的会计处理方法在 1998 年第二季度至 1999 年第三季度之间这一时段将 2 亿美元的报告税前收益。在 1998 年第四季度，会计政策变更将报告税前利润提升了 46%。投资者在此期间看到的利润数据与以往时期的报告利润并不可比，意味着他们没有提供描述哈里伯顿利润趋势的准确图景。直到 2000 年 3 月，该公司才在 1999 年度的 10-K 表中揭示出曾变更会计政策这一事实。

2001 年，哈里伯顿采用了一种更激进的方式确认收入。对于一些项目，哈里伯顿开始在给项目客户开出工程账单之前的月份就报告销售收入。以往的会计政策是：除非公司预计要在一个月内给客户开出账单，才会在会计账簿中记录收入。此外，公司开始在账簿中记录那些已经超过一年的有争议的应收款，而并未冲销坏账报告损失。以往的会计政策是：除非公司确信在一年内能够收回大多数欠款，才能免于冲销应收款。这些会计政策的变更，结果导致有争议的债务从 2000 年的 1.13 亿美元在 2001 年翻番，达到 2.34 亿美元。

首席财务官道格·福希（Doug Foshee）表示，他无法想象切尼曾经专门批准了 1998 年的会计政策变更。受公司业务组合转换的影响，他将这种变更视为一项日常业务决策。上溯至 20 世纪 90 年代末，哈里伯顿主要在业务中签订成本加成合同，这种合同能够在无论发生多少成本的情况下确保一定的利润。1998 年，大多数合同是基于固定价格签订的。在这种合同设定下，面对成本超支以及发生的工程规格变化成本，公司必须按照事先确定的费用标准或其他协商还款标准完成工程。

那些变化的情况可能确实影响了哈里伯顿的会计政策，但是采用更为自由的收入确认政策却是发生在因公司 1998 年与德莱赛公司（Dresser Industries）合并，对公司股价形成了巨大压力的背景之下。德莱赛面临因石棉相关诉讼可能造成的巨大法定债务。而且，哈里伯顿的能源服务产业的经营条件艰苦。从上年同期至 1998 年第四季度，公司范围的销售收入和利润发生下滑。

哈里伯顿提供的财务报表提示，为了应对上述压力，公司采用了自由的会计处理方法，以给出一个更有利的结果。当 1995 年 10 月切尼就任首席执行官时，公司的每一美元季度收入中，有 0.95 美元是应收款。在切尼任期结束时，2000 年 7 月，这个指标达到了 1.2 美元。该指标的提高似乎并未反映行业条件的整体变化。在同一时间跨度，同行业五大竞争企业的应收账款占销售收入比率的平均值从 0.92 美元下降至 0.86 美元。表面上，是哈里伯顿对于获取现金之前确认收入的态度变得越来越激进，实际上，这就是一种提高报告盈余的典型技巧。[①]

6.7.2 结局

2004 年 8 月 3 日，美国证券交易委员会宣布哈里伯顿及其前任控制人小罗伯特·C·马奇莫尔（Robert C. Muchmore，Jr.），分别同意支付 750 万美元和 5 万美元的罚款，以了结委员会对该公司发布严重误导报表使用者财务报表的指控。委员会下设沃思堡办公室（Fort Worth office）的主任哈罗德·F·德根哈特（Harold F. Degenhardt）评论说："证券交易委员会今天的做法强调了公司财务披露的完全透明是多么重要。公司应当清晰及时地披露影响经营成果的重要信息，即使这些结果是根据公认会计原则计算出来的，也不例外。"[②]

公司和马奇莫尔都没有承认或否认证券交易委员会的指控。副总统切尼的律师指出，证券交易委员会曾彻底调查此事，没有发现任何证据表明董事会或首席执行官需要为未能及时披露一事负责。关于切尼是否知道会计政策变化对哈里伯顿利润的影响，他拒绝回答相关提问。

6.7.3 哈里伯顿的教训

审计师的一封批准函并不能保证公司的财务报告是可靠的。安达信对哈里伯顿决定不在作出会计政策变更当年披露这一重要变更事项表示认可。"不重要"是作出上述决策的通用理由，然而在 1998 年第四季度，成本超支的会计政策变更却导致税前收益被高估 50%。顺便一提，2002 年 4 月，就在《纽约时报》质疑该公司的会计处理有问题之前，哈里伯顿与安达信解约。

那样一个久负盛名的人最终需要为数据的完整性负责，财务报告使用者也不应就因此而幸灾乐祸。哈里伯顿的首席执行官迪克·切尼是前任国会议员、白宫的总参谋长，以及国防部长。据某种说法，他是一个甩手经理，从来没有关心过会计决策，最终因此与证券交易委员会达成和解。另一方面，他显然足够熟悉会计事务，才会在营销视频中称赞安达信的工作能力。如果在公司所在行业一片惨淡之际，公司的盈余却看起来令人不可思议的坚挺，则报表使用者绝对不能自动排除公司操纵会计的可能性，以其他理由解释这种差异。

6.8 利用"未雨绸缪"的储备进行盈余管理

通过过早地确认销售收入来夸大近期报告收益的做法是随意进行收入确

---

① Alex Berenson and Lowell Bergman, "Under Cheney, Halliburton Altered Policy on Accounting," *New York Times*, May 22, 2002, C2.

② SEC Charges Halliburton and Two Former Officers for Failure to Disclose a 1998 Change in Accounting Practice, Securities and Exchange Commission Press Release, August 3, 2004.

认，会导致公司声誉扫地。但是，分析师也必须警惕反向操作的欺骗手段。有时，管理层会通过推迟确认收入来低估当期的利润。这种行为的根源在于公司希望年度之间的报告收益能平稳增长，因为这样股权投资者会给予公司较高的市盈率倍数（参见第 14 章）。

不加干预的情况下，稳定的收益增长很少出现。但是，公司可以通过计提“未雨绸缪”的储备（rainy day reserves），人为地创造出稳定的增长。当公司的净利润超出预期时，管理层会把利润的一部分藏起来作为“未雨绸缪”的储备。之后，当需要提高收益而使业绩达到目标水平时，管理层再将收益从储备中释放出来。平滑利润表的最后一栏数据并非罕见，但公司对此是很敏感的。

当被指控通过不正当的储备来进行盈余管理时，化学品制造商美国格雷斯（W. R. Grace）公司非常愤慨。1998 年 12 月 22 日，证券交易委员会指控格雷斯公司及其六名前任管理者，称他们在前 5 年内，通过不正当的收入转移对收益进行了虚假报告。格雷斯公司作出了官方回应，宣称它将会“有力地抗辩”①。此次指控还声明，格雷斯公司相信它的财务报告是准确的，并且指出公司的外部审计师对公司的会计操作没有提出任何反对意见。格雷斯公司的前任首席执行官 J. P. 博尔达克（J. P. Bolduc）也位于被指控的管理者之列，他的代理律师说，他的当事人将会为这次指控抗辩，并且希望能够证明他是无辜的。律师抱怨，博尔达克只是履行了他应尽的职责，但是证券交易委员会却因此要惩罚他。

证券交易委员会明确指称，格雷斯公司拒绝报告其 1 000 万～2 000 万美元的收入，这些收入来自它的肾透析服务子公司国家医疗保健公司（National Medical Care，NMC）。因为 20 世纪 90 年代初医疗补贴制度的变化，这家公司获得了该笔收入。根据委员会执行部门的说法，格雷斯公司的管理者估计，由于公司收益已经达到了华尔街分析师的预测值，所以，这次意外的收入对公司的股票价格并没有帮助。而对由一次性事件所带来的利得或损失，投资者习惯上不予重视（参见第 3 章），公司的上述推断和投资者的偏好是一致的。实际上，这种预料之外的收入可能会使 NMC 公司的利润上升 30%，而这种超出目标且不能长期持续的水平，实际上会损害公司的股票价格，使价格走下坡路。

为了解决 NMC 公司利润过高的问题，格雷斯公司的管理层被指称将这项额外的收入计入另外一个账户，之后，在 1993—1995 年，格雷斯公司再用这个收入增加健康保健集团的报告收入。证券交易委员会解释说，比如，格雷斯公司的高管曾要求 NMC 公司的经理在 1994 年第四季度报告一笔 150 万美元的额外收入，因为那时公司需要提高收益。

布赖恩 · J · 史密斯（Brian J. Smith）在 1995 年 7 月之前一直是格雷斯公司的财务总监，他在被免职时证实，肾透析部门不能维持其收益增加。他曾

① Melody Peterson, “S. E. C. Charges Grace and 6 Former Executives with Fraud,” *New York Times*, December 23, 1998, C1, C6.

说："我们认为，降低增长率是一种谨慎的做法。"[①] 但是，他的律师否认，保持稳定的报告收益是为了取悦华尔街的分析师，这与之前格雷斯公司以及NMC公司的员工宣称的一样。律师认为，史密斯考虑了真实的债务负担。

普华永道会计师事务所是格雷斯公司的审计师，公司的高级合伙人并不认可公司增加储备的做法。尤金·高根（Eugene Gaughan）在1991年证实了上述意见。他指出，会计准则很清楚地表明，只能为可预见的和可计量的债务预留利润。公认会计原则并没有给予公司创造储备的权利。

在公司的年末审计中，普华永道会计师事务所提议转回储备，但是管理层拒绝这样做。根据审计机构的记录，格雷斯公司的管理者说，他们想要一个对"不能预见的未来事件的缓冲"[②]。最终，普华永道会计师事务所同意增加储备。审计师的决定反映了一个事实，即从格雷斯公司范围来看，储备的数额并不具有重大的影响，但是，如果NMC是一家独立的公司，这个数额就具有实质性影响了。（最初，如果某个事项影响到了收益的5%或者10%，审计师一般认定为重大事项。随后，证券交易委员会建立了判断重要事项的标准，即当影响投资者的决策时，就是重大事项。）

据高根称，在1992年年末，普华永道会计师事务所看到备忘录中的描述：格雷斯公司运用储备来影响公司的报告利润，但是同时，按照"真实业绩"对NMC公司的管理者进行薪酬激励，普华永道又一次对公司的做法提出了质疑。普华永道的另外一个合伙人托马斯·斯坎伦（Thomas Scanlon）说，他曾告诉格雷斯公司的执行总监博尔达克，囤积储备是错误的，公司必须停止这种做法。到那时为止，"未雨绸缪"的储备数额已经增长到了5 500万美元。

简而言之，在1998年格雷斯公司披露对公司医疗补贴的会计处理时，其审计师表面上并没有提出任何反对意见，这是事实。但是，只是从技术层面上来说，基于重要性原则，普华永道会计师事务所出具了标准无保留意见审计报告。然而，正如审计机构一位发言人指出的那样，该意见并不表明他们同意财务报表中的所有内容。但是，直到1999年4月，格雷斯公司仍然坚持说，普华永道"无保留"地同意公司的会计处理。[③]

1999年6月30日，格雷斯公司了结了官司，它既没有承认也没有否认证券交易委员会的指控。格雷斯公司同意停止违反证券法规的行为，并表示以后不再违规，还建立了100万美元的教育基金，以强化人们对财务报告和公认会计原则的认识，并加大相关方面的教育力度。格雷斯公司继续坚持官方的回应方式，它解释说，它了结官司是"因为公司认为，将这件事情抛置脑后，继续前行，符合公司员工和股东的最大利益"。[④]

格雷斯公司的案例提醒我们，面对财务报告违规的指控，几乎毫无例外，

---

① Ann Davis, "SEC Claims Profit 'Management' by Grace," *Wall Street Journal*, April 7, 1999, C1, C20.

② 同上书，C20。

③ 同上书。

④ Peter Ramjug, "W. R. Grace Settles SEC Income Manipulation Case," *Reuters*, June 30, 1999.

任何公司都会进行激烈的、官方的反驳。无论公司对其真实性遭到质疑感到多么愤慨及如何抗议，分析师都应该持保留态度。经验表明，那些用最大的声音来为自己的会计处理进行辩护的公司，最后不一定都是无辜的。

6.9 捏造数据：一个系统性问题

前例表明，操纵报告收入非常普遍，这令人不安。读者可能会觉得这些讨论展现了人性的阴暗面。毕竟，大部分人可能并不是完全诚信的，是吧？有时，销售数据被证实是具有误导性的或者欺诈性的，从而修改以前年度报告的数据，往往把分析师弄得措手不及。但是，对于那些从来没有遭遇过这种情况的新手分析师来说，让他们用怀疑的眼光来看每一家公司的利润表，可能会令他们觉得自己像个偏执狂。

但是，哈佛商学院（Harvard Business School）的名誉教授迈克尔·C·詹森（Michael C. Jensen）注意到，以是否达到预算目标来决定员工奖金，不可避免的后果就是收入造假。[①] “告诉某位经理，当目标实现时他将会得到奖金，这样会造成两个后果”，詹森写道，“首先，经理会试图建立容易实现的目标。其次，一旦目标确定了，即使损害到公司的利益，他们也会努力实现目标。”詹森引用了几个实例来说明，一些经理会通过下列策略以“做到最好”：

- 发货时，使用同水果差不多重量的果篮，并且将其确认为销售收入。
- 宣布价格将要上涨，执行时间是 1 月 2 日，诱使顾客在年末之前订购，从而有助于经理实现其销售目标。价格上涨使得公司与其竞争者之间不协调。
- 将尚未完工的重型设备从位于英国的工厂（使公司能在所期望的季度进行收入确认）运送到荷兰，花费了相当大的成本，增加了诸多不便。然后，在靠近顾客的仓库内完成组装。

一些公司客户乐意帮助操纵收入的管理者，这使得问题更加复杂。证券交易委员会的一位区域管理者海伦·L·莫里森（Helane L. Morrison）观察到，“在很多时候，没有公司客户的帮助，公司是不可能完成舞弊的。”[②] 例如，无线通信提供商混合网络公司（Hybrid Network）1997 年第四季度的收入中，有三分之一来自在报告期的最后一天对其经销商——Ikon 办公解决方案公司（Ikon Office Solutions）的销售而获得的收入。Ikon 公司同意从 Hybrid 公司购买价值 150 万美元的调制解调器，虽然 Ikon 公司知道还没有顾客需要购买这些设备。混合网络公司完成这项销售的方式是，提供给 Ikon 公司一个单边协议，协议本质上允许 Ikon 公司退回这些调制解调器，而无须为这些产品支付货款。1998 年，Ikon 公司实施了这项选择权，但是，当初处理这笔采购的 Ikon 公司管理者罗纳德·戴维斯（Ronald Davies）给混合网络公司

---

① Michael C. Jensen, “Why Pay People to Lie?” *Wall Street Journal*, January 8, 2001, A32.

② Elizabeth MacDonald and Daniel Kruger, “Aiding and Abetting,” *Forbes*, April 2, 2001, 82-84.

发送了一封电子邮件，信中否认知道关于单边协议的事情。接着，混合网络公司把单边协议的复印件交给了它的审计师。接着，证券交易委员会起诉了混合网络公司，公司被强制要求重述收入，调减与Ikon公司发生的调制解调器的销售收入。另外，戴维斯收到了禁止公司进一步进行违反证券法规行为的禁令。在近期发生的对不恰当的收入确认申请强制执行判决的其他诉讼中，证券交易委员会也以共谋为理由控告了客户公司的管理者。

收入确认的策略使管理者获取了收益，但是损害了真实的利润，这种做法有多普遍呢？按照Ikon公司管理者戴维斯的说法，“一个制造商给你打电话说：‘我需要完成季度目标，能给我一笔10万美元的采购订单吗？’这种情况是很常见的。”① 在围绕格雷斯公司延迟确认收入以平滑收益的诉讼中，公司财务总监的律师为其当事人的行为辩护说：“如果按照现在证券交易委员会对欺诈的界定，任何一家公司的首席财务官都进行了盈余管理。”② 迈克尔·詹森表示赞同，“几乎每一个公司都有预算系统，该系统奖励撒谎的员工，而惩罚说出真相的员工。”他提议改革这个系统，切断预算目标和薪酬之间的联系。但是，从现实情况来看，较为激进的改革在短时间内是不可能完成的。

因此，分析师必须仔细推敲每一家公司的收入。即使是面对蓝筹股中最优秀的公司，如果发现相对于销售收入来说，应收账款或者存货的水平提高了，也要引起警惕，这应该是一个标准的操作程序。无论管理层如何澄清和保证，应收账款和递延收入的显著增加就是不能再明显的危险信号。当会员制公司的注册记录和报告收入的正常关系发生偏离时，分析师也必须发出红色危险信号。詹森说：“利用预算来做文章，在大部分公司文化中都是很普遍的，这种做法在很大程度上是符合期望的，甚至是被赞扬的。”因而，分析师一定要小心谨慎。

收入和利润的重述开始广泛出现。许多广为人知的案例都与新兴行业中的年轻公司相关。管理层可能在审计师的容忍范围之外进行自由操纵，直至被发现才会停止。另一方面，有时候，规模大、历史悠久的公司在记录销售收入时也会过于激进。处于成熟期的公司在较高预期的驱动下，可能会抬高收入，而这种高预期是由前期的快速增长所带来的。

在事情败露后，公司会把报告中的过度行为归于各种各样的原因，比如，错误判断、会计记账错误、“某些不负责任的管理者的故意歪曲”，或者是以上三种原因的综合。但是，对于经验丰富的分析师来说，他们屡受收入重述之苦，倾向于对高估是无心之过的说辞提出质疑。只是学习资深分析师们看问题的视角，如果他们并不必然对人性有偏见的看法，那么，看看一些误报收入的案例，是很有价值的。

2002年11月，美国极进网络公司（Enterasys Networks）对收入进行了重述，自2000年至2001年的19个月区间，将收入向下调整了11%，将此重述归咎于会计差错。网络设备制造商在该时期的净损失以同样的金额扩大。

---

① Elizabeth MacDonald and Daniel Kruger, "Aiding and Abetting," *Forbes*, April 2, 2001, 84.

② Davis, "SEC Case," C1.

（会计年度的变化在于是按照不同寻常的 19 个月计算的。）上述所谓的差错导致取消了 1.53 亿美元的销售收入，差错包括在错误期间确认的收入，高估股票价值作为收到的产品账款，以及确认为收入但是在 19 个月期间都没有兑现的应收款。极进公司是美国凯创系统公司（Cabletron Systems）主要幸存的子公司，当极进公司公告其报表更正事项时，凯创公司的联合创始人克雷格·本森（Craig Benson）刚刚被选为新罕布什尔州州长。《华尔街日报》对竞选州长本森团队的发言人提出了质询，自 2000 年 6 月开始，他曾经在极进公司的审计委员会就职，但没有获得回应。

辛辛那提米拉克龙公司（Cincinnati Milacron）被匿名举报在 1993 年上半年超额记录了 230 万美元的销售收入，但公司认为其并不知情。公司声称，这次"个别"事件与其子公司三锗（Sano）塑料机械公司没有遵守"销售截止"（sales cutoff）的规定有关。和辛辛那提米拉克龙公司的政策不同，三锗公司将还没有发货的销售也进行确认。一个高级经理因此次过错被解雇，而其他管理者都逃避了惩罚。[①]

第一财务管理公司（First Financial Management）将其对 1991 年前 9 个月收入的重述归咎为会计错误，而非违反政策规定（同样地，有过错的一些员工被解雇了）。问题产生于其子公司基础信息技术公司（Basis Information Technologies），这个公司是由第一财务管理公司通过并购 19 家独立公司成立的。基础信息技术公司认为，公司失去了对应收账款的控制，这些收入本应该随着合同的到期而减少。在发现这个混乱情况的同时，第一财务管理公司还发现，一些与并购有关的费用也被不恰当地进行了摊销。[②]

2003 年 6 月，在《财富》记者的采访中，朗讯科技（Lucent Technology）的外部法律顾问对公司在美国证券交易委员会质疑的一宗交易中确认了 1.25 亿美元收入一事进行了评论。Cravath Swaine & Moore 律师事务所的保罗·桑德斯（Paul Sanders）将电信设备制造商处理与永星（Winstar）的交易描述成一次"沟通的失败"，而非会计舞弊。当问到这次失败是不是有意的，桑德斯回答："我不知道，我不认为是有意而为之。"[③] 一个月后，朗讯被迫发布一项撤回声明，表示意识到桑德斯的评论是不准确的，公司曾经伪造文件。2004 年 5 月 17 日，美国证券交易委员会指控公司曾在 2000 会计年度虚假地且不恰当地确认了 11.48 亿美元的收入以及 4.7 亿美元的税前利润。朗讯与三位前高管既没有承认也没有否认该项指控，但同意了结其指控。证券交易委员会控诉道，朗讯的九名现任和前任高管不恰当地授予单边协议或未能披露这些单边协议，并有其他动机诱导顾客购买公司的产品，所有这些做法都是为了达到内部销售目标，获得基于销售收入的奖金。不仅如此，证券交易委员会还指控，高管违反了内部会计控制，误导公司财务和会计人员

① "Cincinnati Milacron Overstated Earnings by MYM 300 000 for Half," *Wall Street Journal*, August 4, 1993, C9.

② "Net of First Financial Management Corp. Restated for 3 Periods," *Wall Street Journal*, December 30, 1991, B7.

③ Shawn Young and Dennis K. Berman, "SEC Staff Recommends Penalty against Lucent of $25 Million," *Wall Street Journal*, March 18, 2004, B5.

签订合同外的承诺。该案例并未导致财务结果的重述，但是证券交易委员会对朗讯未能配合调查一事处以 2 500 万美元罚金。

6.10 小 结

富有鼓动性的演说家们向听众保证，如果他们想象自己成功的样子，成功就会实现。一些以自立自强为信念的公司管理者，将上述建议过度演绎了。对于有限制的销售收入和不确定的会员费，他们想象其符合公认会计原则的收入确认要求，相信随后就会实现。他们将自己的想象施加于财务报表，提高了公司的市场价值和信用质量。当这些来源于想象的收入没有实现时，管理者可能会利用欺诈来维持这种幻想。然而，这种在初期夸大收入的积极态度并不比以后所造成的欺诈责任的损害小。当有证据表明存在过于激进的收入确认行为时，分析师必须迅速、果断地采取行动，以免被管理者危险的乐观态度所传染。

第7章

费用的确认

如第 6 章所述，公司可能会通过激进的收入确认方法，在较大程度上扭曲公司收益。对于合理怀疑公司财务报表的分析师而言，还必须考虑公司是否会任意确认费用，从而提高利润表的最后一栏数字。毫无疑问，答案是肯定的。公司经理们在最小化和延缓确认费用方面，与其最大化和加速确认收入方面具有同样的创造性。

7.1 北电的推迟确认利润计划

北电网络有限公司（Nortel Networks）的案例反映出歪曲应计项目是财务报告最常被滥用的特征之一。1882 年，贝尔电话公司（Bell Telephone Company）为制造电话和电话设备在加拿大设立了一个分支部门。该部门于 1895 年被分拆为北方电子制造有限责任公司（Northern Electric and Manufacturing Company Limited）。它经历了多次所有权和公司名称的变更之后，最终成为北电网络有限公司，用以表达该公司致力于主导全球市场的公共和私人电信网络。

北电成长为北美最大的电信设备制造商，并且引领光纤设备在 20 世纪 90 年代后期蓬勃发展。从 20 世纪 90 年代中期至 21 世纪前十年中期，该公司市值飙升 10 倍以上，并拿出 300 亿美元用于并购。北电华丽的广告以埃尔顿·约翰（Elton John）这样的明星为代言人。

但“高科技泡沫的破裂”（Tech Wreck）让那些激动人心的日子在 2000 年终结。很显然，像许多高科技同行一样，加拿大高科技行业的样板公司为考虑不周的兼并事项支付了高昂的价格，在条件不符的情况下提高了客户的信贷额度，并做出了过于乐观的盈余预测。在 2000 年 9 月—2002 年 8 月之间，北电的股票市值下跌了 99%，为重仓投资于该公司股票的加拿大养老金计划带来了毁灭性的灾难。

7.1.1 会计差异的第一个标志

新上任的首席执行官弗兰克·邓恩（Frank Dunn）采取积极措施以稳定公司。把劳动力从 95 000 人削减至 35 000 人，并且退出几大主要业务。但 2003 年 10 月 23 日公司还是转身陷入了另一个困境。北电宣布，它犯了会计上的“错误”，要求减少以前年度 2000 年、2001 年、2002 年和 2003 年上半年宣布的亏损总计 7.4 亿美元。公司审查发现，在出问题的期间公司资产负债表高估了 9 亿美元负债，相关的损失部分被 1.6 亿美元减税收益所抵消。此外，公司进一步审查账簿，发现以前三年半内确认的 9 200 万美元收入本应被推迟到以后期间确认收入。

曾于 2000 年和 2001 年大部分时间担任公司首席财务官的邓恩解释说，这些错误是在高新技术产业处于动荡期之际犯下的。“我想向北电网络的利益相关者保证，我们正致力于找出错误的原因”，邓恩说，“还要采取合理的措施以确保这些错误不会在未来重演。”[①] 但这并不能令股东完全放心，因为在随后几个小时的交易中，北电的股价下跌了 6%。不过从总体上看，投资者得出的结论是：因为计划的重述是适度的，并且可以减少以前年度亏损，所以消息并非完全那么糟糕。

3 个月后，当该公司 6 年中首次宣布年度利润时，北电网络以及其首席执行官似乎已经收回了所有投资者失地。一位华尔街分析师为此欣喜若狂，他形容这体现了“卓越的执行力”，“这些数字看起来非常棒”。[②]

遗憾的是，事实证明这些数字并不像他们所看到的那样好。2004 年 3 月 10 日，北电网络披露了审计委员会进行的一项调查，公司可能需要对以前年度的盈利进行修订。因此，该公司不得不延迟提交其 2003 年的财务报告，以保证其财务报表的可信度，而这正是公司不得不发出的红色警示。接下来的一周，北电让财务总监道格拉斯·C·比蒂（Douglas C. Beatty）和财务总监迈克尔·J·戈洛格利（Michael J. Gollogly）开始无限期带薪休假。基于让高管们休假而不是解雇他们这个异常的举动，会计专家怀疑这个公司问题非常严重，极有可能涉及与外部审计德勤会计师事务所不和。

尽管如此，一些经纪公司的分析师仍然对公司的前景表示有信心。一位坚持买入建议的分析师说：“在我看来，虽然北电网络在过去犯过错误，但我愿意相信它已经吸取了教训。”[③] 一家独立的证券研究公司分析师承认管理层中存在信任危机，但他表示，希望会计更正并不严重，而且对北电网络的股

---

① *Bloomberg News*, “Nortel to Restate Results of Past Years,” October 23, 2001.

② Ian Austen, “Nortel Faces Credibility Questions in New Audit,” *New York Times*, March 22, 2004, C1-C6。

③ 同上书，C6 页。

价几乎没有影响。该分析师说："当你对以前年度数字进行调整时，谁会在乎？我是今天买的股票。"①

但一段时间过后，这句话将被证明是一个误导。更多持怀疑态度的观察者都倾向于想知道最近曝出的会计错误是否真的不是故意而为之。2003 年，北电曾引入了一项特殊的奖金计划。将高级管理人员的奖金与公司利润绑定，根据多伦多《环球邮报》报道，在该计划下 16 名管理人员共获得了 4 360 万美元奖励。据报道，邓恩和比蒂分别获得了 215 万美元和 83.1 万美元的奖金。②

7.1.2 每况愈下

2004 年 3 月 5 日，当美国证券交易委员会（SEC）宣布，对该公司的会计调查已经升级到正式审查时，北电网络的股价下降了 3.7%，该公司股票成为在纽约证券交易所中交易量最大的股票。监管研究公司——美国证券交易委员会透视预测公司（SEC Insight Inc.）的总裁约翰·加文（John Gavin）评论说，美国证券交易委员会升级了调查，授予该委员会发出传票的权力，可能意味着，北电"并不像他们所说的那样配合"。③安大略省证券委员会（Ontario Securities Commission）也一直在调查北电的财务报告，并且一项由加拿大皇家骑警（Royal Canadian Mounted Police）进行的调查随后演变成刑事调查。

2004 年 4 月 28 日让那些曾轻视了会计披露意义的分析师遭遇了打击。北电将以前宣布的 2003 年 7.32 亿美元的盈利削减 50%，无疑是投掷了一颗炸弹。该公司表示，利润中的一部分将被转移到曾报告损失的前几年中。同时北电推迟了 2003 年第一季度的业绩报告，该做法进一步损害了信誉。

对新一轮会计报表有较小影响的希望破灭，除此之外，北电对首席执行官邓恩、首席财务官比蒂和管理者戈洛格利的解雇扰乱了市场。他们是因为某种原因被解雇的，但根据加拿大法律，被解雇的原因也包括自身的无能，并不意味着一定存在犯罪行为。北电还安排四个经营分部的财务主管带薪休假。此时该公司的股票价格下跌了 28%，标准普尔将公司的信用评级从 B 下调到 B— 。

一些观察家认为，高级管理人员是董事会对会计业务监管失败的替罪羊。邓恩在 2001 年生意不景气时的应对措施仍然获得了很高的评价。此外，业内专家认为，从技术角度看，公司的定位是好的。

尽管拥有这些所谓的经营优势，北电财务报告的可靠性仍继续恶化。2004 年 6 月 2 日，公司表示，对 2003 年的收益削减 50%不一定是最终的更正结果。至于是否会进一步更正公告，人们将关注点转移到北电 2003 年下半年的财务报告。

---

① Ian Austen, "Nortel Faces Credibility Questions in New Audit," *New York Times*, March 22, 2004, C6.

② 同上书。

③ Mark Heinzl, "Nortel's Books Face SEC Investigation," *Wall Street Journal*, April 6, 2004, A3, A6.

随着公司不断推迟发布最终盈余重述公告的目标日期，其管理层的公信力持续降低。北电有 650 名员工致力于这项任务，并且人数因聘请了外部审计师和咨询顾问而扩大。到 2004 年 8 月，他们的努力仅产生了“估计有限的初步未审计”的数字。①

3 个月后，该公司仍然没有报告任何关于 2004 年经营业绩的公告，并再次推迟发布其财务报告。2004 年 8 月 11 日，一个新的篇章开始了。对北电的调查重点从以前的应计项目和计提的准备转移到收入确认上来。该公司表示，2000 年 25 亿美元收入中曾被转移到以后几年的 2.5 亿美元，将被完全消除。不正确地确认上述数据，包括没有转移法定所有权给客户、在发货前不符合要求的情况下确认收入、收回应收账款的问题以及其他错误的步骤，导致错误地确认收入。邓肯·斯图尔特（Duncan Stewart）对在多伦多的特拉资本（Terra Capital）的基金经理说，北电的高级管理人员“看起来像小丑”②，不仅未能在自我设定的期限前提交财务报表，而且在几个月的调查后还宣布新的重大财务报告问题。

2005 年 1 月 10 日，北电终于提交了 2003 年度的财务报表。作为对公司董事会疏于会计监督严厉批评的回应，五位董事表示他们不会寻求连任，尽管他们没有被指控存在任何不法行为。通过一个极不寻常的步骤，12 名高管同意归还基于错误的会计处理而得到的 860 万美元奖金。

北电虽然支付了 3 500 万美元，了结了美国证券交易委员会对其会计欺诈所提起的民事责任指控，但有关其财务状况不佳的传言仍然在持续发酵。该公司无法获得政府的财政援助，21 世纪前十年后期的经济衰退给了该公司又一重击。2009 年 1 月 19 日，北电在美国、加拿大、英国申请破产保护。该公司最初希望通过重组摆脱破产的厄运，但在 2009 年 6 月宣布，该公司将其全部资产进行清算。

7.1.3 从北电案例中吸取的教训

在 2001—2002 年亏损的这段时间里，北电采取了历史悠久的（尽管是不光荣的）“洗大澡”战略。高估损失形成的“饼干罐”准备金* 可以在以后年度带来利润。“洗大澡”战略是基于下述信念制定的，即相信在随后的一年中，夸大每年损失对股价的打击不会像夸大每年利润对股价的提振作用那样大。

或许在北电案例中更重要的是对奖金的影响，这些奖金是基于所实现的公司盈利的一定函数关系计算并支付的。北电大多数员工都与公司签订了这种协议，甚至早于公司在 2003 年为高层管理人员制定的新的薪酬计划。在这种方案中，如果通过不合理的应计项目，报告损失被扩大，则当前的奖金不

---

① *Financial Times*, “Wrong Number, Approximately,” August 30, 2004.

② Mark Heinzl, “Nortel Again Delays Financial Report,” *Wall Street Journal*, November 13, 2004, A3, A8.

* 利润好时把一些收益放进“饼干罐”以备日后收益差的年份拿出来弥补“损失”，造成收益平稳可以预期的假象。这种做法是美国证券交易委员会不允许的。——译者注

会减少到零；但在一个获利年度，如果这些应计项目会在以后期间转化为利润，则未来的奖金会增加。

鉴于公司曾经采用过“洗大澡”策略以及设置“饼干罐”准备金等行为，投资者对 2003 年 10 月重述公告的反应冷淡，因为它降低以前报告损失的理由太天真了。北电的经验表明，如果一个公司利用应计项目低估利润，它将毫无忌讳地通过激进的收入确认方式高估利润。2003 年的公告并非意味着这件事就此结束，而是状态每况愈下的开始。

北电滥用的应计项目来自合同负债。例如，假设公司错过了一个 500 万美元合同的交货截止日，合理估计，该失误的成本是客户要求的退款 50 万美元。预期的退款金额将被列为费用，减少当年利润，并被记录成负债，直到支付为止。如果客户随后只同意接受 30 万美元退款，则余下的 20 万美元将被视为在退款支付所处会计期间的利润。北电董事会的调查发现，2003 年管理人员突击处理这些储存准备金的“饼干罐”，在没有合法理由的情况下把准备金从资产负债表去掉。此外，管理层高估了这些准备金，以创造一个更大的“饼干罐”便于储存准备金。

滥用应计项目深深植根于北电的公司文化之中。管理人员使用“硬件的”一词来描述在以后能提取充足的准备金作为盈余管理的手段这种情形。《华尔街日报》获得的公司内部文件呈现了季度盈利目标，在 2003 年上半年，利润线不断上升时标有“资产负债表”的另一个数字也在同步发生变化，这表明管理层是利用计提准备来使盈余增加的。①

北电出于内部使用的目的，包括计算奖金，其采用的数据称为“预计(pro forma）利润”。最初公布的 2003 年第一季度的报告净收入为 5 400 万美元。另一方面，董事会调查的内部数据显示，3.61 亿美元的准备金中，约 1.6 亿美元准备金曾被不恰当地转回。第二季度，北电公开报告了 1 400 万美元的损失，但预计利润是 3 400 万美元。一旦四个季度的累积利润都被记录下来，则会使得大多数员工能够获得相当于年薪 10%～25%的奖金，高层管理人员能够获得相当于年薪 2～4 倍的奖金。最后，当董事会命令管理层清理公司多年积累的准备金会计的余额时，该计划被解除，就引发了混乱。

北电案例给我们一个重要启示，就是看似小的项目可以变得至关重要。从 2000 年至 2004 年共计 340 亿美元的亏损来看，投资者很少关注几亿美元的准备金相关损失。然而到 2002 年夏天，这些增加的准备金加上应计负债就已经增长至 50 亿美元，这就给管理层一个巨大的机会去操纵盈余以提高奖金。

7.2 抓住通用汽车盈余的实质

费用的确认中另一种经常滥用的因素就是回扣。通用汽车（General Mo-

① Ken Brown and Mark Heinzl, “Nortel Board Finds Accounting Tricks behind ’03 Profits,” *Wall Street Journal*, July 2, 2004, A1, A8.

tors，GM）要弄这种伎俩，彰显了财务报告的完整性在企业文化中的重要作用。为许多财务报表的使用者所熟知的是，该企业的文化问题在于对待公认会计原则的细节之处采取随便的态度，这也是许多年轻的、快速成长的、股票价格飙升的公司的共同特点。即使贵为蓝筹股，也不能保证其会计账簿是完美无瑕的。一个历史悠久、彰显强大实力的资产负债表和长期保持稳定盈余的公司，其企业文化可能包括要求会计严格遵照法规进行处理的内容，但是，如果盈利能力开始削弱，这种文化可能会改变。

在21世纪前十年，命途多舛的通用汽车公司就表现出这一企业文化病态。[①] 作为世界最大的汽车制造商，在其漫长统治时期，通用汽车展示了它作为蓝筹股的所有荣耀。1953年，当穆迪和标准普尔第一次为通用汽车公司评级时，公司被评为顶级的AAA级。在1933年《证券法》（Securities Act）强制性要求公司提供经审计的财务报表之前，通用汽车公司没有在财务报告中做手脚，而是在其鼎盛时期就为投资者提供经审计的财务报表，其做法远远超出当时的披露要求。

然而，随着时间的推移，通用汽车公司已失去了它在汽车行业中的领导地位。其中一部分原因是外国制造商善于迎合消费者喜好的变化抓住市场份额，而美国汽车生产商通用、福特（Ford）和克莱斯勒（Chrysler）却对此反应迟钝。至1981年，通用汽车公司丢掉了AAA评级，它对财务报告的态度也发生了转变。1982年，公司放松了某些会计政策，并很快在美国财务会计准则委员会（FASB）听证会中成为放松会计准则的政策支持者。

2005年，通用汽车的债券评级一路滑落到投机级别BB级。同年，令人不安的迹象浮出水面，激进的财务报告政策已经被纳入通用汽车公司的企业文化。2005年10月26日，该公司披露，美国证券交易委员会正在对公司会计处理的各个方面展开调查。这次附带传票的调查针对退休福利的会计处理、与通用某部门前供应商特尔斐（Delphi）的特定交易（该供应商现已破产），以及对回收供应商召回成本的处理。

2005年11月9日，通用汽车公司宣布，该公司不得不对2001年度，可能还包括其后年度的财务业绩进行重述。该公司表示，它的“错误”在于对供应商贷款的会计记录，导致高估2001年度利润3亿美元，至4亿美元。[②] 这占据了汽车制造商在其2001年年报最初报告的6.01亿美元净利润的一大块。而2000年公司利润高达44.5亿美元，上述数据与此产生了巨大落差，凸显了通用汽车公司正面临着巨大的盈利压力。

在通用汽车公司的重述公告中，一个问题就是对供应商回扣及其他贷款的记录。会计准则规定，如果回扣不仅涉及当前交易，而且还是过去几年大量订货的前期诱因，则应随着时间的推移把这些回扣逐步计入盈余，而不是立即确认为盈余。2005年3月，首席财务官约翰·迪瓦恩（John Devine）曾

① 该说法引自 Floyd Norris, “Now G. M. Has Woes on Audits,” *New York Times*, March 18, 2006, C1, C4.

② Joseph B. White and Lee Hawkins, Jr. “GM Will Restate Results for 2001 in Latest Stumble,” *Wall Street Journal*, November 10, 2005, A1, A13.

表示，通用汽车的政策是不从供应商那里拿回扣，规定“非常明确”。然而，结合即将公布的重述公告，发言人托尼·西莫内蒂（Toni Simonetti）却出尔反尔。“几年前我确实说过，通常我们会停止这种做法，但有时却不得不这样”，她解释说，“我不确定能否全面停止这种做法。”①

根据美国证券交易委员会正在调查的会计处理的范围判断，对回扣会计处理不当这一情况并非偶发事件，而是广泛存在于通用汽车公司的报告中。与 2005 年 11 月 9 日的重述公告一致，该公司披露，它通过评估其控制和程序的有效性来确定资产是否减值并应被冲销。董事会主席里克·瓦格纳（Rick Wagoner）说，他和首席财务官迪瓦恩得出的结论是：按照美国证券交易委员会定义的“合理的保证水平”，该公司的控制是无效的。因此，通用汽车未能及时减少其在斯巴鲁（Subaru）汽车生产商富士重工（Fuji Heavy Industries）的投资价值。

然而，2006 年 3 月 16 日，通用汽车公司的财务报告可靠性遭受了又一重打击。该公司表示，一些来自子公司抵押贷款的现金流理应被归类为投资活动产生的现金流，但却被记录在经营活动产生的现金流。这一现象使会计学专家感到疑惑，因为适用的准则非常明确。贷款展期或收到还款属于投资活动产生的现金流，利息支付属于经营活动产生的现金流。所以，很难想象怎么会出现这样的错误。

通用汽车公司在 2000 年遇到了同样的麻烦，虽然它之前已经同意次年回购这些金属，但还是记录了其销售 2 700 万美元库存贵金属的收益。回购协议的签订意味着该交易具有融资属性，而并非销售业务，因此该公司不应该确认任何利润。违反这一基本会计原则听起来不像是无心之过。但它歪曲这一交易其实没有出于任何经济目的，仅仅是一个公司迫切想要在报告上呈现盈利的假象。

通用汽车公司的激进会计政策在 2000—2001 年间并没有结束，反而得到进一步强化。该公司告诉投资者，它曾低估了 2005 年第一季度的亏损，低估额达 1.49 亿美元。管理层表示，假设等到汽车租赁公司结束业务之后，这些车会更值钱，则公司过早地提高了汽车价值，那些汽车正是出租给汽车租赁公司的车。

在最新的会计相关披露中，通用汽车推迟向美国证券交易委员会提交 10-K 年报，这是公司陷入财务困境的典型警告标志。另一个迹象也已经显现，就是 2005 年 12 月突然的高级管理人员变动。首席财务官约翰·迪瓦恩被弗雷德里克“弗里茨”亨德森（Frederick “Fritz” Henderson）取代，后者随后成功接替瓦格纳担任首席执行官。

这些征兆事件最终被证实并非虚假的警告。2009 年 6 月 1 日，通用汽车公司破产。当时，该公司的股价已从 2005 年年底的每股 19.42 美元跌至 0.75 美元。甚至到 2005—2006 年间，很多投资者很难想象一家曾被视为最优质的

---

① Joseph B. White and Lee Hawkins, Jr. “GM Will Restate Results for 2001 in Latest Stumble,” *Wall Street Journal*, November 10, 2005, A1, A13.

蓝筹股公司申请破产了。然而，对于财务报告的密切关注者而言，这样的结果并非难以置信。关于激进会计政策，有越来越多有力的证据表明，通用汽车公司的企业文化随着它产生真实利润能力的衰退而逐渐恶化。

7.3 房地美的时移术

通常情况下，一家公司的报告收益意外增长时，股票价格会上升。但是，当房地美（Freddie Mac）2003 年 1 月 22 日宣布将上调其以前年度盈利时，相反的事情却发生了。在 1 月 21—23 日期间，抵押贷款融资公司的股价下跌了近 5%，而标准普尔 500 指数（S&P 500 Index）基本不变。

上述看似诡异的反应表明，这个消息引起了投资者对这家政府资助企业（GSE）的财务报表可靠性的关注，该公司的正式名称为联邦住宅贷款抵押公司。就在公布上述消息之前，投资者还在为房地美会计的复杂性而忧虑。当该公司的审计师普华永道（PwC）会计师事务所对该公司过去特定对冲交易的会计处理方式提出质疑时，投资者越发焦虑。当安达信会计师事务所（Arthur Andersen）因负责安然公司审计业务遭到刑事指控并被定罪后（见第 11 章），它交出了审计上市公司的牌照，普华永道接替其工作，成为房地美的审计师。当普华永道重新查看 2002 年的财务业绩时，对安达信已批准的公司会计决策提出质疑，认为以后会出现更多问题。

房地美却坚决否认其处理衍生工具的目的是平滑利润。具体而言，该公司辩称它没有在发展繁荣时期刻意压低其报告利润，以使其以后更容易披露稳定的盈余增长，而稳定的盈余增长正是证券分析师所期望的。然而，2003 年 6 月 25 日，房地美承认在某些情况下，曾操纵盈余以符合华尔街的盈余预测。但是管理层也表示，2000—2002 年之间大部分被低估的净利润是偶发事件，所涉利润估计为 15 亿～45 亿美元。（2003 年 11 月对公司财务报告进行完整审查之后，这个数字上升到近 50 亿美元。）

即使"故意误报只占盈余低估的一小部分"这种说法是真的，哪怕是再谨慎的分析师也无法从外部查明该公司的可疑做法会产生多么巨大的影响。通过链接互换合同，房地美对预计财务报表中的 4.2 亿美元利润进行了时移处理（这种方法使公司随后成为投资者关注的重点）。在这些交易中，该公司赌利率上升的同时也赌利率下降。净经济收益为零，并且除了改变利润确认的时机之外，没有理由进行互换。房地美的结构化互换是指它在某个月支付款项，在下一个月收回款项，作为抵消交易，这样就能使净利润在某一年减少、在下一年增加。

房地美的非经济驱动的金融工程也表现出会计操纵中经常能够观察到的特点，叫做滚雪球误报。该公司在 2001 年开始采用链接互换合同的方式，因为下降的利率就是在创造盈利风暴。如果利率已经趋于平缓，使利润下降到一个比较正常的增长速度，则房地美可能早已开始减少它所创造的盈余储备。事实完全相反，利率持续下降。为了让游戏继续，避免报告一个不必要的盈余高峰，管理必须承担越来越大的链接汇率互换，使得最后的互换转移的利润比前八个加起来还要多。①

房地美的盈余操纵并没有就此结束。另一种隐藏利润的策略出现，包括停止使用特定衍生工具的市场价格。外部调查人员把这一行动描述为“结果导向，逆向工程以及机会主义”。② 难以置信的是，在去除管理层的所有操纵行为后，最终净效果是，公司高估其 2001 年盈余近 10 亿美元。

令人欣慰的是，从防止未来滥用公认会计原则的角度来看，房地美的罪行得到了应有的惩罚。董事会解雇了公司的总裁，首席执行官及首席财务官辞职。首席执行官是由前首席投资官升任的，但当他在链接利率互换中的角色被曝光后，最终他同样失去了工作。此外，公司向联邦企业监督办公室（the Office of Federal Enterprise Oversight）支付了 1.25 亿美元罚款了结该处罚。监管机构的报告称房地美的不恰当做法的起源，可以追溯到 20 世纪 90 年代中期。

此外，揭露房地美的会计丑闻，给了那些意图遏制房地美和其同系政府支持企业（GSE）房利美（Fannie Mae）的政治家们以动力。后来在 2008 年金融危机时，这两家公司成为核心目标，被划归政府接管。财务报告问题并非这两家公司堕落的直接原因，而是不健康的企业文化导致了不合理的财务行为。

7.4 小 结

正如公司有无数的方法夸大收入一样，它们也有各种各样的方法来降低费用。公司经理们会作出成本可能被资本化的任意假设，通过提高不合理的应计项目，采用一次性利得稀释费用，并且，过早地记录来自供应商的折扣。发现这些伎俩往往比甄别公司的公开财务报表更加困难，看起来很不起眼但是前所未有或非常规的会计分录往往预示着重大的重述事项。为了发现那些线索，分析师必须完全遵守规则，不能相信公司自证清白的辩解，他们总是说公司是按规定提供那些非正常事项的信息，而正是那些非正常事项阻碍了公司前进的道路。

① Floyd Norris, “The World Is Volatile, So Why Should Earnings Show Smooth Gains?” *New York Times*, November 28, 2003, C1.

② Alex Berenson, “Report Says Freddie Mac Misled Investors,” *New York Times*, July 24, 2003, C1-C2.

第8章

EBITDA的应用与局限

如第3章所述，近年来，公司试图将对税后收益的关注转移到别处，传统上，税后收益在公司估值中占据主导地位。由于许多“新经济”公司的净利润很低，公司努力引导投资者关注经营收益或者其他一些变量。但是，按惯例计算的这类公司的市盈率倍数会高估其股票价值。“旧经济”公司一般有比较大的分母（P/E中的E），所以比较而言，它们的市盈率倍数看起来更加合理。

早在网络公司开始寻找代替净利润的其他变量之前，财务报表的使用者就已经发现了将净利润作为估值工具的局限性。他们观察到，在同一行业中的两家公司报告利润相同，但实质上却具有不同的**企业总价值**（total enterprise values）。同样地，信用分析师也意识到，在特定年份具有相同利润水平来偿付相同利息费用的两家公司，其在未来的债务违约风险却存在很大的差异。

令分析师失望的是，净利润不能作为公司价值和风险比较的标准。如果他们对这个问题进行了深入的思考，他们应该能意识到，不存在任何一个能够综合反映公司财务业绩的单一指标，作为衡量价值和风险的标准。但是，分析师从一开始就寻找衡量公司获利能力的“正确”的单一指标，他们坚信存在着这样一个指标，就像寻找传说中的黄金国（El Dorado）的人坚定地认为自己是一个征服者那样。

8.1 EBIT、EBITDA与企业总价值

虚拟公司Deep Hock和Breathing Room的案例（见表8—1）说明了将净

利润与企业总价值相联系时可能出现的问题。两家公司是 thingmabob 行业的竞争者。它们最近一年的净利润分别是 2 860 万美元和 3 300 万美元。

当 Breathing Room 公司宣布，它将被 thingmabob 行业的一家跨国制造商以 6.66 亿美元的价格收购时，Deep Hock 公司的创始人和控股股东菲利普·阿特利（Philip Atlee）意识到，他的公司在并购（mergers-and-acquisitions，M&A）市场上炙手可热。因为他相信自己的谈判能力，所以，他没有聘请 M&A 咨询师，而是直接与一家投资集团联系，之前这家投资集团曾为购买 Deep Hock 公司而与他接触过。阿特利推断，因为 thingmabob 行业的制造商在市场上有很高的需求，所以，现在正是出售的时机。

Breathing Room 公司的出售价格是其 3 300 万美元净利润的 20 倍，与最近其他 thingmabob 行业的收购所支付的水平一致。按照此基础，阿特利将 Deep Hock 公司 2 860 万美元净利润的 20 倍，即 5.72 亿美元，作为他的目标价格。他从一个较高的价格水平开始谈判，经过一番讨价还价之后，他接受了 5.72 亿美元的出价。在开香槟酒庆祝之后，阿特利开始购买游艇。

一个月之后，阿特利平静的退休生活被一则消息扰乱了。购买 Deep Hock 公司的投资者已经以 6.66 亿美元的价格迅速将公司转手出售给了另一家大型公司。

表 8—1　　比较财务数据

截至 2010 年 12 月 31 日　　单位：百万美元

	Deep Hock 公司	Breathing Room 公司
债务总额	67.0	0.0
股东权益	133.0	200.0
销售收入	500.0	500.0
销售成本	415.0	415.0
折旧与摊销	25.0	25.0
销售费用、一般费用及管理费用	10.0	10.0
营业利润	50.0	50.0
利息费用	6.7	0.0
税前利润	43.3	50.0
扣除所得税	14.7	17.0
净利润	28.6	33.0

这位前任 CEO 感到很沮丧，他意识到，显然在谈判桌上损失了 9 400 万美元。阿特利被事情的转变惊呆了，他想知道为什么有人愿意为 Deep Hock 公司支付 6.66 亿美元。这个价格与为购买 Breathing Room 公司所支付的价格是相同的，但是后者的净利润比前者要高出 15%。可以肯定的是，以 5.72 亿美元购买 Deep Hock 公司的投资集团，不可能在一个月的时间内大幅提高公司利润。而在这段时间内，thingmabob 行业公司 20 倍的市盈率倍数也没有提高。

为了解开这个谜团，阿特利决定从他的侄女——阿伦娜（Alana）那里寻找答案。阿伦娜是一家投资管理公司的实习生。凭借在财务报表分析中的经验，她指出，Deep Hock 公司的营业利润是 5 000 万美元，与 Breathing Room 公司的营业利润相同。两家公司利润表最后一栏数据* 的差异在于 Breathing Room 公司是零负债，没有利息费用。

“菲利普叔叔，如果我购买你的公司”，阿伦娜解释道，“我会马上进行财务预测（pro forma financials），看一下 Deep Hock 公司还清所有债务之后的净利润情况。如果没有 670 万美元的利息费用，它的税前利润将会是 5 000 万美元，和 Breathing Room 公司的刚好相同。按照公司 34%的有效所得税税率（effective tax rate）计算，其税收费用将会有所提高（现在的 1 700 万美元与之前的 1 470 万美元相比），但是净利润将从 2 860 万美元上升到 3 300 万美元，与 Breathing Room 公司的净利润相同。然后，我会将公司按照利润的 20 倍，即 6.66 亿美元，出售。投资集团从你这里购买了 Deep Hock 公司之后，可能就是这样做的。”

暂不讨论结果如何，阿伦娜补充了关于这笔交易应该考虑的一些细节，“与预测不同，在实际中，为了将 Deep Hock 公司的净利润从 2 860 万美元提高到 3 300 万美元，必须有人来承担 6 700 万美元的负债。假设投资集团偿还了公司的借款，然后，按照零负债的情况将公司出售。那么，它的净利得并不是 9 400 万美元，而仅仅是 2 700 万美元。我提及这一点，只是希望能够给你一些安慰。分析这笔交易的另一种方法是，将 6 700 万美元的债务作为 6.66 亿美元收购价格的一部分。无论采用哪一种方法，公司都会有 5.99 亿美元的现金流入，并快速获利 2 700 万美元。”

阿特利仍然会因为没有得到最高的收购对价而不开心，但是，被他侄女对于财务报表分析的洞察力所启发，他向她继续咨询了一些问题。“我发现，对于具有不同资本结构的公司来说，用净利润的倍数来比较公司的总价值并不是一个很好的方法。我碰到的这种事肯定会经常发生。那么，即使我们没有那么聪明去考虑削减债务以增加盈余这种情况，有没有一个简单的、直接的估值方法能真实反映公司的价值呢?”

“有啊”，阿伦娜回答说，“与计算净利润的倍数不同，对类似于出售 Breathing Room 公司的可比交易，你应该计算 EBIT 的倍数。EBIT 表示‘息税前利润’。在 Breathing Room 公司净利润的基础上，加回所得税和利息费用，我们可以得到分母，而分子是出售价格：

$$\frac{\text{企业总价值}}{\text{净利润}+\text{所得税}+\text{利息费用}}=\frac{\$666}{\$33.0+17.0+0.0}=13.32\text{ 倍}$$

将相同的 EBIT 倍数 13.32，应用于 Deep Hock 公司利润表的可比数据。”阿伦娜继续说，

$$\begin{aligned}\text{净利润}+\text{所得税}+\text{利息费用}&=\$28.6+14.7+6.7\\&=\$50\text{（百万）}\end{aligned}$$

$$\$50\times13.32=\$666.0\text{（百万）}$$

* 指净利润。——译者注

"所以，这就是在预测具有相同的经营特征，但是财务战略不同的公司时，怎样确保其估值倍数保持一致的方法？"这位 Deep Hock 公司的前任 CEO 问道。

"菲利普叔叔，实际上"，阿伦娜回答说，"还有另外一个关于可比性的问题我们需要讨论一下。你知道，在确定其不动产、厂房和设备的折旧年限时，会计准则赋予公司相当多的自由选择权。在无形资产的摊销上也是如此。现在，我们暂时假定，Breathing Room 公司的经理每年为资产设定的折旧率没有达到 2 500 万美元，而仅为 2 000 万美元。这就意味着，其资产折旧速度与你们相比要慢一些，而之前两家公司的折旧率相同。下表是按照假定折旧率的变化调整后 Breathing Room 公司的利润表（见表 8—2）。"

"按照这张报表，运用 EBIT 倍数来计算 EBIT，并且根据我们之前的分析，求得 thingmabob 公司当前的价值为：

净利润＋所得税＋利息费用＝＄36.3＋18.7＋0.0

＝＄55.0（百万）

＄55.0×13.32＝＄732.6（百万）

表 8—2　　Breathing Room 公司

合并利润表

截至 2010 年 12 月 31 日（单位：百万美元）

销售收入	500.0
销售成本	415.0
折旧与摊销	20.0
销售费用、一般费用及管理费用	10.0
营业利润	55.0
利息费用	0.0
税前利润	55.0
扣除所得税	18.7
净利润	36.3

"看似通过简单地延长资产的折旧年限，Breathing Room 公司就将其价值从 6.66 亿美元提高至 7.326 亿美元。而这是不可能的。折旧是一项应计费用，而不是一项付现费用。因此，出于财务报告目的改变折旧率的做法并不能改变公司价值，而仅仅是改变了会计分录，它既没有增加也没有减少实际流入公司的现金。如果管理层出于报税的目的而改变折旧率，那么实际支付的税款将会减少。如果是这种情况，则将会有更多的现金流入 Breathing Room 公司。但是，我们现在关心的问题是，与 Deep Hock 公司相比，仅仅因为会计政策的不同，Breathing Room 公司可能会获得更高的价格，而其经济价值并不存在差别。

"为了避免这种扭曲经济实质的情况发生，我们以比 EBIT 更好的指标为基础来计算倍数，那就是 EBITDA。它代表'息税、折旧及摊销前利润'。（的确，我知道在利润表中，从上至下，正确的顺序应该是 EBDAIT。但是我们习惯使用缩写词 EBITDA，发音为‘eebit-dah’。）不论 Breathing Room 公司是按照每年 2 500 万美元还是 2 000 万美元的折旧率进行折旧，它的 EBITDA 倍数都一样。”

$$\text{EBITDA 倍数}=\frac{\text{企业总价值}}{\text{净利润＋所得税＋利息费用＋折旧＋摊销}}$$

原折旧计划下：

$$\frac{\$666}{\$33+17.0+0.0+25.0}=\frac{\$666}{75}=8.88\text{ 倍}$$

减速折旧计划下：

$$\frac{\$666}{\$36.3+18.7+0.0+20.0}=\frac{\$666}{75}=8.88\text{ 倍}$$

如果我们计算出 Deep Hock 公司的 EBITDA，并且运用相同的倍数 8.88，将得到正确的企业总价值 6.66 亿美元。这意味着，考虑资本结构和折旧政策的情况下，数据是可比的。

$$\begin{aligned}\text{净利润＋所得税＋利息费用＋折旧＋摊销}&=\$28.6+14.7+6.7+25.0\\&=\$75.0\text{（百万）}\end{aligned}$$

$$\$75.0\times8.88=\$666.0\text{（百万）}$$

“菲利普叔叔，总而言之，用 EBITDA 的倍数比用净利润的倍数来计算企业总价值更加明智。但是，最重要的是，如果你决定结束退休生活，开办另一家公司，你一定要雇用我做你的财务咨询师。”

阿特利咧嘴笑道：“我想你应该活到老、学到老，不断学习新的、更好的财务报表分析方法。”

8.2 EBITDA 在信用分析中的作用

阿特利与其侄女之间的对话表明，净利润相同的类似公司，其企业总价值会存在根本上的差异。同理，具有相同利息保障倍数的公司，其违约风险也会存在根本上的差异。与评估企业价值一样，在信用分析中，EBITDA 能够区分用 EBIT 判断相似的公司。下面来看 Rock Solid 公司和 Hollowman 公司的虚拟案例（如表 8—3 所示）。

用传统的固定费用保障倍数（fixed charge coverage）（参见第 13 章）来衡量，两家公司看似具有相同的风险，分别为 2.10 倍和 2.11 倍：

$$\text{固定费用保障倍数}=\frac{\text{净利润＋所得税＋利息费用}}{\text{利息费用}}$$

$$\text{Rock Solid 公司：}\frac{\$73.0+37.0+100.0}{\$100.0}=2.1\text{ 倍}$$

$$\text{Hollowman 公司：}\frac{\$66.0+34.0+90.0}{\$90.0}=2.11\text{ 倍}$$

表 8—3 **比较财务数据**

截至 2010 年 12 月 31 日　　单位：百万美元

	Rock Solid 公司	Hollowman 公司
债务总额	950.0	875.0
股东权益	750.0	675.0
总资本	1 700.0	1 550.0
销售收入	2 000.0	1 750.0
销售成本	1 600.0	1 400.0
折旧与摊销	75.0	30.0
销售费用、一般费用及管理费用	115.0	130.0
营业利润	210.0	190.0
利息费用	100.0	90.0
税前利润	110.0	100.0
扣除所得税	37.0	34.0
净利润	73.0	66.0

（为了便于说明，我们将这种衡量信用风险的计算方法称为基于 EBIT 的保障倍数。注意，对某些公司来说，净利润、所得税和利息费用的总额并不等于 EBIT，表明还存在一些影响因素，比如税前收益的线下项目：非经常性项目和少数股东权益。）

碰巧的是，Hollowman 公司和 Rock Solid 公司的财务杠杆几乎完全相同，而财务杠杆是衡量信用风险的另一个标准计算方法（在更复杂的案例中计算债务资本比的讨论，请参见第 13 章）。

$$债务资本比=\frac{债务总额}{债务总额+权益}$$

$$\text{Rock Solid 公司：}\frac{\$950.00}{\$950.0+750.0}=55.9\%$$

$$\text{Hollowman 公司：}\frac{\$875.00}{\$875.0+675.0}=56.5\%$$

按照这些标准可以判断，借款给 Hollowman 公司和借款给 Rock Solid 公司一样安全。但是，把 EBITDA 引入分析后，就会发现，如果业务下滑，则 Rock Solid 公司能够更好地保证偿付利息。

本年度，Rock Solid 公司的毛利——即销售收入减去销售成本——是 4 亿美元。

假设受收入减少和利润率恶化的双重影响，毛利下降了 40%，跌至 2.4 亿美元，但是其他的营业费用保持不变（参见表 8—4）。这时，营业利润仅为 5 000 万美元，刚好是 1 亿美元利息费用的一半。固定费用保障倍数从之前计算的 2.10 倍降低至 0.50 倍。

Rock Solid 公司真的没能力支付其债务利息吗？答案是否定的，因为利润中扣除的 7 500 万美元的折旧与摊销费用只是一个会计分录记录的费用，并不是本年的现金支出。将这些非现金支出加回之后表明，公司并没有陷入债务危机，其利息保障倍数为 1.25 倍：

表 8—4 利润表

截至 2010 年 12 月 31 日 单位：百万美元

	Rock Solid 公司	Hollowman 公司
销售收入	1 800.0	1 575.0
销售成本	1 560.0	1 365.0
折旧与摊销	75.0	30.0
销售费用、一般费用及管理费用	115.0	130.0
营业利润	50.0	50.0
利息费用	100.0	90.0
税前利润	(50.0)	(40.0)
扣除所得税	(17.0)	(14.0)
净利润	(33.0)	(26.0)

$$\text{基于 EBITDA 的利息保障倍数} = \frac{\text{净利润}+\text{所得税}+\text{利息费用}+\text{折旧}+\text{摊销}}{\text{利息费用}}$$

$$= \frac{(\$33.0)+(17.0)+100.0+75.0}{100.0}$$

$$= 1.25 \text{ 倍}$$

相比之下，如果 Hollowman 公司的毛利下降 40%，如表 8—4 所示，即使基于 EBITDA 来计算，其利息保障倍数也低于 1.0 倍：

$$\frac{(\$26.0)+(14.0)+90.0+30.0}{90.0} = 0.89 \text{ 倍}$$

与 Hollowman 公司相比，Rock Solid 公司虽然不能产生足够的现金全额支付利息，但是该公司能够支撑毛利更大幅度的下跌。理由是 Rock Solid 公司的非付现折旧费用占总营业费用的比例更大——占 17.90 亿美元的 4.2%，而 Hollowman 公司的比例为 15.60 亿美元的 1.9%（见表 8—3）。反过来，这种差异也表明，与 Hollowman 公司相比，Rock Solid 公司的业务表现为资本密集型。进一步查看两家公司的财务报表，还可能会发现，Rock Solid 公司的总资产中有较大比重集中于不动产、厂房和设备。

总之，以传统指标固定费用保障倍数来衡量，两家公司是一样的，但是，它们不能偿付利息费用的概率却存在很大差异。在分析中采用 EBITDA，使分析师能够将看似具有相同信用风险的两家公司区别开来。这是 EBITDA 受到欢迎的第二个主要原因。而第一个原因是，在估计企业总价值时，使用 EBITDA 能够使得采用不同折旧政策的两家公司具有可比性。

8.3 误用 EBITDA

与其他许多财务比率一样，如果恰当地运用 EBITDA 能够提供有价值的结论。但是，如果在不适宜的情境中应用该指标，它将具有潜在的误导性。

在前面的案例中，可以很明显地看出存在误用的可能性。通过将折旧加回分子中，管理层可以强调（在这种情况下是合法的），虽然 Rock Solid 公司的经营利润只够支付 2011 年利息费用的 50%，但是，公司产生的现金是支付利息所需的 125%。借款人只要注意到该比率是超过 1，而非小于阈值 1，就会一定程度上获得安慰。

杠杠收购的发起人总是不断地寻找廉价的资本，他们发现了一个有意思的现象：借款人从大于 1 倍的保障倍数那里得到了安慰，但是，却忽略了得出这个倍数的方法。为了能最大限度地利用这一点，发起人努力地将分析师的注意力从传统的固定费用保障倍数转移到基于 EBITDA 的利息保障倍数。20 世纪 80 年代，当时一些收购标的企业的负债太高，所以，即使在很好的年份，预测的 EBIT 也难以支付预测的利息费用，因此，成功转移投资者注意力会获得极大的好处。发起人通过大肆宣传 EBITDA 的利息保障倍数超过了投资者的心理阈值 1，从而使投资者放心。同时，发起人的投资银行含沙射影批评那些关注低于 1 的 EBIT 利息保障倍数的守旧者，认为他们是无可救药的迂腐，并且，他们分析指出，这种保守是没有道理的。

实际上，计算利息保障倍数将折旧加回时，谨慎一点是明智的。支持以 EBITDA 为基础而不是以 EBIT 为基础的固定费用保障倍数的观点，有一个隐含的假设，那就是，只有在公司可以推迟较大比重的资本支出，而同时又不损害其未来竞争能力时，把折旧加入分子中才是合适的。

在一个完整的经营周期中，一般来说，公司现金流量表中报告的资本支出的数额，至少应该与利润表中显示的折旧费用相等。公司必须对设备的物理损耗进行维修。更换废弃的设备也需要额外的支出。如果说资本支出可能超过折旧，是因为公司需要扩充生产能力来满足增加的需求。资本支出可能超过折旧的另外一个原因是，由于通货膨胀的作用，新购置的设备可能比报废的设备价格要更高一些。

鉴于对于更换设备和增加生产能力的需求不断增加，折旧所代表的现金流量并不能真正地用于支付利息，至少不是永久性的。但是，如果 EBIT 只是暂时地低于“I”（利息费用），那么，EBITDA 中的“D”（折旧）是公司会计人员可以利用的一个安全值。在这种情况下，公司可以暂时减少它的资本支出，节约它的一部分折旧现金流用来支付利息，推迟一些基本的但非紧急的设备购置和维修。如果利润的下降只是持续几个季度，那么，并不会给公司的经营活动带来持久性的危害。但是，如果公司常年在不动产、厂房和设备上仅仅付出最小金额的支出，那么，大部分公司将会丧失其竞争地位。在 20 世纪 80 年代，那些进行高度杠杆收购的发起人如果指出，公司能够长时期内支付远超出 EBIT 的利息费用，并能同时保持公司的健康发展，那他一定是在骗人。

自然而然，针对这些反对，发起人早已准备好了巧舌如簧的辩驳。他们宣称，在收购之前，管理层已经在厂房和设备上花费了过多的开支。目前已经卸任的首席执行官宣称，他们在代表性项目上花费了数亿美元的资金，但是这些项目并不具有很好的经济投资价值。实际上，他们的逻辑是：公司之前投资于低回报的投资项目是造成股票贬值的原因，而股票贬值使得公司容易被收购。因此，投资者如果发现收购之后公司的资本支出急剧下降，应该感到高兴而不是恐慌。一般来说，当发起人和CEO勾结在一起进行“管理者主导”（management-led）的收购时，上述理由将缺乏说服力。

在20世纪80年代的许多交易中，如果部分年度利息费用源自零息债券的增加，而非传统的现金债券（支付利息），则投资者可以放心一些。顺便解释一下，购买零息债券的投资者是在债券首次公开发行时，按照债券面值的较高折扣——比如50%来购买债券。与定期获得利息收入不同，购买者通过债券价格的逐渐上升来获取投资回报。在债券到期时，发行人必须按照100%的债券面值来赎回债券。

通过在传统的负债中加入零息债券进行融资，杠杆收购的发起人能够形成这样的财务预测，即所有的利息都会按期支付，而同时公司也会进行足够的资本支出来保持公司的竞争力。一般而言，预测都会乐观地假设，偿付巨额负债所需的资金可以通过出售资产的收益来筹集。发起人宣称，他们会通过出售一些他们认为是无关紧要的资产来获得大量现金。

事后看来，大多数杠杆收购的发起人制定财务预测，背后的假设都是非常激进的。当然，发起人的观点也并非完全不能成立。至少，20世纪80年代期间，进行杠杆收购的一些大型的、多元化的公司确实有一些应该取消的资本项目。一些过于庞大的企业集团也拥有大量无用的资产理应被处置。

然而，与杠杆收购相关的债券违约的余波①，证实了分析师对新型公司融资方式提出的质疑。毕竟，折旧不能作为利息支付的长期现金来源。这个道理不仅适用于20世纪80年代的高度杠杆性交易，而且，对于以后年度更为保守的资本性交易来说也是成立的。

8.4 更综合的现金流量计算方法

尽管用EBITDA衡量信用风险有一定的局限性，但是，该指标已成为常用的证券分析工具。目前，许多从业者开始考虑等同于现金流量，或者更正式的说法是“经营现金流”（operating cash flow，OCF）的比率。从长期关于现金流和破产风险之间的实证研究结果来看，在分析师的心目中，EBITDA和OCF之间具有很高的可替代性。

在1966年的一项很有影响的研究中②，威廉·H·比弗（William H. Beaver）检验了许多用来预测公司破产可能性的财务比率。在他所检验的比率中，关于现金流的定义在今天仍然被广泛地运用。现金流量（根据1996

① 杠杆收购的失败很大程度上是由于投机性债券发行人的违约风险提高所造成的，根据穆迪公司投资者服务部门的报道，违约风险从1988年的3.5%上升至1991年的最高值10.5%。

② William H. Beaver, “Financial Ratios as Predictors of Failure,” *Journal of Accounting Research* (Supplement 1966) 71-111.

年比弗的定义）等于：

净利润+折旧、折耗和摊销

（折耗是指用于自然资源性资产的非付现费用，通常包含在折旧和摊销中，因此，使用缩写词 EBITDA，而不是 EBITDDA。）

比弗的研究发现，在他所检验的比率中，现金流占债务总额的比率出现下降趋势时，是预测破产的一个最好指标，这也是与直觉相符的。从业者认为，如果净利润下跌或者债务总额增加，那么，破产风险可能会增加，而以上两种情况都会使现金流占债务总额的比率下降。经验表明，相对于单独比较债务总额和净利润，把折旧加入分子中，会使分析师预测公司破产的能力有所提高。

注意，比弗对现金流的定义比 EBITDA 更加严格，因为他既没有在净利润中加回所得税，也没有加回利息费用。即便如此，债券分析师已经形成了一个惯例，就是用现金流（意味着 EBITDA）占债务总额的百分比作为研究违约风险的唯一比率，这些都是以比弗 1966 年的研究[1]作为基础的。在这种情况下，从业者将其制度化了，但是，比弗从来都没有如此倡导过，并且，以后的经验也证明，这样做是存在致命缺陷的。

比弗并没有说，分析师应该唯一地依赖于现金流占债务总额这个比率，他只是认为这个比率是预测破产的一个最好指标。他在研究中表明，其他一些学术研究者通过将比率和多元（multivariate）分析相结合，已经尝试着建立具有更强预测能力的破产模型。在 1966 年，还没有人成功，但是，仅在两年之后，爱德华·I·阿尔特曼（Edward I. Altman）便引入了一个由 5 个比率组成的多元模型[2]（参见第 13 章）。阿尔特曼的 Z 计分（Z-score）和其他多元模型的发展表明，没有任何一个单一的财务比率能够准确地预测破产，而应该选择合适的比率组合。

1968 年之后，就没有借口使用唯一的测量指标，即 EBITDA 占债务总额的比率来减少破产的风险。然而，用单一指标衡量破产风险仍然是一个惯例。同样，经验研究表明，运用广泛采用的单一变量 EBITDA 利息偿付倍数进行借款公司的排序和评级，也是不合理的。

奇怪的是，与穆迪公司和标准普尔公司的评级不同，有时，投资经理要求债券分析师按照公司的“真实信用风险”来排序。当问及这样做的原因时，投资经理回答，“真实”的风险当然指 EBITDA 利息偿付比率。显然，他们认为，和评级机构的定量和定性相结合的分析相比，现金流（按照他们的定义）占固定费用比率的单一指标能够更好地进行破产预测，他们认为这是不争的事实。然而，投资经理没有意识到，他们将信用分析退回到了 30 多年之前的水平！

---

① Martin S. Fridson 在很大程度上促进了这个惯例的发展，“EBITDA Is Not King,” *Journal of Financial Statement Analysis*，1998，(Spring)：59-62.

② Edward I. Altman，“Financial Ratios，Discriminant Analysis，and the Prediction of Corporate Bankruptcy,” *Journal of Finance*，September 1968，589-609.

与完全依赖于基于 EBITDA 的单一比率一样，分析师天真地认为，他们能够简单地选定基于不同定义的收益，然后加回折旧，从而得到令人满意的现金流指标。但是，至少在 1975 年，当 W. T. Grant 公司申请破产时，我们就已经明白，EBITDA 或者净利润加上折旧都不能准确地反映现金流量。这个百货连锁商店的破产说明，依赖利润加上折旧的方法会导致分析师忽略营运资本需求很大的公司所存在的弊端。许多随后发生在零售业和服装业的失败案例都证明了上述观点。

在 W. T. Grant 公司提出破产请求时，它是美国最大的零售商。在公司走向破产的两年前，它仍然报告正的净利润（参见图 8—1）。另外，这个百货连锁商店拥有正的、稳定的现金流（按照比弗的定义，净利润加上折旧）。因此，虽然从 20 世纪 60 年代末期至 70 年代初期，公司的净利润并没有增长，但是破产看似还很遥远。在 1973 年，W. T. Grant 公司的股票按照收益 20 倍的价格进行交易，表明投资者对于公司的未来有很强的信心。

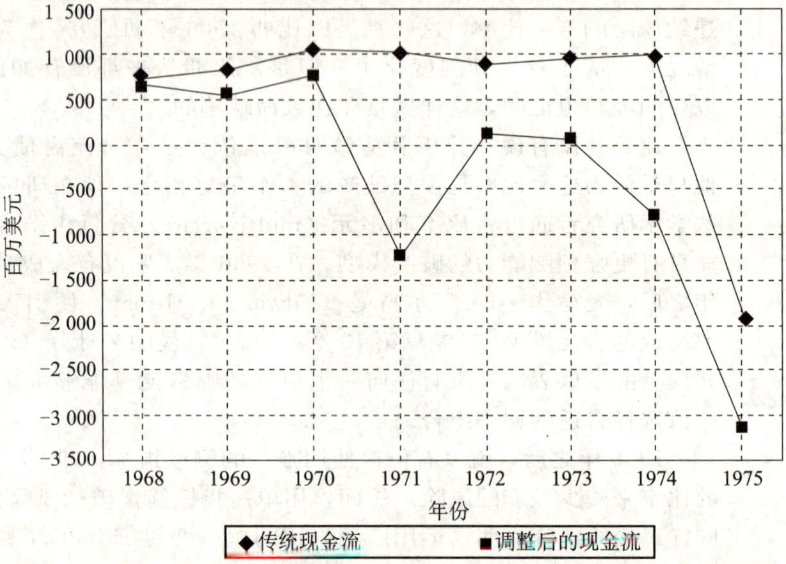

图 8—1　1967—1975 年 W. T. Grant 公司基于不同测量方法的现金流

资料来源：Clyde P. Stickney and Paul R. Brown，*Financial Reporting and Statement Analysis*：*A Strategic Perspective*，4th ed.（Orlando，FL：Dryden）. 106-123；James Largay，"Cash Flows，Ratio Analysis and the W. T. Grant Company Bankruptcy，" *Financial Analysis Journal*，July-August 1980：51-55.

一直到 1974 年中期，董事会都持续进行分红，从而进一步增强了投资者的信心。

如果投资者不是仅关注利润表上的现金来源（利润加上折旧）和现金运用（利息和红利），他们就不会那么自信和乐观。还必须进行调查，以了解资产负债表上的存货和应收账款项目是否会影响现金流的增加。如果答案是肯定的，那么，接下来一个关键问题就是，公司是否能够通过增加应付账款来补充现金流。由于确定营运资本的变动能够提高分析水平，所以，美国财务会计准则委员会提出了一个更加全面的经营现金流定义，财务会计准则公告第 95 号（SFAS 95）“现金流量表”定义：

经营现金流（按照 1987 年美国财务会计准则委员会的定义）＝净利润＋折旧－营运资本需求变动

其中：

营运资本需求变动＝应收账款＋存货－应付账款

注意，这个定义关注的因素是营运资本，一般情况下，其与经营规模同比例增长。美国财务会计准则委员会的公式不考虑现金、有价证券和短期负债。

8.5 营运资本为现金流量分析增添了新视角

将营运资本纳入现金流量分析中，经常能够揭示一些问题，而这些问题通过观察 EBITDA 或者净利润加上折旧的变化趋势时，却难以被发现。事实上，报告收益通常都要高于真实的经济利润，特别是当操纵存货或者应收账款时，尤其明显。而幸运的是，这些操作都会留下无法掩饰的盈余操纵的证据。排除季节性变化的因素之后，公司经营所需的营运资本数量占公司销售收入的比例应该维持在一个相对稳定的水平。因此，如果存货或者应收账款占销售收入的比例显著提高，那么，即使管理层必然给出一些有利的解释，分析师也应该强烈质疑公司存在高估盈余之嫌。

例如，一家服装制造商在确定下一季度消费者喜爱的流行新款之前，就必须生产出服装。假定管理层错误地估计了流行趋势，公司目前库存的存货如果能够卖掉的话，只能以低价出售。与其销售这些过时的衣服，使制造商遭受价值损失，管理层不如决定将商品作为产成品（finished goods inventory）搁置在仓库里。尽管如此，会计理论规定，公司仍然应该通过商品减值确认损失。但是，在实际中，管理层可能会说服它的审计师，使他们相信没有发生任何价值损失。毕竟，判断什么是流行款是一个主观感受。另外，管理层总是可以辩解说，货物仍然留存于仓库中，仅仅是因为订单暂时减少造成的。即使审计师相信这种说辞，也不会改变公司遭受经济损失的事实。因此，仅仅关注 EBITDA 的分析师根本就不会察觉到公司收益下降，或者公司的现金来源开始吃紧。

相反，如果分析师关注的是包括营运资本、净利润和折旧的现金流量，那么，他们将会发现有些地方不对劲。如果本季的商品作为存货，而公司开始为下一季度生产服装，我们来观察公司对营运资本的需求会发生什么变化。根据财务会计准则公告第 95 号准则的定义，由于新的产出会增加存货，则：

对营运资本的需求＝应收账款＋存货－应付账款

存货增加，将导致对营运资本的需求增加。按照美国财务会计准则委员会的定义，对营运资本需求的增加会降低经营现金流。虽然净利润加上折旧后的盈余稳定增长，但是，分析师却观察到了一个危险信号。

同理，应收账款的激增也会降低经营现金流。应收账款的增加暗示着两类潜在的问题。一方面，管理层可能会通过放宽对其现有客户的信用条款（credit terms）来努力提高销售收入。特别是公司可能会"支持"财务紧张的企业，给予它们更多的时间来支付货款。如果是这样，则与以前相比，应收账款的平均余额就会偏高。这将占用更多的现金，并迫使公司承担之前由客户所承担的融资成本。另一方面，应收账款的增加可能是由于对新的、信用状况不是很好的客户扩大了信用，而这些客户的付款速度相对较慢。为了反映这类客户不能履约的可能性，公司应该增加其坏账准备（reserve for bad debts），则本期的报告收益将会下降。遗憾的是，公司并不总是遵循正确的会计实务要求，坚定地做它们应该做的事情。如果他们不遵守规则，即使通过净利润加上折旧或者 EBITDA 无法识破公司的问题，采用包括营运资本需求的现金流量计算方法也会揭露这些破绽。

可以肯定的是，管理层会试图通过提高营运资本的第三个组成部分——应付账款，掩盖与存货或者应收账款相关的问题。如果公司延长其付款时间，那么，由此造成的应付账款的增加可能会部分抵消资产的增加。对于分析师来说，幸运的是，公司在利用这项策略之前往往会三思而后行，因为这种做法会对公司的经营活动带来潜在的影响。供应商可能会认为公司付款速度的下降是其财务出现问题的一个标志，结果，对公司来说至关重要的商业信用将会枯竭。

在任何情况下，分析师都应该将经营现金流作为一种诊断工具。但是，不能完全依赖它，就像不应该局限于仅仅监测追踪 EBITDA 的趋势上一样。如果一家公司开始扩大它的应付账款，那么，可以肯定的是，在第 13 章中将要详细介绍的其他比率（应收账款占销售收入比和存货占销售成本比）会发出危险的信号。还要注意，如果公司没有通过扩大应付账款或者减少现金支出来为增加的存货和应收账款进行融资，它就必须增加借款。相应的，债务资本比（参见第 13 章）的上升将进一步反映由经营现金流反映出的信用恶化的趋势。

8.6 小　结

任何一种单一的测量方法都不可能反映公司的所有相关财务特征，这个真理虽然反复被论证，但投资者仍然继续寻找一种放之四海而皆准的方法。他们认为，如果公司的价值不是净利润的直接函数，那么，问题肯定是因为净利润很大程度上受到了其他额外因素的影响，比如税率和财务杠杆。这又会把利润表提升至另一种测量方法，这种方法能在较为平等的水平上来研究不同的公司。正如美林证券（Merrill Lynch）的投资战略分析师理查德·伯恩斯坦（Richard Bernstein）指出的那样[1]，经营收益比报告收益更加稳定，EBIT 又比经营收益稳定，而 EBITDA 又比 EBIT 更稳定一些。公司更热衷对业绩的分析迁移（analytical migration）相对变化较小的测量方法，因为投资者对盈余稳定的企业会赋予较高的市盈率倍数。这种趋势在 20 世纪 90 年代后期科技股繁荣时期，得出了合乎逻辑的结论。投资者运用股价收入比（price-sales ratio）对股票进行估值，锁定所有股票中，该指标最高的、最稳定的股票。（实际上，为了掩盖实际情况，一些公司转而讨论费用前收益，即 EBE。）

战略分析师伯恩斯坦发现，在试图过滤掉公司收益的内在波动性之后，投资者选择股票的有效性降低了。在一项跨越 1986 年至 2001 年 7 月的研究中，他将各种股票组合的业绩进行了比较，一个股票组合以低市盈率作为选股标准，其余的股票组合分别以低 EBITDA、现金流、账面价值和销售收入的倍数作为选股标准。在所有的投资策略中，传统的低 P/E 标准的股票组合平均报酬率最高（16.7%）。以企业总价值[2]占 EBITDA 的低倍数为基础选择的股票组合，平均报酬率最低，为 12.3%。进行风险调整后，与依赖利润表中向上至 EBITDA 的投资者相比，那些依赖利润表的最后一行，即净利润的投资者获得了更好的投资效果。伯恩斯坦的研究也强调了这样一种信息：财务报表的分析师不是要去寻找一种能够展现公司业绩全貌的指标作为净利润的替代指标，而是应该研究各种测量方法来最大限度地获得对公司的洞察力。

---

① Richard Bernstein, "An Analysis of Low EV/EBITDA," Merrill Lynch & Co., September 4, 2001.

② 企业总价值定义为：股权的市场资本价值＋长期负债＋短期负债＋优先股＋少数股东权益－(现金＋现金等价物)。

第9章

审计和披露的可靠性

由于有迹象表明，可能存在管理层没有坦诚披露的情况，就要对公司财务报表进行审查，天真的观察员可能会认为这样做有些矫枉过正了。毕竟，许多规则都要求上市公司必须对影响公司证券价值的重大事项进行公开披露。此外，即使公司管理层有欺瞒的可能，训练有素的审计师也会对财务数据进行强制性年度审计，为投资者构筑第二道防线。美国证券交易委员会（SEC）的公司财务与执法部还会提供第三道防线。

这些说法准确地描述了该系统应该如何运作以保护财务报表使用者的利益。但是，正如很多其他情况一样，试图依靠法律机制来保护股东和债权人，理论和现实之间总是存在很大差距。从某种意义上讲，由于害怕承担违法后果，的确，公司管理层会谨慎行事。但是，在很多管理者的头脑中，扭曲法律是另外一回事。如果管理者的奖金取决于经营成果，而经营成果又是在不公正的、对管理者有利的条件下形成的，那么他们通常会明确地选择粉饰报表。

在世界范围内的公司成功手册中，所谓“做好分内工作”（getting the job done）必然包括与审计师顽强的谈判。双方会就会计准则应用的边界是否应被延展不断地进行沟通。从技术层面上来看，由董事会聘请审计师事务所，但是为外部使用目的所进行的财务事项披露的细节问题却在于管理层与审计师进行沟通。在遵守专业准则（必须承认，该准则对于大部分会计师来说是非常重要的）与担心失去顾客之间必然存在着矛盾。

从某种意义上来说，从合乎道德的角度，注册会计师不应该接受委托，但是在现实世界中，会计师事务所要想做到这一点还任重道远。在逐渐承担管理职能的过程中，会计师开始接受大学会计教程中的明确规定与实际应用的模糊界定之间的差异。因此，对一线审计师来说，一般只有在高级审计人员提出否定意见时，他们才会阻止公司管理层使用激进的会计处理方法。

管理层认为生活即是谈判，即使审计师提出反对意见，最终的结果也不一定是对公司财务业绩的真实反映。管理层甚至会扭曲财务结果。舞弊是对会计准则的公然侵犯，但审计师并不是总能揭示出来。出于对成本的考虑，审计师不可能检查每一项交易或每一个仓库来确认存货存在的真实性。因此，审计师依靠抽样。如果他们刚好选错了样本，扭曲的数据将不会被发现。随机抽样旨在揭露舞弊，但是，绝顶聪明的欺诈者甚至可以影响审计师对样本的随机选择。

当数据出现不一致时，公司有时会归咎于过失，而不是故意误导财务报表的使用者。2001 年 4 月 16 日，美国国际联合电脑公司（Computer Associates International）披露截至 3 月 31 日的会计年度的每股经营收益为 0.40 美元。5 月 4 日，该公司将该数据调整为 0.16 美元。管理层解释，之所以出现不一致性，是由于印刷错误。根据该公司的说法，某个员工在准备公告时抄错了一个数字。①

投资者对公司的披露持怀疑态度，因而应该能避免遭受损失。在 5 月 4 日宣布重述前不久，在发布会上该公司的会计处理便遭到了抨击。此外，有经验的分析师也认识到，公司并不总是像投资者合理预期的那样发展。以下赌场行业的例子即说明了这一点。

9.1 巧妙地处理

1999 年 10 月 25 日，特朗普酒店与赌场公司（Trump Hotels & Casino Resorts）披露，不考虑特朗普世界赌场酒店（Trump World's Fair Casino Hotel）破产产生的相关一次性费用，第三季度的每股收益较上年同期从每股 0.24 美元提高到了 0.63 美元。而分析师一致预测每股收益为 0.54 美元②，结果导致特朗普公司的股票从每股 4 美元上涨到 $4\frac{5}{16}$ 美元。同一天，该公司其中一家赌场特朗普亚特兰大城（Trump Atlantic City）的债券也上涨了大约 1 个百分点，至 $84\frac{1}{4}$ 美元。

"1999 年，我们从三个方面努力"，首席执行官尼古拉斯·里比斯（Nicholas Ribis）在解释这一让业内分析师感到十分惊讶的利润增长时说，"第一，在每一个经营实体提高我们的营业利润率；第二，降低我们的营销成本；第三，从非赌场经营业务中提高现金收入。我们已经在上述三个方面取得了积

① James Bandler, "Computer Associates Says Error Boosted Annual Earnings," *Wall Street Journal*, May 7, 2001, 89.

② Jacqueline Doherty, "Fuzzy Numbers from Mr. Trump," *Barron's*, November 1, 1999, MW16.

极成效。"[①]

公告中并没有提及导致第三季度收入和净利润增长的另一个重要原因。公司在随后季报的10-Q表中承认，该期间有1 720万美元的收入来自破产企业行星好莱坞餐厅（Planet Hollywood），其经营者放弃了租赁特朗普泰姬陵王牌赌场（Trump's TajMahal）的全星咖啡屋（All Star Café）。随着租赁的终止，该公司接管了餐厅的业务，特定的部分资产、所有的改良和改造支出都成了特朗普公司的不动产。一家独立评估机构估计特朗普公司获得的资产价值为1 720万美元。如果不考虑这个因素，公司的收入将同比下降，净利润也将低于而非高于分析师的预测。

《华尔街日报》称，特朗普公司10月25日的披露与季报10-Q表之间的差异使特朗普酒店与赌场公司"陷入窘境"[②]。此外，时机也不利。事件发生时，管理层正在对投资者进行路演，目的是为了获得他们对发展新泽西州亚特兰大市的新休闲场所计划的支持。

从公司的立场看，更为糟糕的是，公司隐瞒有用信息的事实已经被发现了。贝尔斯登公司（Bear，Stearns & Co.）的债券分析师山德尔（Shandell）注意到，特朗普公司在公告中神秘地报告了特朗普泰姬陵王牌赌场的大额收入。尽管新泽西州赌场管制委员会（New Jersey Casino Control Commission）披露泰姬陵王牌赌场的收入下降了1 210万美元，但是该委员会的收入却较上年同期增加了490万美元。山德尔怀疑这些数据中隐藏了其他某些大额的不明事项，他的怀疑是正确的。490万美元的增加与委员会披露的1 210万美元的减少之间的差额基本上等于后来披露的全星咖啡屋1 720万美元的资产。如果特朗普公司1999年第三季度公告与1998年同期公告一样，对特朗普泰姬陵王牌赌场的经营进行详细披露，将不会被要求披露这些数据的来源或支撑这些数据的依据。但是如表9—1所示，它并没有这样做。

特朗普公司对1999年第三季度盈利公告中利润信息的披露进行大刀阔斧的削减，是为了故意隐瞒相对上年度的收入增长只是来自营业外事项的事实

表9—1　特朗普酒店与赌场公司的盈利公告中对特朗普泰姬陵王牌赌场的信息披露

截至1998年9月30日的季度报告　　单位：千美元

收入		
赌场	148 011	
赌博机数目	4 137	
每天每台赌博机收入	277	
赌博机收入		82 456
赌桌数目	157	
每日每台赌桌收入	4 160	
赌桌收入	60 087	

① "Trump Hotels & Casino Resort Third Quarter Results," *Business Wire*, October 25, 1999.

② Christina Binkley, "Trump Hotels Failed to Disclose Gain, so Firm Appeared to Beat Estimates," *Wall Street Journal*, November 8, 1999, B12.

赌桌投注	328 456	
收入比例		18.3%
扑克、基诺、赛马收入		5 468
客房	11 410	
入住客房数目	112 875	
平均房价		101.09
客房入住率		98.2%
食物和饮料	15 034	
其他	5 667	
促销折让		(18 018)
收入净额		162 104
赌博成本与费用	83 711	
客房		3 752
食物与饮料	4 844	
一般费用及管理费用	23 785	
费用总额	116 092	
EBITDA*	46 012	

* EBITDA 反映了在折旧、利息、税收、赌场再投资开发管理局（Casino Reinvestment Development Authority）的摊销和非经营性利润之前的收益。

截止到 1999 年 9 月 30 日的季度报告（单位：千美元）

收入	167.7
经营利润	41.4
EBITDA	51.0
利润率	30.4%

资料来源：1998 年 10 月 7 日及 1999 年 10 月 25 日的特朗普酒店与赌场公司的盈利公告（Trump Hotels and Casino Resorts Press Releases）。

吗？不要听公司董事会主席的解释。“这绝不是隐瞒”，里比斯坚持说，“当出现具体问题时，我们便会揭示出来。”① 他指出，当律师要求在进行新赌场路演之前发布第三季度利润时，全星咖啡馆的收入便在一片混乱中消失了。里比斯还提到：“只要我了解了会计处理的具体情况，便会与所有的投资者和分析师进行沟通。”②

里比斯说，在季报披露之后，他才发现了公司盈利增长的真实来源，这显然是自说自话，因而作为一个注重细节的人，里比斯并没有精心经营他自己的声誉。不过，上述所谓缺点还不足以解释 7 个月以后特朗普酒店与赌场公司决定不再与里比斯续签 CEO 合同的原因。可能解约更为重要的原因是，至 2000 年 5 月末的 12 个月内，特朗普公司的股票价格下降了 56%。然而，有一件事情是确定的。如果投资者完全依赖公司披露的信息，在透着看涨基调的华丽的盈利公告发布之后，对其上涨下注，则必将惹火上身。在分析师山德尔要求披露全星咖啡屋对第三季度财务数据的影响之后，公司股票价格

① Christina Binkley, “Trump Hotels Failed to Disclose Gain, so Firm Appeared to Beat Estimates,” *Wall Street Journal*, November 8, 1999, B12.

② Doherty, “Fuzzy Numbers,” MW16.

骤然从 $4\frac{5}{16}$美元下降到 $3\frac{7}{8}$美元，而特朗普亚特兰大城的债券价格也由 $84\frac{1}{4}$美元下降到了 80 美元。2002 年 1 月 16 日，特朗普酒店与赌场公司同意了结美国证券交易委员会对其在本次事件中“肆无忌惮地”误导投资者的指控，但针对该委员会的调查结论，既没有承认也没有否认。①

9.2 遗产税

几乎在特朗普酒店与赌场公司引发争议的同一时期，赌博行业还发生了另一桩因依赖公司信息披露而侵害投资者权益的案例。帕普雷娱乐有限公司(Park Place Entertainment) 的首席执行官阿瑟·戈德伯格 (Arthur Goldberg) 于 1999 年 6 月入院。公司解释，这次住院的主要原因是呼吸道感染，但是已经开始谣传他得的是绝症。② 至戈德伯格 7 月 7 日出院时，该公司的股票价格下降了 6%。而同期构成芝加哥期权交易市场娱乐行业指数 (Chicago Board Options Exchange Gaming Index) 的 12 家公司股价平均上涨了 8%。

直至 2000 年 9 月，帕普雷娱乐有限公司一直否认戈德伯格将于第二年卸任的报道。③ 当被问及健康问题时，这位 58 岁的赌王简单回应说：“这是正常的。随着年龄的增长，身体器官必然会劳损。”④ 2000 年 10 月 19 日，戈德伯格死于骨髓衰竭的并发症——这肯定不是突发疾病。

“戈德伯格是帕普雷娱乐有限公司发展的驱动力，他将破败的赌场在 10 年内经营成为居于行业主导地位的强大公司”，鉴于他的声望，股票市场对戈德伯格去世的反应非常强烈。⑤ 股票价格在一开始下降之后，当天最终以上涨 0.25 点收盘。分析师将股票价格的反弹归功于戈德伯格成功地构建了强大的管理团队。尽管是那样，投资者在戈德伯格 1999 年住院期间相信了公司披露的信息，而忽视了戈德伯格身患绝症的传言，仍然未能充分利用影响股价且最终被证实的信息进行投资决策。

帕普雷娱乐有限公司也许会因为推迟披露戈德伯格健康问题而受到批评，但是至少它比类似情况下的太阳城行业公司 (Sun City Industries) 的披露要及时。1997 年 5 月 29 日，该食品服务分销商十分悲痛地宣布公司的首席执行官古斯塔夫·米金 (Gustave Minkin) 去世的消息。而此时，已经是米金去世 4 天之后了。由于公司高管的人事变动通常会影响股票价值，因此，对于投资者来说，及时披露是非常必要的。

---

① Steve Lohr, “Trump Hotels Settles Case Accusing It of Misleading Investors,” *New York Times*, January 17, 2002, C4.

② Adam Steinhauer, “Park Place CEO Goldberg Is Out of Hospital,” *Bloomberg News*, July 7, 2001.

③ Jeannine DeFoe, “Park Place Taps Hilton Exec to Succeed Goldberg,” *Bloomberg News*, October 23, 2000.

④ Shawn Tully, “The New King of Casinos,” *Fortune*, September 18, 2000, 156.

⑤ Judy DeHaven, “What Now for Park Place?” *Star-Ledger*, October 20, 2000, 53.

9.3 审计的系统性问题

没有一个审计公司账簿的系统能够完美地运行。即使是修订会计标准也不可避免会滞后于产生新型交易的业务创新，这样就给企业如何报告留有选择余地。的确，企业花费大量的精力只为寻找现行标准的灰色地带和漏洞空子。此外，即使再明确的会计标准也不能完全保护财务报表的使用者免遭那些违背标准企业的欺骗。令人遗憾的是，即使是最受人尊敬的会计师事务所也势必存在害群之马（即那些宁可收受贿赂并为管理层歪曲事实提供便利，也不愿忠实地保护财务报表使用者权益的个别人员）。与其他类型的犯罪一样，政府为法律的执行投入了足够资源，试图通过近期确定会被抓捕的罪犯，震慑有企图的罪犯，然而，这种做法并不可行。

如果说无法设计出完美的系统是必定的，然而，目前采取的措施，包括颁布的财务会计准则、实施审计、惩治欺诈，完全能够在现实条件允许的情况下发挥作用，这两种说法之间存在分歧。目前的体系并不是由旨在完全为了向公众提供准确透明的财务报表的专家组经过客观分析的产物。恰恰相反，规则的制定机构和他们发布制度的设计都是政府激烈争斗的结果。会计师事务所作为追求利润最大化的商业组织，不可避免面对两难选择：一方面要坚持执业准则，另一方面要留住客户并控制成本。基于这些事实，审计失败的个案不应被视为偶然事件。尽管针对重大的财政丑闻会进行定期改革，但是一个系统缺陷的存在就会造成会计误报屡禁不止。

2001—2002 年间财务报告的巨大丑闻，包括很多著名公司，诸如安然（Enron）、环球电讯（Global Crossing）、泰科国际（Tyco International）以及世通（WorldCom）这个体系对上述会计丑闻的回应，说明了问题的复杂性。会计专业领域的批评家强调，为同一企业同时提供审计和咨询服务存在利益冲突，近年来这种冲突日益增长。他们问道：如果公司的管理层拿着佣金丰厚的咨询合同诱惑审计人员退缩，审计人员会坚定地质疑其会计政策吗？

公众对科技股泡沫（Tech Wreck）后会计丑闻的震怒，形成了从政治上消除审计—咨询业务冲突的强劲推动力。然而，《华尔街日报》上一篇对道琼斯工业指数[①]构成企业的分析发现，自美国证券交易委员会开始打击此类行为起，两年后，支付给审计师的佣金中，仍然有 62%用于非审计类服务。不仅如此，今年（2001 年）该比例从 75%开始下滑的说法被夸大了。审计独立性的新规定扩展了对审计费用的界定，明确了能够作为审计费用的项目。服务项目被从非审计项目重新分类为审计项目，被包括在法定审计中，审阅向美国证券交易委员会提交的文件、事务所对于税务和会计咨询的限制必须完全遵循公认审计标准的规定。同样对于一些限制，审计部分占审计费用总额的

① Cassell Bryan-Low, "Accounting Firms Earn More from Consulting," *Wall Street Journal*, April 16, 2003, C9.

比重相对下降，而审计成本平均每年增长10%～15%，这部分成本表现为会计标准复杂性的增加以及处理衍生品合约时聘请专家次数的增加。根据美国消费者联盟投资者保护协会董事芭芭拉·罗珀（Barbara Roper）所说："看起来在没有任何变化的情况下，这种冲突减少了。"①

对2001—2002年会计丑闻的反应，以事实证明，议案通过者对待发布财务报告的公司及它们审计师的方式会阻碍推行更彻底的改革。声称为财务报表使用者权益为己任的组织，如特许金融分析师协会，却会屈从于公司和审计人员的利益。这些团体会投入大量资源参加听证会和征求意见的讨论会，从而对美国财务会计准则委员会和美国证券交易委员会的审议施加影响。随着改革进程的拖延，公众对于会计舞弊问题的愤怒逐渐平息，公众的注意力也转向其他法律法规领域中新的争论。随着公众的注意力从会计系统改革中转向别处，公司和审计的坚持游说使原来的一揽子计划（sweeping proposal）被渐渐淡忘。

审计过程中的系统性问题不仅是由管理机构造成的，而且是由会计师事务所追求利益最大化的战略造成的。② 这个问题要追溯至20世纪70年代，当时美国注册会计师协会颁布法令，禁止审计师将他们的服务广而告之，只有在接受委托的情况下才能拉拢竞争对手的客户，同时也禁止他们参加商业竞标。联邦政府在会计师行业下达规定对上述现象予以打击，引起了此次变动，政府认定会计师行业不得具有竞争性质，并威胁将通过提起反垄断诉讼对违法者予以制裁。随着时间的推移，竞标战争的结果就是会计师事务所为了争夺收益更高的咨询业务而将提供审计服务的比例大大缩水。越来越多的会计师事务所注意到，审计服务所收取的审计费用是固定的，因此控制成本势在必行。对一项审计业务投入的小时数是有限定的，在此压力之下，会计师事务所无法坚持投入足够的资源以揭露被审计公司不恰当的报告行为。

在20世纪90年代，风险导向审计出现了，成为一种控制审计成本的手段。会计师事务所放弃了自下而上的审计方法，不再检查所有财务报表构成项目。以往关注单项交易的细节，而现在只需要检查在他们判断可能出现最重大错报或舞弊风险的事项，如复杂的衍生品。令人难以置信的是，在一些案例中这些判断是基于管理层的建议得出的。例如，当安永会计师事务所为南方保健公司做2002年审计时（该公司的重大会计舞弊详见第11章），审计团队询问公司高管，据他们所知，公司是否存在重大舞弊的迹象，对此，高管们自然回答没有。审计人员采纳了管理层的主张，其理由是，他们认为南方保健公司管理层合乎道德规范并且他们出具财务数据的系统具有可靠性。在此基础上，安永的审计团队对南方保健公司执行的测试数量比财务错报风险较高公司应进行的测试数量少得多。

转变为风险导向审计所造成的不利影响，在电信巨头世通公司的会计舞

① Cassell Bryan-Low, "Accounting Firms Earn More from Consulting," *Wall Street Journal*, April 16, 2003, C9.

② 该讨论引自Jonathan Weil, "Behind Wave of Corporate Fraud: A Change in How Auditors Work," *Wall Street Journal*, March 25, 2004, A1, A14.

弊案中也是显而易见的。在 2002 年，根据安达信会计师事务所的审计报告，鉴于世通公司的财务信息是按照公认会计原则编制的，投资者们对世通公司的财务报表坚信不疑，他们很想知道，如果世通公司是不可信的，还有哪家公司是可信的。众所周知，世通公司虚增利润总计 106 亿美元，2002 年世通公司成为直至当年最大的公司破产案。

在世通公司早期，安达信采用一丝不苟的、自下而上的方式进行审计。它检查了上千项交易并证实它们列示在了公司的总账中。然而，随着公司的发展壮大，安达信转而采用了风险导向的审计程序。审计人员采用先进的软件对世通公司的报表进行分析，并聚在一起通过头脑风暴讨论管理层可能会捏造数字的方式。一旦他们确认了一个高风险的区域，他们就询问雇员并进行穿行测试评价，以这种方式测试内部控制程序的执行效果，以判定公司是否遵循了程序。

如果内部控制或程序方面出现问题，安达信则采信了管理层提供的解释。这是有问题的，原因有二。第一，安达信的软件判定世通为重大风险客户。第二，安达信和世通公司管理层的关系不利于向管理层询问棘手问题或对其解释保持怀疑态度。在 2000 年审计向董事会提交的建议书中，安达信描述自己为“忠于（世通公司）团队的一员”。① 想象一下足球裁判在一场他裁断的比赛中称自己是其中一队的一员，是何种情形！

安达信的审计师例行询问世通公司的经理们，公司是否做出了一些不寻常的上层调整（即本季度结账后公司才编制了总账会计分录）。公司高管一贯答复没有，根据公司破产审查人员的报告，安达信没有对公司高管们的声明实施测试以作确认。作为所谓的保镖，审计师们在世通公司的合并报表中寻找巨大波动的项目。没有找到这类项目，他们便下结论，认为不需要进行下一步审计程序。但结果表明，管理层为了保证公司没有异常波动的项目，操纵了财务报表。世通的上层调整改变了负债，并将费用重分类为资产，以推迟确认成本。如果安达信的审计师能用原有传统方式深入追查具体的日记账分录，他们就会发现大量用可疑的约整数作为金额的会计分录，而且这些记录并没有原始凭证佐证。一张季度期末的会计分录记录了 23.9 亿美元，仅仅依据一张写着金额为“239 000 000 美元”的便笺签纸作为原始凭证。

但进一步检查这类项目是自寻烦恼，因为这样会增加审计世通的费用。这不是安达信希望看到的，因为他们在审计这家公司的支出已经超过了对方支付的审计费用。在竞争压力下，审计收入成为赔本赚吆喝的业务，安信达只是利用审计业务从世通公司取得更赚钱的咨询业务。

一味强调成本控制同样束缚着审计师保护财务报表使用者——美国证券交易委员会②职能的发挥。国会在投入经费资助美国证券交易委员会调查上市

---

① 该讨论引自 Jonathan Weil, “Behind Wave of Corporate Fraud: A Change in How Auditors Work,” *Wall Street Journal*, March 25, 2004, A14.

② 该讨论引自 Mark Maremont and Deborah Solomon, “Behind SEC's Failings: Caution, Tight Budget, ‘90s Exuberance,” *Wall Street Journal*, December 24, 2003, A1, A5.

公司提交的 10-Ks、10-Qs 等报告文件以及首次公开上市招股说明书时，十分吝啬。1981—2001 年间，证券交易委员会的公司财务部被要求进行调查的次数增长了 81%，但其雇员数量只增加了 29%。其管理顾问麦肯锡公司（McKinsey & Co.）的一篇报告发现，为了达到审查文件的数量目标，捉襟见肘的公司财务部的雇员只好糊弄审查系统，他们选择更短的、更容易审查的公司报告文件，而避免复杂的报告文件。不止如此，仅仅关注数量上的达标，使得那些负责监督的人不再追根究底，执行深入审查的权利。进一步的迹象表明，美国证券交易委员会的经费紧张是造成其人员离职的原因，因为雇员薪酬低于私营企业的水平。1999—2000 年间，美国证券交易委员会辞职的雇员人数是联邦政府内部平均值的两倍。

国会不愿为美国证券交易委员会提供足以支持其完成工作的资源，表现出在各项对联邦预算相互竞争的预算申请中，美国证券交易委员会所需资源是超出预算的。从意识形态的角度看，很多国会成员反对对商业实施严格的控制。这种态度具体表现为，1995 年有一项冻结美国证券交易委员会 5 年预算的计划，使其裁掉了 2/5 的委员，并要求机构对任何一次监管变革的成本进行说明。对财务报表使用者而言，幸运的是，这些提议没有被采纳。2000 年 10 月，美国证券交易委员会主席阿瑟·莱维特（Arthur Levitt）和首席执法官理查德·沃克（Richard Walker）提供证据表明，审计人员对不合法的会计处理视而不见，而不愿失去利润丰厚的咨询业务。莱维特希望限制事务所为同一家企业提供审计和咨询服务的行为，但参议员银行业委员会主席菲尔·格拉姆（Phil Gramm）却指责这个计划“太过严厉”①。美国证券交易委员会只能妥协，仅仅要求公司披露其支付给审计师的咨询服务费的金额。

林恩·特纳（Lynn Turner），美国证券交易委员会前首席会计师，说国会无情的打击影响了证券交易委员会的日程和改革。另外，国会在钱袋上严格控制支出，对证券交易委员会执法的基线起了反作用。1991—2001 年间，执法部立案数量增长了 65%，而人数增长仅为 27%。据美国证券交易委员会前任官员理查德·索尔（Richard Sauer）称，资金太捉襟见肘，以至于没有时间去调查新的违规行为。已经积压了一些明显构成违法的案件。这些对美国证券交易委员会的执法限制，向公司管理层传递了一个信号，即这是一个舞弊可能不会被发现的绝好机会。

国会节约经费的影响在 1999 年执法人员追踪一条建议关注泰科国际公司财务误报（详见第 10 章）的投资者简报时已经凸显。在美国证券交易委员会要求提供的文件中，泰科公司提交的资料隐藏了记录主席丹尼斯·科兹洛夫斯基（Dennis Kozlowski）以一个员工贷款计划为名的借款情况的会计分录，并解释说这些事项与美国证券交易委员会的要求无关。尽管这个项目是为了帮助高管人员支付被授予股票的税款，但后来被证实，科兹洛夫斯基的所有借款都是为了个人花销。由于担心一次更广泛的调查会对他们有限的资源消

---

① 该讨论引自 Mark Maremont and Deborah Solomon,“Behind SEC's Failings: Caution, Tight Budget, '90s Exuberance,” *Wall Street Journal*, December 24, 2003, A5.

耗过多，美国证券交易委员会无人过问被泰科隐瞒的情况，也没有人要求泰科提供公司所有账目。他们的调查也就不了了之。纽约州检察官后来指控科兹洛夫斯基从泰科公司骗取 6 亿美元。

董事会下设的审计委员会是公司财务报告使用者的最后一道防线。但是，多年来，实践证明，它并不能保证其保护万无一失。在对 1987—1997 年间财务弊案的研究中，证券交易委员会发现很多公司的审计委员会每年仅召开一次会议。一些公司甚至未设审计委员会。近年来，令人鼓舞的一个消息是，证券交易委员会要求审计委员会成员必须具备“财务素养”。这显然是一个标准，所以没必要制定具体的规则，但是读者应该记住，前足球明星且曾因持枪抢劫而被定罪的 O. J. 辛普森（O. J. Simpson）就曾在无限广播公司（Infinity Broadcasting Corporation）的审计委员会任职。①

9.4 小 结

如果本章的几个案例只是个别事件，不具有代表性，那么应该说，在大多数情况下，对公司披露的要求、外部审计以及监管支持的联合作用，仍可以确保财务报表具有较高可靠性。使用者对报表进行深入分析就显得多此一举了。然而，很多公司要么信息披露不足，要么在披露时耍滑头。通常，审计师并不制定法律（或者公认会计原则），而是与管理层不断沟通，直到双方达到一个平衡点，即审计师能够确信公司满足会计合规的最低要求。如果审计师采取更为强硬的措施，可能也不会促使公司为投资者披露更多的信息，结果只是将审计合同拱手让给另一家具有更为宽松政策的会计师事务所。财务报告的理论与现实之间存在着差距，财务报表的使用者必须通过对数据进行严格审查，以给自己多一层保护，从而保障自己的利益。

① Jeanne Patterson and Nell Minow, “Blame Directors for Accounting Practices, Managing Earning,” *Pensions & Investments*, May 28, 2001, 12.

第10章

并购会计

对并购的会计处理方法的选择不会影响合并公司随后的竞争实力或产生现金流的能力。但是，并购（M&A）活动中随意的会计选择却会对报告收益产生重大影响。故意披露不透明的会计信息，使得财务报告使用者很难了解一家高度并购的公司是正在实现内源性增长，还是通过商业合并制造一种充满活力的错觉，而后者本身并没有产生经济利益。

10.1 使并购后的报告收益最大化

企业集团泰科国际（Tyco International）在1998年对美国手术医疗器械公司（United States Surgical）的并购中巧妙地粉饰了并购后的业绩。在结束与泰科国际的交易之前，被并方核销了1.9亿美元，降低了未来的折旧费用，因而增加了未来收益。但是，美国手术医疗器械公司在核销之后不再编制财务报表。因此，资产价值的减少从来没有向投资者披露过。大名鼎鼎的卖空者詹姆斯·夏诺斯（James Chanos）引起了《纽约时报》评论员弗洛伊德·诺里斯（Floyd Norris）的关注，他开始调查此事，之后，泰科国际的首席财务官提供了更为详细的资料，比《纽约时报》专栏作家曾向证券交易委员会索要的泰科提交的文件还要多。诺里斯认为，没有披露的核销提高了被并公司的经营业绩，对泰科国际的声誉产生了重大影响。[①] 合法地激励子公司使其

① Floyd Norris, "At Tyco, Accounting 'Baths' Begin before the Deals Close," *New York Times*, October 29, 1999, C1.

取得更好的经营成果，并非简单的任务，因为经营分散于多元化业务中，诸如药物供应、租赁、安保和消防警报系统、水下电缆，以及电子元件业务。（注：泰科国际公司与玩具制造商泰科没有关联。）

David W. Tice Associates 的阿尔伯特·迈耶（Albert Meyer）对 1999 年泰科公司合并会计处理提出质疑，开始引起公众关注。9 页的报告详细地阐述了他的质疑，迈耶强调了在多次合并后该公司发生的一次性费用金额之巨。“你不得不相信所有这些重组费用，让人没理由地相信，费用真的是在以两位数的速度增长。”①

迈耶强调他不是指责泰科存在欺诈，仅仅是指责其激进的会计处理方式。但是，这家多元化经营的制造商所做出的回应，却与因财务报告造假遭到批评的那些企业所表现出的典型姿态别无二致。泰科气愤地否认了迈耶的报告，声称：“这些涉及公司的谣言都是虚假的，是空穴来风，是恶意中伤。”董事长丹尼斯·科兹洛夫斯基（Dennis Kozlowski）在一次电话会议中坚称，泰科公司的财务报表“不会重述，绝无违规，绝无调查”②。不出所料，泰科也得到来自华尔街证券分析师道义上的支持，这些人几乎都曾对该只股票给出过购买建议。一家领军企业的分析师表示，听到泰科公司的电话会议后，“我们确信这家企业没有会计问题。”③

美国证券交易委员会却不相信泰科董事长的说法。1999 年 12 月 9 日，泰科公司披露，证券监管部门针对泰科过去六年中 120 项合并事项的特殊费用和计提的准备提起了一项非正式质询。此消息一出，泰科的股票价格便应声暴跌 23%。公司仍坚称对公司财务报告的指责都是没有根据的。另一家华尔街领军企业的分析师也插话：“虽然调查给该只股票增添了更多疑云，但我们相信这家公司会从美国证券交易委员会得到关于它会计政策的无罪证明。如此一来，所有的谣言与指责都将终结。”④

因为与泰科的科兹洛夫斯基关系密切，并曾出版包含误导他人的声明和言过其实的言论这类过错，这个分析师不久就被其所在公司解雇了，并被美国证券交易商协会处以罚金。他并不是维护泰科公司财务报告的唯一一人。一个声称曾密切关注泰科公司财务状况的著名分析师，没有理会夏诺斯和迈耶提出的问题，认为这些说法是“假的”，只不过是“噪音”。直到迈耶的报告发表几周后，泰科公司股价急剧下跌近 50%，才使公司的卖方拥护者开始紧张。“我们大多数人做得不错”，一位分析师开玩笑说，“除了几个被严密看护以防止自杀”。⑤

2000 年 6 月 26 日公布，美国证券交易委员会的调查结果保证没有那样绝

---

① Mark Maremont, “Tyco Sleuth Has History of Uncovering Bad Numbers,” *Wall Street Journal*, October 15, 1999, C1, C8.

② 同上书，C8 页。

③ 同上书。

④ Floyd Norris, “Tyco Shares Plunge after Company Discloses SEC Inquiry,” *New York Times*, December 10, 1999, C2.

⑤ Jonathan R. Laing, “Tyco's Tumble,” *Barron's*, December 13, 1999, 15.

望的情况发生。泰科被要求重述其报告结果，转回合并准备，委员会认为，那些准备本不应该计提，理应更早转回，但该报表重述只是将微不足道的每股 0.02 美元从一个季度转移到了另一个季度。此消息一出，泰科公司股票价格闻声上涨了 13 个百分点。一家华尔街领军企业的会计分析师评论说："看看这些事项出自何方，种种迹象表明，这些来自美国证券交易委员会的全面审查的结论，就是对泰科公司会计处理真实完整的证明。"① 就职于一家持有泰科公司约 1 200 万股的著名资金管理公司的分析师补充说，美国证券交易委员会的调查结果"终结了所有对这个公司的会计和管理层诚信的潜在担忧"②。

尽管如此，泰科公司的并购会计问题依然潜伏着。两年半后，《华尔街日报》报道泰科公司前三年曾为未曾披露的 700 余项合并事项花费了超过 80 亿美元的消息后，泰科的股价下跌了 19%。警惕的分析师们开始怀疑该公司背后是否存在隐情。他们质疑，在新近一个会计年度，尽管公司报告上披露**自由现金流**（free cash flow）有 48 亿美元，但泰科公司归属于工业业务的负债增长了一倍，达到了 216 亿美元。

泰科的首席财务官马克·斯沃茨（Mark Swartz）对公司披露情况做出的解释是，相对泰科公司的庞大规模，尽管存在大量的小型合并事项，但从单个事项来看，对公司而言并不是那么重要（没有必要一一披露）。这个案例表面上看，公司不予披露的做法符合公认会计原则（GAAP）规定，但将众多合并事项汇集到一起，就对公司形成重要影响，公司隐瞒披露这些事项实际上违背了公认会计原则的精神。斯沃茨承认，无法从泰科的财务报表中确定未披露交易的支出金额，因为公司只报告了并购净支出，扣除了被合并企业资产负债表上的现金，而且公司没有披露被合并企业的现金总额。

2002 年 4 月 1 日，《财富》杂志刊文③指控泰科在 1999 年并购电子器件制造商瑞侃公司（Raychem）的会计处理存在欺诈行为，由此泰科公司潜伏的并购会计问题再次暴露出来。瑞侃被合并的前一年，报告盈余为 1.79 亿美元，相比 1997 年的 2.53 亿美元，其盈余发生了严重下滑。对此，瑞侃的五位前任财务部门雇员和一位前任顾问说，自 1999 年 5 月宣布合并至 1999 年 8 月结束合并期间，他们被要求加速支付费用，并对收到的款项秘而不宣，以此高估准备。《财富》刊登了一段节选自 1999 年 7 月 30 日瑞侃财务主管拉尔斯·拉森（Lars Larson）以"加速资金外流"为题的备忘录。拉森写道："在泰科公司的要求下，瑞侃各大分厂要支付所有的应付款，不管它们是否到期。"他接着说，他知道瑞侃的首席财务官已经同意该政策，"尽管我们将会花很多钱，但这些花费并不会为瑞侃或泰科带来实实在在的利益。" 8 月 3 日，拉森写道："我们这样做的目的是满足泰科公司的要求，使'原来的'瑞侃公司的现金流为负，而使合并后的新公司有更多的正现金流。"④

---

① Mark Maremont, "Tyco's Shares Rise 13% after Concern Restates Results following SEC Review," *Barron's*, July 27, 2000, C8.

② 同上书。

③ Herb Greenberg with Lisa Mufioz, "Dose Tyco Play Accounting Games?" *Fortune*, April 1, 2002, 83-86.

④ 同上书，86 页。

另外，一家负责管理瑞侃公司存货的外包公司负责人报告指出，泰科公司对 500 万美元的存货采用 100%方式计提跌价准备的方式进行会计处理，这些存货被认为在合并后其有效期可能到期。考虑到存货包括眼镜和灯泡之类的商品，有效期为多年，外包公司曾建议将其 30%计提准备，并允许 36%的跌价准备是可转回的（defensible）。总之，看似夏诺斯和迈耶在 1999 年还未偏离正途，“美国证券交易委员会的彻底调查”的结论是：第二年也曾有疏漏。

《财富》的揭露文章发表后两个月，尽管《纽约时报》报道泰科首席执行官科兹洛夫斯基正在接受刑事调查，他还是以含糊其辞的私人原因为由辞职。随后，泰科公司股价应声暴跌 20%。美国证券交易委员会对泰科公司财务报表展开了新一轮调查，调查一直向前追溯到 1999 年年报，并对公司是否在之前的调查中隐瞒了重要信息提出质疑。

在科兹洛夫斯基接任者的治理下，公司开始了针对以前年度财务报告的内部审查。调查人员总结道，泰科公司一再采用激进的，虽合法但花样百出的会计处理，包括降低即将被并公司的报告利润，以便在收购结束后的第一个季度迅速推高利润。公司高层将上述做法称为“金融工程”并命令员工“编故事”为会计变更做辩解，那些做法将会炒作泰科公司的报告收益。一篇有关这类公司高管做法的文件里有一句手写的批注：“我强烈建议永远不要把这些写出来!!”①《纽约时报》的安德鲁·罗斯·索金（Andrew Ross Sorkin）总结道：

> 新的泰科公司，尽管依然有活力，但是那些令人怀疑的想法是：一个一贯有利可图但毫无关联的、增长缓慢的结合体……没有并购带来的稳定利润——以及泰科公司筹划的每笔交易完成后的前几个季度人工炒作的利润增高——这种近年来使泰科公司股价高飞的持续增长结束了。②

泰科公司除了用压低被并公司并购前利润的方法增加报告利润的诡计之外，其财务报告激进行为还包括通过执行非标准的界定条款来扭曲报告的自由现金流。泰科公司剔除了出售应收账款所获得的现金以及为客户账户购买 ADT 防盗警报的现金支出，剩余的标记为“并购”。除去公司分类会计问题，是对公司被抢走 6 亿美元的指控，这也导致丹尼斯·科兹洛夫斯基于 2005 年被定罪量刑，被判处 $8\frac{1}{3}$～25 年有期徒刑。他的审判是一大看点，因为公开了一盘科兹洛夫斯基妻子花费 200 万美元召开生日派对的录像带，其中一半费用由泰科公司承担，派对还提供了托加袍（togas）和角斗士的服装、一尊米开朗基罗的“大卫”雕像的冰雕、一个形如女人身体的生日蛋糕，并邀请

① Andrew Ross Sorkin and Alex Berenson, “Tyco Admits Using Accounting Tricks to Inflate Earnings,” *New York Times*, December 31, 2002, A1, C2.

② Andrew Ross Sorkin, “Tyco, after the Glitter and the Agile Math,” *New York Times*, January 1, 2003, C1-C2.

吉米·巴菲特（Jimmy Buffett）娱乐助兴。至于阿尔伯特·迈耶，他对泰科公司财务报表的彻底调查帮助潜在投资者避免了投资于这家公司股票而造成的巨大损失，1999年他的努力得到了媒体的认可，然而由此产生的喜悦却因一位泰科公司股东的愤怒来电而被搅扰，电话痛斥他“搞垮了一家好公司”。[①]

10.2 并购日期管理与避免重述

尽管权益结合法已经被废除了，但并购会计仍然是分析师非常关注的领域。公司不断研究利用会计准则可供自由选择的空间，而使并购后的报告利润最大化仍然是其主要目标。

例如，与并购相关的一种策略是，在公认会计原则认可的前提下，选择满足财务报告需要，而不是交易的实际发生日期作为并购日。通常，公司利用其来简化月末或季末的结账。例如，如果收购协议（acquisition agreement）于5月27日完成，主并方将于5月31日开始报告被并公司的财务情况。

1999年，法维翰咨询公司（Navigant Consulting）（其前身是梅茨勒集团（Metzler Group），与旅游管理公司法维翰国际公司没有关系）非常激进地利用了并购日的自由选择权。公司于9月中旬收购了五角咨询服务公司（Penta Advisory Services），但是将7月1日作为并购日。根据购买法下的相关规定，从并购日起，法维翰咨询公司便可以合并五角咨询服务公司的收入。因此，虽然五角咨询服务公司是在该季度末被并入的，但法维翰咨询公司的收入却在整个第三季度大幅提升。

当然，所涉金额很小。五角咨询服务公司连续12个月的收入在500万～600万美元之间，而法维翰咨询公司1998年的销售收入为3.48亿美元。但是，美林证券的分析师撒切尔·汤普森（Thatcher Thompson）认为管理层有意将并购日提前了两个半月。他认为，这是他在同等情况下看到的最激进的处理方法。[②]

尽管当时法维翰咨询公司在《福布斯》美国最佳小公司排名中位列第三，但是，汤普森并非唯一一个对公司的并购会计处理方法提出质疑的机构。其他批评主要关注管理层利用标准方面（其后标准更加严格了），即衡量并购相对于总体财务结果是否重要的重要性标准。依据证券交易委员会的规定，对于规模相对较小的被并公司，属于不重要的并购事项，公司不需要重述前期的财务报表以反映被并公司的收入和利润。从1996年上市以来，通过一系列中等规模的并购，法维翰咨询公司快速发展。单独来看，根据公认会计原则规定，被收购咨询公司未达到重要性水平，但是从多次并购的总和来看，它们对公司的财务结果却有着重大影响。

---

① Maremont, “Tyco Sleuth,” C8.

② Thatcher Thompson, “Navigant: Downgrading NCI Shares,” Merrill Lynch & Co. Research Comment, November 5, 1999.

《巴伦周刊》的评论员巴里·亨德森（Barry Henderson）通过逐季分析流通股股数的增加情况，估计法维翰咨询公司 1998 年后三个季度通过并购取得的收入。[①] 他在扣除为管理层行使股票期权发行的股数后，估计为支付收购对价而发行的股票数。用该股数乘以股票价格便得出该季度支付的收购对价（谨慎起见，他使用了该时期最低的股票价格）。然后，亨德森将估计的收购对价除以 2.2，即得出 1998 年第二季度到第四季度间“非重大”被并公司所产生收入的合理估计值。其中，2.2 是法维翰咨询公司一般为咨询业务支付给被并公司连续 12 个月收入的倍数。如果要求法维翰咨询公司重述 1998 年第一季度的结果，亨德森说收入将是 8 300～8 400 万美元，而不是报告中披露的 7 900 万美元。这将使 1999 年第一季度的收入同比增长率由更诱人的 22%下降至约 16%，其中，22%是证券分析师通常引用的数值。

结果，投资者对法维翰咨询公司对并购业务的自由会计处理所带来的警示做出了理智的反应。11 月 22 日，迫于法维翰咨询公司股票价格下降 48%的压力，主席和首席执行官罗伯特·P·马希尔（Robert P. Maher）提出了辞职。公司董事会披露，马希尔和另外两位高管涉嫌“不正当”股票购买。

简而言之，马希尔于 1999 年 8 月从公司借款 1 000 万美元，声称用于房地产投资（real estate investment）。[②] 随后，法维翰咨询公司的董事会发现，他实际上是将钱给了公司发展部副总经理斯蒂芬·德纳里（Stephen Denari）。德纳里曾借入类似金额，在法维翰咨询公司以支付股票的方式收购一家公司时，以 28.39 美元[③]的价格从被并公司前所有者手中购入了法维翰咨询公司的股票。此后不久，法维翰咨询公司聘请财务咨询进行战略研究，包括可能出售被并公司，股价应声飙升至 54.25 美元。[④]

10.3 小　结

一家高度并购的公司可以严格遵守公认会计原则的底线，但是其所公布的盈余数据却往往会误导外部财务报表使用者。泰科公司与法维翰咨询公司的案例表明，以下所列条款之中，没有一条能够保证主并方没有在其财务报告中弄虚作假：

- 保持公司仍然位列行业杂志的最佳公司排行榜。
- 著名华尔街证券分析师对公司会计处理投出信任票，尽管分析师并没有追随公司，而仅仅是聚焦于公司的会计问题。
- 由美国证券交易委员会对公司财务发起彻底调查之后，只发现了很小

① Barry Henderson, “Number Theory: Navigant's Growth Rate May Not Be What It Seems,” *Barron's*, October 25, 1999, 24.

② Barry Henderson, “Follow the Money,” *Barron's*, November 29, 1999, 15-17.

③ James P. Miller, “Navigant CEO Resigns, Two Officials Are Fired over Stock-Purchase Deals,” *Wall Street Journal*, November 23, 1999, A4.

④ 一个月后，法维翰咨询公司宣布将不会出售被并公司，股价又回到 41.44 美元。

的会计问题。

- 管理层强烈否认公司曾误报财务结果。

意识到那些保证并不值得信赖，财务报表的使用者必须以质疑的眼光看待那些报告卓越的盈余增长但却对此无从解释的公司。报表被动手脚的迹象往往包括不同寻常的大额特别事项，尽管报告的自由现金流很大但却存在神秘的现金积累，以及如果一家被并企业在并购事项之前是一家公开报告的公司，在并购业务完成之前盈余却发生了剧烈下降。遗憾的是，相比真正的协同效应或被并公司的经营改善，很多兼并业务更多产生的是上述会计舞弊。

第11章

舞弊能否被识破？

本章将阐述财务报表分析师需面临的最困难的挑战。经常发生的情况是，公司不仅曲解规则，更蓄意破坏规则。审计师时常积极参与舞弊，导致财务分析师预防欺诈的一大关键防线陷入瘫痪。那些揭露重大的、公然违反财务报告准则的分析师，能够转移巨大投资损失或通过卖空行为攫取高额利益。他们也可以在这个过程中提升自己的名望。

本章的讨论始于“操纵行为的蛛丝马迹”，这是一种对误报财务结果的公司财务报表进行系统研究的成果。随后，本章列举了三个对虚假报告的案例研究，包括安然、南方保健（HealthSouth），以及帕玛拉特（Parmalat）。这些研究解释了公司是如何操作舞弊的，同时也分析了财务报表分析师成功甄别这些不正当行为的能力已经到了何种程度。

11.1 操纵行为的蛛丝马迹

以往章节中详细讨论的激进会计行为不仅未曾因态度直率而获得称赞，大多数公司的管理者也未曾因此而锒铛入狱。公司有许多方式来蒙蔽投资者的眼睛，而不用担心受到法律制裁。然而，公司管理者有时甚至会跨界从事违法行为。

相比只是钻钻财务报告漏洞，公然误报在本质上完全不同。更为重要的是，这类犯罪行为的严重性在于它不只是一个短时期的法律问题。1992 年，罗马天主教教堂（Roman Catholic Church）正式把会计欺诈（fraudulent accounting）归为原罪。同年，公开的教理问答把会计造假（book-cooking）列为一系列所谓新型罪愆（transgression）。而上一次进行会计教学改革是在1566年，那时人们还根本不知道什么是会计造假。

然而，这并不是因为害怕被起诉，也不是为了精神上的安宁，而完全是为了制止财务信息发布者的不诚信行为。即便是尽职尽责，审计有时也无法揭示危险的骗局。因此，财务分析师必须竭力保护自己避免被欺诈。

没有一种办法能保证揭示财务报告中的不正当行为，分析师也不一定要将审计师的标准无保留意见作为对财务报告的最终结论。对于大型会计师事务所而言，即使无法获得可用的资源，它们也能找到支持财务报表真实性的有价值的线索。

美国印第安纳大学凯利商学院会计与信息系统专业的贝内斯（Messod Daniel Beneish）教授，以公司财务报表中报告的数据为基础，设计了一个模型来识别那些可能操纵盈余的公司。[①]（贝内斯将**操纵**（manipulation）定义为，包括实际发生的欺诈和在公认会计原则（GAAP）允许范围内进行的盈余管理和披露操纵。其具体含义是，审计师、内部调查或者证券交易委员会调查都可能要求公司进行报表重述、资产核销，或是变更会计估计或会计政策，以上任何一种情况均是指盈余操纵。）通过统计分析，贝内斯发现，只要存在下面5个因素之中的任何一个，都会增加盈余操纵的概率：

（1）应收账款周转天数增加。

（2）毛利下降。

（3）折旧率降低。

（4）资产质量（定义为除不动产、厂房和设备之外的非流动资产与总资产的比率）降低。

（5）销售收入增长。

值得注意的是，贝内斯并没有把这些指标作为不正当会计行为的绝对证据。的确，如果只要是销售收入的高速增长都被认为是人为操纵的结果，那将会令人非常沮丧。不过，贝内斯的数据表明，他所列示的现象和盈余操纵之间的确存在高度的关联性。

在财务报表之外，也能够发现操控财务报告的证据。洛克公司治理中心[②]（Rock Center for Corporate Governance）所做的工作论文研究了企业高管召开的电话会议与披露季度盈余之间的关系。斯坦福商学院研究生院的 David F. Larcker 教授与他的博士生 Anastasia A. Zakolyukina 通过分析 29 663 份电话会议记录中的问答环节，识别出了财务报表欺诈的语言线索。

Larcker 和 Zakolyukina 根据随后公司的重述结果，以及一系列用来识别重大会计问题的标准，将每一个问答环节标记为“真实的”或是“欺骗的”。他们的方法比随机将问答环节的50%或65%归为真实的要准确得多。他们还

---

① Messod D. Beneish, “The Detection of Earnings Manipulation,” *Financial Analysts Journal*, September-October 1999, 24-36.

② David F. Larcker and Anastasia A. Zakolyukina, “Detecting Deceptive Discussions in Conference Calls,” Working Paper Series No. 63 (Stanford, CA: Rock Center For Corporate Governance, 2010).

发现，在识别财务舞弊方面，基于首席执行官或首席财务官的表述进行判断，要比基于操纵性应计项目的模型更为准确。

相比诚实的执行官的回答，撒谎的执行官的表述中会引用更多的一般常识（诸如短语“你知道的”），较少表达非极端的正面情绪（“坚实的”或“受人尊重的”），较少引用股东价值或创造价值。而且，撒谎的首席执行官较少提及他们自己，而是更多采用第三人称，说“该团队”或“这家公司”，而非“我”。他们更多采用表达极端正面情绪的词语（例如，“妙极了”），较少采用表达极端负面情绪的词语，也较少采用确定性词汇和犹豫不决的词汇。

11.2 骗子的骗术有限

公司从盈余管理跨界到公然舞弊，常常会想方设法掩盖自己的行迹。这些手段包括苟同审议人员同流合污，使其从财务报表使用者的保护者变为他们的敌对者。犯罪性质的错报行为，其证据在事件暴露之后变得逐渐清晰起来，但是即使技术最娴熟的分析师也得等到公司阴谋无法再继续，甚至公司倒闭的时候，才能完全识别出这些臭名昭著的舞弊案中的一二。

以下三个案例研究——安然、南方保健、帕玛拉特都是警世箴言。那些不起眼的、激进的财务报告也可能造成极大的损害。这些激进的财务报告可能最后因为并不真实的资产，转而成为债权人和股东申诉的证据。研究这些臭名昭著的舞弊案时，读者关注的焦点不应仅仅局限于那些令人怀疑的财务报表项目，更应关注当报告利润的有效性被质疑时高级经理的反应。

11.3 安然：一场媒体的轰动

2000 年 10 月，《财富》杂志基于高管和证券分析师的评估，发布了一份世界最受人尊敬的公司名单。这本杂志是这样描述其中一家精英公司的：“没有一家公司能够在展现创新的革命性力量时像安然那样引人瞩目”。“在过去的几十年”，《财富》杂志继续评述道，“安然完成了从旧经济的管道运营商变革成为新经济的贸易帝国，同时它的年收入也因为新业务的发展，从 2 亿美元增至 400 亿美元。”[①] 如同《财富》指出的那样，安然的创新与其报告盈余息息相关。安然公司在 2001 年 12 月 2 日宣告破产，这个时点仅晚于它被评为世界最受尊敬的公司前 25 名的时点一年多。

安然的昙花一现引起了媒体的轰动。安然破产后的一年，各大报纸的头条都与这家公司的会计行为有关，而会计在之前很少会引起如此多的关注。丑闻催生了一本畅销书——贝萨尼·麦克林（Bethany McLean）与彼得·艾尔金德（Peter Elkind）的《房间里最精明的人》（*The Smartest Guys in the Room*），以及

① Nicholas Stein, “The World's Most Admired Companies,” *Fortune*, October 2000.

露西·普瑞博（Lucy Prebble）的讽刺剧《安然》（*Enron*）。这部戏剧在伦敦引起了轰动，但是在纽约仅仅上映三周便下线了，这为安然公司不幸的历史平添了赞助商 360 万美元的附带损害。[①]

从投资者和债权人的立场来看，更为重要的是安然为财务报表分析师提高了门槛。安然不仅以标准比率分析将揭露的方式滥用会计准则，管理层还秘密掩盖了原本应在资产负债表上披露的很多重要的报告盈余的来源，并且竭尽所能恐吓一切抱怨财务报表未得到充分披露的人们。结果，一些投资组合经理和分析师在该公司被曝光严重错报之前很久就不再信任管理层了。外部相关者由于无法了解公司的盈利模式，使得他们更加不安。2001 年年末重新发布的报告涵盖了从 1997 年开始的所有年报，但是直到安然倒下的前几天，证券分析师才公开指控安然的财务报告不可靠。

11.3.1 公司背景

安然公司是 1979 年北方天然气公司的控股股东北方内陆天然气公司收购的产物。它于 1932 年成立于内布拉斯加州奥马哈。在北方天然气公司和北方内陆天然气公司合并后不久，北方天然气公司前首席执行官肯尼斯·雷（Kenneth Lay）成为新的首席执行官，并将公司命名为“安特然”（Enteron）。在公司铭牌和信笺印刷出来以后，管理层发现新的名字与希腊单词“肠子”非常相近，于是再次改为“安然”。

在雷的领导下，安然与它成立之初的业务大相径庭。安然最初是以天然气管道铺设、全国天然气和电力的发动以及运输为主要业务。他将公司业务在不同种类的商品上进行拓展，其中包括石油运输、电力、钢铁、造纸、铺设宽带、气候衍生品、废水以及商品期货等。在 1999 年，安然拓展了一条以互联网为基础的交易线——安然在线（Enron Online）。总裁兼首席运营官杰弗理·斯基林（Jeffrey Skilling）凭借这项业务，将安然打造成为美国领先的天然气和电力经销商，同时他接任雷担任首席执行官一职。

安然在能源自由化的趋势下意气风发。2000 年，安然收入翻倍，收益飙升 25%，每股价格增加 89%。然而，2001 年，一切开始支离破碎。8 月，斯基林突然卸任首席执行官，雷临危受命悬崖勒马，继续担任主席一职。雷说：“坦白来说，安然正经历它的鼎盛年华。”[②] 毫无征兆的高管更替是财务错报的一个典型的警示，10 月，首席财务官安德鲁·法斯托（Andrew Fastow）的离职再次预示了问题的存在。

在法斯托担任安然的高管时，他就已是 LJM Cayman 的管理团队成员。LJM Cayman 是一家私人投资合伙企业，主要进行衍生品交易，表面上还帮助安然进行交易的风险管理。股东们意识到法斯托的双重身份会产生利益冲

---

① Jeremy Gerard, “Did Goldman Sachs on TV Kill ‘Enron’ on Broadway? ” *Bloomberg News*, November 5, 2010.

② John R. Emshwiller and Rebecca Smith. “Behind Enron’s Fall, a Culture of Operating outside Public’s View,” *Wall Street Journal*, December 5, 2001, A1, A10.

突，担心对LJM及其合伙人的披露可能并不透明。面对这些指责，安然终止了与该投资公司的关系。相关期票的减值造成股东权益减少了12亿美元，而安然却没有在2001年9月30日，即季末发布财务报告时披露这一事实。

首席执行官雷在随后与分析师的电话会议中拐弯抹角地提到减值的事情，合伙关系不透明令投资人产生了警觉。他们担心安然可能利用这些合伙企业隐藏其核心交易业务中的亏损。不仅投资者身陷这种困扰，8月，当被问及法斯托繁复的交易细节时，雷回复说，这些问题也令他很困扰。目前，这两个似乎对交易颇为了解的人——斯基林和法斯托已经离开了公司。随着美国证券交易委员会对安然财务报告调查的开始，投资者的焦虑急剧上升。

同样遗憾的是，这样一家按推测为高收益率的公司面临着潜在的现金周转困难。安然耗尽了33亿美元的银行信用额度，并且面临信用等级被降至投机级别的危险。而安然债券的收益率早已被划分到投机级别信用等级的名单之中。安然面临的问题是：如果信用等级降至投机级别，那么，为了弥补33亿美元担保的贷款，可能会迫使公司发售数千万股股票，导致其股价因被稀释而下降。因为这样能会造成其他公司停止与安然的交易，降级也会破坏安然的交易业务。

随着事态的恶化，安然与其能源贸易的竞争对手达力智（Dynegy）达成一项交易，由其按照每股9.8美元的价格收购安然的股票。然而，一年前，安然的股价高达83美元。雪佛龙德士古集团（Chevron Texaco）拥有达力智27%的股份，这份源自该公司的现金注入使安然免于被降至投机级别。

而此时，安然被要求重述1997—2001年的财务报表，将利润下调5.91亿美元，该事件未能帮助安然重新恢复其投资级别的信用等级。调整的主要起因是，原来披露的利润中包含了两家特殊目的合伙企业的利润，这两家企业曾被视为由法斯托经营的LJM合伙企业的独立子公司。还有9 200万美元调整额，是指安然的会计师事务所安达信曾经建议安然调整，随后又放弃调整要求的部分，原因是安然公司认为这笔钱在金额上并不重要，而安达信认可了安然的说法。

安达信的发言人将这一情况称作“一次运气不佳的遭遇”。[①] 但后来看，这随后被证实严重低估了事件的影响力。作为美国五大会计师事务所之一的安达信，被判因损毁与安然案件相关的证据，妨碍司法公正，此后被迫退出会计业务。

安然公司最终还是承认存在过度负债。管理层试图重组既有债务，安排额外借款，获得控股，通过抛售海外资产获得现金。2001年11月19日，公司向投资者声明有91.5亿美元的债务将于2002年年末到期。但现在公司只有17.5亿美元的现金和信用额度。该事项披露于截至9月30日的季末报表之中，比正常时间晚五天提交——是财务报告舞弊的另一个典型特征。

11月21日，考虑到达力智公司即将完成收购，惠誉（Fitch）发布安然

① Richard A. Oppel, Jr. and Andrew Ross Sorkin, “Enron Admits to Overstating Profits by About $600 Million,” *New York Times*, November 9, 2001, C1, C5.

的信用评级为BBB—，是投资级别的最低级。评级机构警告安然，如果交易破裂，极有可能导致破产申请。在随后的几天，由于安然试图对其银行债务进行重组谈判，标准普尔（Standard & Poor's）、穆迪投资者服务机构（Moody's Investor Service）以及惠誉将该公司的信用评级维持在投资级别。11月28日，谈判破裂，三家评级机构都将安然等级降至投机级别。达力智终止了收购，12月2日，安然破产成为当时很大范围内最大的破产案。

在12月2日的国会听证会上，安达信的首席执行官约瑟夫·巴拉迪诺（Joseph P. Berardino）称，安然可能违反了证券法。法斯托被控告电话欺诈和证券欺诈。雷和斯基林被控告犯有欺诈罪和同谋罪。不过对雷的控告最终被撤销，因为他在刑期开始前不久就去世了。

11.3.2 安然是如何误导投资人的?

安然隐瞒真实财务状况的关键是不够坦率。安然的很多披露符合法律条文，但是根据《华尔街日报》的报道，一些顶级会计学教授说他们对法斯托或安然公司涉入这些交易的理由完全摸不着头脑。《华尔街日报》的另一篇文章指出，大部分证券分析师轻易就承认他们根本不知道安然是如何赚钱的。

公司对业务的描述非但未有助于人们的理解，反而增加了人们的困惑。安然声称报告收入的90%都源自交易业务，也就是所谓的"批发业务"。以下是它对该项业务的描述：

> 安然通过网络创新，包括选择性资产所有权、合同形式的第三方资产使用权，以及市场拓展活动来建立批发业务。

Forbes.com的丹·阿克曼（Dan Ackman）形容该描述读起来"像是用德语写的，翻译成中文，然后又以波兰语的方式翻译回英语"。[①]

安然也通过大肆钻会计准则的空子来误导投资人。安然以与能源相关的衍生品合同的总值而非净值来记账，这也是安然处理其他证券交易的标准。例如，如果一个经纪公司与一位顾客按照每股50美元进行了一笔1 0000股的交易，要么按照佣金记账，要么按照买卖价差记账，收入总计500美元。然而，同样交易 笔总值为500 000美元的能源合约，佣金或价差按照同样小的金额计算，安然确认的收入却为500 000美元，这个数字大概是一个经纪公司通常交易记录的1 000倍。这种会计处理使得安然2000年的报告收入翻倍，对公司产生了巨大的经济影响，使其一跃成为"美国第七大公司"。

对**逐日盯市会计**（mark-to-market accounting）原则的过度自由化运用是安然错报的一个原因。美国公认会计原则要求，只要预计未来期间盈利能维持长达20年，在当期利润中计入能源相关的合同和其他衍生产品就是合法的。每个季末，安然以规定价格对买卖电力或天然气的未平仓合约的公允价值进行估计。此后合约价格的变化会增加盈余或减少盈余。市场报价仅仅适用于延展几年后的合同，由此导致滥用会计原则的可能性。对于较长期合约

① Dan Ackman, "Enron the Incredible," Forbes.com, January 15, 2002.

还没有一个独立的估值基础。这种情况下，安然被允许通过使用未披露的假设和定价模型来自行估值。

自然地，安然首席会计官理查德·考西（Richard Causey）向投资者保证公司的估值是很保守的。他同时坚持认为，公司的未实现利得并未集中于长期合约，对于长期合约而言，其估值的不确定性是最大的。不过，安然在2001年第二季度披露了7.4亿美元未实现利得，分析师对此忧心忡忡，因为这个数字高于公司的EBITDA，后者为6.09亿美元。（对于没有披露可比数据的竞争者，分析师对风险管理活动中净资产价值的变化进行季度性比较。）

在阻碍人们对安然报告盈余的准确性的质疑方面，董事长杰弗里·斯基林比考西做得更极端，他直接采用彻底恐吓的方式。在一次关于安然报告盈余的电话会议中，分析师理查德·鲁伯曼（Richard Grubman）抱怨公司拒绝在其盈余报告中纳入资产负债表。斯基林回复道："十分感谢，我们很感谢……"①

随着安然向达力智公司销售以试图自保，另一项关于安然欺诈方法的线索浮现。《纽约时报》的弗洛伊德·洛里斯（Floyd Norris）在2001年10月23日的报道中指出，在公司驱逐首席财务官安德鲁法斯托的前一天，美国财务会计准则委员会的危机问题处理小组遇到了一个急迫的问题：假设一家"巨型能源公司"拥有一家从事天然气管道的子公司和一家从事能源交易的子公司。母公司是否有可能只报告其中一家子公司的盈利而不报告另一家子公司的亏损？

与安然的利润表隐瞒了报告盈余的本质一样，安然的资产负债表也隐瞒了它歪曲财务状况的事实。在安然从天然气设备交易向能源经济体转换的过程中，肯·雷收购了大量债务。根据安然援引的相关会计准则，对未施加控制的子公司，作为并未并入资产负债表的表外实体，可以不在公司账簿中记录那些债务。富有经验的信用分析师不管安然的会计手段如何，都将表外实体中的债务按比例加回。然而，表外的负债和并不透明的披露都使安然看起来并没有实际上那么多的债务。由于过度依赖于表外融资，我们对法斯托有利可图又利益冲突的合伙关系并不惊讶。

安然在掩盖债务规模时使用了大量名为"预付互换"（prepaid swap）的衍生品。不同于普通的互换合约，这种交易要求安然的合约方预付资金，而安然可以将合约延展多年。参与预付互换的一家银行的发言人指出，所谓预付互换就是现金流复合浮动利率贷款。他说，因此，银行将此笔交易记录为贷款。而安然却将这笔交易记录成互换合约。

在安然大量以钻会计准则空子的方式欺骗投资者的同时，其欺骗行为大部分都公然破坏了基本会计准则，而这些做法竟然得到了审计师的默许。在安达信认可的安然歪曲事实的数据中，有一笔便是在2000年增加1.72亿美元所有者权益。这笔数据是关于安然为了交换应收票据，向四家特殊目的实体发行的股份。根据美国公认会计原则，当一家公司发行股票时，只有在收

① "Jeff Skilling's Spectacular Career," www.chron.com/disp/story.mpl/jenny/2404018.html.

到现金的时候才能增加权益。当安然在 2001 年 10 月修改财务报表时，它毫无顾忌地将这次对美国公认会计原则的破坏归为会计错误。

安然另一项对美国公认会计原则的违规是不恰当地将子公司的债务排除在资产负债表外。国会听证会前，安达信的首席执行官巴拉迪诺表示，安然并没有向审计师披露，它保证由金融机构投资于特殊目的实体 Chewco Investments 公司 3%的投资的一半。根据美国公认会计原则，这项安排表明，安然免于合并 Chewco 的做法并未达到相应的会计准则要求。

随着安然的丑闻不断成为头条，关于舞弊活动的报道层出不穷。安然的雇员称，1998 年，管理层将他们带到空荡荡的能源交易楼层，要求他们假装忙于销售能源合同，所做的一切就是为了欺骗正在访问公司的证券分析师。安然报告从银行贷款 5 亿美元用于购买库藏股。几天后，安然卖掉库藏股并支付银行，将这笔毫无意义的交易计入经营活动产生的现金流。

11.3.3 分析师发现舞弊了吗?

安然的“高调”崩塌给那些事先能够以法律控告的形式发现舞弊的人们带来了名与利。投资人必然会积聚于任何一个有方法能够被认为可能揭露未来利润造假的人周围。然而，记录表明，即使尽职审查安然的财务报表，也难以看清舞弊的深度。管理层成功地掩盖了自己的罪行，直至大部分投资者的钱损失殆尽。

诚然，安然的财务报表缺乏透明度，在公司倒下之前早已引起了极大关注。2000 年 9 月 20 日，《华尔街日报》的一篇文章对安然表示高度关切，原因在于安然公司的股价在临近期末时几近翻倍，升至 84.875 美元，市盈率高达 60 倍。这篇文章引起人们对未实现的非现金利得对安然和其他涉及大型能源交易业务单元的公司报告盈余的关注，对这些公司而言，未实现的非现金利得是其利润的主要来源。“这可能是关于盈利质量的问题”，密歇根州立大学会计学教授汤姆·里斯威尔（Tom Linsmeier）表示，“将来必然会产生剧烈波动，导致现在看似是赢定的且盈利锁定的利得，在未来某个时刻却没有实现。”① 安然公允价值假设的模糊性是最主要的担忧。“最后他们总会告诉你他们认为结果是什么，但是他们永远不会告诉你他们是如何得到该结果的”，商业估值服务分析师史蒂芬·卡贝尔（Stephen Campbell）抱怨道，“这才是‘相信我’这句话的本质”。②

《华尔街日报》关于盯市会计的详尽讨论引起了尼克斯联合基金公司（Kynikos Associates）的做空者詹姆斯·查诺斯（James Chanos）对安然股票可能价格下跌的警惕。作为“解剖”财务报表的专家，查诺斯随后在讨论安然陨落时，对自己的发现表示低调。直到 2001 年夏天，查诺斯说道，他怀疑没有比虚报盈余更糟糕的事情了。“那就是你能看到的（安然的）资料的全

① Jonathan Weil, “Energy Traders Cite Gains, but Some Math Is Missing,” *Wall Street Journal*, September 20, 2000, Texas section, 1.

② 同上书。

部”，他说。[①] 查诺斯认为安然的股价会下降，但并不认为会下降到每股几便士的地步。

那些仔细审视安然财务报表的人们得到了相同的结论。例如，2001 年 5 月，华尔街咨询（Off Wall Street Consulting）建议对安然股票进行卖空操作，然后以约每股 59 美元的价格交易。分析公司列举了从财务报表中识别出的两个因素，即对非交易性资产采用盯市会计，以及与私有合伙企业的关联方交易。当安然的股价降至每股 26 美元，甚至略低于华尔街咨询给出的 30 美元的目标价格时，这家分析公司撤销了其卖空建议。就在安然驶入死亡旋涡之前，其股价升至每股 36 美元，因此，分析公司的做法在短期看来是精明的。然而，如果华尔街咨询对安然舞弊有一个全景式的了解，那么它们可能会将目标价格设定在 30 美元以下。

2001 年 8 月，法国巴黎银行（BNP Paribas）的分析师丹尼尔·史考托（Daniel Scotto）发表了一篇题为《全面紧缩无处可逃》的报告。这份报告呼吁投资者无论如何都要将安然的股票和债券售空。10 个月前，史考托停止了对所有在加利福尼亚州开展业务的公司的评级，包括安然。考虑到在加州放松管制政策下，一些公司可能难以因延期能源会计获得监管机构的充分补偿，他有了这一举动。简言之，史考托建议投资者为了避免遭受巨大损失而赶紧抛售安然股票，这是值得称赞的，但是他的警告却伴随着 2000 年 8 月安然股价高达每股 90 美元的高峰。

另一个声称预先识别出安然错报的事例是卡尤加基金（Cayuga Fund），该基金由康奈尔大学强生管理研究生院的学生协助管理。2000 年 12 月 1 日，安然提交破产的一年零一天前，这家基金以每股 67.38 美元的价格清算它全部的安然股票头寸。这使得该基金以极低价格购买的安然股票获得了账面上 129%的回报率。

费德利·博伊尔（Feidhlim Boyle）和泰格·帕克（Tyger Park），这两名学生表示在百分之百销售水平的情况下，贝内什（Beneish）财务模型揭示了盈余操纵的概率。另外，学生分析师观察到能源交易业务产生盈余的路径并不清晰。最终，他们无法理解年报脚注的内容，他们的教授也发现这些内容很模糊。帕克回想起投资大师沃伦·巴菲特（Warren Buffett）的一句至理名言：如果你无法理解脚注，则原因在于管理层根本不想让你理解。

但是康奈尔大学的学生并没有发现安然的舞弊。事实上，他们忽视了贝内什模型预警信号的重要性。这些学生虽然基于股票的现行市价对安然股票做出了卖出建议，但是在长期却给其信用评级为中性，如果他们真的怀疑安然存在严重造假情况，那么他们无论如何都不会采取上述做法。

麦卡洛研究（McCullough Research）在发现安然公司财务数据前后矛盾方面取得了显著的成绩。截至 2001 年 9 月 30 日，连续九个月的安然在线的季度盈余报告宣布公司取得了 5 440 亿美元的名义收入（代表电力和天然气传输），然而它的联邦能源监管委员会在同一时期提交的报告显示，公司的能源

① Joe Nocera, “Tipping over a Defense of Enron,” *New York Times*, January 6, 2007, C1, C8.

采购和销售只实现了 6.93 亿美元。麦卡洛还发现了报告盈余扣减股利后的余额与留存收益增加额之间的差异。最后，该公司指出，安然报告的现金流中包括了客户在加州的存款，而这笔资金在以后必须偿还。扣减这一现金流之后，安然的现金流是负值。这都是可靠的财务报表分析，但这些财务问题直到安然公司申请破产的一个月之前才得到曝光。

最后，伊根琼斯评级公司（Egan-Jones Ratings Company）获得了广泛认可，因为它比更大的竞争对手穆迪和标准普尔更快下调安然的债券至投机级。然而伊根琼斯降低对安然的信用评级至 BB 级，意味着一年之内违约的概率只有 1%。此外，评级下调就发生在安然申请破产的 37 天之前，而该公司的错报至少可以追溯至 1997 年。伊根琼斯以其分析严密而值得称道，但是与上述提及的其他机构一样，它也无法有说服力地声称其发现了一个足以摧毁安然公司的深度隐藏的严重舞弊。

11.3.4 财务分析师的启示

安然公司的舞弊得以在很长一段时间内未被识破，暴露出财务报表分析的局限性，这为财务分析师敲响了警钟。审计师未能阻止安然公司对美国公认会计原则的公然滥用，为分析师设置了巨大障碍。此外，安然公司竭尽全力使财务报表看起来深不可测。“关于如何盈利，他们并不愿意提供太多信息”，供职于桑莫哈财富管理公司（Sanders，Morris & Harris）的约翰·奥尔森（John Olson）表示，“我所知道的称职的分析师中，还没有任何一个人能够透彻地分析安然事件。”①

在这种情况下，在公司倒闭之前，即使是最深入的数据调查，可能也不会成为确凿的证据。因此，当公司存在很强的财务操控迹象，正如分析工具贝内什模型表明的那样，而且还有财务报告透明度差的问题时，分析师应该保持更高的警惕性。许多公司缺少风险资本进行投资时，却并未进行上述对财务报告真实性的测试。

11.4 南方保健的痛苦煎熬

曾作过理疗师以及得克萨斯州一家小型连锁医院的初级经理，有了这些工作经验之后，30 岁的理查德·斯克鲁希（Richard Scrushy，发音为“SCROO-shee”）于 1984 年创办了南方保健公司。针对酷爱体育与健身的老年人群体的理疗恢复，政府实施了慷慨的医疗偿付政策，受益于该政策，南方保健公司获得了巨大成功。在 20 年的时间里，斯克鲁希亚拉巴马州伯明翰市的公司快速扩展规模，建成美国同行业中最大的连锁公司，建有 1 500 家康复中心。

在此过程中，斯克鲁希积聚了大量财富，被世人称为伯明翰的唐纳德·

① Anne Kate Smith，“Enron's Biggest Asset Are on Paper，” *U. S. News & World Report*，June 18，2001，30.

特朗普（Donald Trump）。他购买了 7 架商用飞机，经常亲自驾驶飞行。受南方保健捐助的很多慈善团体以斯克鲁希的名字命名办公楼。他同样以乡村乐队主唱的身份引人注目。著名运动员约翰·史摩兹（John Smoltz）和丹·马里诺（Dan Marino）受邀在南方保健赞助的孩子们的路演上演讲。

斯克鲁希的前进之路一帆风顺，直到 1997 年。这一年，国会给医院的医疗偿付金锐减。在接下来的两年里，南方保健的经营利润率和利润总额骤然下降。斯克鲁希通过削减工资和剥离盈利能力差的副业应对困境。这些措施仍然未能挽回利润，此时，他只能缩减经营范畴，将病人的平均住院时间从 21.5 天减少至 17.5 天。公司仍然在奋力拼搏，试图达到华尔街证券分析师高盈利（lofty earnings）的预期。

结果，为了达到分析师的预期，南方保健只能掩盖真相。2003 年 3 月 19 日，美国证券交易委员会起诉南方保健，指控南方保健从 1999 年起至今虚报了 14 亿美元利润。检察官随后将这一数字调升至近 25 亿美元。在丑闻爆出之后，普华永道会计师事务所作为南方保健新选择的审计机构，最终又在这个数字的基础上增加了 5 亿美元——在 1994—1999 年商誉和其他并购相关条目错误的会计记录，以及从 1992—2003 年 3 月的“激进的会计处理”增加了 8 亿美元至 16 亿美元。2005 年，南方保健重新披露 2001—2002 年的结果，减少了 15 亿美元收入，并将这两年原本报告的 4.81 亿美元盈利改为 5.55 亿美元亏损。

根据美国证券交易委员会的控告，南方保健的造假行为从 1986 年它上市之后不久就开始了。证券监管当局还指控公司董事会主席和首席执行官斯克鲁希在舞弊中中饱私囊，指控他出售了至少 7 800 万股个人股份以及收取基于虚假盈余产生的 6 500 万美元分红。斯克鲁希被美国证券交易委员会的“重磅炸弹”强行要求离职，此后不久就被解雇，而在经历了六个月的内幕交易控告的调查之后，他刚刚重返首席执行官的位置。

对于新的起诉，他的律师说：“斯克鲁希先生对政府在过去两天内采取的意外行动感到震惊和惊讶。”① 即使公司历史上在斯克鲁希手下工作的五名财务总监全部都供认曾参与舞弊，辩护团队仍声称斯克鲁希对财务报表操控毫不知情。“我又不是会计”，斯克鲁希作为被告，在随后的控告相关的民事审判中如此辩称道。

尽管证据不断浮出水面，但斯克鲁希无力地否认罪行是南方保健案例持续发酵的主题。斯克鲁希在接受有线电视节目《60 分钟》（*60 Minutes*）的采访时否认自己存在任何过失，但在被要求重复他在国会听证会上的无罪宣言时，他却引用第五修正案的“拒绝自证其罪权”（right against self-incrimination）。随后，尽管证监会对斯克鲁希的执法行动尚未启动，在舞弊案的庭审环节中，斯克鲁希却表示如果自己被无罪释放，他将竭力夺回自己南方保健公司首席执行官的职位。曾经为斯克鲁希妻子工作的一位女性私家买手描述

① Milt Freudenheim, “Hospital Chain Is Accused of Accounting Fraud,” *New York Times*, March 20, 2003, C1, C4.

这对夫妻时说道："他们的生活如梦幻般不切实际，远远超出人们的想象。"[①]

在值得纪念的一个不幸的时间，一本大唱南方保健赞歌的图书在美国证券交易委员会提交控告之前不久刚刚上架。这本书就是《南方保健的故事》(*The Story of Health South*)，作者是杰夫里·L·罗登根（Jeffrey L. Rodengen），由一家专业出版公司传记的图书出版商 Write Stuff Syndicate 出版。犹他州参议员奥林·哈奇（Orrin Hatch）和艾奥瓦州参议员汤姆·哈金（Tom Harkin）为本书写序，但他们却未料到即将到来的暴风雨。（这两位参议员还在 1997 年参加了斯克鲁希的婚礼，而且哈金还专门为婚礼谱写了一首歌。）

11.4.1 错报的方法

南方保健的举报者韦斯通·史密斯（Weston L. Smith）声称，斯克鲁希定期召开所谓的家庭会议，指示公司的执行官夸大报告盈余，以达到证券分析师的预期。虚假的会计分录被称为"脏东西"。[②] 史密斯承认四项联邦法院对他的刑事犯罪指控，他一直担任首席财务官，直至 2002 年 8 月，在那之后被调任住院运营部部长。史密斯供述称，当南方保健的管理人员和会计人员都竭力要求斯克鲁希停止虚报利润时，事实上他却回复："等到我把股票全部卖了的那一天，我就不虚报利润了。"[③]

史密斯承认虚假申报的财务报表中，提交给美国证券交易委员会的财务报表是真实的认定。这种做法违反了《萨班斯-奥克斯利法案》(Sarbanes-Oxley Act)，这部法案在安然和世通发生了严重的财务报告舞弊后，于 2002 年生效，《萨班斯-奥克斯利法案》要求首席执行官和首席财务官对财务报表的准确性进行认定，为检察官制裁财务造假者提供了强大的武器，似乎实行严厉的新法律就能够完全消除财务错报，然而，南方保健的舞弊打破了这样的妄想。

南方保健通过低估治疗费用与病人保险所能报销金额之间的差额而夸大盈余。这种做法可以使公司仅仅计提小额坏账准备，尽管这并不符合实际情况。每一次公司通过这种方法虚报净收入和净利润，资产负债表就会做出相应调整，提升如不动产、厂房和设备中某项资产的价值。另一位承认参与会计造假的南方保健执行官坦承，公司多记特定的留存账户，这些账户在内部被称为"袜子"，然后将它们"抽出来"转到收入类账户。[④]

为了避开检查，南方保健不做大量集中的调整，而是将它们分散到一些不同类型的账户，包括存货、无形资产，以及不动产、厂房和设备（PP&E,

---

① Simon Romero, "The Rise and Fall of Richard Scrushy, Entrepreneur," *New York Times*, March 21, 2003, C1, C4.

② Judy Mathewson, Keith Snider, William McQuillen, and James Rowley, "HealthSouth Scrushy Accused of $1.4 Billion Fraud," *Bloomberg News*, March 21, 2003.

③ Freudenheim, "Hospital Chain," C4.

④ Ann Carrns, Carrick Mollenkamp, Deborah Solomon, and John R. Wilke, "HealthSouth, Case Unveils a Shock Strategy," *Wall Street Journal*, April 4, 2003, C1, C9.

固定资产）。认识到仅当固定资产超过一定金额时审计师才会对固定资产的增加提出质疑，因此公司的执行官们十分谨慎，不会超过那个界限。

到2002年年中，运用这个小额累计逐步高估的方法（little-by-little approach），公司高估固定资产超过50%。雷曼兄弟的会计分析师罗伯特·威伦斯（Robert Willens）随后评论道："他们足够聪明，认识到只要增加额不是很巨大，审计师们就不会背离他们通常使用的抽样方法。"① 如果审计师确实质疑一个会计分录，据说南方保健的管理层会编造一个虚假文件来为这个项目进行佐证。

南方保健同样通过不核销不可能回收的应收账款来虚构利润。被质疑有问题的5亿美元的账目中，绝大多数都是由这个免于确认损失的常用方法造成的，而这一切被一次内部调查揭示出来，这与普华永道会计师事务所针对公然财务造假的研究不同。此外，南方保健公司在出售已减值资产时不确认损失。在另一个实例中，财务报表将带有南方保健标志的手臂吊带和腿部支架列为存货，而事实上，医疗中心免费分发使用这些器材，器材的使用并不会带来收入。

南方保健的证券持有人为公司的财务诡计付出了沉重的代价。2003年3月19日，因美国证券交易委员会指控南方保健的财务报告违法，南方保健失去了12.5亿美元的信用额度。由于有3.54亿美元可转换债券即将在一个多星期后到期，令人质疑公司能否在不先申请破产的情况下安排一项新的贷款来应对债务到期。（作为破产后贷款人，银行对南方保健的资产拥有第一位求偿权。）根据KDP投资顾问公司（KDP Investment Advisors）的彼得斯（Premila Peters）的说法，公司的欠款总计达35亿美元，但基于其现金流估算，价值只有24亿美元。②

由于公司的证券交易在3月19日被暂停，股东和债权人被套，无法脱身。（误解了债券市场暂停交易的市场参与者在3月20日进行了一些交易，但美国证券交易委员会取消了这些交易。）当公司债在3月21日恢复交易时，可转换**次级**（subordinated）债券收于20，低于本周早些时候高达98的水平。南方保健的高级债券从85左右跌至约44。对于债券持有人而言，另一个坏消息是，4月1日，银行家们阻止了公司偿还可转换债券的本金。至于股票，在场外交易恢复，其股票价格由停盘前的每股3.91美元跌至3月底的收盘价每股8.5美分。

11.4.2 人民与斯克鲁希

截至2003年10月15日，已有共计15名南方保健的高管承认参与了虚假报告。有些高管证实斯克鲁希知道甚至导演了会计造假行为。"多米诺骨牌正在倒下，并且倒下的速度越来越快"，卷入这场调查的某位人士说，"这是调

① Jonathan Weill, "Accounting Scheme Was Straightforward but Hard to Detect," *Wall Street Journal*, March 20, 2003, C1, C13.

② Reed Abelson, "HealthSouth Fires Chief Executive and Audit Firm," *New York Times*, April 1, 2003, C1, C1.

查者的梦想。"[①] 前证监会律师克里斯托弗·贝博（Christopher Bebel）补充说道："斯克鲁希的前途暗淡。"[②]

2003 年 7 月联邦检察官揭露斯克鲁希涉嫌多项违法问题，他们有证据证明其有税收欺诈、阻碍司法、恐吓证人、洗钱和公共腐败等行为。联邦调查局也在调查小威廉姆·梅西（William Massey，Jr.）的自杀事件，他曾为斯克鲁希的个人业务经营了一家保护伞公司。梅西自杀前两个月，曾仓促出差至巴哈马群岛，联邦调查局怀疑斯克鲁希为逃税设立了离岸银行账户。

2003 年 11 月 4 日，联邦检察官指控理查德·斯克鲁希犯有与虚假会计报告有关的 85 项罪名，包括共谋、证券欺诈、邮件和电话欺诈，以及洗钱。第二年又增加了作伪证和阻碍司法两项罪名，随后，起诉书经修改，将各项罪名重新合并为 58 种。2003 年的起诉书称，斯克鲁希是第一个因签署了财务报表被指控违反《萨班斯-奥克斯利法案》的首席执行官。他（斯克鲁希）未承认所有罪名，声称自己虽然因事必躬亲而享有盛誉，但是在如此大规模的欺诈案中所扮演的角色实属微不足道。尽管认罪的 15 名南方保健高管中有几位供认了他（斯克鲁希）的罪行，但斯克鲁希的律师仍然推翻了检察官的证据。"他们证据不足"，律师说，"他们的主要事实非常牵强。"[③]

在他为摆脱困境而奋力打翻身账的过程中，自信的检察官决定不离开伯明翰进行异地审判，而斯克鲁希利用了这一点，他作为这座城市的本地人，完全占据地缘优势。斯克鲁希将这一优势发挥得淋漓尽致，他投资了伯明翰电视台的一部新电视剧。他声称此举并非旨在为自己在此次案件中正名，但是他保留反对"明显错误"的指控的权利。[④] 该节目的录像在"Word of Truth Productions"播出，这是斯克鲁希 2003 年参与的某主要黑人教堂外联部门的一部分。

人们推测他在教徒中的会员身份和参与电视节目是希望赢得陪审员的同情，因为这是一个非裔美国人占人口总数 73%的城市。斯克鲁希也通过做无教派牧师在不少当地教堂中客座布道，打出了宗教这张牌。斯克鲁希之前的生意伙伴评论道，他从未见过南方保健拥有任何一位黑人高管，"我第一次听理查德·斯克鲁希提到宗教是当他在 Guiding Light 教堂的时候。"[⑤] 根据其他信息源所说，斯克鲁希年轻的时候是基督教徒，而且对基督教深信不疑，但之后他不再是了。斯克鲁希面对批评，态度依旧坚定："针对我的这些控告，我是无辜的"，他说，"上帝的眷顾使我有办法面对指控我的人。"[⑥]

---

① Kurt Eichenwald, "Key Executive at HealthSouth Admits to Fraud," *New York Times*, March 27, 2003, C1-C2.

② David Voreacos, with reporting by Bob Van Voris, "HealthSouth Officers Plead Guilty to ＄2.5 Billion Fraud," *Bloomberg News*, April 3, 2003.

③ Greg Farrell, "Scrushy Sticks to His Defense: They're All Lying," *USA Today*, November 5, 2003, 1B-2B.

④ Carrick Mollenkamp and Ann Carns, "As Trial Looms, HealthSouth's Ex-CEO Starts a TV Show," *Wall Street Journal*, March 3, 2004, B1, B5.

⑤ Simon Romero, "Will the Real Richard Scrushy Please Step Forward," *New York Times*, February 17, 2005, C1, C6.

⑥ Brian Grow, "All Scrushy, All the Time," *Business Week*, April 12, 2004, 86-87.

审讯中，斯克鲁希及他的律师坚持说他们对另一家本地电视台节目 *The ScrushyTrial with Nikki Preede* 无能为力。该节目在斯克鲁希女婿所有的电视台播出，它的主持人在斯克鲁希的法律事务所从事公关工作。斯克鲁希的前任律师是该节目的常驻评论员，电视台的总经理也曾在斯克鲁希的西部乡村乐队里弹过吉他、拉过小提琴。鉴于此，法官要求陪审团不得观看有关斯克鲁希和南方保健的电视节目。

斯克鲁希的辩护也采用了更多的传统战术，比如攻击某政府证人有婚外情。他的律师们反复强调，南方保健那些认罪并指认斯克鲁希的高管是意在通过检举获得轻判。或许主辩护律师戴着印有老鼠啃奶酪图样的领带比喻主要起诉证人的特征也是出于同样的目的。原告认为，在陪审团做冗长的会计证词时，斯克鲁希不时地说个笑话，这样一来，使得一些原本应该严肃的审查员放松了其态度，使其在审判过程中获得优势。

无论如何，2005 年 6 月 28 日，理查德·斯克鲁希被宣布无罪释放。"是因为审判地的问题。"前联邦检察官小乔治·纽豪斯（George B. Newhouse, Jr.）说。[①] 他这样回应那些认为被告如果不在伯明翰接受审判就会被判罪的法律专家们。

不过，斯克鲁希的无罪释放并未了解此案。4 个月后，他又被指控贿赂前亚拉巴马州政府官员，以求能在州理事会负责审批医院建设项目。此外，他还面临着股东起诉和美国证券交易委员会针对其会计造假的民事指控。最终，斯克鲁希并没有认罪，但同意放弃 7 750 万美元的股票收益并支付 350 万美元罚款，以了结美国证券交易委员会针对其会计造假的指控。但股东起诉案的法官命令其支付 28 亿美元。最后，斯克鲁希被判行贿罪，判处 10 年 6 个月的有期徒刑。他提起上诉，认为自己如果进了监狱，则他作为部长的良好表现将会受到影响；结果，法官驳回了他的上诉。

11.4.3 南方保健的审计失败

南方保健的审计方安永会计师事务所最令人失望的表现就是，没有对其现金的突然大幅增长提出质疑。司法部称，该公司报告的 2002 年第二季度的现金余额为 5 450 万美元，超过一季度 50%以上，报告高估金额超过 3 000 万美元。雷曼兄弟会计分析师威兰斯指出，审计师理应通过抽查样本确定现金余额准确。"这是审计最简单的工作之一，虽然看上去令人惊奇"，威兰斯说，"但样本可以推出一切正常的结论。"[②]

其他警告被忽略了。迈克尔·韦恩斯（Michael Vines）是 2002 年 3 月离开南方保健会计部的簿记员，他警告过安永，说南方保健公司存在会计舞弊行为，但这家会计师事务所表示公司的会计处理是合法的。此外，一名南方

① Reed Abelson and Jonathan Glater, "A Style That Connected with Hometown Jurors," *New York Times*, June 29, 2005, C1, C4.

② Adrian Michaels and Lisa Fingeret Roth, "HealthSouth Auditors Facing Federal Probe," *Financial Times*, March 28, 2003, 17.

保健的内部审计师曾告知安永，她无法查阅公司全部的账簿。据另一位事务所合伙人说，那名审计师对这个不安的陈述没有做任何回应。

该领域的专家认为，南方保健的内部制衡也出现了问题。2001 年，董事会下设的审计委员会只开过一次会，比美国证券交易委员会的最低要求少了 3 次。这足以警告公司的独立审计师——公司的内部控制监管不足甚至不可信赖。审计委员会开会次数如此之少，意味着它“出于发挥作用的考虑，该公司的审计委员会相当于不存在。”哥伦比亚大学的会计学教授 Itzhak Sharav 如是说。①

针对南方保健的董事会是否充分独立地履行了监督责任的质疑，还有其他原因。“南方保健的董事会成员玩忽职守，很容易造成重大过失。”公司治理中心的负责人保罗·拉皮德斯（Paul Lapides）断言。② 董事与南方保健和斯克鲁希的交易引起了特别严重的问题。一位董事从公司获得的咨询费一年就有 25 万美元；另一位董事为南方保健投资建立的医院安装玻璃，获得了一份价值 560 万美元的合同。还有一位董事和斯克鲁希一起以 39.5 万美元的价格购买了一处度假区的房产。六名董事和另一名董事的妻子参与了（在某些情况下是通过关联实体）一家在线医药供应公司，南方保健管理该公司超过 1 740万美元的业务。而且，多年来，都是由同一个董事会委员会既监督公司的审计，也监督公司薪酬。公司治理专家找不到第二家做出如此治理安排的公司，考虑到这家公司的审计失败促成斯克鲁希肥了自己的钱袋，这样的治理安排问题极其严重。

11.4.4 早期的警示

1999—2000 年，为了使系统中的病人转移更加迅速，斯克鲁希创立了一个如同装配线般的流程，使得营业利润飙升了 143%。然而，销售额却仅微升了 3%。调查人员随后得出结论：如此巨大的差距是虚构利润的结果。财务报表的使用者应该对收入与利润的变动水平出现如此大的差异有所警觉。

正如南方保健所表现出的那样，负面的意外事件也是一个警示信号。美国证券交易委员会的起诉书称，2002 年 8 月 27 日，斯克鲁希告诉投资者，医保补偿费用上的政策变化将使公司每年多花费 1.75 亿美元，他将政策变化对公司成本的实际影响额夸大了约 1.5 亿美元。美国证券交易委员会称，南方保健公司的其他高管们担心，依据刚刚生效的《萨班斯-奥克斯利法案》，承认公司财务报表造假，意味着他们可能面临牢狱之灾。这些高管称，为了降低证券分析师的预期，从而减轻伪造财务报告的压力，他们说服斯克鲁希放弃报告造假的做法，同时给证券分析师发出利润造假的警告。因此，南方保健的股票应声在一天之内暴跌 44%。

① Jonathan Weil and Cassel Bryan-Low, “Audit Committee Met Only Once during 2001,” *Wall Street Journal*, March 21, 2003, A2, A10.

② Joann S. Lublin and Ann Carrns, “Directors Had Lucrative Links at HealthSouth,” *Wall Street Journal*, April 11, 2003, B1, B3.

在三个月的急剧下降之前，斯克鲁希出售了大量股票，引起了美国证券交易委员会对其存在内幕交易的怀疑。这条行径最终引致了财务报告舞弊发展到了不可控的地步。财务报表的使用者从该案例中得到的教训是：当管理层在其他方面表现得不可靠时，意味着他们也会篡改会计数据。

11.5 牛奶与其他流动资产

帕玛拉特公司晋升为意大利最大的食物生产商以及世界最大的乳制品公司的历史始于 1961 年，那一年，卡里斯托·坦济（Calisto Tanzi）继承了祖父的火腿和香肠工厂。两年后，坦济创建了帕玛拉特牛奶商标。通过引进新技术，帕玛拉特牛奶品牌逐渐成长为行业领导者。这种技术是将牛奶存储在一种独特的长方体盒子里，这种贮藏方式可以使牛奶在非冷藏的条件下保存 6 个月。至 1970 年，该品牌一跃成为国际名牌，被称为“冠军牛奶”，同时公司开始赞助滑雪赛事。坦济将产品线扩张至甜点、酱料、饼干和果汁，公司也开始赞助赛车和足球比赛。20 世纪 90 年代，帕玛拉特上市，并展开了一系列的收购活动，收购对象包括意大利、美国、拉丁美洲和亚洲的公司。帕玛拉特的知名品牌包括 Archway 饼干、Pomi 意大利面酱和 Sunnydale 农场牛奶。与此同时，坦济逐渐成为政治竞选活动的主要资助者并被意大利政府授予骑士勋章。

2003 年 12 月 19 日，美国银行（Bank of America）说，其资料显示，帕玛拉特账面上 47 亿美元的余额并非真实可信。标准普尔立即将帕玛拉特债务的信用评级降为 D，表明其具有违约风险。四天后，帕玛拉特的控股公司 Parmalat Finanziaria SpA 宣布提交破产申请。随着财务舞弊的证据逐渐被曝光，坦济被捕。他估计帕玛拉特资产负债表上约有 100 亿美元的窟窿，他交代了自己篡改财务报表至少 10 年的事实，并承认曾非法将帕玛拉特至少 6.4 亿美元的资产转移到由其家族控制的亏损的旅游业务上。坦济最后被判处 10 年有期徒刑。

事实表明，舞弊远不止于帕玛拉特资产负债表上虚幻的流动性。2004 年 1 月发布的一份初步审查报告揭露，该公司背负 180 亿美元净债务，其中，近 160 亿美元的负债以往并未被披露。普华永道会计师事务所也发现，截至 2003 年 9 月 30 日，帕玛拉特 9 个月的收入只有 40 亿欧元，并非报告的 54 亿欧元。根据事务所的报告，该公司报告的 EBITDA 为 6.51 亿欧元，实际上只有 1.21 亿欧元，这也招致了后来丑闻曝光后的调查。帕玛拉特在丑闻曝光之前，市值约为 20 亿欧元，但根据意大利政府委派的特别行政官恩里科·邦迪（Enrico Bondi）发布的报告，截至 2003 年年末，帕玛拉特的实际资产总额不到 10 亿欧元。一个怪异的举动是，公司的执行官企图用锤子砸烂一台曾经在舞弊过程中使用过的电脑。

投资者在帕玛拉特破产之前没有得到任何官方对舞弊事件的警示。直至 2003 年 10 月，德意志银行（Deutsche Bank）的股票研究小组将该公司股票列为推荐购买股票，并强调其拥有极强的报告现金流，花旗银行在 11 月还发布了一份乐观的报告。此外，公司负债的信用评级直到提交破产前 9 天还是投资级别。然而在早些时候，即使表面上看公司运营得很成功，仍然出现了很典型的警示标志。

尽管帕玛拉特自称拥有高额现金，但其对负债的贪得无厌是主要的危险信号。当受到质疑时，公司的首席财务官福斯托·通纳（FaustoTonna）一致回应为公司正处于收购阶段，而且其流动资产余额正在获得良好的回报。公司主要牛奶工厂的工会负责人也得到了相同的回复，并被威胁，如果他们向公众透露任何关于公司财务违规的信息，就会官司缠身。同样地，卡里斯托·坦济控告金融机构，包括雷曼兄弟，散播有关会计违规行为的谣言以拉低股价。这是卷入财务舞弊的公司的一种典型行为。一位拒绝与帕玛拉特合作的投资银行家告知《商业周刊》，公司从 20 世纪 80 年代中期开始，就一直很“奇怪”，“闻着就是臭的。”他坦承。[①]

对一些观察家而言，难以置信的高盈利本身就包含着危险的信号。一位米兰的银行家注意到，帕玛拉特同行业中一家管理较好的公司的经营利润率能够达到 6%～7%，而帕玛拉特报告的经营利润率竟然达到了 12%。[②] 财务报告不透明是另一种危险的信号。“帕玛拉特这是在‘避免’被分析师推荐”，巴克莱资本（BarCap）的高收益债券分析师罗伯特·琼斯（Robert Jones）说，“原因就是没有足够的信息进行基本的信贷分析。”[③] 然而，并非每个人都能避开。“只要是对这家公司进行过分析的人，都知道这不是一家干净的公司”，苏格兰皇家银行（RBS）的产品分析师罗布·奥曼（Rob Orman）评论道，“但是很多人都盯着股价的价差[④]想，一家乳品公司能离谱到哪儿去？”[⑤]

帕玛拉特巴西分部（ Parmalat Participacoes do Brasil Ltda.），2002 年的财务报表给出了帕玛拉特财务舞弊的证据——公司正在利用复杂的金融工程粉饰资产负债表。深度挖掘巴西子公司的财务报表附注，其中一条披露，2002 年 1 月 18 日，发行了 5 亿欧元债券的子公司将这些债券转化为了公司股票。对于标准可转换债券的持有者而言，转换权是可选择的，与此不同的是，帕玛拉特巴西分部子公司可转换债券的持有者在债券于 2008 年到期时，必须“兑现转换的承诺，且该承诺不可撤销”。帕玛拉特巴西分部将此项价值 5.238 亿美元（以美元为货币计量单位）的交易视为“资本增加基金”，这条 7.64 亿美元的未分解的资产负债表项目包括少数股东权益、资本增加基金以及股东权益。

当这个科目在母公司层面进行合并时，却被简单列示于股东权益。此外，分析师怀疑这些可转化债券的买家是帕玛拉特的另一子公司。在该可转化债

---

① Gail Edmondson, with David Fairlamb and Nanette Byrnes, “The Milk Just Keep on Spilling,” *Business Week*, June 24, 2004, 54-58.

② 同上书，55-58 页。

③ Oliver Holtaway, “Tragedy or Farce?” *US Credit* (February 2004), 22-26.

④ 价差（spread）是指债券发行时的风险溢价，采用帕玛拉特债券与无违约风险的政府债券之差进行衡量。帕玛拉特的债券收益率约为 8%，相比其他公司信用评级同样为 BBB 的债券，其收益率更高。

⑤ Holtaway, “Tragedy,” 26.

券发行的同一天，Pamalat Finance Corp. BV 发行了价值 3 亿欧元的债券。这可能意味着该公司通过出售一家子公司的债务来购买另一家公司的债务，以增加公司的股东权益。当这些交易随后被曝光时，管理层不愿予以置评，更不巧的是，巴西子公司的财务报表并未对外公开，所以外部相关者无法利用其财务报告看穿帕玛拉特弄虚作假的伎俩。隐藏在幕后的信息还包括帕玛拉特的子公司与关联方进行了货币对冲（currency hedge）交易。而该交易的经济影响无法真正意义上构成一个对冲。

细心的投资者还可以在某些经纪公司的研究报告里发现其他蛛丝马迹。2002 年 12 月，美林公司的分析师乔安娜·斯皮德（Joanna Speed）和尼克·索霍夫斯基（Nic Sochovsky）将帕玛拉特的信用等级降至出售级别，理由是公司频繁向债券市场寻求资金，却在财务报告中披露存在高额现金余额，使人们对其生成现金的能力产生质疑。分析师同时预见帕玛拉特的异常大额现金余额传递了负面信息。他们谨慎指出，维持大额债务的同时又持有高额现金，只会产生一个较低的利息率，公司没有用现金来减少负债，意味着"资产负债表管理低效"。[①] 造成这种不符合经济规律的行为的理由原来是现金的金额是伪造的。2003 年 1 月 24 日，奥尔巴赫格雷森公司（Auerbach Grayson & Co.）的分析师评估帕玛拉特的净金融负债约为 45 亿美元，而并非公司报告的 23 亿美元。[②] 特别管理人邦迪（Bondi）声称，通过比较帕玛拉特报告的负债总额与其发行的债权金额所独立生成的数据，能够很容易了解该公司的真实财务状况。

另一个危险信号出现于 2003 年 2 月 26 日，当天，帕玛拉特突然取消其出售 30 年期债券的计划。对于该公司需要借债的同时宣称有 53 亿美元这一行为，潜在买家表示非常不安。公司宣布，作为对取消出售 30 年期债券的替代，公司决定发行 7 年期的债券，表明市场对帕玛拉特长期稳定性的信心低于管理层本身。这条新闻引发公司股价大跌至 7 年最低点。2 月 28 日，帕玛拉特取消了 7 年期债券的发行。

在提交破产申请前的最后两个月，公司的问题层出不穷。在 11 月 6 日，意大利股票市场的监管机构意大利证券交易委员会（Consob）要求帕玛拉特提交报告解释公司如何投资 35 亿欧元，以及在 2004 年年末债券到期时，公司打算如何偿还债券的详细内容。11 月 11 日，作为帕玛拉特的外部审计机构，德勤会计师事务所披露其无法确认帕玛拉特在货币相关衍生品合同中所获得的 1.35 亿美元的利得是否准确。高级经理人更替成为一个典型的危险信号——11 月 14 日，一年之内公司第二位首席财务官被辞职。紧接着，11 月 27 日，公司宣布卖掉了其在开曼群岛价值 5.899 亿美元的对冲基金份额，但是在 12 月 8 日公司披露该笔收益难以收回。直至此时，公司正面临流动性紧张已经是一个不争的事实。12 月 9 日，帕玛拉特未能偿还一笔价值 1.5 亿欧

① Joanna Speed and NicSochovsky, *Parmalat: The Straws That Break the Camel's Back*, Merrill Lynch & Co., November 5, 2002.

② Edmondson, "The Milk," 55.

元的到期债券。12 月 12 日，公司还清了本金，但是标准普尔早已把帕玛拉特的信用等级降至投机级别。

诡异的是，最早发现帕玛拉特的纸牌屋伎俩而名声大噪的人，并不是一名财务分析师，而是一名喜剧演员。2002 年 9 月，亦即帕玛拉特提交破产申请的一年多以前，在一部舞台剧里，意大利知名喜剧家毕普·格里罗（BeppeGrillo）对他的观众戏说，帕玛拉特的首席执行官曾经告诉他，公司现在有 130 亿欧元的负债和 130 亿欧元的资产。格里罗常常对意大利政府和商业实践进行尖锐批评，他嘲笑帕玛拉特："在一个正常的国家，这样的公司必将走向毁灭，破产倒闭。"[①] 在笑话成真之后，格里罗的脱口秀在意大利电视台被反复播放。

格里罗称他的消息是真实的，但拒绝透露其信息来源。尽管如此，后来他被传召为帕玛拉特丑闻的司法调查进行指证。当被问及他是如何预见到帕玛拉特会破产的，他表示，只要能够容易获取到财务报告，任何人都会发现帕玛拉特资产负债表上的窟窿。诚然，相比普通民众，格里罗还是有一点优势的——在成为喜剧演员之前，他获得了会计学位。

11.6 小　结

关于"舞弊能否被识破"的讨论，我们告一段落，本段对此作结。毕普·格里罗为帕玛拉特案例增添了一个喜剧性小插曲，而理查德·斯克鲁希在面对法律诉讼时上演了一出闹剧。安然管理层的陨落蕴含着悲剧的色彩，适于被编为戏剧登上舞台。那些从上述事件中获得启示的分析师，可能会因预见并揭露舞弊，而成为未来财务报告闹剧中的英雄。

① Daniel J. Wakin, "There Were Earlier Signs of Trouble at Parmalat," *New York Times*, January 14, 2004, C1, C6.

第四部分

预测与证券分析

第12章

预测财务报表

如第 2 章至第 4 章所述，分析公司当期的财务报表是有意义的，但是，分析未来的财务报表更有启发。毕竟，未来的盈利和股利决定了公司的股票价值（参见第 14 章）和将来及时偿债的可能性，而这将决定公司的信用质量（参见第 13 章）。当然，投资者在某种程度上是基于历史数据来预测未来的。但是，对公开披露信息进行分析不会比其他投资者获得显著的信息优势。为了掌握证券价格中并未反映出的基础价值，分析师必须基于未来报表中的盈利或信用质量指标来进行投资决策。

当然，分析师不可能清楚地知道公司未来的财务状况，而财务预测也仅是猜测而已。预测的过程是基于对未来经济条件、市场行为和管理活动的假设，对历史模式或关系的一种延伸。

只有假设前提在一定程度上是准确的，财务预测才能与未来的实际情况相符。因此，分析师应该尽可能地收集财务报表之外的信息。通过与公司客户、供应商和竞争者加强沟通，分析师能不断提升假设前提的质量。

12.1 典型的一年期预测

分析师通过对三大主表的相关假设来进行下一年的预测。这种方式下进行的预测能最好地反映利润表、现金流量表和资产负债表之间的相互关系。

表 12—1 是虚拟公司科力斯化学公司（Colossal Chemical Corporation）的当期财务报表。将这张历史财务报表作为起点，在此基础上，通过对未来财务业绩的合理假设来进行预测。

12.1.1 预测利润表

盈利预测（见表 12—2）是财务预测的起点。预测现金流量表将用到预测利润表中的两个关键数据：净利润和折旧。而预测现金流量表又将为预测资产负债表的编制提供数据。每进入下一个阶段时，分析师都要增加假设条件。但是，逻辑线索的起点是盈利预测，它将显著影响三大主表。

紧接着，我们按照从上（销售收入）到下（净利润）的顺序，对利润表中每一项目的假设条件进行分析。

销售收入 假设 2011 年的预计销售收入为 21.10 亿美元，比表 12—1 中 2010 年的实际数据收入增长 6%。增长率中，2%是由高出货量带来的，另外 4%则来自销售价格的上涨。

分析师利用表 12—3 中的历史分部数据来建立预测。对公司基础化学品、塑料制品和工业化学品等业务销售收入的预测，可以借助于行业刊物的数据来源、贸易协会以及销售计量预测模型的公司。而关于下一年度经济增长（国内生产总值的增长）的假设构成所有预测的基础。分析师必须仔细查明预测人员提出的基本假设并判断这些假设是否符合实际。

如果分析师要使盈利预测和经济预测保持一致，则必须建立关键指标与公司各项业务分部出货量之间的严格关系。例如，从历史情况来看，公司某项业务出货量的增长率是行业生产率的 1.5 倍，或者其波动与房屋开工率直接相关。

表 12—1　　科力斯化学公司截至 2010 年 12 月 31 日会计年度的财务报表

单位：百万美元

利润表		现金流量表	
销售收入	1 991	现金来源：	
产品销售成本	1 334	净利润	85
销售费用、一般费用及管理费用	299	折旧	119
折旧费用	119	递延所得税	20
研发费用	80	除现金与借款外的营运资本变动	(8)
成本费用合计	1 832	经营活动所提供的现金	216
		现金使用：	
营业利润	159	不动产、厂房和设备的增加	125
利息费用	36		
利息（收入）	(6)	股利	28
税前利润	129	长期负债的减少	60
备付所得税	44	经营活动所使用的现金	213
净利润	85	现金净增加	3
		资产负债表	
现金与有价证券	69	应付票据	21
应收账款	439	应付账款	263
		一年内到期的长期借款	32
存货	351	流动负债合计	316

流动资产合计	859	长期借款	379
不动产、厂房和设备	895	递延所得税	70
	1 754	股东权益	989
			1 754

表 12—2　　**盈利预测**

科力斯化学公司的预测利润表

单位：百万美元

	2011
销售收入	2 110
产品销售成本	1 393
销售费用、一般费用及管理费用	317
折旧费用	121
研发费用	84
成本费用合计	1 915
营业利润	195
利息费用	34
利息（收入）	(5)
税前利润	166
备付所得税	56
净利润	110

同样，价格的上涨应该与预期通货膨胀水平相关联。根据产品不同，通货膨胀往往用消费者价格指数（CPI）或生产者价格指数（PPI）来衡量。

化工、造纸和资本产品等基础行业倾向于使用本书介绍的基于宏观经济的分析方法。而动画、玩具等技术驱动型行业以及点击量驱动行业的销售收入则和总体经济趋势之间没有太大的联系。在这种情况下，主要依靠研究行业内发展联系来进行预测，以判断公司新产品成功的概率。

地区分部的历史销售情况（见表 12—4）是进行销售收入预测的另一种方法。分析师可以对业务分部的预测数据进行修正来反映不同地区的销售预期。同样，公司某个分部可能正面临问题。例如，与外国政府发生争议。按照地理区域对销售收入进行分部报告则可以反映发生此类事件的预测影响程度。

产品销售成本　如表 12—2 所示，产品销售成本为 13.93 亿美元，占预计销售收入的 66%，即毛利率为 34%，略高于上一年的 33%。而预计毛利率又反映了对劳动力和原材料成本变动的预期。行业竞争强度也是影响毛利率的因素，其决定公司能否将增加的成本转移给客户或者能否不断降低成本。

表 12—3　　销售收入预测

科力斯化学公司业务分部

单位：百万美元

	2006	2007	2008	2009	2010
销售收入					
基础化学品	786	807	878	921	975
塑料制品	373	370	399	422	433
工业化学品	461	475	531	546	583
合计	1 620	1 652	1 808	1 889	1 991
营业利润					
基础化学品	59	52	65	82	94
塑料制品	26	41	25	16	24
工业化学品	28	31	28	35	41
合计	113	124	118	133	159
折旧费用					
基础化学品	46	46	50	51	55
塑料制品	19	20	22	25	27
工业化学品	31	31	35	36	37
合计	96	97	107	112	119
可辨认资产					
基础化学品	674	676	741	772	813
塑料制品	309	314	352	369	390
工业化学品	456	457	510	530	551
合计	1 439	1 447	1 603	1 671	1 754

表 12—4　　科力斯化学公司的地区财务结果　　单位：百万美元

	2006	2007	2008	2009	2010
销售收入					
北美	873	896	968	1 019	1 077
欧洲	526	551	601	622	649
拉丁美洲	103	99	90	87	102
远东	118	106	149	161	163
合计	1 620	1 652	1 808	1 889	1 991
营业利润					
北美	25	32	29	36	43
欧洲	52	47	61	62	77
拉丁美洲	17	24	17	16	26
远东	19	21	11	19	13
合计	113	124	118	133	159

在基础化学品这样的资本密集型行业中，预计的产能利用率（capacity utilization percentage）（包括公司及所在行业）是一个关键变量。在满负荷运转的情况下，固定成本在最大可能的产量上进行分摊，因此，单位成本最低。

进而，如果需求超过正常的生产能力，所有的生产商均满负荷运转，则公司就没有通过降价来扩大销售量的动力。当这种情况普遍存在时，成本增加可以全部（或超过全部）转移给客户，毛利将扩大。最终就会产生这种结果，或者至少这种状况将一直持续到建立新的生产能力，使供给和需求重新回到平衡为止。相反，如果 2011 年* 的需求不升反降，导致产能利用率下降，则表 12—2 的预计毛利将会低于 2010 年，而不是更高。（关于固定成本和变动成本互动关系的进一步讨论，参见第 3 章。）

与销售收入一样，分析师可以从下至上按业务分部来预计产品销售成本。由于表 12—3 中的信息仅给出了业务分部的营业利润，而未给出毛利，分析师必须加回各业务分部的折旧，然后将销售费用、一般费用及管理费用（SG&A）和研发费用（R&D）按照业务分部进行分配。例如，如果 SG&A 和 R&D 费用按收入占比分配，2010 年各业务分部的营业利润如表 12—5 所示。

表 12—5　　科力斯化学公司业务分部的营业利润　　单位：百万美元

	基础化学品	塑料制品	工业化学品	合计
营业利润	94	24	41	159
加：折旧	55	27	37	119
加：SG&A	146	65	88	299
加：R&D	39	17	24	80
等于：毛利	334	133	190	657
销售收入	975	433	583	1 991
毛利率	34.3%	30.7%	32.6%	33.0%
备注：业务分部收入占比	49.0%	21.7%	29.3%	100.0%

通过编制多年期间的必要数据，分析师可以建立模型来预测各业务分部的毛利率。

销售费用、一般费用及管理费用　在表 12—2 的预测中，假设公司 SG&A 占销售收入的比保持在 15%的水平。但是，举例说明，如果最近几个季度的利润表或可靠的行业资料表明该比例有提高或降低的趋势，则分析师将预测目的的 SG&A 占比进行相应的调整。

折旧　折旧费用主要由公司固定资产余额和平均可使用年限决定。如果公司全部的不动产、厂房和设备（PP&E）平均按照 8 年折旧，则**直线折旧法**（straight-line basis）下年折旧率为八分之一（12.5%）。随着时间的推移，应折旧资产基础增长，会使得 PP&E 的增加额大于折旧费用。

基于 PP&E 和折旧费用之间稳定的关系，表 12—2 预计折旧费用等于上年末 PP&E 的 13.5%。当然，预测应该考虑任何可预见的、不同于历史趋势的变化。例如，由于会计处理变得更为激进或保守，或者由于设备陈旧率（rate of obsolescence）发生变化，公司可能延长或缩短平均折旧年限。而且，公司的资产结构也可能发生变化。随着数据处理设备等短期资产（short-lived assets）占资本性支出比例的提高，以及房屋等长期资产比例的下降，平均折旧期将逐渐

* 原书为 2002 年，疑误。——译者注

缩短。

研发费用 R&D费用和广告费用均是基于销售收入百分比来进行预测的。例如，如果公司进行并购的行业在研发上的投入与现有业务之间存在差异，R&D费用占收入比可能就会发生变化。此外，如果鼓励研发的因素发生变化，例如延长或缩短专利保护期，也可能会使公司改变R&D费用占收入比，以保持竞争实力。但是，如果不考虑这些因素，分析师将非常自信地预测下一年的R&D费用占销售收入的百分比将与上年保持一致。该假设（占销售收入的4%）请见表12—2。

营业利润 上述四项预测费用合计得出总成本费用（total costs and expenses）。预测销售收入减去该总成本费用（19.15亿美元），计算可得预测的营业利润为1.95亿美元。

利息费用 表12—6列示了财务报表附注中的相关信息，可以用来估计下一年度的利息费用。（不是所有的年报都提供如此详细的信息。当信息较为简略时，则需要更多地依靠假设。）

表12—6　　长期负债、短期负债和利息费用详细情况*

科力斯化学公司

单位：百万美元

长期负债（扣除本年内到期部分）	2011	2010
2013年到期、利率为10.0%的应付票据	52	78
2017年到期、利率为8.1%的应付票据	77	111
2020年到期、利率为9.5%的债券	75	75
2024年到期、利率为8.875%的债券	125	125
2027年到期、利率为6.5%的产业发展债券	50	50
	379	439
短期负债	**2011**	
年平均利率	8.50%	
年平均待偿余额	29	
随后5年长期负债到期额：		
2012	27	
2013	13	
2014	22	
2015	18	
2016	31	
利息费用	**2010**	
应计利息	41	
资本化利息	5	
利息费用	36	

*本表中有很多错误，已经按照文字描述进行了更正。——译者注

此处预测的关键是估计科力斯化学公司的内含债务成本（embedded cost of debt），即公司现有长期负债的加权平均利率。采用科力斯2010年年末的长期负债（包括本年内到期的债务，假设这些债务采用相同的平均利息率）的内含债

务成本率5.43%，则得出预测利息费用为2 232万美元。如表12—6所示，2011年的现金流预测假设待偿还债务余额在本期没有大幅下降。则虽然只是进行估计，此预测方法得出的结果也不能太离谱。

预测人员必须在2 232万美元的基础上加回短期负债（应付票据）的利息费用。上述预测基于2010年的平均负债以及预测2011年的待偿余额，为3 000万美元。基于对2011年利率略有上浮的预期，假设平均利率为1.75%。

读者应该注意到，此处对利息费用的预测有所简化。反过来说，可能也没有必要得出与历史财务报表一样精确的利息费用。一方面，长期负债的偿还不会在年中均衡地发生，而这是预测待偿长期负债平均余额过程中的隐含假设。当然，分析师应该确认并调整利息成本中可预见的主要变化。例如，用较低成本的借款来替换高息债券（high-coupon bonds）。同样，预测人员也不能过于追求利息费用预测的精确性。对于科力斯化学公司，预计2011年的利息只占销售收入的1%，则即使预测结果存在10%的误差，对净利润预测也几乎不会产生什么影响。分析师应该将其精力放在高财务杠杆公司（highly leveraged company）的利息费用预测上，其财务能力取决于公司每个季度必须支付的利息费用的规模。

利息收入 表12—2预计2011年现金余额维持不变。根据货币市场1.5%的平均预期回报率对公司现金进行预测，6 900万美元的平均现金余额将产生（取整数）100万美元的利息收入。

备付所得税 在减去利息费用、加上利息收入之后，税前利润为1.66亿美元。基于该公司经验上有效税率接近法定税率，用**法定税率**（statutory tax rate）35%乘以税前利润即得到预计备付所得税。对其他公司来说，有效税率可能会由于存在税前补亏（tax loss carryforwards）或投资退税（investment tax credits）等发生较大变化。管理层通常会提供关于有效税率主要变化的说明，而法定税率的变化会由联邦税务立法部门通过相关媒体公布。

12.1.2 预测现金流量表

完整的预测利润表提供了预测现金流量表（projected statement of cash flows）（见表12—7）的前两项。1.1亿美元的净利润和1.21亿美元的折旧费用直接取自表12—2，它从较大程度上决定了现金流量的来源（经营活动提供的现金）。其他两项对预测现金流量表的影响很小。

递延所得税 由于税法确认的折旧和账面折旧之间差异的变化，以及如租赁、分期应收款项和国外分支机构的未汇出利润等因素的存在，该数值可能在每年都会发生不可预测的变化。可以借助公司管理部门录入的数据预测递延所得税。表12—7中的0.25亿美元是利用趋势线得到的预计数值。

营运资本变动（不含现金和借款） 表12—7的底部列示了4 300万美元预测值的详细推导过程。该预测假设每个营运资本项目占销售收入的百分比与表12—1中的历史报表保持一致。例如，应收账款占销售收入比为22%，随着销售收入由2010年的19.91亿美元增长至2011年预计的21.1亿美元，应收账款由4.39亿美元增加至4.64亿美元（增加了2 500万美元）。在假设百分比关系

表 12—7　　2011 年的预测现金流量表

科力斯化学公司

单位：百万美元

来源：		
净利润	110	
折旧费用	121	
递延所得税	25	
营运资本变动，不含现金和借款	(43)	
经营活动产生的现金流量	213	
使用：		
不动产、厂房和设备的增加	165	
股利	37	
偿还本年内到期的长期负债	32	
经营活动使用的现金流量	234	
经营活动所提供（使用）的现金流量净额	(21)	
应付票据的增加	21	
营运资本变动		
应收账款的减少（增加）		(25)
存货的减少（增加）		(29)
应付账款的增加（减少）		11
		43

保持稳定之前，分析师必须证明最近一期的比率具有代表性。此外，还必须考虑与历史经验可能出现的偏差。例如，销售收入的大幅下降可能带来存货积压或者由于公司通过提供宽松的信用条款来刺激销售而造成的应收账款增加。

不动产、厂房和设备的增加　该预测现金流量表最主要且金额最大的用途是资本性支出。公司可能在年报中提供具体的资本性支出计划，随着时间的推移，在季报或 10-Q 报告以及公告中更新预测值。即使公司不披露具体数值，公司投资者关系官员（investor-relations officer）也通常会对有关下一年度资本性支出的范围或者趋势（增加、降低或持平）的问题作出回应。

股利　表 12—7 中的 3 700 万美元是假设科力斯公司将继续保持其宣称的股利支付政策，股利大概等于可持续盈利（扣除非常损益）的三分之一。通常，这种指引可以被理解为随着时间的推移平稳地支付股利，在正常经营周期内股利支付率不随盈利而波动。在发生亏损的年度，公司甚至为了避免降低股利，通过借款来维持股利支付水平。这种做法通常会招致批评，使董事会内部发生争论，而董事会是宣告股利的权威机构。

只有董事会官方宣布其决定，试图预测未来股利的分析师才可以进行有根据的推测。此外，在盈利困难的情况下，维持某个季度股利不变的决策并不能保证董事会将在 3 个月后作出同样的决定。

偿还长期负债的本期到期额　表 12—7 中的 3 200 万美元直接来自表

12—1 资产负债表中流动负债的部分。

应付票据的增加 经营活动使用的 2.34 亿美元减去经营活动提供的 2.13 亿美元，得出净使用数额 2 100 万美元。该预测中假设产生的现金净额全部用于偿还债务。相应的，通过使用短期银行授信额度来补足现金使用净额。进行相关假设的依据是管理层提出的目标以及管理层在过去执行计划的情况。而在其他环境下，其他假设可能会更加合适。例如，可以通过增加或减少现金和有价证券来弥补现金的净使用额或净提供额。如果管理层已经暗示希望回购股票，并经董事会授权，则相当规模的现金净提供额可能被直接用于回购股票，减少股东权益。公司也可能通过借款（增加长期负债），而不是用短期负债来弥补大量的现金短缺。此外，公司可以混合使用长期负债和权益融资方式，这样可以使负债权益比维持在某一稳定的水平之上。

12.1.3 预测资产负债表

编制预测资产负债表（见表 12—8）不需要在预测利润表和预测现金流量表之外进行另外的假设。利用其他报表的信息，分析师可以简单地更新表 12—1 中的历史资产负债表。

表 12—8　　科力斯化学公司 2011 年 12 月 31 日的预测资产负债表

单位：百万美元

现金及有价证券	69	应付票据	42
应收账款	464	应付账款	274
存货	380	一年内到期的长期负债	27
流动资产合计	913	流动负债合计	343
		长期负债	352
		递延所得税	95
不动产、厂房和设备	939	股东权益	1 062
	1 852		1 852

大部分必要的信息来自预测现金流量表（见表 12—7）。例如，应收账款、存货和应付账款反映了营运资本的预计变化。预测现金流量表同样反映了现金和有价证券的增减变动，本例中该项目保持稳定。不动产、厂房和设备由上年的 8.95 亿美元增加了 1.65 亿美元，同时，折旧费用扣减 1.21 亿美元。预测现金流量表也反映了应付票据、递延所得税的增加和股东权益的变化（净利润减去股利）。

历史负债表（表 12—6）中长期负债的详细信息为我们提供了预测长期负债所必需的数据。由于 2010 年长期负债的本期到期额（3 200 万美元）已支付，2011 年的本期到期额（2 700 万美元）替代了前者在资产负债表中的位置。2 700 万美元这个数据也从 2010 年 3.79 亿美元的长期负债（非本期到期额）中减去，得到一个新的数据 3.52 亿美元。（对长期负债任何进一步的调整，尽管没有出现在预测资产负债表的预测中，也将会在预测现金流量表中体现出来。）

12.2 预测财务报表的敏感性分析

在既定假设前提下，编制预测财务报表提供了有关公司未来财务情况的信息。分析师可以运用第 2 章至第 4 章中讨论过的历史财务报表的分析技术来分析预测报表，也可以使用预测报表中的数值来计算信用分析（第 13 章）和所有者权益分析（第 14 章）中所使用的比率。基于表 12—1 至表 12—8 中的历史数据和预计数据，科力斯化学公司的信用质量指标（credit quality measures）将在 2011 年有所提升（见表 12—9）。不仅总负债的绝对值下降了，而且负债占总资本的比重也由 29.0%下降到 26.7%。同样，现金占总负债的百分比将从 50.8%上升至 62.2%。（或者说，用其倒数表示，即为负债比现金的乘数将从 1.97 倍下降至 1.61 倍。）如第 13 章所述，这两种趋势都意味着公司财务风险的下降。而这些预计比率和预测报表的基本假设条件同样可靠。尽管它们看起来很合乎逻辑，但是假设前提很大程度上依赖于对宏观经济的预测，而宏观经济预测还远不如自然科学精确，我们不得不宽容对待。通常，针对经营活动偏离预测水平的情况，分析师必须在一年中多次修正基本的经济假设和预计数值。

表 12—9　　信用质量指标的趋势——基本情境

科力斯化学公司

单位：百万美元

	2010 年（实际数）**	2011 年（预计数）*
总负债		
应付票据	21	42
一年内到期的长期负债	32	27
长期负债	379	352
	432	421
递延所得税	70	95
股东权益	989	1 062
总资本	1 491	1 578
总负债占总资本的百分比	29.0%	26.7%
经营活动产生的现金流量（营运资本变动之前）	224	256
总负债	432	421
现金占总负债的百分比	51.9%	60.8%

*取自表 12—8。**取自表 12—1。

因为意识到情况可能，更准确地说是，十有八九会发生变化，明智的投资者和债权人将不会完全依赖预测报表或“点预测”（point forecast）来进行决策。相反，他们将基于可能出现的各种结果来评估风险及潜在的收益。

表 12—10 说明了分析师如何修正基本的假设条件，然后观察将会如何对预计比率进行更改，该过程被称为**敏感性分析**（sensitivity analysis）。在本例中，分析师预计销售收入较上年仅增加 3%。它是在表 12—2 的基本情境（最可能出现的情况）下假设增长率的一半。不太乐观的销售收入预测表明经济环境没有基本情境假设的稳健。例如，分析师可以假设通货膨胀率为 3%，意味着实际增长率为 0。在修正情境中，分析师假设化学品生产商没有机会在下一年提高其毛利水平。保持其他假设前提不变，修正情境的净利润、股东权益和经营活动产生的现金流量预计数的增长幅度将比基本情境的增长幅度小。在新假设前提下，长期负债的下降有所放缓。

利用表 12—10 的修正报表，分析师可以重新计算表 12—9 的信用质量指标，结果如表 12—11 所示。在新情境下，基于较为悲观的销售收入增长和毛利率假设，使经营活动产生的预计现金流量仅占总负债的 56.1%。在这种情况下，2011 年潜在的改善幅度小于基本情境下预计的 62.2%。

表 12—10　　预测财务报表的敏感性分析

科力斯化学公司截至 2011 年 12 月 31 日的会计年度（单位：百万美元）
销售收入增长率从基本情境（表 12—2）下假设的 6%降低到 3%
（毛利率较上年没有改善）

利润表		现金流量表	
销售收入	2 051	来源：	
产品销售成本	1 374	净利润	90
销售费用、一般费用及管理费用	308	折旧费用	121
折旧费用	121	递延所得税	25
		营运资本变动，不含现金及借款	(26)
研发费用	82	经营活动提供的现金流量	210
成本费用总额	1 885	使用：	
营业利润	166	不动产、厂房和设备的增加	165
		股利	30
利息费用	34	支付长期负债的本期到期额	32
利息收入	(5)	经营活动使用的现金流量	227
税前利润	137	经营活动提供（使用）的现金流量净额	(17)
备付所得税	47	长期负债的增加	17
净利润	90	现金变动净额	0

资产负债表			
现金和有价证券	69	应付票据	21
应收账款	451	应付账款	267
存货	369	一年内到期的长期负债	27
流动资产合计	889	流动负债合计	315
不动产、厂房和设备	939	长期负债	369
	1 828	递延所得税	95
		股东权益	1 049
			1 828

表 12—11　　信用质量趋势比较

科力斯化学公司截至 2011 年 12 月 31 日的会计年度（预测）

单位：百万美元

	悲观情境*	基本情境**
总负债		
应付票据	21	42
一年内到期的长期负债	27	27
长期负债	369	352
递延所得税	417	421
股东权益	95	95
	1 049	1 062
资本总额	1 541	1 578
债务资本比	26.7%	26.7%
经营活动产生的现金流量（营运资本变动之前）	236	256
总负债	417	421
现金占总负债的百分比	56.6%	60.8%

*取自表 12—10。**取自表 12—9。

在变化的假设下，总负债占总资本的百分比增长变缓，从基本情境下的 26.5%变为 27.1%。虽然悲观情境下留存收益的增加（以及由此所带来的股东权益的增加）较少，但是为支撑收入增长所需的营运资本需求也会降低。因此，借款需求下降，部分抵消了所有者权益的缓慢增长。

为了完成分析，投资者或债权人也会获得在乐观或最佳情境下的预测财务报表。三种情境的敏感性分析的简单假设如下：

	假设的销售收入增长率	假设的毛利率
乐观情境（最佳情境）	8%	36%
基本情境（最可能情境）	6%	34%
悲观情境（最差情境）	3%	33%

注意，假设条件并不要求完全对称。在本例中，乐观情境假设销售收入增长率比基本情境高 2 个百分比，而悲观情境假设销售收入增长率比基本情境低 3 个百分点。分析师简单地认为，最可能出现的情境体现了更多的悲观情境，而非乐观情境。

意识到多个账户之间的相互作用，也可能对其他假设条件进行修正。如果科力斯化学公司经营活动产生的现金流下降，其在短期内可能有削减资本性支出的较大空间。忽略了财务弹性进行的预计可能就过于悲观了。相反，如果假设公司将产生的多余现金用于降低负债，则可能会产生不切实际的预计资本结构。特别是对产生大量现金的公司进行多年期预测时，以后年度的债务资本比可能会降至公司曾经认为过度保守的水平。在这种情况下，应该将偿还负债的假设调整为维持某一杠杆比率的假设，这样做才是合理的。这样，多余的现金将用于股票回购，否则，将使资本结构中的负债部分下降至某一百分比水平之下。

除了形成各种情境外，敏感性分析还可以使分析师衡量预测中各项假设条件发生变化的相对影响。例如，比较毛利率 1%的变化与所得税税率 1%的变化对科力斯化学公司利润表的影响。表 12—12 表明，在其他条件不变的情况下，这两种假设发生改变对预测利润表——表 12—2 的影响。一方面，净利润对毛利率 1%变化的敏感性为 1 300 万美元（1.14 亿美元减去 1.01 亿美元），其他项目不变。另一方面，所得税税率 1%的变化对净利润的影响仅为 100 万美元，其他项目仍然不变。

投资者普遍采用这种分析方法。例如，估计铜的每磅价格提高 10 美分对矿产企业的利润，进而对股价的影响。这种方法还可以用来确认哪些公司对预期经济发展（如利率下降）的反应最为强烈。对利息成本占费用比重较小的公司来说，利率的下降对公司的影响有限。而对于具有较高利息成本或者大多数负债为浮动利率的公司而言，利率下降的影响较大（假设公司资产的回报率具有不同的利率敏感性）。

尽管敏感性分析方法很有吸引力，但是这项技术也必须谨慎使用。如上所述，该方法通常独立变动某个假设，而保持其他情况不变。在现实生活中，这种情况很罕见。

表 12—12　　　　敏感性分析：特定假设的变化对预测利润表的影响

科力斯化学公司截至 2011 年 12 月 31 日的会计年度

单位：百万美元

	基本情境	毛利率下降 1%	税率上升 1%
销售收入	2 110	2 110	2 110
产品销售成本	1 393	1 414	1 393
销售费用、一般费用及管理费用	317	317	317
折旧费用	121	121	121
研发费用	84	84	84
成本费用总额	1 915	1 936	1 915
营业利润	195	174	195
利息费用	34	34	34
利息（收入）	(5)	(5)	(5)
税前利润	166	145	166
备付所得税	56	49	58
净利润	110	96	108

当销售收入下降时，典型的情况是，毛利率也会下降。原因是产能利用率的下降会带来降价的压力。同样，利率上升不仅影响利息费用和利息收入，较高的利率还会抑制经济中的投资水平，而这最终将影响公司的销售收入。

12.3 预测财务弹性

正如预测财务报表可以揭示公司未来可能的财务状况，它还可以表明财务弹性的可能趋势，财务弹性是第 4 章讨论过的一个概念。例如，预测现金流量表显示了公司用内部产生的现金发放股利的能力。同样，负债的预期增加额度决定了预测利润表中非可控成本（即利息费用的形式）的增长幅度。

财务弹性的一个重要特征是公司能持续遵守债务契约，因此，进行预测是非常必要的。如表 12—13 所示，借款合同可能要求借款人保持一定水平的财务强度（financial strength）。我们可以通过某些项目的绝对数值或比率来衡量履约能力。① 发行人出现技术违约（违反合同条款，不同于不按时支付利息或本金）时，制裁是相当严厉的。当再融资发生困难时，发行人不可能再发放股利或被迫一次性偿还巨额贷款。为了防止拖欠负债，公司可能采取一些必要的但不利的措施，例如，以低于账面价值的价格出售新股，从而稀释股东权益。或者，借款人可以要求债权人放弃加速偿还负债的权利。但是，债权人可能会要求除非知会它们，否则必须在限制管理层的行动自由之外，还会要求获得一些补偿。

表 12—13　　债务限制性条款披露示例

我们与一个由投资银行和商业银行组成的银团之间有一份 9 465 美元的信贷协定，如果在该贷款协定下，没有违约事项发生，那么我们有权再额外增加 2 535 美元的信贷额度。本协定将于 2011 年 7 月到期。我们也有权全部或部分终止在此协定下贷款人超过未结清预付款的款项的承诺；但是，任何已终止的承诺都无法再恢复。根据协定，已支付的预付款可被用于一般公司用途，包括用于支持商业票据借款及其他短期借款。我们必须维持协定中所规定的负债对 EBITDA 的财务比率（EBITDA 指息税、折旧及摊销以及协定中规定的其他修改项目之前的利润），即截至每个财务季度的最后一天，该比率都不能超过 3 比 1，直至四个季度终了。我们符合此协定下所有的条款要求。2010 年 6 月 30 日，我们在此协定下没有任何未清偿的借款。

——美国电话电报公司（AT&T）财务报告，10-Q 表，2010 年 6 月 30 日

我们有一个银团提供的 23 亿美元的五年期无担保循环信贷额度（revolving credit facility），修订自原“信贷额度”（credit facility），2010 年 2 月 27 日没有未清偿的借款。

我们获取信贷额度的能力取决于我们对贷款条款、贷款条件，包括融资约定事项的遵从程度。融资约定要求我们维持特定的财务比率。至 2010 年 2 月 27 日，我们遵守了所有的融资约定。如果我们在其他债务上发生了违约事项，那么这很可能也构成对上述信贷协定的违约。

利息保障倍数表示未扣除固定费用（利息费用和租金费用的利息部分）的税前利润与固定费用之比。如 10-K 形式的年度报告中表 12—1 展示的计算结果所示，我们在 2010 和 2009 会计年度的利息保障倍数分别是 6.08 倍和 5.52 倍。

① 限制性较小的合同只禁止增加新债或发放股利，这将使得财务指标恶化，低于目标水平。而如果是经营损失所带来的净值降低则不属于违约行为。

该信贷额度得到了我们特定几家子公司的担保，并包括一些惯例的肯定性条款和消极条款。此外，这些条款限制或禁止我们发生以下事项：产生特定类别或金额的债务，抵押特定资产，对公司结构和业务本质做出重大变动，处置重大资产，允许非重大子公司进行担保，进行变动控制权的交易，或者与我们的关联方进行特定交易。此信贷额度还附有条款要求我们保持最大的季度现金流量杠杆率和最小的季度利息保障倍数。

至 2010 年 2 月 27 日，我们符合所有的条款要求。

此票据是无担保非后偿的债务，与我们的其他无担保非后偿债务等级相同。另外，此票据条款还对我们及我们北美分公司产生抵押担保债务、进行售后回租交易进行限制，并对这些分公司产生无担保债务进行限制。

——百思买（Best Buy）股份有限公司，2009 年财务报告 10-K 表

我们大多数的长期债务合约中包含与担保债务水平相关的条款。除与担保债务水平相关的条款之外，信贷条约还包括债务杠杆条款。我们目前遵守各项条款要求，预计能继续保持这种状态。另外，我们 2010 年 7 月 31 日之前的所有票据和债券的条款都不要求我们加速偿付那些信用评级被降级的债务。但是，如果在数月之内下述两事项全部发生，那么某些特定未偿票据的持有人就可以将票据回售给我们：(i) 控制权发生变更；(ii) 我们的长期债券被降级至非投资等级，或被列入可能降级的观察名单，进而被降至非投资等级。

——塔吉特（Target）公司财务报告，10-Q 表，2010 年 7 月 31 日

我们的信贷协定包括专门适用于大型投资级别公司的条款。这些条款包括：要求及时支付利息和本金，支付税款，维持与可靠的声誉良好的保险公司之间的保险合同，维持公司存续，合理进行会计处理，对融资业务进行恰当的记录，保存好我们的资产，向借款人提供财务报告及其他报告，限制资产抵押和处置、收购与合并，以及其他类似条款。

另外，威瑞森无线（Verizon Wireless）通讯公司被要求在四个财务季度中每季度的最后一天保持此前 12 个月内的杠杆率水平，即不超过 3.25 倍的杠杆率，相关的信贷协定中定义该杠杆率是负债与利息、税项、折旧、摊销及其他修正之前的利润之比。在 2009 年 12 月 31 日，此杠杆率为 1.1 倍。

至 2009 年 12 月 31 日，我们及我们合并的子公司都遵守所有的债务协定条款。

——威瑞森通讯（Verizon Communications）公司，2009 年财务报告，10-K 表

公司有可以借款高达 32.5 亿美元的商业票据计划。公司在 2009 和 2008 会计年度的所有短期借款都在此计划之下。

与该计划相联系的是，公司设有与一个银团达成的借款 32.5 亿美元的信贷额度作为备用。这个信贷额度将于 2010 年 12 月到期，包括各种限制性条款。至 2010 年 1 月 31 日，公司遵守所有的条款要求，并且预计这些条款不会影响公司的流动性和资金来源。

——家得宝（Home Depot）公司，2009 年财务报告，10-K 表

资料来源：Company 10-Q and 10-K.

分析师能通过对预测资产负债表和利润表中净值、财务杠杆和固定费用保障倍数的契约测试来预测财务弹性损失。我们可以在财务报表附注中找到测试的粗略描述。这些描述可能会忽略包括术语定义在内的一些细节，但是由于预测值本质上并不精确，我们的目标并不是完全确定公司是否发生违约。当发现公司可能在未来一年或两年突破限制性条款时，我们应该询问管理层计划如何保持财务弹性。如果其答案未令人满意，则预测和测试使分析师能对可能发生的严重问题进行预警。

12.4 预测财务报表

分析师预测财务报表的另一种方法是，在重大事项于后期报表中披露之前，编制预测财务报表（pro forma financial statements，也可译为模拟财务报表，或译为暂编财务报表）来反映其影响。如果公司发生股票回购、核销、合并或剥离等重大财务事项，则基于历史财务报表来进行投资决策是不明智的。同理，我们应该迅速判断最新发生的事件是否对公司的财务状况有重大影响。例如，刚刚公布的 3 500 万美元的股票回购会大幅提高财务杠杆吗？为了回答这个问题，分析师必须调整最新的财务报表，减少 3 500 万美元的股东权益，同时，基于对每股购买价格的假设，相应地减少现金或增加负债。

12.5 预测并购的财务报表

预测财务报表不只是分析师为完成公司公告而对以前发布的财务报告的简单调整。它的内容还包括公司提供的与其主要交易相关的详细利润表和资产负债表。这些未审的报表包括新的披露，并且要以经常性报告（Form 8-K）的形式提交给证券交易委员会，用以向投资者通告重大的计划外事项。

表 12—14 是赫兹全球控股公司（Hertz Global Holdings）计划在 2010 年收购道乐·苏立夫提租车集团（Dollar Thrifty Automotive Group，DTG）的预测利润表。赫兹在一个经常性报告（Form 8-K）中提供了预测的财务数据，但声明他们并不是为了履行完成并购的义务而提供这些信息，而只是单纯出于提供信息的目的。这个问题后来就变得毫无意义，因为 2010 年 9 月 30 日，道乐·苏立夫提的股东拒绝了公司管理层已经接受的收购请求。这个利润表也只是一个描述曾经可能发生交易的历史假象罢了。值得注意的是，赫兹原本打算通过将一个专门创设的子公司并入道乐·苏立夫提来实现计划的收购，这就导致经常性报告（Form 8-K）中将此项交易视为一次合并。

表 12—14 中关键的一列是表头为“预测调整”的那一列。为了洞察预测报表的生成过程，接下来的段落将会详细阐述调整列中总结的种种变动。注意，其中一些调整会造成真正的经济影响，例如为本次收购注资所需借入的资金带来的利息成本的上升；但另一些调整则不会造成影响，例如对收购方与被收购方以不同方法入账的项目进行重分类。

由于收入主要由汽车租金构成，预测的利润表只是将两个公司的账户的数值简单相加。同样的简单处理也用于直接经营费用、折旧、利息及其他收益，以及减值损失。但是，赫兹公司对其他项目做了预测调整。

表 12—14 赫兹全球控股公司截至 2009 年 12 月 31 日未经审计的预测简明合并利润表

	赫兹	DTG	预测调整（注释 5）	预测合并额
	（每股数据除外，均以千美元为单位）			
收入：				
汽车租金	5 872 905	1 472 918	—	7 345 823
设备租金	1 110 243	—	—	1 110 243
其他收入	118 359	73 331	—	191 690
总收入	7 101 507	1 546 249	—	8 647 756
费用：				
直接经营费用	4 084 176	768 456	—	4 852 632
创收设备折旧	1 931 358	426 092	—	2 357 450
销售费用、一般费用及管理费用	641 148	200 389	(19 932)[a][c][d]	821 605
利息费用	680 273	102 778	18 987[b]	802 038
利息及其他利润净值	(64 439)	(6 218)	—	(70 657)
减值损失	—	2 592	—	2 592
总费用	7 272 516	1 494 089	(945)	8 765 660
衍生工具公允价值增加	—	(28 848)	28 848[d]	—
所得税前利润（亏损）	(171 009)	81 008	(27 903)	(117 904)
（备付）所得税利益	59 666	(35 986)	10 882[e]	34 562
净利润（亏损）	(111 343)	45 022	17 021	83 342
减：归属于非控股股东权益的净利润	(14 679)	—	—	(14 679)
归属于赫兹/DTG 普通股股东的净利润	(126 022)	45 022	(17 021)	(98 021)
发行在外股票的加权平均股数（以千为单位）				
基本股数	371 456	22 687	(4 428)[f]	389 715
稀释股数	371 456	23 967	(5 708)[f]	389 715
归属于赫兹/DTG 的每股收益（亏损）				
普通股股东：				
基本每股收益	(0.34)	1.98		(0.25)
稀释每股收益	(0.34)	1.98		(0.25)

注：参见附录《对赫兹全球控股公司/DGT 预测调整的解释》。
资料来源：8-K 表，2010 年 9 月 14 日。

赫兹公司对销售费用、一般费用及管理费用（SG&A）所做的调整反映了 10 年中客户关系类无形资产的摊销，还取消了咨询费、诉讼费、监管费及维系成本等直接归属于被并购公司但不会再对合并后的实体有持续影响的成本。其他的调整把单独列示的金融衍生品公允价值的增长重分类为 SG&A 的一部分，从而使得道乐·苏立夫提的历史财务报表与赫兹的报告方式一致。

对利息费用的调整包括以下方面：摊销收购相关债务的公允价值调整；清偿道乐·苏立夫提的专项贷款（nonvehicle debt）（信用证和循环信贷），从而消除一部分利息费用；消除与已清偿债务相关的递延财务费用摊销，以及作为本次并购的部分融资而在赫兹的高级资产保证贷款下额外借款所产生的利息摊销。

赫兹调整利息费用，是因为它将对与预先结束的客户维系计划相关的应计所得税和注销递延财务费用而产生的递延薪酬有所影响。对发行在外股票的平均股数也进行了调整，以反映赫兹将为本次合并发行的新股对道乐·苏立夫提股份的替换。

表12—15是已流产的赫兹收购道乐·苏立夫提并购案的预测资产负债表。预测调整如下：

■ 现金及现金等价物——清偿道乐·苏立夫提的专项贷款，支付关账前对道乐·苏立夫提股东的特殊现金股利，反映合并对价的现金部分，道乐·苏立夫提关账前支付的抵押款，预计未来合并相关的交易成本，在赫兹高级资产担保借款工具下的额外借款，还有由于上述债务取消后，道乐·苏立夫提就不再受到必要最小余额的限制，所以对道乐·苏立夫提现金及现金等价物进行的重分类。（最后一项也会引起现金和现金等价物——必要最小余额的调整。）

■ 预付费用及其他资产——消除与道乐·苏立夫提的专项贷款清偿相关的未摊销递延财务费用，消除与递延薪酬相关的信用计划先行融资。

表12—15　赫兹全球控股公司2009年未经审计的预测简明合并资产负债表，2010年6月30日

	赫兹	DTG	预测调整（注5）	预测合并额
	（以千美元为单位）			
资产：				
现金及现金等价物	896 848	269 876	(863 103)[g]	303 621
现金及现金等价物——必要最小余额	—	100 000	(100 000)[g]	—
限制用途的现金	743 435	113 518	—	856 953
应收账款（减去坏账准备）	1 400 306	115 279	—	1 515 585
存货（以成本与市价孰低计量期末余额）	88 805	—	—	88 805
预付账款及其他资产	304 296	74 087	(7 196)[h]	371 187
创收设备（净值）				
汽车	8 762 115	1 725 865	—	10 487 980
其他设备	1 649 095	—	—	1 649 095
总创收设备（净值）	10 411 210	1 725 865	—	12 137 075
厂房与设备（净值）	1 156 668	93 713	25 445[d]	1 275 826
其他无形资产（净值）	2 563 709	25 445	524 555[d][i]	3 113 709
商誉	290 550	—	733 702[j]	1 024 252
资产总额	17 855 827	2 517 783	313 403	20 687 013

续前表

	赫兹	DTG	预测调整（注5）	预测合并额
	（以千美元为单位）			
负债与所有者权益：				
应付账款	1 467 148	52 104	—	1 519 252
应计负债	915 817	191 200	(6 488)[k]	1 100 529
应交税金	158 114	12 459	(4 316)[e]	166 257
债务	11 693 823	1 548 934	321 175[l]	13 563 932
公共责任及财产损失	261 142	112 857	—	373 999
递延所得税	1 446 099	132 373	232 240[m]	1 810 712
负债总额	15 942 143	2 049 927	542 611	18 534 681
普通股	4 120	350	(167)[n]	4 303
优先股	—	—	—	—
资本公积——股本溢价	3 160 278	937 093	(649 463)[o]	3 447 908
累计亏损	(1 237 844)	(223 630)	174 465[p]	(1 287 009)
累计其他综合损失	30 783	(18 061)	18 061[q]	(30 783)
库存股	—	(227 896)	227 896[r]	—
赫兹/DTG所有者权益总额	1 895 771	467 856	(229 208)	2 134 419
非控股股东权益	17 913	—	—	17 913
所有者权益总额	1 913 684	467 856	(229 208)	2 152 332
负债与所有者权益合计	17 855 827	2 517 783	313 403	20 687 013

注：参见附录《赫兹全球控股公司/DGT 预测调整的解释》。

资料来源：8-K表，2010年9月14日。

■ 厂房与设备净值和其他无形资产净值——将道乐·苏立夫提的资本化软件从无形资产分类中重新归类至机器设备，以使其与赫兹的披露相一致。

■ 商誉——记录作为合并日商誉的估计价值。

■ 应计负债——反映依照合并协议对留存和递延薪酬费用的处理。

■ 应交税金——记录关账前的留存计划、递延薪酬支付，以及冲销递延融资成本带来的影响。

■ 债务——消除道乐·苏立夫提的专项贷款，将道乐·苏立夫提的剩余债务调整至估计的公允价值，导致由赫兹高级资产担保的贷款额度下的额外借款。

■ 递延所得税——根据获得的资产和承担的负债所发生的公允价值调整，调整利润，转回与道乐·苏立夫提要在关账前支付的递延薪酬相关的递延税款。

■ 普通股——记录并购对价的股票部分，消除道乐·苏立夫提的普通股。

■ 资本公积——按照公允价值减去票面价值的差额，记录并购对价的股票部分，消除道乐·苏立夫提的资本公积。

■ 累计亏损——消除道乐·苏立夫提的累计亏损，记录赫兹和道乐·苏立夫提的一次性咨询、法律、监管及评估费用。

■ 累计其他综合损失——消除道乐·苏立夫提的累计其他综合损失。

■ 库存股——消除道乐·苏立夫提的库存股。

总体来说，公司提供的预测报表注意到了会计细节。但它们对未来现金流的可能变动，这也是最影响公司信用质量和股票价值的因素，只做了非常有限的解释。请注意，将已得的公司债务调整至公允价值并不改变现金流对实际未清偿债务的比率。并且，赫兹还做出了以下标准免责声明：

> 预测的信息并不必然反映合并后的公司在合并完成日所应该反映出的实际财务状况和经营成果。另外，未经审计的简明预测合并财务信息并非旨在对未来合并后公司的财务状况和经营成果做出任何推测。[①]

赫兹还声明，它们根据其静态税率，在估计税务对可能的交易所产生的影响时，假设税率为 39%。然而公司称：根据并购后的活动、现金的需求、业务的地理位置等，合并后公司的实际税率会高很多或低很多。

鉴于其局限性，公司提供的预测报表只能作为评估大型合并、并购和撤资对信用风险和未来盈利能力影响的逻辑起点。我们举例说明，假设一个信用评级为 A 的公司实施了一桩大型的、以债务融资支持的并购，从而使它在预测报表基础上的总负债资本比率升高，甚至达到了 BBB 信用级别的相应负债水平（见第 13 章）。如果管理层提出一个在合理期间将其杠杆率降至 A 信用级别相应负债水平的可靠计划，那么即使杠杆率升高，债券评级机构可能也不会给该公司降级。为偿付因并购引发的债务，公司可能通过出售资产来筹集资金或者提高其用于偿还债务的现金流比例。至于并购或合并之后的未来盈利能力，通常很大程度上取决于业务组合所创造的协同效应（见第 3 章）。预测报表遵从基本的会计稳健性原则，相较于它所体现出来的信息，管理层可能从业务组合中预见到更大的合并效益。鉴于以上原因，分析师们必须对经常性报告报表（Form 9-Ks）中的预测报表进行调整。不过，公司的披露仍然对反映以下内容提供了有用信息，包括税务影响、会计事项（如预期资产价值变动的会计事项），以及将两家公司可自由裁量的会计项目的处理方法进行统一所产生的影响。

12.6 多年期预测

至此，本章讨论了一年期预测以及对当期财务报表的预测调整。然而，那些练习只能作为一个完整预测的基础。对于一个购买 30 年期债券的固定收益型投资者而言，他一定对发行方超过 12 个月的财务发展前景感兴趣。同样，反映股票价格的未来股利现值的绝大部分也有赖于公司一年以后的情况。即使特定投资者计划持有证券的时间为一年或更短，他们也会对长期预测感兴趣。他们在 6 个月或 12 个月以有利价格出售股票的能力，将取决于当时其他投资者对公司的预期。

---

① Hertz Global Holdings, Inc. 8-K Current Report Filing filed on September 14, 2010, p. 1.

经济环境的内在波动性使长期预测困难重重。20 世纪 70 年代末，预测者普遍预期当时能源供应的紧张局势将持续和恶化，导致了油价的持续攀升，从而带来了石油生产企业的巨额利润以及石油开采设备、节能产品和替代能源设备制造企业的繁荣时期。20 世纪 80 年代初，能源形势已经由稀缺转为充足，本来预期发展良好的许多公司反而破产了。在接下来的几年中，众多其他事件迫使公司修正其长期规划。这些事件包括：

- 拉丁美洲不发达国家的主权债券违约浪潮。
- 1987 年 10 月 19 日的股票市场崩盘。
- 杠杆收购破产浪潮。
- 海湾战争。
- 网络股的泡沫破灭。
- 亚洲金融危机。
- 2001 年 9 月 11 日，五角大楼及世贸中心遭受恐怖袭击，随后发生了新一轮海湾战争和阿富汗战争。
- 自 20 世纪 30 年代以来发生的最严重的金融危机及经济衰退，从 2007 年爆发持续至 2009 年中期，导致人们降低了对长期经济增长的预期。

重大事件冲击频发，使得人们对即使 5 年期的预测也很难有较强的信心。

尽管存在预测失败的可能，但是多年期预测在某些情况下对财务分析还是很重要的。例如，造纸业等资本密集型企业拥有较长的建设周期，其生产能力不是逐年稳定地增加，而是通过在几年内建造大型工厂来增加。工厂建设过程中，企业必须对巨额工程贷款支付利息。费用的增加会压低利润，直到几年后新厂房建成，并且开始产生收入。为了获得公司长期财务状况的真实信息，分析师必须预测工程项目第 4 年和第 5 年的利润表。工程项目第 1 年和第 2 年会出现借款和利息成本的周期性高峰，相比预测这两年的利润表，预测第 4 年和第 5 年利润表的难度要大得多。

激进的财务重组（financial restructuring）也需要进行多年期预测，如杠杆收购、大型企业合并（megamerger）和大型股票回购。从短期来看，这些交易将大幅度提高财务风险。通常，只有当投资者认为公司有能力在几年内将负债降低到一般水平时，杠杆比率的提高才是投资者可以接受的。偿还负债的来源包括现金流和按计划出售资产的收益。分析师必须进行预测以确定偿债计划是否基于现实的假设。尽管在长期预测中存在着内在的不确定性，但是借款人不能在没有预测的情况下进行高杠杆交易。

所幸，分析师可以用复杂的财务建模工具来反映预计交易的不同情境。分析师可以改变基本的经济假设和交易条件。公司财务结构一旦确定，分析师便可以在工作表单中输入最终的数据。其后的主要任务就是密切关注重组公司（restructured company）每季度的发展，将实际结果与预计数值进行对比。

除高杠杆交易外，财务建模工具也可以用来分析传统的资本化公司以及高杠杆交易。但是，在对资产负债表中表现强劲的公司进行财务预测时，分析师不能假设公司的超额现金将全部用来偿还债务。保守的资本化公司通常不会谋求将财务杠杆降低到某一水平之下，而是会利用多余的现金来回购股票或进行并购。

本质上，多年期预测与科力斯化学公司的一年期预测（表 12—1 至表 12—12）具有相同的假设。但是，当进行 5 年期预测时，分析师必须特别注意商业周期的影响。只要销售收入呈“曲棍球棒”的增长趋势（斜率向上），许多公司的预测财务报表就看上去还不错。但是，如果销售收入在一年或两年内出现下滑，公司的财务强度将立即消失。

尽管财务预测者面临着很多不确定因素，但是认真进行的预测也可能是相当准确的。即使数据受到难以预测的经济变量的影响，结果也可能是令人满意的。如表 12—16 至表 12—22 是独立的高收益债券分析师斯坦·马努基安（Stan Manoukian）编制的两个详细预测表。这些表显示了在虚拟案例科力斯化学公司中所介绍的由下而上的预测方法是如何应用于现实生活中基本性产业领域以外的公司的。

DEX ONE 提供印刷品、在线以及移动的搜索营销。其载体包括 DexKnows. com 网页、印刷黄页电话簿、点击付费广告网以及语音搜索平台。公司还通过其子公司 Business. com 运营一个商业搜索引擎和在线名录。公司通过一系列的合并与收购不断壮大。1998 年，当纳利公司（R. H. Dommelley，RHD）从邓白氏公司（Dun&Bradstreet）分离出来，此后 RHD 公司进行了包括 2006 年对戴克斯（Dex）传媒在内的很多收购交易。2009 年申请破产后，该公司改头换面，成为 Dex One 公司。

谷歌和微软等大公司将广告出售给小公司时，黄页业务受到了市场入侵的挑战。但是，Dex One 仍然通过其强大且高效的销售能力维持其市场地位。然而，该公司不得不承认收入发生了萎缩，在此现状下，公司致力于谋求其市场实力的资本化，以期实现自身重塑。

表 12—16 列示了 2007—2010 年上半年的历史数据，以及 2010 年下半年的预测数据。2010 年的数据使用了新起点会计（fresh start accounting）。历史报表和穿插其中的财务比率暗示了预测数据的基础以及需要假设的因素，即总收入的逐年增长和 SG&A 占销售比的逐年增长。表中最后几行的财务比率将历史数据以及预测的财务数据转化为对信用质量的衡量标准（见第 13 章）。

表 12—16 预测中的一些细节表明了财务预测的复杂性。例如，分析师将利息费用（2007 年为 8. 309 亿美元）和现金利息费用（同年为 7. 215 亿美元）分开列示。类似地，预测区分了所得税（2 900 万美元）和现金所得税（1 010 万美元）。大多数公司在其汇总每季支付的现金利息和现金税款的季度现金流量表中会提供补充信息。通常，现金的金额与公司利润表中的金额不等。利息费用的差异源于资本化利息（例如，融资租赁的折旧费）、以实物支付的债券的非现金利息费用、债券折价的摊销，以及其他一些项目。所得税的差异源于递延所得税费用和其他一些来源。财务分析师对公司产生现金流的能力最感兴趣。

表 12—16 Dex One 公司：历史数据及近期预测数据

	季度收入/年收入											
	2007	2008	2009 第一季度	2009 第二季度	2009 第三季度	2009 第四季度	2009	2010 第一季度	2010 第二季度	2010（预测）第三季度	2010（预测）第四季度	2010（预测）
总收入	2 680 299	2 616 811	601 986	565 628	533 990	500 843	2 202 447	468 617	451 791	4 500 000	445 592	1 816 000
增长率 Y/Y	41.1%	(2.4)%	(10.8)%	(14.8)%	(17.6)%	(20.5)%	(15.8)%	(22.2)%	(20.1)%	(15.7)%	(11.0)%	(17.5)%
产品销售成本(GOGS)，不包括折旧与摊销	1 166 587	1 147 921	253 935	253 475	246 129	260 828	1 014 367	210 313	203 978	218 999	239 971	873 261
总利润	1 513 712	1 468 890	348 051	312 153	287 861	240 015	1 183 080	258 304	247 813	231 001	205 621	942 739
总毛利	56.5%	56.1%	57.8%	55.2%	53.9%	47.9%	53.9%	55.1%	54.9%	51.3%	46.1%	51.9%
销售费用、一般费用及管理费用	145 640	120 930	41 562	25 973	28 775	(27 342)	68 968	29 914	40 202	27 656	61 228	159 000
占销售收入的百分比	5.4%	4.6%	6.9%	4.6%	5.4%	(5.5)%	3.1%	6.4%	8.9%	6.1%	13.7%	8.8%
非现金项目	39 017	29 509	2 848	2 848	2 848	2 848	11 392	2 600	4 300	—	—	6 900
EBITDA	1 407 089	1 377 469	309 337	289 028	261 934	270 205	1 130 504	230 990	211 911	203 345	144 393	790 639
EBITDA 利润率	52.5%	52.6%	51.4%	51.1%	49.1%	54.0%	51.3%	49.3%	46.9%	45.2%	32.4%	43.5%
折旧、摊销与减值损失	463 106	4 353 677	142 845	142 322	142 580	7 488 868	7 916 615	7 733 546	829 255	145 678	144 322	8 852 801
合伙利润	0	0	0	0	0	0	0	0	0	0	0	0
营业利润	943 983	(2 976 208)	166 492	146 706	119 354	(7 218 663)	(6 786 111)	(7 502 556)	(617 344)	57 667	71	(8 062 162)
营业利润率	35.2%	(113.7)%	27.7%	25.9%	22.4%	(1 441.3)%	(308.1)%	(1 601.0)%	(136.6)%	12.8%	0.0%	(444.0)%
非营业利润	1 818	265 166	0	(70 781)	(7 107)	77 888	0	0	0	0	0	0
利息费用	830 892	835 472	198 835	161 469	63 544	65 694	489 542	68 590	73 423	65 000	60 000	267 013
所得税	29 033	(1 277 696)	366 019	(12 910)	21 925	(1 652 730)	(1 277 396)	516 019	(157 044)	(1 000)	(1 000)	356 975
净利润	85 876	(2 268 818)	(398 362)	(72 634)	26 778	(5 553 739)	(5 997 957)	(8 087 165)	(533 723)	(6 333)	(58 929)	(8 686 150)
流动性												
EBITDA	1 407 089	1 377 469	309 337	289 028	261 934	270 205	1 130 504	230 990	211 911	203 345	144 393	790 639
资本性支出	(35 000)	(70 642)	(3 937)	(59 069)	(8 347)	(15 192)	(33 385)	(8 152)	(8 806)	(7 000)	(21 042)	(45 000)
收购、剥离	(330 000)	4 318	—	—	—	—	—	—	—	—	—	—
现金利息费用	(721 505)	(746 529)	(203 304)	(79 535)	(54 038)	(51 235)	(388 112)	(34 668)	(50 055)	(34 556)	(36 721)	(156 000)
现金所得税	(10 075)	(1 587)	—	(1 062)	(349)	(6 462)	(7 873)	(2 002)	(146)	(1 345)	(1 507)	(5 000)

续前表

	季度收入/年收入										
	2007	2008	2009 第一季度	2009 第二季度	2009 第三季度	2009 第四季度	2009	2010 第一季度	2010 第二季度	2010（预测）第三季度	2010（预测）第四季度	2010（预测）
营运资本变动	(70 170)	(91 307)	(27 387)	(184 926)	89 215	(172 673)	(295 771)	(443 049)	180 548	61 521	(7 423)	(208 403)
自由现金流	190 339	471 722	74 709	17 596	288 415	24 643	405 363	(256 881)	333 452	221 965	777 000	376 236
经营现金流	691 809	548 694	56 135	120 487	231 965	107 235	515 822	177 024	134 777			
投资现金流	(409 072)	66 324	(3 937)	(5 909)	(8 347)	(15 192)	(33 385)	(8 152)	(8 806)			
筹资现金流	(392 910)	(397 247)	349 904	(240 932)	(32 574)	52 304	(687 285)	(151 743)				
总现金流	(110 173)	217 771	402 102	(126 354)	199 524	59 469	534 741	(518 413)	(25 772)	—	—	—
现金和交易性证券	46 076	131 199	533 301	406 947	606 471	665 940	147 527	121 755	55 985	55 985	55 985	
应收账款	1 063 468	1 027 027	998 639	951 761	846 057	1 027 027	852 786	753 308	756 472	767 888	780 880	780 880
应收账款回收天数	142.8	141.3	151.0	153.1	144.2	186.6	135.0	146.3	152.4	160.6	154.3	154.8
递延目录成本	183 687	164 248	163 192	165 662	144 583	164 248	138 061	68 005	133 084	145 788	138 994	138 994
递延成本天数	56.7	51.5	58.5	59.5	53.5	57.3	49.0	29.4	59.4	60.6	52.7	57.3
预付账款	173 960	193 057	166 746	114 507	82 351	193 057	90 928	75 882	61 479	66 777	79 198	79 198
预付账款天数	23.4	26.6	25.2	18.4	14.0	35.1	14.9	14.7	12.4	14.0	15.6	15.7
应付账款	230 693	216 093	180 650	125 716	161 801	2 160 963	168 488	139 165	119 215	121 333	109 158	109 158
应付账款天数	71.2	67.8	64.7	45.1	59.8	75.4	59.8	620.2	53.2	50.4	41.4	45.0
应计负债	1 370 863	1 257 373	1 209 674	983 035	877 226	961 602	961 602	390 296	644 634	733 455	756 827	756 827
应计负债天数	423.0	394.3	433.5	352.9	324.3	335.5	341.3	168.9	287.6	304.8	287.0	312.0
负债												
总负债	10 175 649	9 622 256	9 958 616	3 615 434	3 589 256	3 554 776	3 554 776	3 116 916	2 975 004	2 720 170	2 609 569	2 609 569
负债净额（减去超额现金）	10 129 573	9 491 057	9 425 315	3 208 487	2 982 785	2 888 836	2 888 836	2 969 389	28/53 249	2 664 185	2 553 584	2 553 584
上期 EBITDA	1 407 089	1 377 469	1 342 534	1 276 916	1 227 504	1 130 505	1 130 505	1 052 158	975 041	883 550	790 639	790 639
上期现金利息费用，现金	721 505	746 529	735 511	650 933	499 012	388 112	388 112	219 476	189 996	170 514	156 000	156 000
上期资本性支出	85 000	70 642	64 461	50 184	41 531	33 385	33 385	37 600	40 497	39 150	45 000	45 000
比率												
杠杆	7.2倍	7.0倍	7.4倍	2.8倍	2.9倍	3.1倍	3.1倍	3.0倍	3.1倍	3.1倍	3.3倍	3.3倍

续前表

	季度收入/年收入										
	2007	2008	2009 第一季度	2009 第二季度	2009 第三季度	2009 第四季度	2009	2010 第一季度	2010 第二季度	2010 （预测） 第三季度	2010 （预测） 第四季度	2010 （预测）
净杠杆（减去超额现金）	7.2倍	6.9倍	7.0x	2.5倍	2.4倍	2.6倍	2.6倍	2.8倍	2.9倍	3.0倍	3.2倍	3.2倍
EBITDA/上年利息费用	2.0倍	1.8倍	1.8倍	2.0倍	2.5倍	2.9倍	2.9倍	4.8倍	5.1倍	5.2倍	5.1倍	5.1倍
（上年EBITDA－上年资本性支出）/上年利息费用	1.8倍	1.8倍	1.7倍	1.9倍	2.4倍	2.8倍	2.8倍	4.6倍	4.9倍	5.0倍	4.8倍	4.8倍

因此，当预测经营现金流（EBITDA－资本性支出－现金税款－现金利息）时，他们主要关注利息费用和所得税的现金部分。但是，更详细的分析应当考虑递延项目和资本化的项目。

表12—17显示了分析师对Dex One的子公司从2010年至2014年在最好和最坏情境下的年销售收入变化的假设。分析师预期在此期间其销售收入会下降，尽管下降的幅度是不断缩小的。上述销售预测的辅助性文件（表12—18）比较了RHD公司与其竞争对手的近期销售状况。分析中考虑了销售人员数量及其能力。通过将该公司与其同行业进行比较，可以对未来业绩预期是否贴近实际进行验证。在预测时，竞争环境是不容忽视的关键因素，这种比较也能使分析师对竞争环境有深入的了解。

表12—17　　Dex One公司：销售预测假设

最好和最坏的情况	2010（预测）	2011（预测）	2012（预测）	2013（预测）	2014（预测）
RHDI最好的情况	(18.2)%	(10.5)%	(8.9)%	(7.7)%	(6.9)%
RHDI最坏的情况	(18.2)%	(17.5)%	(16.0)%	(15.0)%	(14.5)%
Dex East最好的情况	(19.4)%	(11.0)%	(9.5)%	(8.8)%	(7.7)%
Dex East最坏的情况	(19.4)%	(17.5)%	(16.0)%	(15.0)%	(14.5)%
Dex West最好的情况	(20.4)%	(14.0)%	(12.0)%	(10.0)%	(9.5)%
Dex West最坏的情况	(20.4)%	(17.5)%	(16.0)%	(15.0)%	(14.5)%

表12—19展示了分析师应用于预测销售数据的预测EBITDA利润率，按不同的子公司及其最好和最坏情境分别列示。虽然销售收入有所降低，但这些EBITDA利润率都保持稳定，或有轻微改善。与表12—18类似，辅助性文件（表12—20）提供了行业对比所需的历史数据。

表12—18　　Dex One公司：销售预测的同行业对比

	Idearc	RHD
2007年销售人员数量	3 000	1 900
2009年销售人员数量	2 300	1 400
2007—2009年间的变动	(12.4)%	(14.2)%
2007年销售收入/销售人员数量	$1 063 000	$1 410 526
2009年销售收入/销售人员数量	$1 092 174	$1 573 143
2007—2009年间的变动	1.4%	5.6%

表 12—19　　Dex One 公司：EBITDA 利润率预测

最好和最坏的情况	2010（预测）	2011（预测）	2012（预测）	2013（预测）	2014（预测）
RHDI 最好的情况	44.1%	45.8%	46.8%	47.9%	48.3%
RHDI 最坏的情况	44.1%	45.3%	45.7%	46.2%	45.9%
Dex East 最好的情况	48.6%	48.5%	49.4%	50.0%	50.3%
Dex East 最坏的情况	48.6%	48.1%	48.4%	48.5%	48.1%
Dex West 最好的情况	49.6%	49.7%	49.4%	49.5%	49.4%
Dex West 最坏的情况	49.6%	49.4%	48.7%	48.4%	47.8%

预测需要对收入和费用作出假设。表 12—21 列示出了分析师对材料成本、产量、分销、销售、支持活动以及按照销售百分比法确定的坏账准备。这些项目大都处在一个狭窄的变动范围内，但是需要注意预测的印刷、纸张、占销售收入确定比例的分销成本的上升。

通过变动和修正表 12—16 中子公司的收入预测，分析师就能对 Dex One 公司给出一系列的合并预测。表 12—22 反映了 2014 年最好情境下的预测情况。最好的情境是公司不仅能实现稳健增长并能保持下去的状况。销售收入从最近一个会计年度的 22 亿美元下降到了预测期第五年的 13 亿美元。同样，EBITDA 也从 11 亿美元下滑到 6 亿美元。值得庆幸的是，公司并不处于要求对其业务新增大量投资的增长模式中，在预测期内，资本性支出平均每年只吸收 5 300 万美元，而 EBITDA 的平均值却为 6.64 亿美元。所以，分析师预测，由于销售萎缩，Dex One 将要偿还 27 亿美元债务，导致净财务杠杆（定义为负债减去现金，再除以 EBITDA）从 2.58 倍降低到 1.41 倍。与习惯于看到收益将持续大幅上升的预测报告的权益投资者相比，固定收益证券的投资者会认为这个预测还不是那么令人失望。实际上，固定收益证券的投资者是分析师研究的目标，他们尤其关注 Dex One 子公司，即 RHDI、Dex East、Dex West 的分期贷款。

表 12—20　　Dex One 公司：EBITDA 利润率的同行业对比

	每个客户带来的 EBITDA	每个客户带来的 EBITDA	每个客户带来的收入	每个客户带来的收入	2007—2009 年间的平均客户损失	销售下降幅度
	2007	2009	2007	2009		
Idearc	$1 429.1	$1 487.1	$3 708.1	$4 617.6	(11.2)%	(20.5%)
复合年增长率		2.0%		11.6%		
RHD	$2 280.2	$2 307.4	$4 466.7	$4 541.0	(9.3)%	(10.1)%
复合年增长率		0.6%		0.8%		

表 12—21 Dex One 公司：经营假设

生产和销售费用	2008	2009 第一季度	2009 第二季度	2009	2010 第一季度	2010 第二季度	2010（预测）	2011（预测）	2012（预测）	2013（预测）	2014（预测）
印刷、纸张及销售费用	255.1	59.6	56.6	226.7	49.4	48.1	196.2	176.6	162.7	151.8	143.1
销售百分比	**9.8%**	**9.9%**	**10.0%**	10.3%	10.5%	10.6%	**10.8%**	**10.9%**	**11.0%**	**11.1%**	**11.2%**
其他生产和销售费用	163.1	42.3	36.2	124	33.7	33.8	135.8	121.5	109.4	99.8	92.0
销售百分比	6.2%	7.0%	6.4%	5.6%	7.2%	7.5%	7.5%	**7.5%**	**7.4%**	**7.3%**	**7.2%**
销售与支持费用											
坏账费用		37.9	43.0	154.2	21.6	11.4	81.7	72.9	66.5	61.5	57.5
销售百分比		6.3%	7.6%	7.0%	4.6%	2.5%	**4.5%**	**4.5%**	**4.5%**	**4.5%**	**4.5%**
其他销售与支持费用		114.1	117.8	509.4	105.6	110.8	459.4	421.3	378.6	341.8	316.1
销售百分比		18.9%	20.8%	23.1%	22.5%	24.5%	**25.3%**	**26.0%**	**25.6%**	**25.0%**	**24.8%**

表 12—22　　　　Dex One 公司：最佳情境预测

	2007	2008	2009 第一季度	2009 第二季度	2009	2010 第一季度	2010 第二季度	2010（预测）	2011（预测）	2012（预测）	2013（预测）	2014（预测）
销售收入	2 680.30	2 616.80	602.00	565.60	2 202.40	468.60	451.80	1 816.00	1 620.40	1 478.70	1 367.30	1 277.40
变动		(2.40)%			(15.80)%	(22.20)%	(20.10)%	(17.50)%	(10.80)%	(8.70)%	(7.50)%	(6.60)%
生产和销售费用	450.30	418.20	101.90	92.70	350.70	83.10	81.90	332.10	295.70	268.40	246.80	229.30
销售百分比	16.80%	15.98%	16.93%	16.40%	15.92%	17.73%	18.13%	18.28%	18.25%	18.15%	18.05%	17.95%
销售与支持费用	716.30	729.70	152.00	160.70	663.60	127.20	122.20	541.20	494.20	445.10	403.40	373.60
销售百分比	26.72%	27.89%	25.25%	28.42%	30.13%	27.14%	27.05%	29.80%	30.50%	30.10%	29.50%	29.25%
一般费用及管理费用	145.60	120.90	41.60	26.0	69.00	29.90	40.20	159.00	120.00	115.00	110.00	105.00
销售百分比	5.43%	4.62%	6.91%	4.59%	3.13%	6.38%	8.90%	8.76%	7.41%	7.78%	8.05%	8.22%
EBITDA	1 368.10	1 348.00	306.50	286.20	1 119.10	228.40	207.50	783.70	710.60	650.30	607.20	569.50
销售百分比	51.04%	51.51%	50.91%	50.59%	50.81%	48.74%	45.93%	43.16%	43.85%	43.97%	44.41%	44.59%
负债					3 554.80		2 975.00	2 610.60	2 185.50	1 746.90	1 328.50	914.70
现金					665.90		121.80	56.00	56.00	56.00	56.00	56.00
净负债					2 888.90		2 853.20	2 554.60	2 129.50	1 690.90	1 272.50	858.70
净杠杆率					2.58 倍			3.26 倍	3.00 倍	2.60 倍	2.10 倍	1.51 倍
EBITDA								783.70	710.60	650.30	607.20	569.50
资本性支出					(33.40)	(8.20)	(8.80)	(45.00)	(54.00)	(54.40)	(54.40)	(56.00)

12.7 小 结

在各种财务报表分析中，预测未来财务状况和财务比率最需要技巧，得出的结果也最有价值。而预测也是风险最大的一种分析，因为只有到未来报表公布时才会得到正确答案。完全不可预见的事件可能使预测所依据的假设失效；经济动荡或公司财务战略的未预期变化可能使所有的计算都归于失败。

预测过程中的机会因素意味着，如果没有达到预测目的，分析师也不应该灰心。他们的目标不是绝对精确，而是得出未来的概率模型。逻辑上，模型应该考虑所有的重要证据，包括历史报表内外部的重要信息。然后，分析师才能判断公司的估值（例如，股价和信用等级）是否与可能的情境和相应的概率相一致。

通过跟踪大量预测的事后准确性，分析师能评价这些方法的有效性。当然，总会存在进一步改进的空间，特别是在收集行业信息方面。但是，不管方法如何精确，也不可能尽善尽美，因为经济周期是不可完全复制的。这是使财务预测充满挑战的根本原因。而缺乏可预测性和重复性也是财务预测有价值的原因。当巨额投资面临较大的不确定性时，投资者必须充分了解各种可能的情况。

第13章

信用分析

信用分析是财务报表分析的一个主要用途，它反映对现代经济运行至关重要的多种债务形式。企业赊销商品时需要评估对方兑现承诺的可靠性。同样，商业银行将资金贷给企业时，也需要测算其按时足额偿还的可能性。相应地，银行也要向购买其存单（certificate of deposit）和债券的其他金融机构证明自身的信用。在上述所有情况下，财务报表分析都将对是否授信的决定产生重大影响。

但是，在评价信用风险时，除财务报表分析外，其他流程也很重要。财务报表可以说明贷款人偿还债务的能力，但是几乎不披露其偿还债务的意愿，而这是同等重要的。因此，完整的财务分析还应该查看企业偿还债务的历史记录，而这并非标准财务报表的内容。另外，本例中，为了评价商业企业是否值得授信，除资产负债表和利润表外，银行还必须考虑债务人经营所在地的竞争环境和当地的经济实力。银行的债权人不仅要考虑银行的财务状况，还应该关注公共政策。各国政府都相信，完善、有效的银行系统将有利于整个经济运行，因此，授权中央银行作为最终债权人来进行市场操作。与纯粹的、无限制的竞争环境相比，在上述制度下，银行破产倒闭的可能性很小。

仅仅借由财务报表分析可能并不足以评价公司的信用质量，更为基本的原因是，债务人的信用可能正式或非正式地得到另一家企业的支持。许多市政府（municipalities）通过由信用等级较高的债券发行人提供担保来获得更低的融资成本。对这些债券的持有人来说，担保人的信用水平，而非市政当局的财务状况，是决定债券偿还能力的基础。有时候，公司也为信用等级较低的债券提供担保。即使在债券发生违约时，担保人无须承担连带责任，“潜在的支持”也可能影响发行人的信用质量。如果一家公司依靠其分公司来提供原材料，那么，即使没有签订正式的担保合同，也可以合理假设公司会给其分公司的债务提供支持。

记住，最终的判断也可能会受到其他信息的影响，分析师可以从提取财务报表中承担信用风险的数据开始进行分析。每张基本报表——资产负债表、利润表和现金流量表，当采用比率分析（ratio analysis）技术时，都能够体现出重要的洞见，这与我们采用该技术评估固定收益证券时，作用是相同的。在各种情况下，分析师都必须在理性看待历史财务报表的过程中锻炼积极性，需要考虑到从未来年度预测报表中推导的财务比率。

13.1 资产负债表比率

债权人面临的最直接的风险是债务人的流动性风险——债务人无力筹措资金以偿还债务。许多原因可能导致这种情况发生，如企业不能举借新债来偿还旧债。而不管出于怎样的原因，流动性不足即表明企业目前需要支付的现金大于可用的现金。流动比率（current ratio）通过比较公司在当前经营周期中应付的要求权（流动负债）和以现金形式存在或在当前经营周期中将转化为现金的资产（流动资产）来说明这种情况发生的风险。根据饮料生产商可口可乐公司（Coca-Cola）的资产负债表（表 13—1），该公司 2009 年 12 月 31 日的流动比率为 1.28（美元数据的单位为百万美元）：

$$\text{流动比率}=\frac{\text{流动资产}}{\text{流动负债}}=\frac{\$\,17\,551.0}{\$\,13\,721.0}=1.28$$

分析师也可以通过计算速动比率（quick ratio），或者称为酸性测试比率（acid test）来进行更加严格的流动性检验，

表 13—1　　可口可乐公司资产负债表

公司名称：可口可乐公司	
报表类型：10-K	
提交日期：2010 年 2 月 26 日	
资产负债表	
2009 年 12 月 31 日	
（单位：百万美元，每股价格除外）	
资产	
流动资产	
现金及现金等价物	7 021
短期投资	2 130
现金、现金等价物与短期投资总计	9 151
交易性证券	62
应收账款，分别扣除坏账准备 5 500 万美元和 5 100 万美元	3 758
存货	2 354

预付费用和其他应收款	2 226
流动资产合计	17 551
权益法计量的投资	6 217
其他投资，主要装瓶公司	538
其他资产	1 976
不动产、厂房与设备——净额	9 561
使用寿命不确定的商标	6 183
商誉	4 224
其他无形资产	2 421
资产总额	48 671
负债和权益	
流动负债	
应付账款和应付费用	6 657
银行贷款和应付票据	6 749
本期到期的长期负债	51
应交所得税	264
流动负债合计	13 721
长期负债	5 059
其他负债	2 965
递延所得税	1 580
可口可乐公司所有者权益	
普通股，面值每股 0.25 美元——核定 5 600 股，分别发行 3 520 股和 3 519股	880
资本公积	8 537
再投资收益	41 537
其他累计综合收益（损失）	(757)
库存股，按成本发行——分别发行 1 217 股和 1 207 股	(25 398)
可口可乐公司股东所拥有的权益	24 799
非控股股东权益	547
所有者权益合计	25 346
负债和权益总额	48 671

资料来源：10-K 表。

该比率仅考虑现金和能迅速转化为现金的资产（有价证券和应收账款）。可口可乐公司 2009 年 12 月 31 日的速动比率为 0.95：

$$速动比率=\frac{速动资产}{流动负债}=\frac{\$12\ 971.0}{\$13\ 721.0}=0.95$$

评价公司的短期偿债能力，除了考虑流动资产和流动负债之间的比率外，考虑两者之间的绝对额差异也是有意义的，该差额称为营运资本。再次根据表 13—1，营运资本为 38.30 亿美元。

$$营运资本=流动资产-流动负债$$

$$\$3\ 830=\$17\ 551.0-\$13\ 721.0$$

虽然分析流动资产和流动负债可以预警即将发生的流动性风险，但是债权人仍然时不时发现，他们会借款给不能持续偿还债务从而申请破产的公司。当意识到某一天持有会被违约的债务时，债权人希望知道当债务人清算时能有多少资产可以用来偿还债务。[①] 针对该问题所设计的多种比率可以构成财务杠杆的一系列计量方法。

直接衡量资产保护能力的指标是资产负债比，根据表 13—1 中的例子，可得：

$$资产负债比=\frac{总资产}{总负债}=\frac{\$48\ 671.0}{\$23\ 872.0}=2.04$$

（我们可以很快通过用总资产减去所有者权益获得总负债。）

换句话说，即使可口可乐公司 486.71 亿美元的资产降低 51%，其在清算时，仍可以满足债权人 238.72 亿美元的要求权。资产减损的金额越大，“安全垫”（equity cushion，所有者权益的定义是等于总资产减去总负债）将越大，对债权人的保护程度越高。

债权人也可以通过所有者权益和待偿债务之间的比较来衡量权益对其的“保护”（beneath）程度（在清算中对其而言是初级的）。对于金融企业而言，该比率通常大于 1.0，通常用债务权益比（debt-equity ratio）来反映上述关系比较方便，即：

$$债务权益比=\frac{总负债}{总权益}$$

传统资本化行业的公司（与进行杠杆收购的公司不同）的债务权益比则通常小于 1.0。一般用总债务总资本比（total-debt-to-total-capital ratio）来表示其财务杠杆：

$$总债务总资本比=\frac{总债务}{总债务+少数股东权益+总权益}$$

银行的资本充足率（capital adequacy）通常用权益资产比（the ratio of equity to total assets）来衡量：

$$权益资产比=\frac{总权益}{总资产}$$

以下很多篇幅将针对上述提及的最后几个比率进行具体说明，这些比率的计算实际上远比看起来的要复杂得多。这是因为激进的债务人通常会努力满足债权人所要求的最高杠杆条款，却不遵循条款所蕴含的谨慎精神。本章

① 实践中，如果公司破产，《美国破产法》（United States Bankruptcy Code）鼓励公司重组（reorganization），而不是简单的清算（liquidation）。通常，重组方案下，部分债务将被减免，公司可以得到复苏，并通过支付证券的方式来清偿债务。但是，支付给每一类债权人证券的价值与资产保护有关，因此，以下分析同样适用于重组和清算。

对各杠杆比率定义的讨论将解决主要问题，但不会给出绝对正确的计算规则。然后，本章将说明，将这些比率应用于不同时间和不同债权人之间的比较分析会更有意义。最后，通过案例说明保持计算方法的一贯性要比运用正确的计算方法更重要。

13.1.1 总负债的构成

有时，对于公司而言，财务杠杆计算中只考虑长期负债是合理的，因为通常只是季节性地运用短期负债，例如，为购进圣诞节相关存货而进行的融资。公司可能利用银行信用额度（bank lines）或者发行商业票据来满足资金需求，然后在销售存货之后再偿还全部的临时借款（interim borrowing）。即使能在每个经营周期的某个时点将短期负债“清零”的公司也可以认为其真正的财务杠杆应该用资产负债表上的永久（长期）负债来表示。但是，许多债务人破坏了这个原则，他们更加依靠短期负债，未按临时借款及时偿还，也不通过其他方式融资（用长期债务替代）。事实上当规模增加到一定程度时，他们可以利用发行债券来降低成本。这些短期负债应该被看成是永久性债务，应当被包含在财务杠杆的计算中（一年内到期的长期负债也应该计入总负债的计算中，根据保守假设，公司将用新的长期负债代替即将到期的债务）。

此外，尽管信用分析应该警惕前述对短期负债的依赖性，但是也没有必要和前些年一样草木皆兵。依赖偿还期小于 1 年的负债有两个风险。第一个风险是潜在的流动性不足风险。如果当债权人不能进行展期（因为信贷很严）或者不愿意展期（因为债权人认为债务人的信用下滑）时，较大金额的债务到期，债务人将不能支付即期负债。但是，如果债务人拥有信贷周转协定（revolving credit agreement），即债权人提供贷款的长期承诺（在符合某些条件的情况下，例如，保持规定的财务比率，经营过程中不发生重大变动），则可能消除这种风险。依赖短期借款的另一个风险是利率波动（interest-rate fluctuation）风险。如果大量负债即将到期，而自发生借款开始利率已经大幅上升，则债务人的经营成本可能在一夜之间猛涨。

注意长期**浮动利率负债**（floating-rate debt）也可能面临利率波动风险。公司可以通过使用**金融衍生工具**（financial derivatives）来控制这种风险。一种方法就是限定借款人的利率上限，即制定一个最大利率，而不管未来市场利率有多高。此外，债务人可以利用利率掉期（interest rate swap）将浮动利率债务转化成**固定利率负债**（fixed-rate debt）（对公司而言，即使能达到同样的效果，与直接发行固定利率债券相比，供求关系会使得发行浮动利率债券和掉期的组合操作更加经济）。公开财务报表只提供公司利用金融衍生工具进行利率风险管理的一般信息。

债务人有时认为总负债计算中应该不包括债权人可以选择转化为普通股权益的债务。信用分析的强硬派认为：“当持有者将其转换为股权时，它才是所有者权益。而在那之前，它就是债券。”但是，实际上，如果债券的转换价值（conversion value）足够大，大多数持有者都会选择将债券转换为普通股。

特别是如果发行人拥有赎回债券、提前偿还的选择权时，将使不转换的持有者遭受损失。分析师应该记住，最终的目标不是计算比率而是评估信用风险。因此，最佳的方法是将可转换债券（convertible debt）计入总负债，但是，在将债务人与同类公司进行比较时，也要同时考虑转换的概率。

优先股（preferred stock）① 这种证券使杠杆计算更加复杂。一方面，从法律角度看，优先股明显属于权益；从清偿角度看，它排在负债之后。优先股支付股利而不是利息，因此，没有发放股利并不造成违约。另一方面，与普通股股利不同，优先股是由合同约定固定股利。而且，优先股通常是累积（cumulative）优先股，意味着发行人在发放普通股股利之前必须先发放拖欠的优先股股利。此外，不是所有的优先股都与普通股一样，具有永久性资本的特征。优先股可以包含偿债基金（sinking fund）条款，像债券中的条款一样，它要求在到期之前偿付在外发行面值的较大部分。这样的条款意味着，在这种情况下，公司的财务弹性要比永久优先股情况下低，永久优先股在任何时间都不能要求返还本金（principal）。另一种优先证券是可转换优先股（exchangeable preferred stock），发行人拥有将其转换成债务的选择权。因此，在信用分析时，将其完全作为所有者权益将低估财务风险。总之，信用分析师必须认识到，资本结构中优先股的存在可能会提高风险。为了将这一风险纳入分析，正式的做法是通过计算总固定债务与总资本的比率来进行反映：②

$$\text{总固定债务与总资本的比率}=\frac{\text{总债务}+\text{优先股}+\text{偏好股}}{\text{总债务}+\text{少数股东权益}+\text{优先股}+\text{偏好股}+\text{普通股权益}}$$

与优先股一样，表外租赁债务（off-balance-sheet lease obligation）可以使公司获得很多债务融资的好处，而不违反债券合约的限制性条款。会计准则要求把融资租赁单独或者作为长期负债的一部分在资产负债表上反映，从而使这些类似债务的义务部分地揭示出来。信用分析师应该进一步分析。除了在总负债计算中包含融资租赁外，他们还应该考虑经营租赁产生的表外负债，而这些在财务报表附注中披露（作为"租赁费用"）。但是实际的问题是，尽管会计准则对融资租赁和经营租赁进行了区分，但是从经济范畴来看，这两种财务工具的差别很小。实际上，债务人费尽心思使融资租赁满足公认会计原则条件下经营租赁的条件，从而无须在资产负债表中反映该负债，也希望能通过分析师的信用审查。信用分析师不应该上当，而是应该将财务报表附注中显示的当年租金进行资本化。通常的做法是将年内租金乘以 7 或者 8，当在比较中可获得融资租赁中资本化租赁价值实际数据的时候，该计算结果相对较为准确。

① 本段关于优先股的论述也适用于偏好股（preference stock），其在形式上与优先股类似，但是在资本结构中次于优先股。

② 在此处和随后的资本总额定义中，包含少数股东权益（minority interest）。该项目在杠杆计算中要视为权益，因为其不涉及契约性支付，并且受偿权排在负债之后。

13.1.2 其他表外负债

为了获得债务的好处而同时又不会受到信用分析师施加的不良影响，公司毫无疑问会利用租赁业务。和租赁业务一样，利用其他方法，企业也可以隐藏债务，从而获得经济利益。总之，判断信用质量的关键应该是其经济影响，而会计处理可能反映也可能不反映其经济影响。

通过合伙建立合营公司（joint ventures）或者设立拥有部分所有权的分公司，公司可以利用财务杠杆而并不在合并资产负债表中列示相关债务。但是至少分析师应该将该合营公司债务中相应比例的负债计入公司报表，从而"匹配"其从关联企业所获得的现金流收益（注意，现金流应扣减非完全合并关联企业的未汇缴利润——并非所获得的股利的部分）。在某些情况下，关联企业的经营对母公司的经营是非常重要的，例如，合营纸浆厂为母公司完全控制的造纸厂提供原材料。在这种情况下，即使没有相应的法定义务，母公司也有很强的动机在合营企业发生财务困难时承担起还本付息的责任（法律上将其称为**按份责任**（several obligation），与之相对应的是**连带责任**（joint obligation），即每个合伙人都必须连带承担其他合伙人的偿债责任）。在特定条件下，将合营公司或非合并子公司按照大于股权比例的债务部分计入母公司也是合理的，最高计入比例为100%。

1992年，英国《独立报》（*The Independence*）对享受债务带来的好处而不在资产负债表中确认负债的一种巧妙的设置进行了报道。根据这份英国报纸，开罗的费萨尔伊斯兰银行（Faisal Islamic Bank）为经营困难的房地产开发商奥林匹亚 & 约克公司（Olympia & York）提供了2.5亿美元的贷款。而作为一个具有伊斯兰信仰的机构，这家银行是不允许收取利息的。《独立报》称，然而，该银行实际上获得了奥林匹亚 & 约克公司的一座大厦，并拥有向该公司回售的期权。据报道，该期权是按照2.5亿美元加上相当于期权有效期内市场利率所确定的金额之和进行行权。《独立报》称，由于行权价与贷款之间的差额并不作为利息确认，因此这项2.5亿美元的融资并没有在奥林匹亚 & 约克公司的资产负债表内作为贷款来列示。

《独立报》注意到，奥林匹亚 & 约克公司的发言人对此进行了否认，他声称："公司不存在任何一项那样的贷款"（反复强调）。但是，如果会计账目基本正确，那么，宗教禁止利息的说法则堂而皇之地成功转移了人们对这项被完全粉饰的贷款交易的关注。奥林匹亚 & 约克公司最重要的债权人之一，巴克莱银行（Barclays Bank），称从未听说过开罗费萨尔伊斯兰银行的这项贷款交易。①

众多的表外负债中，员工福利义务（employee benefit obligation）具有不同的特点。第87号财务会计准则公告（SFAS 87）规定，与员工截至今日的服务相关的养老金负债需在资产负债表中进行确认。同样，SFAS 106号要求

① Nick Fielding, Richard Thomson, and Larry Black, "Undisclosed Debt Worries Hangover O&Y," *The Independent*, May 10, 1992, Business on Sunday Section, 1.

将退休后健康保健福利（post-retirement health care benefits）确认为表内负债。SFAS 158 号对其他要求进行了规定。但是，未来工资的预期上涨仍然没有确认的要求，尽管这会影响利润表中养老金费用（pension expense）的计算结果。与其他类别的隐藏负债不同，该义务的产生是为了促进公司的长远发展（吸引和留住有能力的员工），而不是作为撬动所有者权益的潜在手段。

一般而言，已足额缴款的养老金（抛开其目的，是由投资资产组提供的资金）从持续经营的视角，不会带来什么信用风险。同样，对于本质有实力的公司而言，即使其养老金缴款略有不足，并且正在补足，也只不过会产生较小的负面影响。但是，大额或正在扩大的未缴款养老金负债——虽然很难进行显性量化——将导致公司的信用评级恶化。当公司发生破产时，关键是要监督养老金福利保付公司（Pension Benefit Guaranty Corporation）的工作，争取对其资产要求权的主张，如果成功，这将减少其他债权人的受偿金额。

13.1.3 递延所得税是资本的一部分吗?

许多公司资产负债表中靠近所有者权益的项目是"递延所得税"。该项目反映了按法定利率（statutory rate）计算的所得税与实际支付的所得税之间的累计差额。该差额反映了资产和负债的税基与满足财务报告目的下的账面价值之间的差异对未来年度的纳税影响。

很多分析师认为，由于递延所得税负债永远不会到期，因此也不会成为真正的负债（只要公司支付的税金小于其按法定税率计算的金额，递延所得税科目就会持续增长），因而将其列示为负债将低估公司净值。持这种观点的人在债务资本比的计算中将递延所得税加回分母以调整被低估的净值，即：

$$\text{债务资本比}=\frac{\text{总负债}}{\text{总负债}+\text{递延所得税}+\text{少数股东权益}+\text{总权益}}$$

一般而言，这种做法是可行的。但是，分析师必须记住，对于所有公司而言，确保计算方法的一贯性比以比率计算的准确性更加重要。需要注意的是，形成递延所得税的因素有很多，但是，并非所有的因素都意味着永久性递延。例如，一家国防承包商可以将与某一具体合同相关的所得税递延至合同完成为止。虽然在上述情境下，具体数值很难获得，但是分析师不想将即将要完成的合同的递延所得税加到权益后面。

13.1.4 管理层对债务态度的重要性

如前所述，公司千方百计企图在获得激进的财务杠杆的好处的同时，又能不遭受低信用评级和高借款成本的后果。分析师应该注意，公司所采用的种种诡计，不仅仅局限于会计手段，一些管理团队还利用偷梁换柱（bait-and-switch）的障眼法。

该障眼法具体是指，公司宣称管理层已经认识到，从长远来看，保守的财务政策是有利于股东利益最大化的。公司最近正陷于因几年前过度负债而造成的财务困境之中，首席执行官发誓，公司再也不会因为过度负债而陷入财务困境（financial strain）。为了表明他们的决心，管理层制定了新政策来增加现金流，并偿还了一部分短期借款。信用分析师主要依靠对财务比率趋势的分析来进行信用评价，公司的这些行为能够改善其看法，因而公司能以较低的利率发行长期债券。然而，一旦资金到手，管理层就失去了在债权人面前表现出保守态度的动力，转而采取激进的财务政策，并很快使公司陷入困境。

不是每个人都会被蒙骗的。穆迪公司和标准普尔公司在进行债券评级时很重视管理层对债务的态度（参见本章后面的“衡量信用风险的相关比率”）。对于为了进行下次公开发行而暂时改善资产负债表的公司，由于这些公司在公开发行结束后不大可能会保持改善后的资产负债表状态，因此穆迪和标准普尔公司极力避免给予其较高的信用评级。这些机构也因此常被指责是过于保守了。公司抱怨债券评级机构过分纠缠于过去较差的财务比率。而实际上，这些机构是三思而后行的。根据它们与管理层打交道的经验，它们推断近期财务杠杆的改善仅仅是权宜之计，而不是债务政策的长期改变。总之，信用分析师应该假设提高债券等级是公司管理层的次要目标。如果公司股票暂时低迷，管理层通常没有将债务从资本结构中清除的迫切动机，因为这样会降低股东权益回报率（参见第 14 章）。同样，首席执行官也是人，难以拒绝经营一家规模更大的公司的机会。因此，当大型兼并机会来临时，即使需要大规模借款并使公司债券等级下降而不是像所希望的那样上升，首席执行官也很可能会进行并购。

与其他类型的财务报表分析一样，要发掘一家公司资产负债表的信息，需要分析师看得更远。当考虑到管理层未来可能采取的措施时，公司按时偿还负债的预期可能优于或者劣于比率所反映出的状况。但是，信用分析师不能相信管理层的表面言论。当首席执行官宣布公司的首要任务是获得较高的债券等级时，还应该询问以下细节：为了达到这个目标，公司的具体行动方案是什么？至此，公司已经进行到了哪个阶段？

总之，对于公司各种免责条款，尤其是公司在进行债券发行时，信用分析师应该进行认真的分析。当潜在的投资者询问管理层，不论遇到什么困难，公司是否都会坚持将提升债券等级作为目标时，首席执行官会漫不经心地回答：“当然，如果一生只有一次的重大并购机会到来，并且需要进行借款，那么，我们将不得不暂时延缓减少债务的计划。”信用分析师通常可以假设在债券交易结束后不久，这个一生只有一次的机会将会变成现实。

13.2 利润表比率

传统的信用分析方法重点关注的是流动性和资产保护（asset protection），二者都是用资产负债表比率来衡量的，而一种较新的观点认为，利润才是保持流动性和资产价值的根源所在。高额的利润使系统内有充足的现金流，并证明了厂房、设备等生产性资产的价值。按照后一种观点，利润表不仅为所有者权益分析师所青睐，对于信用分析也十分重要。

信用分析对利润表的核心关注点在于债务人的利润率（利润占销售收入的百分比）。利润率越低，则销售价格的小幅下降或成本的略微上升可能带来损失的风险越大，而损失又将通过减少所有者权益来影响资产负债表比率，如总债务总资本比。

在利润表中，利润有多种衡量口径，或者在扣除各种费用之前，或者在扣除各种费用之后，直到得出利润表的最后一行——净利润。最为常见的利润率计算方法如下：

$$毛利率=\frac{销售收入-产品销售成本}{销售收入}$$

$$营业利润率=\frac{营业利润}{销售收入}$$

$$营业利润率=\frac{净利润+所得税+利息费用-利息收入-其他利润}{销售收入}$$

$$税前利润率=\frac{净利润+所得税}{销售收入}$$

$$净利润率=\frac{净利润}{销售收入}$$

将以上公式应用于可口可乐公司的利润表（表 13—2），该公司 2009 年的利润率为：

$$毛利率=\frac{\$30\ 990.0-\$11\ 088.0}{\$30\ 990.0}=64.2\%$$

$$\begin{aligned}营业利润率&=\frac{\$6\ 824.0+\$2\ 040.0+\$355.0-\$267.0-(781.0+80.0-115.0)}{\$30\ 990.0}\\&=26.5\%\end{aligned}$$

$$税前利润率=\frac{\$6\ 824.0+\$2\ 040}{\$30\ 990.0}=28.6\%$$

$$净利润率=\frac{\$6\ 824.0}{\$30\ 990.0}=22.0\%$$

表 13—2　　可口可乐公司利润表

公司名称：可口可乐公司

报表类型：10-K

提交日期：2010 年 2 月 26 日

利润表

2009 年 12 月 31 日

（单位：百万美元，每股价格除外）

项目	
销售收入净值	30 990
产品销售成本	11 088
毛利	19 902
毛利率	64.20%
销售费用、一般费用及管理费用	11 358

其他营业费用	313
营业利润	8 231
营业利润率	26.60%
利息收入	249
利息费用	355
权益利润（损失）——净值	781
其他利润（损失）——净值	40
税前利润	8 946
所得税	2 040
有效税率	22.80%
合并净利润	6 906
减：归属于非控股股东权益的净利润	82
归属于可口可乐公司股东的净利润	6 824
每股收益	
基本每股收益	2.95
稀释每股收益	2.93

资料来源：10-K 表。

可口可乐公司相对较高的利润率给了债权人信心，数据表明，饮料生产是一个成功的行业，能够持续吸引投资者的新进资本。公司能否保持融资能力，是表现较强信用实力的关键因素。从定性的层面，可口可乐正在用大规模的广告攻势旨在强化其基本上是全球知名品牌，以此来努力保证其未来的盈利能力。

观察到在营业利润率的计算中，根据公式，要减去其他利润，这样做也包括加回一个负值（其他非经营费用）的情况。我们还注意到，公式并未要求加回 2 730 万美元的重组费用，而该项目是一个非经常项目（参见第 3 章），这样做并不符合税后的处理要求。当分析师在确定公司的真实盈利能力时，应当弄清楚那些非经常性费用。

在某些情况下，税后非营业项目（aftertax nonoperating item）的存在可能会使得税前利润率和营业利润率的分子不一致。根据公式，税前利润率是从下向上计算，而营业利润率是从上向下计算的。例如，会计政策变更的累计影响数在线下或者在所得税扣除之后列示。那么，净利润与所得税之和将不等于利润表上所列示的税前利润。为了确保公司间的可比性，分析师在计算每个公司的利润率时，应该注意采用相同的计算过程，而不能走捷径，以免产生歧义。

不同的利润率指标反映了管理效率的不同方面。毛利率反映了管理层以有利的价格进行商品买卖的能力，特别适用于对零售商的分析。营业利润率则反映了不考虑财务政策（很大程度上决定了利息费用）和税率（不在管理层控制范围之内），管理层经营公司的业绩，包括明智的买卖交易，控制销售和管理费用。① 财务政策和税率最后体现在税前利润率和净利润率的计算公式中，净利润率反映了影响盈利能力的全部因素，无论其是否在管理层的控制之下。

在计算利润率时，分析师应该剔除非经常性利得和损失的影响，确定在未来可持续的盈利水平。

信用分析师感兴趣的另一个利润表比率是固定费用保障倍数，它衡量公司盈利能够足额支付债务利息的能力，这也是债权人最为关心的问题。简单来说，固定费用保障倍数等于营业利润能够支付利息的倍数：

$$\text{固定费用保障倍数}=\frac{\text{净利润}+\text{所得税}+\text{利息费用}}{\text{利息费用}}$$

但是，还需要对基本公式作一些调整。同利润率一样，应该从计算中剔除非经常性项目，以反映持续偿付的水平。另一个重要的调整则涉及利息资本化和经营性租赁支出。

13.2.1 资本化利息

根据 SFAS 34 号规定，公司可以将部分利息成本资本化，而非费用化。与用来修建厂房的砖瓦一样，为其筹资所发生的成本将带来未来的收益，因此，借款成本不应该在第一年全部冲销。但是，无论是费用化还是资本化，公司盈余都必须用于支付所有的应计利息，应计利息应该作为固定费用保障倍数公式中的分母。因此，应该修正基本公式，分母中不仅应该包括利润表中的利息费用，还应该包括资本化利息，该数据取自利润表或财务报表附注（如果数值很小，资本化利息可以忽略不计，分析师可以不进行公式调整）。但是分子不应该包括资本化利息，因为它是总费用的抵减项，已经反映在净利润中。因此，如果将其包括在分子中会造成重复计算：

$$\text{固定费用保障倍数（调整资本化利息后）}=\frac{\text{净利润}+\text{所得税}+\text{利息费用}}{\text{利息费用}+\text{资本化利息}}$$

13.2.2 租赁费用

如前所述，表外经营性租赁实际上具有与表内负债一样的经济影响。信用分析师除了应该考虑经营性租赁所代表的负债之外，他们还应该将年固定费用纳入保障倍数的计算。一种方法是简单地将财务报表附注中的当期总租赁费用分别加回固定费用保障倍数公式中的分母和分子。另一种方法是加回租赁费用三分之一的数值（计算公式如下）。从理论上说，如果筹集资金购入资产，那么租赁费用的三分之一通常等于需要支付的利息，而三分之二等于所偿还的本金：

$$\text{固定费用保障倍数（调整资本化利息和经营租赁后）}$$
$$=\frac{\text{净利润}+\text{所得税}+\text{利息费用}+1/3\text{ 租金}}{\text{利息费用}+\text{资本化利息}+1/3\text{ 租金}}$$

① 从技术上来说，虽然法定税率是不可控的，但是有效税率在一定程度上是可控的。因此，在税前利润率之外计算营业利润率仍是有用的，可以在反映管理层财务敏感度之外，衡量其运营能力。

将经营性租赁费用包含在固定费用保障倍数的计算公式中会产生两个难题。首先，证券交易委员会不要求公司在季报中披露租赁费用。因此，分析师只能根据最近一年的租金水平来估计中期数（尽管少数公司在中期报告中自愿披露资本化利息，资本化利息也存在着数据获取困难的问题）。其次，特别是零售商经常约定半固定（semi-fixed）的租金费用，部分租金与收入相关联。一些人认为，变化部分——或有租金（contingent rental）——应该从固定费用保障倍数的公式中剔除。但是，这种方法会导致分子包含了超过收入临界值所带来的利润，而分母却忽略了收入超过临界值后所发生的费用。反映或有租金的较好方法是，在计算资产负债表中的总债务总资本比时，只对强制要求支付的部分进行资本化。

13.2.3 利息收入

与固定费用保障倍数相关的最后一个问题是利息收入。公司有时认为分母应该只包括利息费用净额。该值等于利息费用与带息资产，主要是有价证券所产生的利息收入的差额。公司认为，二者可以抵减，营业利润只需要支付除了被利息收入“自动”支付利息费用以外的费用。但是，当公司拥有大量、临时有价证券的投资组合时，这种方法是靠不住的。在这种情况下，公司将资金投资于经营性资产后，基于当年净利息费用计算的固定费用保障倍数将大大高估以后年度预期对债权人的保护程度。但是，如果公司的战略是将大部分资产长期投资于有价证券（一些制药厂就是这样做的，为了获得特定的税收利益），则分析师应该在信用分析中将相关流动性作为正面因素来考虑。

13.3 现金流量表比率

与资金来源和使用相关的比率从最基本的层面上衡量信用质量——公司产生足够现金以偿还债务的能力。这些比率也反映了大量体现公司财务弹性的信息。相对于因融资困难或成本过高而被迫紧缩的公司而言，不依靠外部融资的公司可以承担较高的经营风险。此外，现金流来源与使用比率的趋势可以预测资产负债表比率的变化。由于公司一般不愿意发行新股，这样会稀释现有股东权益，因此，现金缺口可能通过债务融资来补充，从而造成总债务总资本比上升。

对于资本密集型的制造业和公共事业单位来说，一个关键比率是现金流比资本性支出比率（cash flow to capital expenditure）：

$$现金流比资本性支出比率=\frac{经营活动产生的现金流量}{资本性支出}$$

该比率越高，则财务弹性越大。但是，分析内部资金与资本性支出之间的关系发生变化的原因非常重要。对于资本密集型行业来说，一般会经历一个资本支出周期。通过建设大规模厂房来增加生产能力，这需要花费几年的时间。一旦形成新的生产能力，资本性支出就会放缓几年，直到赶上需求增长并开始另一轮新的投资。经过这个周期，企业的现金流比率下降。当然，这并不会使企业的信用质量长期恶化。但是，现金流比资本性支出比率呈长期下降趋势的公司可能会过度负债，财务风险将逐年上升。同样，该比率上升时，公司也需要解释其原因。根据现金流比资本性支出比率，公司骤减资本预算能增加财务弹性。但是，削减支出也可能牺牲市场份额或者使公司的技术落后，从而损害公司的长期竞争力。

尽管最近一期的现金流比资本性支出比率是有用的指标，但是，信用分析师总是更关注未来的比率。评价公司是否保持现有现金流充足的一个方法是计算折旧比现金流比率：

$$折旧比现金流比率=\frac{折旧}{经营活动现金流量}$$

与盈余不同，折旧基本上是一个可以计划的项目，其带来的现金流可以通过会计准则来确定。折旧带来的现金流占比越高，公司现金流的可预测性就越高，财务弹性对变幻莫测的市场的依赖性也就越低。

从现金流量表所推导出的比率中，资本性支出比折旧比率也很重要：

$$资本性支出比折旧比率=\frac{资本性支出}{折旧}$$

如果该比率在几年内都小于1，需要提高警惕，因为这种情况表明公司未能重置厂房和设备。未进行足额的资本重置就相当于公司逐步清算。不过，同理，分析师也不能因为资本性支出持续超过折旧就简单地认为一切正常。首先，持续的通货膨胀意味着今天用于购买厂房和设备的名义货币（nominal dollar）将不具备与购置折旧资产时同等的购买力（生产流程的技术进步可能解决这个问题，因为由于公司进行资产的重置，单位产品的实际成本可能下降）。其次，为了避免因看似很强的资本性支出比折旧比率而过度自信的理由是，因磨损或者过时，折旧额可能会被低估。如果是这样，那么资本性支出比折旧比率将高估资本性支出的充足度。最后，即使每一种情况下，资本性支出都能够匹配现有厂房和设备的折旧额，资本性支出也可能过低。在快速增长的行业，如果不能以与竞争对手同样的速度来进行生产能力的扩张，则公司可能会丧失规模经济，成为行业优胜劣汰的牺牲品。

信用分析师基于资本性支出比折旧比率的概念，进一步拓展，在此概念框架中加入其他现金流项目以及股利，形成自由现金流的概念，如下所示：

$$自由现金流=经营活动产生的现金流-资本性支出-股利$$

关注高杠杆公司负债的那些信用分析师最为看重公司产生正自由现金流的能力。原因在于，只要公司有足够的现金流置换其固定资产并能够满足股东对分配部分利润的要求，公司就不需要依赖于外部融资。管理层可以选择偿还负债以降低财务风险。理所当然，问题的关键在于，盈利能力取决于经营活动产生的现金流，而该现金流是否为可持续的。

13.4 组合比率

至此，本章讨论的财务比率均取自三大基本财务报表之一。在财务分析过程中，这些基本比率类似于楔子、杠杆、车轮和螺钉等简单工具，可以用来提高生产力。但是，如果将杠杆和车轮组合成独轮车将是非常显著的进步。同理，将不同财务报表的数字进行组合可以释放出强大的分析能量。

13.4.1 回报率衡量指标

最有价值的组合比率之一就是将收益和资产负债表数字相结合，用于衡量企业利用所拥有的资产或投入的资本产生收益的能力。此类指标将信用分析和经济学概念资本生产率（productivity of capital）联系起来。

举例说明，假设 A、B、C 三家公司均没有负债。如果仅看净利润率，该指标只是从利润表中推导得出，则 A 公司优于其直接竞争者 B 公司和处于不同行业的 C 公司。而从组合比率权益回报率（ratio of return on equity）来看，则 C 公司最高，而其所处行业的销售净利润率则较低，即：

	A 公司	B 公司	C 公司
销售收入	\$1 000 000	\$1 000 000	\$2 000 000
净利润	50 000	40 000	60 000
权益	500 000	500 000	500 000
净利润率 （净利润/销售收入净额）	5.0%	4.0%	3.0%
权益回报率 （净利润/权益）	10.0%	8.0%	12.0%

从经济学家的角度来看，这个结果表明，A 公司和 B 公司所在行业的投资者能获得 8%～10%的收益率，他们可能会将资本转移到 C 公司所处的行业，因为该行业的投资回报率是 12%。此次资本转移的信用含义（credit implication）是，A 公司和 B 公司融资的难度将加大，因而，其财务弹性将降低。相反，对 C 公司的信用则会产生有利影响。

回报率组合比率还有多种变体，每种变体适用于不同的具体分析。前文已提到的权益回报率衡量了公司权益的生产率，因而可以表示其吸引某种形式资本的能力，这种资本能够为债权人提供重要保护：

$$权益回报率=\frac{净利润}{普通股权益+优先股权益}$$

计算该比率时，分析师通常将公司会计年度最后一天的权益作为分母，将利润表上的年度净利润作为分子。这种方法可能会扭曲事实。公司可能在临近年末时大规模增发新股。因而，权益回报率中的分母会增加，但是分子并不能反映新的权益所带来的全年收益，因为新的权益仅存在几天。在这种情况下，将该公司的权益回报率与没有突然扩增权益的公司相比较，将会显失公平。

用平均所有者权益来替代年末所有者权益能减少上述权益回报率计算中可能存在的曲解：

$$\text{平均权益回报率}=\frac{\text{净利润}}{\frac{\text{期初权益}+\text{期末权益}}{2}}$$

（即使没有年末权益的突然变动，一些分析师也倾向于用平均权益来计算权益回报率。）

包含资产负债表数据的组合比率的另一个局限是，如果计算期非整年，则这些比率几乎没有意义。假设 2010 年公司的利润为 600 万美元，年末的所有者权益为 8 000 万美元，则权益回报率为 7.5%。2011 年上半年，公司的净利润为 400 万美元，公司将其中的 200 万美元用于分发股利，2011 年 6 月 30 日的所有者权益为 8 200 万美元。公司半年所获得的净利润等于 2010 年全年的三分之二，因而，如果认为公司的权益回报率从 7.5%下降到了 4.9%（=400/8 200），则是不合乎逻辑的。

为了计算正确的权益回报率，必须将净利润数值年化。但是，由于公司的盈利是有季节性的，不能简单地将上半年数据乘以 2。即使公司经营没有季节性，也不能保证下半年能维持上半年的盈利能力。因此，将净利润数值年化的最好方法是计算连续 12 个月的数值：

$$\text{（年化）净利润}=\frac{\text{2010 年下半年的净利润}+\text{2011 年上半年的净利润}}{\text{2011 年 6 月 30 日的权益}}$$

如果分析师只有公司 2010 年的年报和 2011 年第二季度的季报，则需要推算 2010 年下半年的净利润数据，计算过程如下：

2010 年全年的净利润

减去：2010 年上半年的净利润

加上：2011 年上半年的净利润

对于信用分析师来说，仅仅是权益回报率指标是不够的，甚至可能会带来误导。原因是公司可以通过提高资本结构中的负债比例来提高权益回报率，而这种做法会降低信用质量。如表 13—3 所示，虽然 X 公司和 Y 公司的营业利润率相同，但是 Y 公司的权益回报率要高于资本结构更加保守的 X 公司。

注意，即使由于较高风险的财务结构使 Y 公司不得不支付较高的利率，但 Y 公司仍能从中获利。

净利润率和固定费用保障倍数等利润表的财务比率表明，X 公司拥有较高的信用质量，而作为对其进行检验的权益回报率，Y 公司的权益回报率则较高。本章后面部分将系统地介绍如果不同财务比率对两家或多家公司进行的相对信用质量评价结果相左时，如何协调其趋于一致的问题。而更为相关的问题则是，还可以使用其他组合比率来检查是否存在人为提升权益回报率的情况。使用 X 公司和 Y 公司的相同数据，分析师还可以计算总资本回报率

(return on total capital)，该值不受资本结构的影响。

表 13—3　　债务对权益回报率的影响　　单位：百万美元

	X公司				Y公司			
	2010-12-31		2011-12-31		2010-12-31		2011-12-31	
总负债	25.0	25.0%	25.0	23.5%	50.0	50.0%	50.0	47.5%
权益总额	75.0	75.0%	81.4	76.5%	50.0	50.0%	55.3	52.5%
资本总额	100.0	100.0%	106.4	100.0%	100.0	100.0%	105.3	100.0%

2011年经营成果	X公司	Y公司
销售收入	125.0	125.0
营业费用	108.5	108.5
营业利润	16.5	16.5
利息费用	2.0*	4.5+
税前利润	14.5	12.0
所得税	4.9	4.1
净利润	9.6	7.9
股利	3.2	2.6
留存收益增加额	6.4	5.3
营业利润率	16.5/125.0=13.2%	16.5/125.0=13.2%
净利润率	9.6/125.0=7.7%	7.9/125.0=6.3%
权益回报率	9.6/81.4=11.8%	7.9/55.3=14.3%
固定费用保障倍数	(9.6+4.9+2.0)/2.0=8.25倍	(7.9+4.1+4.5)/4.5=3.7倍

*利率为8%。+利率为9%。

以此为基础，由于留存收益的增长更为缓慢（进而导致资本增长也更为缓慢），Y公司仅具有微弱优势：

$$总资本回报率=\frac{净利润+所得税+利息费用}{负债总额+权益总额}$$

X公司　　　　Y公司

$$\frac{9.6+4.9+2.0}{25.0+81.4}=\frac{16.5}{106.4}=15.5\% \qquad \frac{7.9+4.1+4.5}{50.0+55.3}=\frac{16.5}{105.3}=15.7\%$$

上述计算公式中的负债总额包括短期负债、一年内到期的长期负债和长期负债，原因详见前面的“总负债的构成”。类似的，权益总额也包括偏好股和优先股。如果存在少数股东权益，相关的利润表项目也应该包括在分子中，相关的资产负债表项目要包括在分母中。

13.4.2　周转率指标

除了衡量投资回报率的指标外，另一类组合比率，周转率（turnover ratio），可以提供资产质量的重要信息。周转率所依据的原理是：公司为获得既定的销售收入需要保持一定的应收账款和存货水平。例如，如果一家制造企业销售货物的条款是30天内付款，并且所有的客户都准时支付，那么公司在任何一天的应收账款均应该等于年销售额的30÷365即8.2%（不考虑销售的季节性）。反过来，分析师可以计算尚未收回的应收账款的平均回收时间（计算中应使用一年内应收账款的平均余额）：

$$应收账款周转天数=\frac{\frac{期初应收账款+期末应收账款}{2}}{年销售收入}\times365$$

该比率可以使分析师了解公司真正的平均回收期，这可能与公司所宣称的回收期存在明显差别。

将应收账款周转天数的计算公式进行变形，便可以得出公司每年的应收账款周转率：

$$应收账款周转率=\frac{年销售收入}{\frac{ARBY+AREY}{2}}$$

式中，ARBY为期初应收账款；AREY为期末应收账款。

只要公司继续按照同样的信用政策进行销售，其应收账款的水平将随着销售收入的增加而增加，但是两者之间的比率保持不变。该比率的下降可能意味着公司客户由于财务困难导致付款变慢了；或者是公司为了提高销售收入，放宽了信用标准，允许销售人员与财务状况不好的客户发展业务。不管是哪种方式，资产负债表中应收账款最终是否能够收回都将变得更加不确定。除非公司通过增加应收账款坏账准备来反映上述情况，否则公司将不得不在未来某一时点核销部分应收账款。因此，分析师应该调整公司的总债务总资本比以反映所有者权益被高估的情况。

用组合比率能够识别的另一个资产质量问题涉及滞销存货。时装零售商以往销售季积压的过季服装，或者电器制造商过时的完工产品，其价值都可能低于账面价值（历史成本）。如果公司延迟对不可避免的存货进行核销处理，那么很显然，公司存货将增加而销售收入并没有相应增加，从而导致存货周转率下降：

$$存货周转率=\frac{年销售收入}{\frac{IBY+IEY}{2}}$$

式中，IBY为期初存货；IEY为期末存货。

销售收入的下降是存货周转率下降的另一种可能的原因。在这种情况下，存货价值也许没有大幅下降，但是这将会对信用质量产生不利影响。除非公司削减生产量以匹配较低的销售收入，从而消除积压存货，否则公司将不得不借款来满足过高的营运资本需求，最终使财务杠杆升高。由于公司会通过降低销售价格来消化积压的存货，这将使公司利润率下降，从而对盈利能力造成负面影响。

对上述存货周转率计算公式的一种反对意见是，该计算过程受销售价格波动的影响。假设由于临时性缺货导致通用化学品价格突然上涨，化学品生产商的年销售收入就会增加，这样，存货周转率也会提高，但是公司的存货周转速度也许并没有加快。相应的，零售商可能由于消费者需求的下降而进行降价以避免积压存货，货架和仓库的存货并没有增加，但是基于年销售收入而计算所得的存货周转率却下降了。

为了避免上述歪曲事实的情况，分析师使用下列变形后的比率：

$$存货周转率=\frac{年产品销售成本}{\frac{IBY+IEY}{2}}$$

该比率抓住了公司存货物理流转的实际情况。不过，由于产品销售成本和存货均基于历史成本，而销售价格随市场情况而波动，造成了存货周转率计算中分子和分母的口径不一致。

13.4.3 总负债比现金流比率

信用分析的最后一个重要的组合比率是总负债比现金流比率：

$$总负债比现金流比率=\frac{短期负债+一年内到期的长期负债}{经营活动产生的现金流}$$

该比率以最为有趣的方式反映了公司的财务弹性。为了说明这一点，假设公司的总负债为 6 000 万美元，经营活动产生的现金流为 2 000 万美元，那么，如果该公司将现金流全部用于偿还债务，将于 3 年后还清所有债务。显然，该公司比一个总负债为 8 000 万美元、年现金流为 1 000 万美元、债务偿还期为 8 年的公司财务弹性更大。对于后者，如果公司的平均债务期限远远小于 8 年，那么其财务弹性将是极其有限的，表明在紧缩信用环境下，该公司具有很大的再融资压力。

有人会说，故事都很有趣，但是现实世界里又有多少公司会用 100%的现金流来偿还债务呢？答案是："几乎没有"。但是，总负债比现金流比率仍然是监控公司信用质量的良好指标。与一些衡量信用质量的更加常用的比率相比，这些比率仅来自资产负债表或利润表，总负债比现金流比率具有独特优势。总负债比总资本比率的内在缺陷是，相对于其经济价值，所有者权益可能会被高估或低估。毕竟，会计准则不允许高估资产，除非已经通过销售实现价值；也不允许低估，除非有人主观认定资产已经发生减值。相比而言，总负债是客观的，是合同规定的需偿还的金额。固定费用保障倍数也有缺陷，因为公式中的利润容易受到人为操纵。而现金流可以消除人为操纵的主要机会——折旧。如果公司通过延缓固定资产折旧，使之慢于实际经济情况，报告利润就会被夸大，但这只是将钱从一个口袋放入另一个口袋而已。而无论公司的折旧政策是什么，现金流均不会改变，使公司间具有可比性。

由两个相对客观的数值所构成的总负债比现金流比率是衡量信用质量的最佳指标之一。分析师不必担心其字面意思——债务偿还期——是否符合现实，而应该关注它的分析价值。

13.5 衡量信用风险的相关比率

上述关于财务比率的讨论尚未提及一个显而易见且切中要害的问题：分析师计算出财务比率后，怎样据此判断其信用质量是好、是坏，还是一般呢？

分析师必须将财务比率与债务人按时足额偿还利息和本金的概率相联系。实践中，分析师通过测试财务比率来预计债务人未能支付（违约）的可能性。例如，在其他条件相同的情况下，从统计上看，财务杠杆高的公司比财务杠杆低的公司违约的概率要大。同样，固定费用保障倍数高的公司违约风险较低。在确定造成高违约风险的因素之后，分析师可以利用比率将所有的债务人按照预计的违约概率进行排序。

许多信用分析师利用所在机构已建立的排序框架来进行比率分析。而处理贷款申请的个人可以利用信贷机构的经验标准，这些经验源于信贷机构多年来对准时偿还贷款公司或违约公司财务特征的观察。证券领域的债券评级也为分析提供了框架。表 13—4 和表 13—5 给出了两大顶级债券信用评级机构——穆迪投资者服务公司和标准普尔公司的等级界定（以下讨论中，等级符号和相应的“口头表述”是可以互换的——如 AAA 和 3A，AA 和 2A 等。）。

表 13—4　　穆迪投资者服务公司的债券等级（定义）

长期债务等级

穆迪的长期等级是按照具有一年或多年偿还期的金融债务的相关信用风险进行评定的。他们采用金融债务将来未能兑现其承诺的概率进行评估。穆迪的等级采用穆迪全球范围（Moody's Global Scale）的数据，同时反映违约的概率以及在违约事件中遭受的任何财务损失。

等级	定义
Aaa	Aaa 级债务的信用质量最高，信用风险最低。
Aa	Aa 级债务的信用质量很高，信用风险很低。
A	A 级债务是中上级债券（upper-medium-grade obligation），信用风险低。
Baa	Baa 级债务的信用风险适中，被认为是中级债券，具有一定投机特征。
Ba	Ba 级债务具有投机性，有信用风险。
B	B 级债务具有投机性，信用风险高。
Caa	Caa 级债务信用状况差，信用风险很高。
Ca	Ca 级债务和优先股具有很高的投机性，可能或很快就会发生违约，预期未来能够收回部分本金或利息。
C	C 级债务为最低债券等级，会违约，基本不可能收回本金及利息。

注：穆迪投资者服务公司在每一通用评级分类 Aa 至 Caa 的基础之上，补充了修正级别“1”、“2”和“3”。修正级别“1”表示该债务在所属通用评级中排序较高；“2”表示排序在中间；“3”则表示该债务在所属通用评级中排序较低。

资料来源：穆迪投资者服务公司。

表 13—5　　标准普尔公司的债券等级（定义）

发行对象的信用评级

我们的发行信用评级是指对某一具体金融债务、一种具体类别的金融债务或某一具体金融项目所包含信用风险现状的评估意见。

长期评级定义

AAA：AAA 级债务是标准普尔做出的最高评级，债务人履行其负债的融资义务的能力极强。

AA：与最高评级相比，AA 级债务仅仅在偿债能力上程度略低。债务人履行其负债的融资义务的能力很强。

A：相对于较高评级的债务，A级债务的偿债能力较易受外在环境及经济状况变动的不利因素影响。但债务人履行其负债的融资义务的能力仍然较强。

BBB：BBB级债务具备足够的债务保障能力，但恶劣的经济条件或多变的外在环境可能导致其履行负债融资义务的能力被削弱。
被评为“BB级”、“B级”、“CCC级”、“CC级”或“C级”的债务一般被认为具有显著的投机特征。其中，“BB级”的投机程度最低，“C级”的投机程度最高。这类债务也可能有一定的信用质量和保障能力，但如果出现重大的不确定性或暴露于不利条件下，其信用质量和保障能力会被削弱。

BB：相对于其他的投机级评级，BB级债务违约的可能性最小。但如果面临持续的重大不确定性或恶劣的商业、金融、经济条件，则可能导致债务人没有足够能力履行其负债的融资义务。

B：B级债务比BB级债务违约的可能性更大，但是债务人目前仍有能力履行其负债的融资义务。但恶劣的商业、金融或经济条件可能会削弱债务人履行其负债的融资义务的能力和意愿。

CCC：CCC级债务在一年内违约的可能性大，而且其履行负债的融资义务的能力依赖于有利的商业、金融或经济条件。如果遇到不利的商业、金融或经济条件，则债务人不大可能履行其负债的融资义务。

CC：CC级债务目前违约的可能性较高。

C：C级债务也适用于已经申请破产或被执行类似措施但是仍然继续偿还债务的情况。该等级也适用于拖欠股利的优先股（以及发行人被评为CCC级和CC级的初级债）。

D：违约；SD：选择性违约。与其他评级不同，D级和SD级不是针对预期偿债能力进行的评级；而仅仅适用于违约实际发生的情况——并不适用于违约仅为预期（尚未发生）的情况。

加（+）或减（−）：“AA”级至“CCC”级可通过加号和减号进行调整，以此表示在主要评级类别中的相对强度。

资料来源：标准普尔公司。

由于建立信用标准已经完成了大部分信用工作，下一步就是解释如何按照评价相对信用质量水平的比率来对公司进行排序。讨论中关注的标准是债券等级，但是该原则也适用于内部信用等级计划，这是分析师还将会关注的。下面将阐述信用评级标准的应用，最后，本章将对构建信用标准所依据的方法进行检验，以向读者说明财务比率与违约风险之间的关联。

本节分析的重点是确定债务人准时足额偿还本金和利息的概率，并没有说明当发生违约时债权人本金可能受偿的比例。当然，本金的预期受偿金额会影响到债权人决定是否扩大信贷或终止信贷，也会对债务类证券的估值产生重要影响。不过，破产分析本身就是一个庞大的话题，取决于对相关法律的详尽了解及对债权人与公司管理层之间就重组所进行的谈判动态的完整理解，正如第11章中重组（reorganization）收益所述 。这些问题都超出了本章的范畴。此外，对于信用评级较高的公司所发行的证券来说，本金可能受偿比例是估值中一个影响相对较小的因素。从中短期来看，此类公司破产的概率很小。

尽管读者无法从本章中看到关于破产分析的完整指南，但是第14章从确定失败公司权益价值的角度涉及了相关内容，而权益价值的确定是公司重组或清算的关键步骤。此外，参考书目中列示了讨论破产的著作，对破产分析进行了详尽的阐述。

13.5.1 比较比率分析

评估相关信用评级的基本技术是将公司的比率与同行业公司进行比较。经营规模和行业是确定可比公司的关键标准。

就规模而言，年销售额 50 亿美元的制造商，与具有相似财务比率但销售额只有 500 万美元的公司相比，其信用风险通常要低一些。一般而言，规模较大的公司能够获得规模经济，并且由于采购能力强，能获得较多的供应商信用。大公司能够通过多元化的产品和客户群来分散产品过时的风险，应对竞争挑战；而小公司可能只集中于几种产品和少数客户群。生产单一产品的公司将极其脆弱，生产中发生的意外损失将给予这类企业致命一击。缺乏管理经验通常是小公司面临的另一个问题。

无疑，过去一些超大型公司也遭遇了失败。同时，大量证据表明，许多大型的官僚性组织存在非效率行为。但是，问题的关键不是争论大公司是否成功或有效，而是确定一般而言，大公司能否比同行业小型公司更好地偿还债务。违约风险的统计模型证明了这一点。因此，债券评级机构基于规模进行可比公司的选择的做法是可取的。

行业是确定可比公司的另一个关键因素。因为不同行业具有不同的财务特点，跨行业的财务比率比较是没有意义的。机器设备制造商的销售收入可能会随着资本货物周期（capital goods cycle）而大幅波动。相反，个人保健产品制造商的收入来自年复一年市场对其主要产品的需求。因此，个人保健产品制造企业的收入和现金流具有较强的可预测性。与机器设备制造商相比，个人保健产品制造企业可以承担更高的固定费用，意味着其资本结构中可以承受更高的债务比重。债券信用评级机构可能给个人保健产品制造公司定级为 A，而给具有相似债务资本比的机器设备制造商的定级不会高于 BBB。

基于上述原因，对不同行业公司之间进行比率比较可能会误导分析师。根据特定比率，一家公司可能会看起来更具优势，但是从其行业经营风险角度来看，这家公司的财务杠杆可能过高。当比率分析跨越广义界定的经济部门（例如，工业、金融业、公共事业和交通运输业等）时，可比性问题会更加突出。

根据该原则推导其逻辑上的结论，还要求可比公司具有严格相同的产品线。即使是联系紧密的企业，其经营风险也会有一定程度的差异。严格地说，白色牛皮纸的生产商与牛皮卡纸的生产商不可比，面巾纸的生产商与精品书写纸的生产商也不可比。

但是，过度追求完全相同的比较公司可能会使可获得数据非常少，从而限制了比率分析的使用。在极端情况下，只有一家可比公司，其比较是没有什么价值的。公司的评级可能高于其唯一的可比公司，但是分析师不清楚可比公司的信用是强或弱。

另外，假设根据特定的财务比率，一家公司在 10 家可比公司中排名第四，这组公司中有 8 家公司密集分布在中位数周围，在极大值和极小值上各有一个散点。至少从这个特定比率来看，公司的风险在这组公司中处于平均水平。

目前，有两种方法可以解决严格的可比性和足够大的样本规模二者之间的冲突。这两种方法都适用于组间比较。通过应用这两种方法，分析师可以获得相对信用风险评价的满意结果。

第一种方法是将公司与指定的一组可比公司相比较，诸如表 13—6 中的食品生产行业的公司。信用分析师可以使用这种方法分析公司在行业内的排名。样本中的比率为 21 家公司样本比率的平均值，一共累计 3 年。平均值可以将公司在某一年不具代表性的结果的影响最小化。

标准普尔不仅仅在评估级别时进行了分析，正如表中的内容所示，其著名之处在于这些基本财务指标完美地通过评级对样本公司进行了分类。如果以税前利润利息保障倍数和资金流占总负债的百分比为依据，公司的这两个比率越高，则意味着信用质量更好，A 级是排序中所有前三分之一的公司评级，B 级是最后三分之一的公司评级。按照这两个比率的中位数对上述 21 家公司进行排序，前三分之一的平均评级为 BBB＋，中间三分之一的平均评级为 BBB一，后三分之一的平均评级为 BB一。

出人意料的是，总负债占总资本的百分比，也称为负债比率，作为排名工具，是这三个比率中最无效的比率。例如，在同组（A）中评级最高的公司散布在总体排名前三分之一、中间三分之一以及后三分之一中。这也难怪，信用分析的专家，尤其是那些关注处于信用评级低端范围公司的专家，几乎不关注经典的债务比率。

基于债务比率区分信用风险具有局限性，关键原因在于该指标是按照账面价值进行计算的。权益的账面价值与市场价值之间存在巨大差异，对此，食品加工是一个典型的例子。公司的盈利能力，推而广之，其股票价格很大程度上反映了蕴含在其所拥有的商标名中的价值，而非公司所拥有的有形资产的价值。

尽管债务比率在分析上具有局限性，但是其基本概念具有重要的内涵。假设一家公司在其债务偿付上违约，并因为举债过高导致申请破产。随后，债权人就成为了公司的所有者，可能会通过变卖公司收回相当大部分的本金。

如果公司相对其负债而言，其价值更高，则债权人应该收回其债权更高比例的本金。资本是按照负债加上权益的账面价值之和进行计量的，并未特别好地抓住公司价值的特征，但是信用分析师通过替换为衡量公司产生现金能力的评价方法，能够由此得到对债务偿还的合理预期。这种计量方法最普遍采用的是 EBITDA 的乘数（参见第 8 章）。

比较比率分析的第二种方法是根据可比公司的评级来确定。如前所述，对不同经济部门（如工业和公共事业）的公司进行比较是不恰当的。但是，可比公司可以包括广义经济部门中的很多子行业。在该方法下，通过行业内可比公司的比较，扩大的样本量可以使分析师完善对各公司的排序。

表 13—6　包装食品和肉类公司的比较比率分析（2007—2009 年的年平均值）

税前利润利息保障倍数			资金流占总负债的百分比			总负债占资本的百分比		
公司名称	倍数	评级	公司名称	倍数	评级	公司名称	倍数	评级
Flowers Foods, Inc.（NYSE：FLO）	29.7	BBB—	Flowers Food, Inc.（NYSE：FLO）	213.1	BBB—	Hormel Foods Corp.（NYSE：HRL）	15.6	A
Hormel Foods Corp.（NYSE：HRL）	18.8	A	Hormel Foods Corp.（NYSE：HRL）	109.4	A	Flowers Foods, Inc.（NYSE：FLO）	21.2	BBB—
Campbell Soup Co.（NYSE：CPB）	9.6	A	Hershey Co.（NYSE：HSY）	43.8	A	Tyson Foods Inc.（NYSE：TSN）	39.1	BB+
Hershey Co.（NYSE：HSY）	8.1	A	Wimm-Bill-Dann Foods OJSC（NYSE：WBD）	41.3	BB—	Treehouse Foods Inc.（NYSE：THS）	42.6	BB—
McCormick & Co. Inc.（NYSE：MKC）	7.7	A—	Campbell Soup Co.（NYSE：CPB）	34.0	A	ConAgra Foods Inc.（NYSE：CAG）	42.7	BBB
Kellogg Company（NYSE：K）	6.7	BBB+	McCormick & Co. Inc.（NYSE：MKC）	32.8	A—	Kraft Foods Inc.（NYSE：KFT）	44.4	BBB
Wimm-Bill-Dann Foods OJSC（NYSE：WBD）	5.9	BB—	Kellogg Company（NYSE：K）	28.6	BBB+	Ralcorp Holdings Inc.（NYSE：RAH）	44.9	BBB—
Sara Lee Corp.（NYSE：SLE）	5.8	BBB	Sara Lee Corp.（NYSE：SLE）	27.3	BBB	McCormick & Co. Inc.（NYSE：MKC）	45.5	A—
General Mills Inc.（NYSE：GIS）	5.6	BBB+	General Mills Inc.（NYSE：GIS）	26.2	BBB+	Wimm-Bill-Dann Foods OJSC（NYSE：WBD）	46.3	BB—
Kraft Foods Inc.（NYSE：KFT）	5.0	BBB	Treehouse Foods Inc.（NYSE：THS）	26.2	BB—	Chiquita Brands International Inc.（NYSE：CQB）	51.4	B
Treehouse Foods Inc.（NYSE：THS）	4.7	BB—	HJ Heinz Co.（NYSE：HNZ）	25.4	BBB	Del Monte Foods Co.（NYSE：DLM）	51.4	BB
HJ Heinz Co.（NYSE：HNZ）	4.6	BBB	Tyson Foods Inc.（NYSE：TSN）	23.3	BB+	Sara Lee Corp.（NYSE：SLE）	52.5	BBB
ConAgra Foods, Inc.（NYSE：CAG）	4.2	BBB	Kraft Foods Inc.（NYSE：KFT）	21.4	BBB	General Mills Inc.（NYSE：GIS）	55.6	BBB+

续前表

税前利润利息保障倍数			资金流占总负债的百分比			总负债占资本的百分比		
公司名称	倍数	评级	公司名称	倍数	评级	公司名称	倍数	评级
Ralcorp Holdings Inc. (NYSE: RAH)	3.9	BBB−	Del Monte Foods Co. (NYSE: DLM)	20.1	BB	Campbell Soup Co. (NYSE: CPB)	69.4	A
Del Monte Foods Co. (NYSE: DLM)	3.3	BB	Ralcorp Holdings Inc. (NYSE: RAH)	19.7	BBB−	Kellogg Company (NYSE: K)	71.5	BBB+
Dean Foods Co. (NYSE: DF)	2.2	BB−	ConAgra Foods, Inc. (NYSE: CAG)	16.9	BBB	B&G Foods Inc. (NYSE: BGS)	73.7	B+
Tyson Foods Inc. (NYSE: TSN)	1.9	BB+	Reddy Ice Holdings, Inc. (NYSE: FRZ)	12.7	B−	HJ Heinz Co. (NYSE: HNZ)	75.5	BBB
B&G Foods Inc. (NYSE: BGS)	1.6	B+	Dean Foods Co. (NYSE: DF)	12.3	BB−	Hershey Co. (NYSE: HSY)	76.5	A
Reddy Ice Holdings, Inc. (NYSE: FRZ)	1.4	B−	Chiquita Brands International Inc. (NYSE: CQB)	10.7	B	Dole Food Company Inc. (NYSE: DOLE)	78.6	B
Chiquita Brands International Inc. (NYSE: CQB)	1.4	B	B&G Foods Inc. (NYSE: BGS)	9.2	B+	Dean Foods Co. (NYSE: DF)	88.2	BB−
Dole Food Company Inc. (NYSE: DOLE)	1.2	B	Dole Food Company Inc. (NYSE: DOLE)	7.1	B+	Reddy Ice Holdings, Inc. (NYSE: FRZ)	90.2	B−

标准普尔评级

资料来源：Capital IQ，Bloomberg，以及作者的计算。

表 13—7 列出了 A 级公司各个比率的中位数，而没有分别列出所有被标准普尔评为 A 级的工业公司的比率。此外，该表还列示了对 A 级公司评级的上四分位数和下四分位数。

表中给出了同一评级类别的公司在关键数量指标上存在显著差异。这意味着，尽管比较比率分析在债券评级过程中扮演着相当重要的角色，但是穆迪投资者服务公司和标准普尔公司的分析师们还要考虑财务报表之外的一些因素。所以，非评级机构的分析师必须谨慎地作出公司是否评级有误的结论。如果没有了解相关情况便作出推断，分析师可能推荐买入或卖出债券，预期债券等级会提高或降低，而这可能根本就不会实现。

在此条件下，比较比率分析对分析师具有相当大的价值，有助于分析师来判断没有被穆迪公司或标准普尔公司评级的公司最为接近的等级类别。

表 13—7　　2007—2009 年标准普尔 A 级工业公司的平均比率

	税前利息保障倍数	现金流占负债比	债务资本比
上四分位数	18.8	51.5	26.6
中位数	10.1	31.0	37.1
下四分位数	6.5	17.3	49.4

资料来源：标准普尔公司。

利用比率比较的方法评估一家未曾评级的公司，当判断其评级类别时，分析师需谨记前述在构造可比公司组时所需遵循的规模原则。

比较比率分析也可用于评价重大交易事项，如债务融资收购（debt-financed acquisition）或重大股票回购等对公司信用的影响。分析师可以根据预估财务报表（参见第 12 章）计算比率，然后根据等级类别的比率中位数对公司进行排序（见表 13—8）。考虑到财务比率会随着商业环境的变化而变化，在进行比较比率分析时应该使用更新的数据。

表 13—8　　不同债券等级比率的中位数（工业公司，2007—2009 年）

	AAA	AA	A	BBB	BB	B
营业利润（在扣除折旧与摊销前）/收入（%）	28.2	25.3	19.5	17.0	17.2	15.8
资本回报率（%）	34.2	25.4	21.1	14.1	12.2	8.3
EBIT 利息保障倍数（倍）	30.5	18.3	11.0	5.8	3.5	1.4
EBITDA 利息保障倍数（倍）	33.5	20.5	14.3	7.6	5.2	2.3
FFO/负债（%）	200.7	73.4	53.0	34.0	25.3	12.0
资金现金流/总负债（%）	157.8	49.8	34.0	17.0	11.9	3.2
自由经营现金流/总负债（%）	96.8	29.4	22.7	11.0	9.1	2.3
负债/EBITDA（倍）	0.4	1.1	1.5	2.3	3.0	5.3
负债/(负债+权益)（%）	15.1	34.7	35.7	44.7	50.4	73.1
公司数	4.0	16.0	92.0	213.0	245.0	325.0

资料来源：标准普尔公司。

分析师还要记住，当信用评级机构给管理层的信用评级很高时，可能会改变由预估财务比率所得出的降低公司等级的结论。关键在于能否提出一个可行的计划，使财务杠杆在几年内恢复到交易前水平。但是注意，如果公司并没有开始朝着长期目标迈进，那么降级只是迟早的问题。评级机构会怀疑公司在第 3 年集中完成 3 年期计划的能力。

13.5.2 比率趋势分析

比较比率分析是评价相对信用风险的一种有效方法，但是分析师也可能据此得出错误的结论。假设同行业的两家公司上一年度的固定费用保障倍数同为 3.5 倍。从比较比率分析方法来看，这两家公司的信用风险相同。但是，假设其中一家公司的固定费用保障倍数 5 年前为 5 倍，其后稳定下降至 3.5 倍，而另一家公司的固定费用保障倍数在同一期间由 2 倍提高到了 3.5 倍。如果两家公司的变动趋势持续下去，那么上一年度固定费用保障倍数均为 3.5 倍，与两家公司的风险评估基本没有关系。未来固定费用保障倍数越大的公司，其信用风险越低。

进一步的解释是，财务比率的改善或恶化对不同公司来说，其意义是不同的。在某些情况下，几年内持续的下降趋势表明，公司的信用质量确实是下降到了一个新的低点。而对其他公司而言，同比变动为负则仅代表公司正常的经营周期。

某些行业的需求比较稳定。食物、饮料和护肤品等小件非耐用品，即使在经济萧条时期，消费者也需要购买使用，而最坏的情况是，消费者会在同类别中选择价格较低的产品。相反，当信贷紧缩或对经济环境充满疑虑时，消费者会推迟大件耐用商品的购买，汽车、房屋和大型家电设备生产商会经历经济繁荣和萧条时期需求的大幅波动。由于采用资本密集型生产方法所带来的高额固定成本，这些行业的利润通常会发生剧烈波动。

在评价周期性公司的长期信用情况时，债券评级机构通常会关注周期趋势，而不是年度趋势。其观点是，波峰、波谷相似（见图 13—1）的周期趋势表明，财务能力没有降低。只有出现波峰和波谷逐渐下降的趋势时（见图 13—2），才表明财务能力的恶化。

穆迪公司和标准普尔公司将这种传统的方法称为“周期评级法”。虽然这

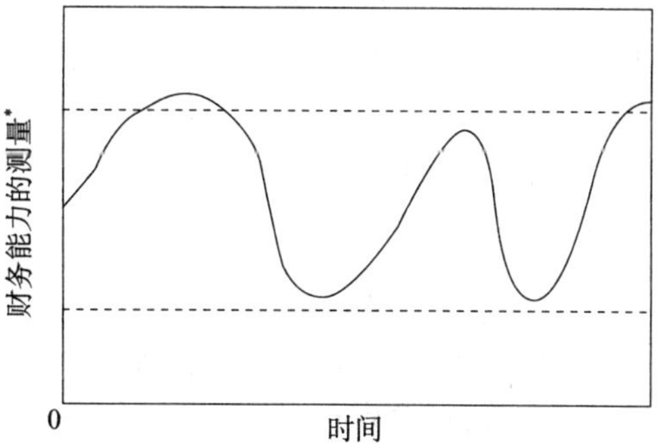

图 13—1 周期平稳趋势图（相似波幅的高点和低点）

* 举例说明：营业利润率、固定费用保障倍数、现金流比总负债率。

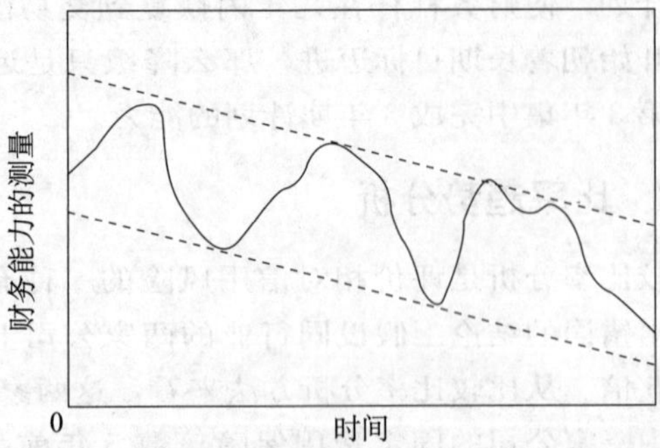

图 13—2 周期恶化趋势图（相继更低的高点和更低的低点）

种方法仍然影响着评级机构的分析，但是近年来这个概念已经逐渐被淡化了。这种改变部分说明了虽然每年的经营活动仍然在变化，但是美国经济不再像过去 10 年那样经历着典型的经济周期。言下之意，相比过去，公司比率的上升或下降更可能代表长期转变。

即使在前几年，信用评级机构较为坚持周期评级法时，区别正常的、周期性的衰退与长期恶化也是十分困难的。非常危险的是，管理层可能将盈利能力的长期恶化描绘成正常的、周期性的下降。因此，现在分析师必须超出财务报表的范围对财务指标的改善或恶化的持续性进行判断。

13.5.3 违约风险模型

如上所述，比较比率分析（comparative ratio analysis）和比率趋势分析（ratio trend analysis）是确定公司信用质量相对范围的两种方法。许多分析师认为没有必要再继续深入，但是，完整的信用分析还应该讨论另外两个基本的问题。第一个问题是如何建立评级方案，如债务等级；第二个问题是指标比率之间的相互矛盾。比如，对于固定费用保障倍数较高而财务杠杆较差的公司，信用分析师应该如何评级？分析师往往采用个人主观判断，认为保障倍数与杠杆一样重要，应当测量两次，反之亦然；而要求严格的情况下，分析师应该采取更为科学严谨的态度。

解决这两个问题的方法是建立财务比率和违约风险之间的统计关系。首先，要搜集与违约相关的数据。然后，利用统计方法来确定哪些财务指标与违约风险最为相关。分析师利用这些指标组成的模型对公司进行信用评级。

其中一个预计违约风险的模型是爱德华·阿尔特曼（Edward I. Altman）的 Z 计分模型（Z-score model）：

$$Z=1.2x_1+1.4x_2+3.3x_3+0.6x_4+1.0x_5$$

式中，x_1 为营运资本/总资产（%，例如 0.20 或 20%）；

x_2 为留存收益/总资产（%）；

x_3 为息税前利润/总资产（%）；

x_4 为所有者权益的市场价值/总负债（%）；

x_5 为销售收入/总资产（倍数，例如 2.0 倍）。

在该模型中，计分小于 1.81 表明存在严重的信用问题，计分大于 3.0 则表明公司财务健康。

爱德华·阿尔特曼及其同事发展了 Z 计分模型，建立了 Zeta 模型[①]，通过使用以下变量提高了预测的准确性：

x_1为息税前利润/总资产（%）；

x_2为资产收益率 10 年变动趋势的标准差；

x_3为息税前利润/利息支出；

x_4为留存收益/总资产；

x_5为流动资产/流动负债；

x_6为权益市场价值/总资本在 5 年的平均值；

x_7为以对数表示的总有形资产。

诸如 Zeta 模型以及其他定量分析模型有许多突出的优点。首先，它们将财务变量和违约风险客观联系起来，从而避免了主观地确定各变量的相对权重。其次，相关记录表明，数量模型预测信用不佳的大多数公司最终都发生了违约。此外，非违约公司的计分与其债券等级之间具有较强的联系。这表明，虽然穆迪公司和标准普尔公司的评级方法较为主观，但是其结论至少部分地得到了违约风险统计指标的验证。因此，信用分析师可以放心地使用如比率趋势法等方法来划分公司信用等级。尽管可能有人会怀疑信用评级机构对特定公司或特定行业的评级，但是，总的来说，信用等级可以提供有效的信用风险评估，并且具有强有力的统计学支持。公司当前的等级越低，以后年度的违约概率越大。[②]

尽管这些定量违约模型在信用分析中十分有用，但是它们不能完全替代主观判断。

首先，数量模型预测信用不佳的大多数公司最终发生了违约，但也有许多并没有发生违约。[③] 通常，出现财务危机的公司通过引进新的管理人才而重新焕发活力，并没有发生债务违约。因公司陷入财务困境而面对巨大的资本损失时，机构投资者可能会评估公司好转的可能性，而不是完全基于违约模型卖出公司证券。

信用分析师也必须记住，公司可能会因为报告财务数据之外的原因而破产，而模型并不能揭示出来。例如，1994 年，美国布拉斯公司（Brass）根据美国《破产法》第 11 章申请重组，以解决塑料水管系统质量问题的诉讼。1995 年，美国道康宁公司（Dow Corning）申请破产，以解决公司生产的硅凝胶乳房植入物所引起的诉诉，据称植入物可能造成自身免疫性疾病和其他

---

① 参见 Edward I. Altman，Robert G. Haldeman，and Paul Narayanan，"Zeta Analysis：A New Model to Identify Bankruptcy Risk of Corporation，" *Journal of Banking and Finance*，June 1977，29-54.

② 例如，参见 Kenneth Emery，Sharon Ou，and Jennifer Tennant，*Corporate Default and Recovery Rates of Corporate Bond Issuers，1920－2009*，Moody's Investors Service，February 2010。这些分析师报告，平均一年期违约率随着评级的下降而上升，从评级为 Aaa 的发行者的 0.00%上升到评级为 Ca 或 C 的发行者的 22.15%。

③ 阿尔特曼（Altman）、霍尔德曼（Haldeman）和纳拉亚南（Narayanan）为了达到贷款违约成本和拒绝贷款成本之间的最佳权衡，设计了 Zeta 模型的临界值（由于较高的违约风险，贷款请求被拒绝的水平）。

疾病。1999年，位于亚拉巴马州的海湾国家钢铁公司（Gulf States Steel）申请破产来解决环境保护组织（Environmental Protection Agency）及其他环境相关问题的未决诉讼（pending litigation）。[①] 而这些公司的资产负债表和利润表并没有暗示公司可能会倒闭。美国布拉斯公司的母公司——雅洁工业公司（Eljer Industries）特别声明，破产不是由于现金流短缺造成的。这些问题在公司的财务报告附注中披露，而完全基于财务报表数据的违约模型是不能反映或有负债的。

通过权益市场价值占总资本的比率，Zeta模型部分地反映由公司的环境诉讼或产品责任诉讼所带来的违约危机。股票市场投资者在评估股价时会考虑这种风险。

一些违约风险模型完全依靠股票市场的智慧而无须财务数据。最有名的是穆迪投资者服务公司的KMV模型和Helix Investment Partner，L.P公司的债券评分模型，这是一个信用状况的评价产品，将基于权益定价的定量分析与传统信用分析结合起来。这些模型的原理是：发现负债和所有者权益的价值均来自相同的资产。股票持有者只享有偿付债权人之后的剩余索取权，因此，如果公司资产的市场价值低于负债价值，股票就变得一文不值。同时，公司破产，企业资不抵债。按照这个逻辑，股价下降表明公司正濒临破产。因此，从理论上说，信用分析师可以跳过财务报表分析工作，只通过观察股价来监控公司的违约风险。

与由财务比率构成的定量模型一样，基于股价的违约风险模型也能提供有用但非完全准确的信息。例如，当公司贷款回购股票，从而使得债务资本比大幅提高时，违约风险显然会上升。同时，由于财务杠杆的提高及发行在外股票数量的减少，会对每股盈余产生积极的影响，从而股价也会上升。但是，根据基于股票的违约模型，股价上涨表明违约风险下降，这是基于股票的违约模型来进行信用评价时，通常会遇到的问题之一。

即使股价是信用风险的最佳指标，信用分析师也不能跳过财务报表分析。首先，不是每家公司的股票都在公开市场上交易。模型的设计者试图通过用行业可比公司的股价来代替私人公司不可观测的所有者权益价值来解决这个问题。但是，这种方法不能反映导致美国布拉斯公司、道康宁公司和亚拉巴马州的海湾国家钢铁公司破产的特定风险。基于股票的违约模型也不能减轻分析师编制预估财务报表以反映合并或重大资产出售影响的责任。信用分析中，股票价格最多只是财务报表比率计算的一个有益补充。

13.6 小　结

违约风险模型可以为信用分析提供坚实的基础，但是对于复杂事项，还

① Christopher M. McHugh, ed. *The* 2000 *Bankruptcy Yearbook & Almanac* (Boston: New Generation Research, Inc., 2000), 187-190.

必须有分析师的主观判断作为补充。这同样适用于本章讨论的所有定量模型。债权人在提供信贷之前应该进行数据分析。同理，仅依靠数字以逃避困难的决定也是错误的。它主要有两种表现形式，一是通过机械地应用数量标准而拒绝合理风险（误拒风险），二是与主观判断相反，根据看似满意的财务比率来提供信贷（误受风险）。

如本书其他章节所述，财务报表易受人为操纵，而这些大部分都是合法的。操控的目的通常是为了欺骗信用分析师，他们只会机械地计算比率，而不思考是否存在会计操纵。过度依赖定量分析的另一个风险是，公司可能会出人意料地改变资本结构来为收购融资或抵御敌意收购。这会使得即使是最近期的财务报告的比率分析也会大大失效。最后，信用分析师必须要用本章介绍的所有工具来武装自己，并不断提高。

第14章

所有者权益分析

关于“挑选股票”的书籍不计其数，书中介绍的选股方法也数不胜数。一些方法注重技术分析，通过研究股价历史走势来确定普通股权益的价值。其他一些方法则是基于有效市场假说（Efficient Market Hypothesis），认为在完全有效的市场情况下，除非该股票价值已经被市场识别并被市场折现，否则没有一种分析能够确认股票价值。

本章并不试图去总结或批评纵横于资本市场的人们所运用的所有方法，相反，我们主要集中讨论财务报表在**基本面分析**（fundamental analysis）中的应用。基本面分析是指，基于公司的财务特征来判断股票价格是否公允。

基本面分析的某些要素不使用财务报表中的信息。例如，如果能够通过出售公司的部分业务来实现股价中未反映的价值，那么这家公司将是较好的并购目标。如本章所述，分析师可以通过研究年报来估计公司的分离价值，但是敌意收购的可行性还取决于股权结构、收购资金或要约收购所适用的法律。所有这些因素均不属于财务报表分析的范畴，但是，对估值会起到重要作用。

最后，本章应该与第12章（“预计财务报表”）一并阅读。公司的权益价值完全取决于公司的未来业绩，历史财务报表只是预计未来财务结果的基础。分析师需要运用第12章所介绍的方法，求得利润和现金流的预测数，并代入本章的公式之中。

14.1 股利折现模型

近年来，已经形成了一些普通股的基本面分析的方法，但是很少有方法能与股利折现模型相媲美。这种方法近似于债券的到期收益率计算，因此有利于对同一发行人所发行的不同证券之间的比较。此外，该方法下，分析师可以通过调整折现率（discount rate）来反映预测非契约现金流（noncontractual flow）[①] 的内在不确定性。

为了理解未来股利和当前股票价格的关系，下面举一个假想的例子进行说明：Tarheel 烟草公司目前每年的普通股股利为每股 2.10 美元。由于公司在非扩张市场的市场份额（market share）既不会增加也不会减少，因而，公司将在不确定的未来产生平稳的销售额和利润，并且保持目前的股利支付水平。该公司的长期债务收益率为 6%，反映了公司的信用等级和现行利率水平。由于相比债务的契约性支付要求，股利具有较大的不确定性，因此，股票投资者要求 4%的风险溢价（risk premium）——即收益率为 6%＋4%＝10%——为了拥有公司的普通股而非其债券。

基于以上条件，市场上的股票价格理论上应该等于该公司每年 2.10 美元的股利除以 10%的收益率：

$$P=\frac{D}{K}$$

$$P=\frac{\$2.10}{0.10}$$

$$P=\$21.00$$

式中，P 为当前股票价格；D 为当前股利率；K 为必要报酬率。

如果基于 Tarheel 烟草公司和具有类似折现率的其他公司的财务比较，分析师认为 10%的折现率是合理的，那么如果每股低于 21 美元，则表明股票被低估了。相反，如果都采用 10%的折现率，分析师认为 Tarheel 烟草公司的未来股利没有其他公司有保障，那么分析师可能会提高公司的折现率，比如说 12%，再次计算合理的股票价格，过程如下：

$$P=\frac{\$2.10}{0.12}$$

$$P=\$17.50$$

因而，如果股票的市场价格为每股 17.50 美元，则表明公司的股价被高估了。

14.1.1 股利与未来增值

刚刚引入股利折现模型（dividend discount model）时，很多人都会说："股利不是股东收益的唯一潜在来源吗？股票价格也会上涨。估值不应该反映潜在增值吗？"针对质疑，股利折现模型对此做出了最完美的回应，辩称，除非股利增加，否则未来股价没有上涨的理由。一方面，在如同 Tarheel 烟草公司一样零增长的情况下，估值将 5 年如一日不会发生变化（假设利率和风险溢价不变）。因此，购买者届时没有理由支付更高的价格。而另一方面，如果

① 股利不同于债务利息，将根据董事会的决定支付，不是契约性义务。因此，其波动性——通过降低、提高或维持不变——大于债券利息或本金。

股利支付随着时间的推移而提高（案例随后会提到），则未来股票将比现在更值钱。但是，分析师可以将预期的股利增长直接加入现值计算中，以推导当前股票的价格，而不必麻烦地确定并折回未来的增值。仔细思考折现方法的逻辑原理，分析师会发现价值终将回归股利。

14.1.2 增长型公司的估值

零增长型公司的分析很简单，但是，在实际情况中，大多数上市公司都会努力提高每股收益，正如随后讨论中将要涉及的，将会带来股东收益。在分析增长型公司时，用未来股利折现求得当前股票价格，将要应用更为复杂的公式：

$$P=\frac{D(1+g)^1}{(1+K)^1}+\frac{D(1+g)^2}{(1+K)^2}+\cdots+\frac{D(1+g)^n}{(1+K)^n}$$

式中，P 为股票的当前价格；D 为当前的股利率；K 为必要报酬率；g 为增长率。

假设初始股利支付金额为 D，每期增长率为 g，如果投资利率等于 K，则 n 期后，股票的当前价格 P 将会等于股利支付同一期间后的累计价值。

幸好，为了计算方便，假设期数 n 无穷大，那么上述公式可以简化为：

$$P=\frac{D}{K-g}$$

实务中，这是分析中通常使用的公式，因为按照持续经营假设，假定公司能继续经营下去，而不是在未来某一时间破产清算。

我们运用假想的 Wolfe 食品公司（Wolfe Food Company）财务报表的预测数据（见表 14—1）来说明股利折现模型的应用。可见，本年度公司将盈利的 $33\frac{1}{3}\%$用于支付股利：

$$\begin{aligned}\text{股利支付率}&=\frac{\text{普通股股利}}{\text{归属于普通股的净利润}}\\&=\frac{\$15\,000\,000}{\$45\,000\,000}\\&=33\frac{1}{3}\%\end{aligned}$$

如果 Wolfe 食品公司保持稳定的股利支付率（dividend payout ratio），则股利增长率应该等于盈利增长率，即股利的年增长率为 10%。

表 14—1　Wolfe 食品公司的部分财务数据

归属于普通股股东的净利润	\$45 000 000
普通股股东的股利	\$15 000 000
发行在外的普通股股数	10 000 000
盈利的预期年增长率	6%
投资者的必要报酬率，根据 Wolfe 食品公司的盈利进行预计	9%

初始的每股股利为 1.50 美元：

$$股利率=\frac{普通股股东的股利}{发行在外的普通股股数}$$
$$=\frac{\$15\ 000\ 000}{10\ 000\ 000}$$
$$=\$1.50/股$$

利用以上数据，分析师可以运用估值公式来计算 Wolfe 食品公司的每股股价为 50 美元：

$$P=\frac{D}{K-g}$$
$$P=\frac{\$1.50}{0.09-0.06}$$
$$P=\frac{\$1.50}{0.03}$$
$$P=\$50$$

该模型的使用在较大程度上取决于公司预计财务报表的假设。为了估计盈余的未来增长率，分析师必须对公司所在市场的增长情况及公司保持或提高市场份额的能力进行判断。并且，由于营业利润率的变化，公司的利润增长率可能偏离销售收入增长率。

由于不确定性因素会影响预测，分析师应该将财务预测（参见第 12 章）中所使用的敏感性分析应用于权益估值。例如，如果 Wolfe 食品公司最终的增长率相比原先预测的 6%的增长率降低了一个百分点，则 50 美元的估值高估了 12.50 美元：

$$P=\frac{D}{K-g}$$
$$P=\frac{\$1.50}{0.09-0.05}$$
$$P=\$37.50$$

因此，当 Wolfe 食品公司股票的市场价格为 45 美元时，对利润增长率预测出现一个百分点的误差的分析师，将不会给出强烈的“买入”建议。同理，在其他假设仍然有效的情况下，当增长率为 3%时，25 美元的价格将毫无疑问会被认为低估了。

14.1.3 利润还是现金流？

虽然直观上感觉不错，但是通过预计利润增长率将股票价格与未来股利相联系并不完全符合实际。特别是一些强周期性的公司并不能年复一年实现稳定的利润增长，但是公式 $P=D/(K-g)$ 要求保持恒定的增长率。如前所述，假设公司的股利支付率保持不变，则这种形式的股利显然不适合代入公式。

公司通常不会不惜一切代价地保持股利支付率不变，这使得股利折现模型的估值方法变得可行。更普遍的做法是：公司会尽量避免降低股利支付金额，即使是利润出现下降的情况下也是如此。例如，公司在整个经营周期的股利支付目标为利润的25%，则可能在波峰年份的股利支付率为15%，而在波谷年份的股利支付率就会高达90%或100%。当然，净利润为负的公司，如果在几年内保持既定的股利支付水平不变，则其股利支付率的计算是毫无意义的（如果亏损持续下去，财务的谨慎性通常要求减少或停止发放股利以维持现金流）。原则上，周期性企业不会每年定期增加股利。但是，从长期来看，董事会通常会努力提高股利支付水平。总之，公式 $P=D/(K-g)$ 是合理的估值工具，股利增长的不规则变动可以通过调整折现率（K）来确认。

虽然股利折现模型可以反映利润的周期性，但是分析师还必须密切关注公司为保持既定股利率而采取的融资方式。贷款支付股利的长期亏损公司相当于在经历漫长的清算。（用负债来替换所有者权益，最终用负债替换100%的所有者权益。）在这种情况下，股利无限期持续的重要假设将不成立。

另一方面，周期性公司在经营周期波谷时，可能会发生亏损，但是，经营活动产生的现金流量在支付维持长期竞争力必要的资本性支出后，仍然可能满足股利支付需求。在这种情况下，维持股利发放不会引起财务危机。因此，很多分析师认为现金流是股利支付能力的真正决定性因素，而不是利润。并且，他们认为所有者权益分析的焦点应该是预计现金流，而不是每股收益预测。

当然，分析师必须能迅速地意识到公司现金流能力的变化与利润的变化并不同步。例如，即使业务变得更为资本密集，公司也可能在一段时间内保持既定的盈利水平。而机器设备的增加可能使公司从自给自足转变为依靠外部融资。几年之后，当为支撑既定经营利润水平所带来的借贷成本的增加或者所有者权益基础的扩大达到一定程度时，所有者权益收益率（ROE）将会反映这种变化的影响。此外，如第6章和第7章所述，报告盈余容易受到人为操纵。事实上，这正是推崇现金流分析的首要原因。经营活动产生的现金流通常比利润难以操纵，可以视为衡量未来股利支付能力的首选指标。

尽管存在着很多争论，每股收益预测仍然是华尔街及其他地区所有者权益分析的焦点。EBITDA在分析投机级债务和杠杆收购分析时首次受到推崇，该指标在所有者权益分析中受到关注。然而，对很多公司而言，除了净利润之外，EBITDA的各个组成部分，特别是折旧，在短期内均具有高度的可预测性。通过准确地预测波动更大的部分——盈余，投资者也可以更好地把握EBITDA。坚定不移地关注利润在一定程度上也反映了机构的惯性。投资组合经理根据每股收益（EPS）预测来判断经纪公司对所有者权益分析的准确性，其投资策略取决于累计每股收益预期，以此来衡量整个股票市场的吸引力。不能进行每股收益预测的分析师在讨论上述问题时可能会遇到困难。但是，除了盈利预测本身的约束外，当预计盈利的质量存在质疑时，也可以利用相应机制来调整股票估值。投资者可以降低盈利倍数，如下节所述。

14.2 市盈率

虽然股利折现模型是一种直觉上令人满意的普通股估值方法，但是，它不是比较公司间股票价值的最为便捷的方法。而市盈率能更好地完成这个任务。市盈率也称为 P/E 比率或盈利倍数：

$$市盈率=\frac{股票价格}{每股收益}$$

根据以上公式，Wolfe 食品公司（参见上节）的市盈率为：

$$股票价格=\$50$$

$$归属于普通股的净利润=\$45\ 000\ 000$$

$$普通股股数=10\ 000\ 000 股$$

$$每股收益=\frac{\$45\ 000\ 000}{10\ 000\ 000}=\$4.50$$

$$市盈率=\frac{\$50}{\$4.50}=11.1 倍$$

以 Wolfe 食品公司的竞争对手 Grubb & Chao 公司（见表 14—2）为例，说明如何利用市盈率来进行公司间的比较。Grubb & Chao 公司与 Wolfe 食品公司具有相同的预计利润增长率（6%）和必要报酬率（9%），但是，Grubb & Chao 的市盈率却高于 Wolfe 食品公司（13.5 倍与 11.1 倍）：

$$市盈率=\frac{股票价格}{每股收益}=\frac{\$48.75}{\left(\frac{\$54\ 000\ 000}{15\ 000\ 000}\right)}=\frac{\$48.75}{\$3.60}=13.5 倍$$

表 14—2　　Grubb & Chao 公司的部分财务数据

归属于普通股股东的净利润	$54 000 000
普通股股东股利	$18 000 000
发行在外的普通股股数	15 000 000
盈利的预期年增长率	9%
投资者的必要报酬率，根据公司盈余预测确定	6%
当前股票价格	$48.75

根据以上信息，投资者可能认为 Wolfe 食品公司比 Grubb & Chao 公司更具投资价值。该结论是基于股利折现模型得出的，Grubb & Chao 的股票价值等于：

$$P=\frac{D}{K-g}$$

$$=\frac{\left(\frac{\$18\ 000\ 000}{15\ 000\ 000}\right)}{0.09-0.06}$$

$$=\frac{\$1.20}{0.03}$$

$$=\$40$$

其实际价格为 48.75 美元，该估值低于实际价格，表明该股票价格被市场高估了。我们还注意到，在“正确”价格下，Grubb & Chao 公司的市盈率与 Wolfe 食品公司相同：

$$\text{市盈率}=\frac{\$40}{\$3.60}$$

$$=11.1\text{ 倍}$$

基于市盈率的价值分析可以超出上述公司间比较的范畴。分析师可以将行业内的所有公司进行排序（见表 14—3），然后判断市盈率的差异是否合理，或者某些公司是否排序有误。注意，表 14—3 是按照公司过去 4 个季度的实际盈余，而不是对下一年度的预计盈余进行排序的，这是市盈率比较中所使用的一种常见形式。此外，盈余排除了非经常性项目（参见第 3 章）。

表 14—3　行业公司按市盈率排序：化妆品和个人护理行业——2010 年 11 月

公司	股价除以预计每股收益
雅诗兰黛（Estee Lauder）	23.43
Alberto-Culver	23.04
Inter Parfums	21.76
伊丽莎白一雅顿（Elizabeth Arden）	21.11
宝洁（Procter & Gamble）	17.52
高露洁一棕榈（Colgate-Palmolive）	16.33
雅芳（Avon Products）	15.67
露华浓（Revlon）	9.63

资料来源：Bloomberg.

因为需要考虑发行在外的可转换证券通过转换形成新股的可能性，所以通常每股收益采用稀释的每股收益的形式。

14.3　为什么市盈率倍数不同?

市盈率倍数在不同公司中存在差异，源于上述估值公司中各变量的影响。考虑以下两个等式：

$$P=\frac{D}{K-g}\quad \text{和}\quad \text{P/E}=\frac{P}{\text{EPS}}$$

式中，P 为当前股票价格；D 为当前股利率；K 为必要报酬率；g 为增长率；

P/E 为市盈率；EPS 为当前的每股收益（年）。

将第一个公式中的 $D/(K-g)$ 代入第二个公式中的 P，可以得到以下拓展形式的公式：

$$P/E=\frac{\frac{D}{K-g}}{\text{EPS}}$$

运用拓展形式的等式，分析师就会迅速发现，预期盈余增长率的提高可以增加市盈率倍数。例如，Grubb & Chao 公司与 Wolfe 食品公司的盈利增长率均为 6%，两家公司当前的股票价格均为利润的 11.1 倍。假设另一家竞争公司 Eatmore & Co. 凭借在食品行业中快速增长细分行业的集中发展，预期其盈利增长率为 7%，其适度的盈余增长将带来较高的市盈率倍数：

$$P/E=\frac{\frac{D}{K-g}}{\text{EPS}}$$

$$P/E=\frac{\frac{\$1.60}{0.09-0.07}}{\$4.80}$$

$$P/E=16.7\text{ 倍}$$

但是，如果较高的增长预期是建立在非比寻常的高风险的基础之上，则 Eatmore & Co. 公司的盈利将不会获得这么高的溢价（16.7 倍，竞争对手为 1.1 倍）。例如，Eatmore & Co. 公司的经营战略可能是重点拓展发展中国家市场，发展中国家的个人收入增长率要大于成熟的美国经济。在这种情况下，相比 Grubb & Chao 公司和 Wolfe 食品公司，Eatmore & Co. 公司可能在本土化、利润输回的限制、贸易保护政策和汇率波动等方面面临较大的风险。因而，市场将提高对 Eatmore & Co. 公司盈利的折现率（K）。折现率 0.5 个百分点的增长（从 9.0%到 9.5%）将抵消公司市盈率中一半以上的溢价，其市盈率倍数将从 16.7 倍下降到 13.3 倍：

$$P/E=\frac{\frac{D}{K-g}}{\text{EPS}}$$

$$P/E=\frac{\frac{\$1.60}{0.095-0.07}}{\$4.80}$$

$$P/E-13.33\text{ 倍}$$

实际上，所有者权益分析师正是利用调整折现率及由此而调低公司市盈率倍数来应对第 3 章所讲到的管理层盈余操纵。公司可能会进行自由的会计操作，并且不作应有的长期投资支出，而同时希望人为操纵的每股收益能获得与竞争对手一样的倍数。许多管理层向分析师陈述的核心是一张表格，以此来说明，相比其他公司，其市盈率倍数是较低的。首席执行官通常以此表格作为公司股价被低估的证据。而投资者会及时注意到这种差异，并提升市盈率倍数。因此，在当前以较低价格买入股票的投资者其股价也会提高。

虽然上述说法有时是具有说服力的，但是还必须考虑这种盈利倍数的"差异"是否真的是由于分析师疏忽所造成的。对于一家大型资本化公司来说，将有数以百计的华尔街及机构分析师对其进行比较分析。因此，他们会充分意识到较低的盈利倍数，但是，可能基于以下原因认为其是合理的：

- 公司盈余比其他可比公司更具有周期性。
- 公司盈余依赖于特殊的税收减免或其他法律或法规优惠条款，而这些优势随着政治风向的转移，可能会消失。
- 公司盈余曾一度"出人意料"，这会使人怀疑公司对报告结果进行了大量的"盈余管理"。
- 管理层行为反复无常（例如，突然改变公司战略、错误地并购），难以预测未来结果。

分析师可能会理解错误，并且确实低估了公司股票。但是，盈利倍数是否较低是一种主观的判断，跟疏忽没有关系。对于一家小型的资本化公司来说，虽然竞争对手具有较高的市盈率，但其较低的倍数可能就是合理的。对于与大型的、资本运作较好公司竞争的公司而言，需要提高折现率。小型公司还可能具有缺乏管理经验和生产集中于一到两家工厂的劣势。

考虑到定性因素可能会降低市盈率，公司经常会回应称，低估是由于错误的理解所带来的。例如，强周期性行业内的一家公司可能会声称其是行业内的特例。汽车零配件的制造商指出，通过将重点放在销售汽车配件方面，公司的盈利得以免受汽车销售波动的影响。无论消费者是否购买新的汽车，他们都需要保修现有的汽车。实际上，如果人们都不购买新的汽车，随着现有汽车的陈旧，备件的销售应该会有所上升。同理，建筑材料生产商可能会声称，通过将重点放在改建和维修市场的产品线，公司受房屋新建波动的影响得以缓解。

这些说法可能有一定的道理，但是投资者不应该毫不怀疑地接受。分析师应该独立地判断，从过去的经历来看，公司业务是否如其所述不受周期性影响，而不是简单地相信公司的说法，认为公司盈利倍数确实被低估。此外，还需确认所谓的盈利的稳定是否足以抵消公司业务其他领域的预期下滑。

读者需要记住一个有用的规律：公司建立新形象要远比改善经营业绩容易。分析师应该特别警惕善于炒作与当前热门股票相关"概念"的公司。20世纪70年代后期，暴涨的石油价格导致石油生产商的预期盈利增长率，从而市盈率和股票价格均有所提高。突然，化学公司、资本性商品生产商和其他一些公司均开始宣称自己是"能源玩家"。一些公司通过收购石油产业确实做到了这一点，而其他一些公司只是开始公开宣称自己与市场中的石油经营业务有关联，而这些石油业务可能从上升的油价中获利。几年以后，当石油价格下降时，这些公司在年报中删除了与能源相关的介绍和图片。几乎在同一时间，随着受益于石油价格上扬的休斯敦和其他城市经济繁荣的结束，全国的零售连锁店开始减少宣传自己与阳光地带联盟（Sunbelt）的联系，而这种联系在过去几年一直是高增长和高市盈率的代名词。

14.3.1　将每股收益进行正态化处理

公司有强烈动机获得其市盈率倍数的不断提高，甚至不惜代价地夸大事实至极限（或者超越极限）。因而，分析师应该对盈利倍数的计算保持合理的怀疑。除了因质疑盈利质量而提高折现率（K）外，分析师还应该在每股收益的可持续性受到质疑时将其趋势进行正态化处理。

举例说明，假设虚拟公司 PPE 制造公司过去 5 年的每股收益如表 14—4 所示。通常情况下，该公司市盈率理应与市场整体一致，即目前市价为预计当期盈余的 12 倍。按照这个逻辑，股票价格为 2.67 美元的 12 倍，即约 32 美元，该价格对 PPE 股票而言，似乎是可以保证达到的。

表 14—4　　PPE 制造公司的历史每股收益表

年份	每股收益（美元）
2006	1.52
2007	1.63
2008	1.86
2009	2.04
2010	2.67（估计）

但是，图 14—1 表明，PPE 公司每股收益的本年预计值在历史趋势线之上，使得当前水平的可持续性受到了怀疑。

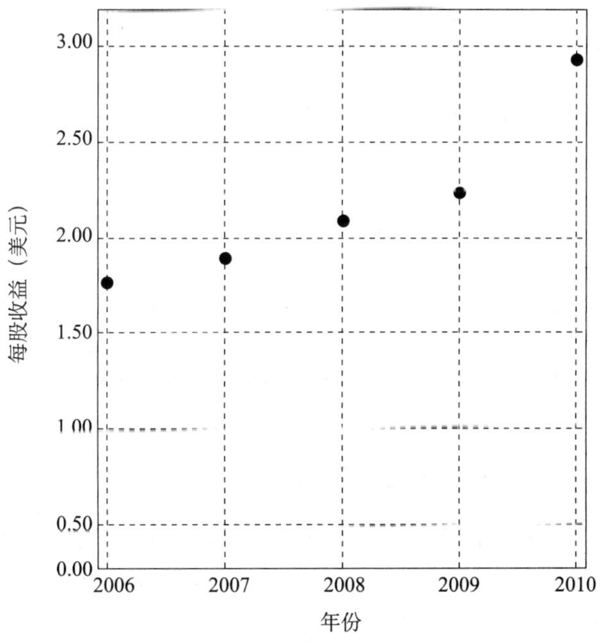

图 14—1　PPE 制造公司的历史每股收益图

事实上，2.67 美元的每股收益受到了特殊事项的影响，而该事项近期内不会再次发生。具体而言，由于预期会发生全行业的罢工，消费者增加了对PPE公司主要产品的购买。公司出现暂时缺货，并由此带来了价格的提高。随着公司全速运转（将单位成本降至最低）及价格上涨，PPE 公司获得了以前从未有过——未来也可能不再出现的高额利润率。

每股收益未反映公司长期盈利能力，仅基于其暂时变化，PPE 公司的价值便从 24.5 美元（上年度每股收益的 12 倍）上涨到 32 美元，即 31%的增长率，是不合适的。因此，分析师应该通过建立以前年度的趋势线将 PPE 公司的每股收益正态化处理。图 14—2 利用最小二乘法来进行拟合。

该方法的公式如下：

$$y = a + m(x - \bar{x})$$

$$a = \bar{y}$$

$$m = \frac{\sum xy - n\bar{x}\bar{y}}{\sum x^2 - n\bar{x}^2}$$

$$\bar{x} = \frac{0+1+2+3}{4} = 1.5$$

$$\bar{y} = \frac{1.52+1.63+1.86+2.04}{4} = 1.762\ 5$$

$$\sum xy = (0 \times 1.52) + (1 \times 1.63) + (2 \times 1.86) + (3 \times 2.04) = 11.47$$

$$n\bar{x}\bar{y} = 4 \times 1.5 \times 1.762\ 5 = 10.575$$

$$\sum x^2 = 0^2 + 1^2 + 2^2 + 3^2 = 14$$

$$n\bar{x}^2 = 4 \times (1.5)^2 = 9$$

$$m = \frac{11.47 - 10.575}{14 - 9} = 0.179$$

$$y = 1.762\ 5 + 0.179(x - 1.5)$$

当 $x=4$ 时，趋势线上本年度的值为 2.21 美元。利用市盈率倍数 12，得到股票价格为 26.5 美元。从该点适度向上调整是允许的，因为如果公司没有其他较好的投资机会，也可以将这笔意外之财再投资于其现有业务，以获得小额增长的盈余。适度地偏离该点还是可以接受的。

但是，无论如何，公司也不能基于不可持续的盈利水平来进行价值评估。

14.3.2 可持续增长率

可持续性概念不仅与盈利的异常增长有关，还用于决定公司每股收益的历史增长率是否具有可持续性。如果增长是由留存收益增加之外的因素所带来的，则答案很可能是“否”。

如下所示，每股收益可分解为：

资产周转率×销售利润率×财务杠杆×每股账面价值=每股收益

或者

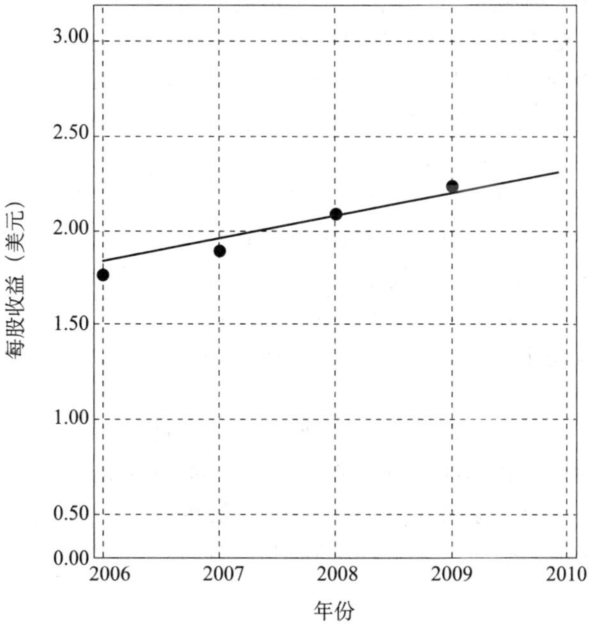

图 14—2　PPE 制造公司的每股收益趋势线——最小二乘法

$$\frac{销售收入}{总资产}\times\frac{净利润}{销售收入}\times\frac{总资产}{净资产}\times\frac{净资产}{发行在外股票数}=\frac{净利润}{发行在外股票数}$$

每股收益不会只因为销售收入的增长而增长。由于销售收入是销售利润率的分母及资产周转率的分子，因而销售收入的增长将在上述公式中抵消。等式左边 4 项中某一项的增长或者发行在外股票数的下降，都会带来结果（每股收益）的增加。激进的管理者可能会提高资产周转率，而资产最终会达到生产能力的极限。同样，销售利润率也不可能无限地提高，因为太丰厚的利润会带来激烈的竞争，财务杠杆也会达到极限。因为随着财务风险的增加，当到达某点后，债权人将不会再继续提供资金。因此，只剩下每股账面价值，其通过增加留存收益可以不断提高，而留存收益是每股收益持续增长的来源。只要投入的每股权益资本持续增长，权益投资获得的收益就会越多（读者可以通过上述公式来证明），每股收益也就会提高。

但是，如果公司将利润百分之百地用于给股东发放股利，公司的每股账面价值根本不会提高（这就是迅速提高股利支付率不一定带来股价随即同比例上涨的原因，这与公式 $P=D/(K-g)$ 的结论不同）。假设公司将利润再投资可以获得正常的权益收益率，则提高股利支付率减少了每股收益的增长。这样，分子和分母（分别为 D 和 $K-g$）同时增加，P 保持不变。

为了实现每股收益的可持续增长，公司必须留存一定比例的利润。留存比例越高，累计每股账面价值越大，则 EPS 增长率越高。据此，可以推导出以下公式：

可持续增长率＝权益收益率×利润再投资比率

式中，利润再投资比率＝1－股利支付率。

如前所述，除了已阐述的各种可能性，还有一种提高每股收益的方式是减少发行在外的股票数。20 世纪 90 年代，面对有限的收入增长机会，很多公司利用股票回购保持 EPS 增长率。1995—1999 年，IBM 公司支付了 341 亿美元进行股票回购，该金额大于当期的累计净利润，后者为 313 亿美元。通过股票回购减少所有者权益，IBM 公司提高了财务杠杆（leverage）及由此带来的财务风险。此外，IBM 公司还增加了债务。财务评论员詹姆斯·格兰特（James Grant）打趣地说，如果 IBM 公司继续回购股票，它就是在进行“慢动作”（slow-motion）的杠杆收购。[①] 但是，这样的 EPS 提升计划本身就是具有局限性的，因为如前所述，债权人终将在某一时点拒绝继续提供债务资金。

在计算股票回购对每股收益的影响时，分析师应该注意一个细节。只要公司用闲置的现金进行股票收购，则 EPS 的增加将会被失去的投资收益所抵消。如果一家公司资产负债表上的现金大于其盈利性经营活动所需的现金，则不应该指责公司管理层利用股票回购来提升每股收益的做法。

14.4 杜邦公式

上述有关可持续增长的讨论引出了一个公式，该公式将每股收益分解为几个简单的财务比率，对每股收益给出了新的解读。其他有效的权益分析方法也会用到指标分解，其中，最著名的莫过于杜邦公式（Du Pont formula）（该方法通常认为是由唐纳森·布朗（Donaldson Brown）发明的，他在杜邦公司（E. I. du Pont de Nemours）任职期间发明了该公式，随后在 20 世纪 20 年代，他担任通用汽车公司的财务副总裁时，将该公式应用于财务实务）。利用杜邦公式，分析师可以更清晰地了解公司资产报酬的来源：

$$\text{资产周转率}\times\text{销售利润率}=\text{资产报酬率}$$

$$\frac{\text{销售额}}{\text{资产}}\times\frac{\text{利润}}{\text{销售额}}=\frac{\text{利润}}{\text{资产}}$$

该分析可以进行拓展，以确定财务杠杆对权益报酬率的贡献：

$$\text{资产周转率}\times\text{销售利润率}\times\text{财务杠杆}=\text{权益报酬率}$$

$$\frac{\text{销售额}}{\text{资产}}\times\frac{\text{利润}}{\text{销售额}}\times\frac{\text{资产}}{\text{销有者权益}}=\frac{\text{利润}}{\text{所有者权益}}$$

注意到“财务杠杆”并不是直接用负债比资产或所有者权益的比率来表示，而在绝大多数其他情况下人们是采用上述比率进行表示的。相反，本公式中是采用资产比所有者权益的比率表示财务杠杆。根据定义，资产超过所有者权益的部分就是负债，而不仅限于债务。概念上，这个版本财务杠杆的

① Bethany McLean, “Hocus-Pocus: How IBM Grew 27% a Year,” *Fortune*, June 26, 2000, 165.

含义是描述资产基础在多大程度上是由公司所有者权益来支持的。

与大多数比率分析一样，杜邦公式不仅可以用来解决问题，也会提出一些新问题。如果一家公司通过在不影响竞争能力的同时降低营运资本（从而提高资产周转率）来提高资产报酬率，则公司可以获得较高的经营业绩水平。另一方面，降低必要的资本支出对资产报酬率也能产生短期的正面效应。由于折旧的影响，资产周转率的分母会下降，同时，由于本年较低的资本支出将减少未来的折旧费用，从而销售利润率也会上升。但是，资本支出不足最终会损害公司的竞争能力，从而影响公司的长期资产回报率，因此，分析师应该确定这些比率变动的本质。

食品加工行业的杜邦分析（见表 14—5）验证了研究权益报酬率各组成部分的价值。例如，仅从权益报酬率看，Dean 食品公司（17.77%）和 Hormel 食品公司（16.86%）相似。但是，其实现方式有很大的差异。Dean 食品公司资金周转的频率相对更低（1.42 次比 1.76 次），销售利润率更低（2.15%比 5.67%），导致资产报酬率不到 Hormel 食品公司的三分之一（3.06%比 9.99%）。Dean 食品公司更高的权益报酬率纯粹是因为比 Hormel 食品公司高出三倍还多的财务杠杆（5.80 倍比 1.69 倍）。Dean 食品公司股票的投资者应该能预见，由于该公司具有相对更高的财务风险，他们将会承受更大的股价波动。在本分析时点该公司的债券评级为较低的 BB 级，而 Hormel 食品公司的评级为中级 A 级。

表 14—5 中另一个值得关注的是，Mead Johnson Nutrition 公司的财务杠杆为负数。这家婴儿配方食品制造商的净资产为－6.749 亿美元。这并不意味着这家公司破产了，事实上，Mead Johnson 公司拥有本组样本公司中最高的销售利润率，并且属于评级中的投资级（中级到高级 BBB）。因为 Mead Johnson 公司正的净利润除以其负的所有者权益，产生了负值，意味着这家利润丰厚的公司的权益报酬率为负数，所以，对于这家公司，杜邦分析的价值仅仅限至资产报酬率这一点。

Mead Johnson Nutrition 公司的案例只是表 14—5 中所列示的众多公司中我们观察到的一个极端案例。大多数公司的所有者权益虽然较低，但并不为负数，造成其权益报酬率特别高，例如，Campbell Soup 公司（78.79%），又如 Hershey 公司（60.51%）。

表 14—5　　食品加工行业 2009 年数据的杜邦分析*

公司名称	资产周转率（次数）	×	销售利润率（%）	=	资产报酬率（%）	×	财务杠杆（倍数）	=	权益收益率（%）
Campbell Soup Co. (NYSE：CPB)	1.23		10.65		13.10		6.01		78.9
ConAgra Foods, Inc. (NYSE：CPB)	1.05		6.35		6.69		2.32		15.52
Dean Foods Co. (NYSE：DF)	1.42		2.15		3.06		5.80		17.77
General Mills Inc. (NYSE：GIS)	0.79		11.08		8.80		3.05		26.83

续前表

公司名称	资产周转率（次数） ×	销售利润率（%） =	资产报酬率（%） ×	财务杠杆（倍数） =	权益收益率（%）
Hershey Co.（NYSE：HSY）	1.44	8.23	11.86	5.10	60.51
HJ Heinz Co.（NYSE：HNZ）	1.02	8.26	8.42	5.52	46.48
Hormel Foods Corp.（NYSE：HRL）	1.76	5.67	9.99	1.69	16.86
Kellogg Company（NYSE：K）	1.12	9.64	10.82	4.93	53.35
Kraft Foods Inc.（NYSE：KFT）	0.61	7.48	4.53	2.58	11.67
McCormick & Co. Inc.（NYSE：MKC）	0.94	9.39	8.85	2.54	22.46
Mead Johnson Nutrition Company（NYSE：MJN）	1.37	14.14	19.30	(3.07)	NM
Sara Lee Corp.（NYSE：SLE）	1.28	6.36	8.12	3.61	29.28
The J. M. Smucker Company（NYSE：SJM）	0.58	10.16	5.92	1.51	8.93
Tyson Foods Inc.（NYSE：TSM）	2.47	(1.03)	(2.53)	2.39	(6.05)

* 计算结果四舍五入；NM 表示没有意义。

资料来源：Capital IQ 以及作者的计算。

那些结果部分反映了这两家公司采用了行业中相对较高的财务杠杆。不过，此外，公司非常低水平的净资产账面价值也会导致畸高的 ROE。著名食品生产商通常主要从其知名商标的顾客接受度推导其所有者权益价值，而并非依据它们生产商品的有形工厂本身的价值。按照公认会计原则，这些公司产品开发和广告营销的成本支出，正如工厂或者油井一样，创造了持久的价值，但是却被费用化处理，而非资本化处理。与会计体系不同，金融市场会承认商标的经济价值。表 14—6 显示，Campbell Soup 公司的账面价值只有其市场价值的十二分之一。样本中中位数的公司，其市场价值是账面价值的 3.44 倍，凸显出投资者对基于会计的净资产价值的关注简直是微乎其微。

著名的食品与消费品生产商并不仅仅是那些主要依赖于智力资本的公司。

表 14—6　　包装食品与肉类行业的市场价值比账面价值比率

公司名称	市场价值*	账面价值**	比率
Campbell Soup Co.	11 118.7	926.0	12.01
ConAgra Foods, Inc.	9 478.7	4 923.9	1.93

续前表

公司名称	市场价值*	账面价值**	比率
Dean Foods Co.	3 028.7	1 351.9	2.24
General Mills Inc.	21 675.3	5 402.9	4.01
Hershey Co.	8 546.0	720.5	11.86
HJ Heinz Co.	12 922.7	1 891.3	6.83
Hormel Foods Corp.	5 039.6	2 123.5	2.37
Kellogg Company	19 805.9	2 272.0	8.72
Kraft Foods Corp.	39 522.9	25 876.0	1.53
McCormick & Co. Inc.	4 587.0	1 334.6	3.44
Mead Johnson Nutrition Company	8 998.0	(674.9)	NM
Sara Lee Corp.	8 151.5	1 487.0	5.48
The J. M. Smucker Company	6 266.2	5 326.3	1.18
Tyson Foods Inc.	4 851.2	4 352.0	1.11
平均数			4.48

*表示最近一年的值；**表示最近年度的值。

所有数据都取自 2010 年 11 月。

NM—没有意义。

资料来源：Capital IQ 以及作者的计算。

正如上述公司的支出旨在打造其品牌的经济价值，技术类和医药类公司的研发支出在发生时就冲销了，因此，根据 GAAP，这些支出是没有资产价值的。这些作为后工业经济的典型公司，当所有者权益按照市场价值而不是历史成本计价时，权益报酬率看似也没有那么高（参见第 2 章的“基于市场价值权益的利弊”）。

14.5 通过可能的重组进行估值

杜邦分析的一个好处在于其表明了公司通过重组提升价值的潜力。无论是内部发起还是源自外部压力，有关经营和财务战略的重大变更均能大幅提升公司的普通股股价。表 14—5 的分析有助于确定特定情况下能释放价值的重组方式。一些公司可以通过更为有效的资产利用来提升股票价格，而其他一些公司则可以通过提高财务杠杆来提升股价。[①]

公司管理层通常会发现其与股票市场投资者和投机者在公司政策上观点不一致。一般而言，经理人员倾向于公司保留一定数量的闲散资金，以应对危机和机会。如果公司将资产负债表上多余的现金投资于低风险、短期限的

① 公司可以通过提高财务杠杆来提升市场价值的观点是对现代财务学基本原则的公然挑衅。诺贝尔经济学奖获得者弗朗哥·莫迪利亚尼（Franco Modigliani）和默顿·米勒（Merton Miller）指出，在严格的假设条件下，公司股票的市场价值与资本结构中负债和权益的比例不相关。莫迪利亚尼和米勒继续其研究，放松了假设条件，以更贴近现实。特别是，他们和随后的研究者发现，通过提高财务杠杆，从而更加充分地利用债务的税盾效应（tax shield），事实上可以提升公司股票的市场价值。借款利息可以抵税（tax-deductible），而股利不能。

金融工具，赚取较低的收益率水平，公司经理人员将比投资者要处之泰然。他们认为，如果盈利和现金流出人意料地下滑或者突然出现非常好的并购机会，这些现金将派上用场。相反，投资者和投机者则希望将现金用于回购股票或者返还给股东。相比股东，经理人员更倾向于相信业绩不佳的公司会有所好转，其判断有时会受到不愿意承认所进行并购并不成功的影响。

多年以来，管理层—股东之间对经营及财务政策的争论有各种表现手段。早在1927年和1928年，证券分析师的先驱本杰明·格雷厄姆（Benjamin Graham）就成功劝说北方管道公司（Northern Pipeline）对特定资产进行了清理，这些资产对公司原油运输业务并不重要，并将清理所得分配给了股东。格雷厄姆获得了大型机构持有人洛克菲勒基金会（the Rockefeller Foundation）的大力支持。由于机构投资者通常都偏向管理层，该结果在当时及此后的几年都是不常见的。如果机构投资者完全不满意公司的运营方式，他们顶多会出售所持有的股票。即使是在20世纪80年代，机构投资者试图进行改变的操作也是不多见的。因此，管理层在公司治理上的主要对手是激进的财务经营者。20世纪50年代，这些虚张声势的人通过代理权争夺改变公司战略，引起了广泛注意。他们的运作方式是通过年度股东大会的董事选举获得董事会的多数控制权。

20世纪70年代，代理权争夺转变为敌意并购，而之前作为并购中介的投资银行是看不起这种交易的。20世纪80年代，敌意收购非常普遍，部分产生于高收益债务（非正式的叫法为"垃圾债券"）融资的增长。高收益债券还给许多杠杆收购（leveraged buy-out，LBO）筹集了资金。LBO发起人支持这些具有争议性的交易，认为如果这些交易可以私下进行，从而避开公开市场对短期利润增长的贪得无厌，则公司可以提升其长期业绩。

20世纪90年代，机构投资者终于开始意识到，利用持有的大额股份，其可以对公司董事会施加影响。大型机构投资者通过精简流程、处置非盈利业务单位和用多余现金回购股票等措施推动公司提高股票价格。在某些情况下，当机构投资者的声音得不到响应时，机构会撤换高管层。

20世纪90年代的股东激进主义在相对较高的市盈率环境中蓬勃发展起来。此外，这一期间还反对之前提高财务杠杆的做法。因而，这些条件不利于借款—收购交易，而这些交易曾推动了20世纪80年代的许多公司重组。

然而，杠杆收购并未消失。20世纪90年代早期的杠杆收购（LBO）破产热潮过后，收购公司又恢复了交易决策。21世纪头10年，在私募股权投资的引领下，杠杆收购迎来了新的繁荣。看似可以明确的是，这类替代性投资（那些在上市股票、债券和货币三种传统类型投资以外的投资）成为金融市场的一种标准形式。杠杆收购的兴衰周期再次上演，也开始在投资界扎下根基。

典型的杠杆收购交易包括以较低价格购买股票，从而获得公司的控制权，然后大幅增加资本结构中的负债。由于当时普遍较低的市盈率水平，以及许多公司的负债水平较低，这种机会很多。至少在早期阶段，财务预测假设尚不是过于激进，提高债务权益比还是可以在不增加破产风险的同时带来价值的。因而，敌意收购者集中关注的是修正杜邦公式的第二个因素——财务杠杆。

在评估公司是否具备成为杠杆收购参与者的潜力时，私募股权公司并不关注传统的权益价值技术。以虚拟公司 Sitting Duck 公司为例（见表 14—7）。基于一般假设及同类公司盈利倍数普遍为 15 倍，Sitting Duck 公司的所有者权益估值为 9.75 亿美元，是其账面价值 4.13 亿美元的 2.4 倍。

然而，杠杆收购的收购方进行估值的方法却很不一样。他们关注的并非盈余，而是现金流。

表 14—7 **Sitting Duck 公司**

截至 2010 年 12 月 31 日的会计年度（单位：百万美元）			
资产负债表		**现金流量表**	
流动资产	594	净利润	**65**
不动产、厂房和设备	406	折旧	38
资产总额	1 000	经营活动产生的现金流量	103
流动负债	350	股利	22
长期负债	237	资本支出	41
股东权益	413	营运资本增加	10
负债和权益合计	1 000	经营活动使用的现金流量	73
		可使用的净现金	30
利润表			
销售收入	1 253	长期负债的减少	25
产品销售成本	972	现金及现金等价物的增加	5
销售费用、一般费用及管理费用	95		
营业利润	186		
利息费用	19		
税前利润	167		
所得税	102		
净利润	65		

在支付了大约三分之一的利润作为股利以及厂房设备资本支出额超出折旧之后，Sitting Duck 公司 2010 年产生的现金为 3 000 万美元。管理团队将现金用于降低已经较为保守的债务资本比（36%）及增加有价证券投资。而对于敌意收购者来说，更为合适的用途是为并购提供资金。

计算过程如下：假设借款人和债券投资者目前愿意给合理的杠杆收购项目融资，该项目的 EBITDA 利息保障倍数为 2.5 倍（债权人不关心公司的账面利润，而是关心公司偿还债务的能力，而产生现金的能力是其决定性因素）。Sitting Duck 公司的营业利润为 1.86 亿美元，加回折旧 0.38 亿美元，得到 EBITDA 为 2.24 亿美元。在 EBITDA 利息保障倍数为 2.5 倍的条件下，2.24 亿美元可以承受的利息为 9 000 万美元，高于 Sitting Duck 公司的当前利息 7 100 万美元。假设杠杆收购融资的混合借款成本为 10%，并购者能在现有负债 2.37 亿美元的基础上增加 7.1 亿美元的负债，至 9.47 亿美元。如果当时的贷款标准要求交易中至少有 25%的权益资金，则并购者必须额外筹集 3.20 亿美元，总资本为 12.67 亿美元。根据该计算，敌意收购者能支付超过 Sitting Duck 公司现行市场价值 30%（12.67 亿美元÷9.75 亿美元=1.30）的溢价。购买价格等于盈余的 19.5 倍而不是当前市场上配置的 15 倍。但是，并购者是通过现金流而非利润指标获得这一数值的。收购价的 EBITDA 倍数为 5.7 倍，而非按照杠杆收购专家界定的标准所确定的天文数字（如第 8 章所述，EBITDA 倍数绝不是现金流的最佳衡量方法，但是它可以作为杠杆融资领域中的合理标准）。

回顾这一计算过程，人们一定想知道并购者在支付超过 Sitting Duck 公司现行价格 30%的溢价之后，是否真的获得了高额投资回报。很多类似交易确实被证实具有高获利能力，通过卖出公司或首次公开上市（initial public offering，IPO），新的所有者最终退出。首次公开上市是指将公司推向公开市场。某些情况下，收购方在退出前会收到高额股利，增加了其利润。尽管私募股权公司淡化了时机在其成功中的作用，但是，在权益市场估值低时收购公司而在估值高时卖出公司，仍然是一个致胜公式。唯一的问题在于杠杆收购活动的高峰——以及 EBITDA 倍数的高值——总是伴随着经济衰退和股票市场的熊市。后周期交易最终会因为恶化的盈余变成困扰，导致当无法通过 IPO 退出时，利润难以弥补公司大幅增长的利息支出。

私募股权公司否认它们的成功是完全依赖于准确判断权益市场高点位和低点位的能力，它们试图强调其成功源于采用了以下方法：

（1）提高利润率。杠杆收购基于以下两个原因可以提高公司的盈利能力。第一，所有权变化可以使公司经营面貌焕然一新。通常，新进入者对于长期存在的、不盈利的生产线没有那么多感情。此外，他们更容易采取情感上犯难，但是可以提高竞争力的必要措施，比如裁员和生产外包。第二，管理层可能由于收购获得公司成功所带来的放大的收益。与管理层在离职时获取的股票期权不同，高级甚至中层管理人员可以获得权益收益，这可以使他们在几年之内获得大量的财富。激励政策的变化可以减少管理层在经营活动中保留闲散资金的热情，促使他们尽可能地利用公司资产赚取利润。由于分享收益的机会增加，管理层可能会压缩之前可以容忍的非必要成本，并且与过去相比，更加主动地开发潜在的新市场。无论采取哪种方式，利润率的提高均意味着较高的 EBITDA。而这将带来较高的估值，给杠杆收购权益投资人带来利润。

敬告各位，分析师必须密切注意只通过减少投资支出来提高报告利润率的做法。在杠杆收购之后，公司通过减少广告和研发支出能立即提高报告利润。尽管会计准则不允许将这些项目资本化，但是这些支出会在未来带来收益。大幅降低这些支出或者推迟资本支出以保留现金可能会损害公司的未来竞争力，使利润在短期内虚增。对于丧失竞争地位的公司来说，今天的利润上涨将是公司明天破产的征兆。

遗憾的是，利润表几乎不能提供投资支出是否缩减的信息。因此，分析师必须从行业渠道获取投资支出是否充足的证据。如果公司客户指出，在杠杆收购后，服务质量下降了，这可能表明重要的销售支撑部门被缩减了。盈利可能在短时间内上涨，但是随着客户转向其他商家，公司将面临长期亏损。

（2）资产出售。由于股票市场主要关注盈利，公司的市场价值可能远远小于资产的总价值。例如，一家分支机构的净利润很低，但是能通过折旧产生大量的现金流，其在私人市场具有较高的价值。在这种情况下，该分支机构应该按 EBITDA 倍数来估价。另外，分支机构未盈利的原因可能是因为其规模较小。竞争对手可能愿意购买这样的分支机构，将其与自己的经营合并，产生的合并利润会大于独立经营单位的利润之和。发现公司内该机会的杠杆收购发起人会投入少量的自有资金，借入大部分资金来支付购买对价，然后清算净利润较低的业务来偿还贷款。如果按计划实施，资产出售将使主并方无负债并拥有公司的剩余部分，即之前产生大部分净利润的经营业务。在以市盈率为导向的股票市场中，公司剩余部分的价值将和以前公司整体的价值相同。然后，杠杆收购发起人可以通过公开发行套现。尘埃落定以后，发起人清算的金额应该大于支付给原股东的溢价，这里原股东是将公司出售给收购方的原所有者。

未实现盈利和 EBITDA 倍数绝不是公司治理争议中的唯一估值因素。支持政策变化以提升股东价值的人有时关注财务报表中特定资产的价值。例如，石油公司在年报中披露其石油储备。由于能源公司频繁买卖储备，并且广泛披露大宗交易的价格，因此随时可以获得其当前市场估值。如果近期地下储备的石油以 18 美元每桶的价格交易，那么拥有 5 000 万桶石油储备的公司理论上可以按 9 亿美元来出售该资产。[①] 9 亿美元加上基于市盈率的炼油、营销和运输资产的价值将远远超出公司当前的市场价值。如果是这样，石油储备所谓“未确认”的价值可以作为其他股票评估方法的基础。

进行重组的公司还会获取矿石、房地产和长期投资等与公司核心业务无关的其他类型资产的未确认价值。实现该资产价值的方法包括：

- 销售该资产以换取现金。
- 将该资产放入一家独立的分支机构，然后将分支机构部分上市，以确定公司剩余利益的市场价值。
- 将该资产放入一家成熟的有限合伙制公司，该公司的利益全部归股东所有。

通过可能的重组进行估值所传递的关键信息是，关注市盈率倍数这一最著名的基本面分析形式，这并非投资者唯一一种对技术员股票图表依赖的替代形式。实际上，基本面分析还有很多种方法。所有方法的核心是对财务报表的充分理解，虽然如此，财务报表之外的因素也会对基本面分析估值起到重要作用。

14.6 小　结

如本章开篇所述，以财务报表为基础的估值只是成百万的股票交易双方

① 但是，请注意与储备估值相关的不确定性因素，请见第 2 章中的“价值计量”。

在每一交易过程所采取的分析方法中的一部分。当然，交易所内瞬间决策的交易者几乎不进行任何形式的分析，而是一种对瞬息变化的供求平衡的高度本能反应。

但是，对于坚持长期投资的投资者而言，财务报表分析能为估值提供非常重要的参考。股票可能会对市场最终结果的微小变动作出强烈反应，出现暂时飙升或者狂跌的情况，但是，最终它会回归理性，股价会回归至以公司产生利润和现金的长期能力为基础的合理水平。关注清算价值、市盈率以及EBITDA 倍数，与该观点相符。最后，之前“未确认”的资产价值同样也取决于其产生现金的潜能，必须根据前期经营业绩来衡量。通过研究公司历史财务报表来预测未来经营业绩，分析师可以获得股票的真正价值，该价值不受市场暂时波动的影响。

附录

对赫兹全球控股公司（Hertz Global Holdings, Inc. /DTG）预计报表调整的解释

"预计报表调整"标题下所列示的调整表示以下含义：

a. 把摊销费用调整至预计取得的客户关系这项无形资产的摊销费用，预计其公允价值为1.05亿美元，预计其可使用年限为10年。

b. 按照下述调整利息费用：

	年度截止至 2009年12月31日	六个月截止至 2010年6月30日
	（单位：千美元）	
负债的公允价值调整的摊销	24 840	7 320
清偿DTG的非专项债务而消除的利息费用[i]	(9 405)	(4 111)
消除已清偿负债相关的递延财务费用的摊销额	(3 392)	(726)
在赫兹高级资产支撑债务下为并购而额外融资的利息费用[ii]	6 944	3 472
总计	18 987	5 955

(i) 包括信用证以及与DTG的循环信贷工具相关的手续费的消除。

(ii) 由于历史信息包括对未提取可用金额的50基点的信用限额手续费，故在假定的1.85%（2010年6月30日伦敦银行间拆借利率加上150个基点）利息费用下，利率扣除50个基点的已提取节约金额。与此浮动借款利率相关的每1%利率的1/8（12.5个基点）的变化将引起70万美元的年利息费用上升（若利率上升）或下降（若利率下降）。

c. 消除与即将发生的并购直接相关但又不会对合并实体继续产生影响的咨询费、法律费、监管费以及保管费，如下所示：

	年度截止至 2009 年 12 月 31 日	六个月截止至 2010 年 6 月 30 日
	（单位：千美元）	
消除赫兹的一次性咨询费、法律费、监管费	1 584	10 774
消除 DTG 的一次性并购相关交易及保管费用	—	8 521
合计	1 584	19 295

d. 为与赫兹的披露方式相一致，DTG 的历史财务报表进行了一些调整。在简化合并经营预计报表中，衍生物价值的提高（DTG 对此单行列示）被归类到“销售费用、一般费用及管理费用”行的项目。简化合并预计资产负债表中，列示为 DTG、代表商业软件的“其他无形资产净值”被重分类到“固定资产净值”中。

e. 为记录有关预关维护项目（pro-closing retention program）、递延薪酬支付以及递延财务费用冲销对应计所得税的影响：

赫兹估计合并对税收的影响时假设税率为 39%，表示赫兹的法定税率。合并后公司的有效税率可能因合并后的活动、现金需求以及企业的地理位置而与此有很大差异（可能更高也可能更低）。

f. 未经审计的简化预计合并报表列示了基本每股收益（损失）与稀释每股收益（损失），其计算是基于合并的基本与稀释的加权平均流通在外股数。DTG 历史的基本与稀释加权平均流通在外股数预期要被赫兹为合并而发行的新股所代替。未经审计的简化预计报表没有反映普通股等价物的稀释作用，因为这将是反稀释作用。

g. 调整现金和现金等价物，如下所示：

	（单位：千美元）
消除 DTG 关账前的非专项债务	(153 125)
关账前分配给 DTG 股东的特殊现金股利（见注释 4（a））	(200 000)
并购对价的现金部分（见注释 3）	(1 071 933)
关账前 DTG 支付的维护费用[i]（见注释 4（a））	(3 880)
预计未来并购相关的交易成本	(49 165)
赫兹高级 ABL 工具下的额外借款	(515 000)
DTG 现金及现金等价物的重分类——最小必要余额[ii]	100 000
合计	(863 103)

（i）DTG 用高达 7 760 000 美元的资金池为其员工建立了一个慰留项目（retention program），这些员工不包括执行官，DTG 和赫兹一致同意这大约 7 760 000 美元的费用中 50% 应在并购完成之时支付，另外 50% 应在并购后六个月所需服务期结束时支付。这样，赫兹在并购后将为此慰留项目产生大约 3 880 000 美元的费用。

（ii）关账前消除 DTG 的非专项债务之后，就不再需要 DTG 的现金及现金等价物的最小必要余额了。

h. 调整预付费用和其他资产，如下所示：

	（单位：千美元）
消除与DTG已消除的非专项债务相关的未摊销递延财务费用	（4 100）
消除与递延薪酬相关的拉比信托计划（预先融资）	（3 096）
合计	（7 196）

i. 以预计的公允价值550 000 000美元记录获取的无形资产（见注释4（c）），为了与赫兹的列示保持一致，将DTG价值25 445 000美元的软件重分类到“固定资产”。

j. 记录预计的并购日商誉（见注释4（g））。

k. 依据修正的并购协议，反映预留及递延薪酬费用的设立。

l. 消除DTG的非专项债务，调整DTG的剩余债务至预计公允价值的金额，记录在赫兹高级ABL工具下产生的额外借款，如下所示：

	（单位：千美元）
消除DTG的非专项债务	（153 125）
预计公允价值调整至剩余债务的价值	（40 700）
在赫兹高级ABL工具下产生的额外借款	515 000
合计	321 175

m. 以39%的税率（见注释4（f））调整与预期将购置资产和预期将承担负债公允价值调整相关的递延所得税，转回价值1 867 000美元的DTG关账前递延应付薪酬相关的税款。

n. 以账面价格记录并购对价所占的股票份额，以账面价格消除DTG的普通股，如下所示：

	（单位：千美元）
消除DTG的普通股	（350）
赫兹的普通股发行(i)	183
在赫兹高级ABL工具下产生的额外借款	（167）
合计	321 175

（i）此处表示发行人约1 830万美元赫兹的普通股，用来以0.636 6的兑换率交换DTG的股份。（见注释3。）

o. 以公允价值减去账面价值的余额记录并购对价所占的股票份额，消除DTG的资本溢价，如下所示：

	（单位：千美元）
消除DTG的资本溢价	（937 093）
赫兹的股票及股权发行	287 630
合计	（649 463）

p. 消除 DTG 的累计亏损，记录预估的赫兹的非经常性费用，DTG 的咨询费、法律费、监管及估价费用，如下所示：

	（单位：千美元）
消除 DTG 的累计亏损	223 630
消除剩余并购相关的非经常性交易成本	(49 165)
合计	174 465

q. 消除 DTG 其他各种累计亏损。

r. 消除 DTG 的库存股。

未经审计的简化预计合并财务报表没有反映赫兹预期的至 2013 年能实现的 18 000 万美元的年成本节约额。这些成本节约来自间接的经营活动、盈利性设备的折旧，以及一般的销售管理活动。虽然赫兹的管理层预期并购将能节约成本，但成本节约能否实现，并不确定。未经审计的简化预计合并财务报表没有反映预计的与预期成本节约相关的重组及整合费用，该笔费用大概是 7 000 万美元，其中 2 300 万美元（与购买信息技术、硬件及软件相关）将被资本化，剩余的将在发生时被记为费用。另外，DTG 高级管理人员大约2 300万美元的服务费开销也未被反映在这些简化预计合并财务报表中，它也将在发生时被记作费用。

词 汇 表

加速确认（accelerate） 指因债务人违约导致相关债务在原约定的到期日之前到期，债务人应立即偿还。

会计原则委员会（Accounting Principles Board（APB）） 美国会计准则制定机构，隶属于美国注册会计师协会，是财务会计准则委员会的前身。

权责发生制（accrual accounting） 所谓权责发生制或应计制会计，指的是凡是当期已经实现的收入和已经发生的费用，不论款项是否收付，都应该确认为当期的收入或费用。

精算假设（actuarial assumptions） 指为确定养老金基金支付金额或保险费而对未来一些不确定事项，如死亡率、退休情况等，所作的估计。

会计原则委员会（APB） 参见会计原则委员会 Accounting Principles Board（APB）。

真实利润（bona fide profit） 该概念所指的利润反映财富的真实增长，与此相对的是，利用会计系统的缺陷，并未实现经济利益的利润概念。

账面价值（book value） 指资产在资产负债表上所列示的金额。它等于资产的购置成本减累计折旧和减值准备。资产的账面价值不随市场价格或通货膨胀的上升而增加（参见历史成本会计（historical cost accounting））。

盈亏平衡比率（break-even-rate） 指边际贡献等于固定成本时的产量，此时税前利润为零。例如：

产品单价＝2.50 美元

单位变动成本＝1.00 美元

固定成本＝600 美元

盈亏平衡产量：$[(2.50-1.00)\times B]-600=0$

$(1.50\times B)=600$

$B=400$ 单位

广播电台行业的现金流（broadcast cash flow） 指广播电视台采用的财务业绩度量方法，定义式为“经营利润＋折旧与摊销＋公司管理费用－购买新节目的现金支出＋以往购买节目的摊销成本”。

过渡贷款，过桥贷款（bridge loan）　指获得长期融资前所采用的临时贷款。

经济周期，商业周期（business cycle）指经济增长率、失业率和物价水平等表现出来的周期性波动。经济周期一般经过繁荣、衰退、萧条和复苏 4 个阶段。

复合年均增长率（CAGR）　参见复合年均增长率（compound annual growth rate（CAGR））。

资本密集型（capital-intensive）　厂房、设备等有形资产在资本中占比很大是资本密集的显著特征，由此带来的大额折旧使企业固定成本高，收益波动大。

资本化（支出）（capitalization（of an expenditure））　指如果一项支出将给未来期间带来收益，则该支出应该计入相关资产价值，并在以后各期进行摊销。

持有成本（carrying cost）　指货物仓储成本的相关支出，诸如融资费用、保险费、存储费、安保费和腐败损失。

现金余额计划（cash balance plan）　养老固定收益计划的一种。雇员的养老金金额根据“假定”账户的余额来确定。每年将一定比例的工资和利息一并划入该账户。利息可以是固定的，也可以根据一个变动的指数，如 30 年期国债利率来计算。

现金回报率（cash-on-cash profit）一般运用在房地产交易中，等于销售房产的现金收入除以现金权益投资额。传统的收益率指标是根据权责发生制计算的，与之不同，现金的现金回报率不会因为非现金支出，如折旧而降低。这反映了土地和楼宇随时间推移而增值的假定，而不会像厂房、设备那样由于磨损而价值不断降低。

第 11 章（chapter 11）　根据美国 1978 年《破产改革法案》（Bankruptcy Reform Act）第 11 章的规定，申请破产的企业除直接进行破产清算外，还可以选择进行重组。

集体诉讼（class-action suit）　美国《联邦民事诉讼规则》（Federal Rule of Civil Procedure）第 23 条规定了集体诉讼制度。指的是在特定条件满足的情况下，一个或几个原告可以代表与他们有着相同利益要求的众多受害者提出诉讼。集体诉讼的索赔金额巨大，被告公司可能因此而破产。

可比性（comparability）　可比性要求企业提供的会计信息应该相互可比。这一原则要求不同会计主体对同一会计事项所采用的会计方法和程序要一致。

复合年均增长率（compound annual growth rate（CAGR））　指一项投资在特定时期内的年度增长率。例如：

年份	资产价值（美元）
0	377
1	421
2	414
3	487
4	541
5	596

资产价值每年的增长率在－1.7%（第 2 年）～17.6%（第 4 年）之间不等。但是，如果每年的增长率都为 9.6%，那么资产的价值也能从最初的 377 美元增长到第 5 年年末的 596 美元。复合年均增长率的计算可以使

用多功能计算器上的标准功能，同时，也可以借助复利表来获得。

（行业内）合并（consolidation（of an industry））　指通过企业合并来降低行业中的竞争者数量。

边际贡献（contribution）　等于单价减去单位变动成本。

可转换证券（convertible）　指持有人可以按规定的比率转换成发行公司股票的债券或优先股（参见可交换证券（exchangeable））。

资本成本（cost of capital）　指投资者投入资金所要求的收益率水平。企业的资本成本由无风险收益率、经营风险（指企业不能弥补经营成本的风险）、溢价和财务风险（指企业不能支付财务成本，如利息的风险）组成。无风险收益率通常等于当前国债利率。

累积股利（cumulative dividend）　大多数优先股都具有累积股利的特征。即对累积优先股应付的股息，必须在分派普通股息前支付。

违约（default）　指债务人无法按期还本付息。债权人由此可以提出对违约方资产的要求权，包括要求其立即、全额偿还借款本金。

折旧（depreciation）　指资本设备在使用过程中，逐渐损耗的那部分价值。折旧是一种非现金支出。

衍生品（derivative）　参见金融衍生品（financial derivative）。

股权稀释（dilution）　指现有股东按持股比例所享有的对企业收益要求权的下降。公司通过发行新股的方式进行并购时，如果所购入资产产生的收益不能达到并购企业的现有水平，股权稀释就产生了。同样，如果公司按低于账面价值的价格发行新股，现有股东的权益也会被稀释。此时，新股东投入1美元所获得的公司所有权比例要高于现有股东所持有的1美元净值的要求权。

折现率（discount rate）　指将未来价值或终值转换为现值的比率（参见资本成本（cost of capital））。

折现现金流量法（discounted cash flow）　指按适当的折现率将未来现金流量转化为现值的一种方法。例如，不考虑税收影响，100美元按8%的年率，复利3年后的价值为125.97美元。该金额可以通过下列公式来计算：

$$P\times(1+r)^n=F$$

式中，P代表现值；r代表利率；n代表期间数；F代表终值。即，$100\times(1.08)^3=125.97$（美元）（注意，该公式假定每一期收到的利息都会用于再投资）。

因而，折现率为8%时，3年后的125.97美元就等于今天的100美元。100/125.97或者0.794则可以用来计算同一期限、同一利率水平下的其他金额的现值。

利用类似的公式，我们可以根据未来现金流量来计算某项资产的价值。举例说明，假定对某特定商品的经销权可以在未来4年内每年带来5 000美元的现金流量，而后期满无残值。折现率为15%时，该经销权的价值为14 820美元。计算过程如下：

年份	预期现金流量（美元）	折现系数	现值（美元）
1	5 000	0.870	4 350
2	5 000	0.756	3 780
3	5 000	0.658	3 290
4	5 000	0.572	2 860
		合计：	14 280

自由现金流量（discretionary cash

flow）　指企业产生的在满足基本经营需求后所剩余的现金流量。目前，对于自由现金流量尚没有一个普遍接受的、精确的定义。顾名思义，它等于经营活动产生的现金流量减去营运资金的增加和必要的资本性支出。后者（必要的资本性支出）虽然很难精确计算，但是它应该大于维持现有厂房、设备正常运行所必需的资本性支出。通常，为了保持在产能、成本和技术上的竞争力，企业有必要发生一些“半自由”性质的额外支出。因此，在包含扩张性支出的整个资本预算中，只有一部分是真正意义上的自由性支出。按照同样的思路，根据定义，债务本金的强制性偿付也不应该认为是自由性支出。但是，如果企业现金流充沛，并确保能对到期债务进行再融资，在这种情况下，该企业对于即便是偿债用途的现金都拥有了相当的自主权。

多样化，多元化，分散投资（diversification）　指投资组合管理中，通过将资产分散于不同证券或投资类型以降低风险的一种方法。运用于公司战略，指的是企业同时经营多项不相关业务。其基本前提是，不同业务其收益表现出不同的变动趋势，收益增加业务可以抵消收益降低业务所带来的影响，从而达到稳定盈余的目的。

复式记账法（double-entry bookkeeping）　对每项经济业务都以相等金额记入相互对应的两个或两个以上账户的一种记账方法。例如，支付应付供应商款项会同时导致现金和应付账款的减少。

道琼斯工业平均指数（Dow Jones Industrial Average）　美国股票市场使用最为广泛的指数之一，由 30 家主要工业公司的股票组成。

息税前利润（EBIT）　指扣除利息费用和所得税之前的利润。

息税、折旧及摊销前利润（EBITDA）　指扣除利息费用、所得税、折旧额和摊销额之前的利润（也称息税折旧前利润）。

规模经济（economics of scale）　指产品单位成本随产量扩大而下降所带来的效益。规模经济在很大程度上是由于固定成本由更多的产品承担，从而使得单位成本降低。

范围经济（economics of scope）　指企业通过充分利用管理知识或技术来联合生产多种相关产品所带来的产品单位成本的下降。

可交换证券（exchangeable）　指发行人可以强制将其转换成其他证券类型的有价证券。

外部增长（external growth）　指企业通过并购等方式实现的收益增长。

应收账款承购商，让售方（factor）　企业为获得短期资金将应收账款售出，而买入应收账款的金融机构就称为让售方。

公允价值会计（Fair Value Accounting）　指某些资产和负债按照其市场价值确认入账价值的会计系统，也被称为逐日盯市会计。

美国财务会计准则委员会（FASB）　参见美国财务会计准则委员会（Financial Accounting Standards Board（FASB））。

美国财务会计准则委员会（Financial Accounting Standards Board（FASB））　美国财务会计准则的制定机构，委员会成员的任命由财务会计基金会负责。该基金会的成员由美国注册会计师协会选派。

金融衍生工具（financial derivative）　指价值依赖于基础资产，如债券、货币价值变动的金融工具。

财务弹性（financial flexibility） 指企业在业务低迷或存在其他财务压力时把握投资机会、保持竞争力的能力。这种能力来源于企业合理的资本结构安排和较强的流动性。

财务杠杆（financial leverage） 参见（财务）杠杆（leverage（financial））。

固定成本（fixed costs） 指不随产量变化而变化的成本。例如，租金、利息费用、高管薪酬和折旧（按工作量法计提折旧的除外）。

固定利率负债（fixed-rate debt） 指在整个借贷期内按约定利率计算利息的债务。（比较浮动利率负债（floating-rate debt）。）

浮动利率负债（floating-rate debt） 指借贷期内，随市场利率的变化情况，按特定公式定期调整利率的债务。（比较固定利率负债（fixed-rate debt）。）

自由现金流（free cash flow） 等于经营现金流减去资本支出与股利。

新起点会计（fresh start accounting） 一家从破产中重生的公司采用的会计系统，按照公允价值确认其资产和负债的入账价值，导致新报告主体的财务报表与破产前的历史报表缺乏可比性。

基本面分析（fundamental analysis） 指根据预期的收益水平和财务风险等因素来确定公司股票或债务内在价值的一种证券分析方法。与之不同，技术分析是通过价格的历史变动来预测证券的未来价值。

提供资金支持（funding） 指用长期债务资金替换短期债务。其通过降低到期债务不能偿还所带来的破产风险，可以提高公司的财务弹性。

未来价值，终值（future value） 指给定利率水平条件下，一笔投资在未来某个时点所具有的价值。例如，不考虑税收影响，100 美元按 8%复利 3 年后为 125.97 美元。可以利用下列公式来计算终值：

$$P\times(1+r)^n$$

式中，P 代表期初的本金；r 代表利率；n 代表期间数。

本例中，$100\times(1.08)^3=125.97$ 美元（该公式假定在整个投资期间内，所收到的利息会按原有的利率水平用于再投资）（参见折现现金流量（discounted cash flow）、净现值（net present value）和现值（present value））。

公认会计原则（GAAP） 参见公认会计原则（generally accepted accounting principles（GAAP））。

国内生产总值（GDP） 参见国内生产总值（gross domestic product（GDP））。

公认会计原则（generally accepted accounting principles（GAAP）） 指导和规范企业财务报表编制的各项原则的总称，其以财务会计准则委员会等权威机构制定的准则、会计实务和会计理论文献（包括著作和论文）等为依据。

商誉（goodwill） 资产负债表上的一个会计科目，产生于企业并购中的购买法核算，等于支付对价超过目标企业有形资产价值的部分。

国内生产总值（gross domestic product（GDP）） 指在一国领土范围内本国居民和外国居民生产的最终产品和劳务的价值。

历史成本会计（history cost accounting） 指资产按取得时的成本（扣除已提折旧或减值准备）计价，不考虑由于通货膨胀、稀缺性等原因所带来的资产名义价值的上升（参见账面价值（book value））。

敌意收购（hostile takeover） 指收

购人的收购行动虽遭到目标公司董事会的反对，但仍通过对流通在外股票要约收购等方式强行实施的收购。

首次公开发行（initial public offering (IPO)）　以往私有化的公司首次公开出售股票。首次发行股票的过程被称为上市。

内部增长（internal growth）　指企业通过对现有业务进行资本投资所获得的收益增长。

内部资金（internally generated funds）　指企业经营活动产生的现金流，包括净利润、折旧、递延税款和营运资金的减少等所带来的现金。

投资者关系负责人（investor-relation officer）　指由公司指定的、负责与证券分析师沟通，以进行投资者关系管理的个人。

非自愿存货积压（involuntary inventory accumulation）　指在销售量下降而产量不随之调整的情况下所带来的存货积压。

杠杆收购（LBO）　参见杠杆收购(leveraged buyout (LBO))。

(财务) 杠杆（leverage (financial)）　指企业为提高自有资金收益率而对债务资金的利用。下例中，没有利用杠杆，即资本结构中不使用债务资金的企业，其经营收益为 3 000 万美元，在支付 1 020 万美元的所得税后，其净利润为 1 980 万美元，权益收益率（净利润除以所有者权益）为 13.2%。另一家利用杠杆的企业，资本结构中有三分之一的资金来源于长期负债（利率为 12%）。在经营收益与前者相同的情况下，由于利息费用的支出，使得该企业的税前利润（2 400 万美元）低于前者（3 000 万美元）。在支付所得税后，后者的净利润（1 580 万美元）也较前者（1 980 万美元）低。但是，由于使用权益资金的减少（1 亿美元与 1.5 亿美元），使得利用杠杆的企业会比前者获得更高的权益收益率（15.8%与 13.25%）。

（单位：万美元）

	未使用杠杆的企业	使用杠杆的企业
经营收益	3 000.0	3 000.0
利息费用	0.0	600.0
税前利润	3 000.0	2 400.0
所得税	1 020.0	820.0
净利润	1 980.0	1 580.0
长期债务	0	5 000
股东权益	15 000	10 000
资本总额	15 000	15 000
净利润/所有者权益	13.2%	15.8%

然而，杠杆也可能会起到反向作用。下列情况下，两家企业的经营收益都降低三分之二（降至 1 000 万美元）。此时，没有利用杠杆的企业，其不用支付利息费用，税后净利为 660 万美元，权益报酬率为 4.4%。而利用杠杆的企业，其经营收益的 60%必须用来支付利息，权益报酬率出现了急剧的下滑（降至 2.6%）。因此，财务杠杆的利用增加了权益方的风险，其收益率面临更大的波动。在资本结构中，债务资金的比重越大，权益报酬率波动的风险也就越大。

	未使用杠杆的企业	使用杠杆的企业
		(单位：万美元)
经营收益	1 000.0	1 000.0
利息费用	0.0	600.0
税前利润	1 000.0	400.0
所得税	340.0	140.0
净利润	660.0	260.0
长期债务	0	5 000
股东权益	15 000	10 000
资本总额	15 000	15 000
净利润/所有者权益	4.4%	2.6%

(经营)杠杆(leverage (operating)) 指企业为提高权益收益率而对固定成本的利用。下例中，A公司成本结构中主要为变动成本，其中，人工成本又占较大比重。在销售量提高5%(从500 000单位增加到525 000单位)时，A公司股东的权益报酬率从11%增加到13.7%。而另一方面，B公司通过使用节省劳动力的设备，极大地降低了单位产品的人工工时，其单位变动成本低于A公司(30美元与50美元)。但是，由于折旧费用的增加，其固定成本又高于A公司(3 000万美元与2 000万美元)。在销售量增长率相同时，B公司股东的权益报酬率从11%提高到14.7%，增长幅度较A公司大。同样的思路，当两家公司销售量都从525 000单位降低至500 000单位时，B公司的股东权益报酬率会比A公司的股东权益出现更加急剧的下滑。

	A公司		B公司	
销售量(单位)	500 000	525 000	500 000	525 000
单价(美元)	100	100	100	100
固定成本(万美元)	2 000	2 000	3 000	3 000
单位变动成本(美元)	50	50	30	30
		(单位：万美元)		
销售收入	5 000	5 250	5 000	5 250
固定成本	2 000	2 000	3 000	3 000
变动成本	2 500	2 630	1 500	1 580
税前利润	500	620	500	670
所得税	170	210	170	230
净利润	330	410	330	440
所有者权益	3 000	3 000	3 000	3 000
净利润/所有者权益	11%	13.70%	11%	14.70%

杠杆收购(leveraged buyout (LBO)) 指主要通过举债融资来收购目标公司或部门。并购方通常希望利用目标公司的资产所产生的经营收入(和资产出售的收入)来偿还债务，以此来增加其权益净值。

杠杆资本重组(leveraged recapitalization) 指公司以借入资金支付大额现金股利的一种公司战略。出于两个原因，该战略通常被用做抵御敌意收购的措施。其一，杠杆资本重组增加了公司的财务杠杆，为避免并购后公司的债务负担过重，并购方利用借入资金的可能下降；其二，杠杆资本重组将所有权进一步集中在希望保持控制权的股东手中。

流动性（liquidity） 指企业偿还到期债务的能力。

宏观经济（macroeconomic） 指整体经济或其主要分部，如制造业、农业、政府等的经济行为（参见微观经济（microeconomic））。

市场价值（market capitalization） 指一家公司流通在外的权益证券和债务证券的总市值。也指根据公司股价和流通在外股票数量所计算的价值（参见企业总价值（total enterprise value））。

逐日盯市会计（market-to-market accounting） 按照财务报表日的公允市场价格对公司持有的金融工具进行估值。如果金融工具未进行定期交易，可能会按照同类的金融工具价格对其市场价值进行估计。

成熟期（mature） 指一种产品、一家企业或一个行业的生命周期上的一个发展阶段。处在这个阶段时，其收入保持正的增长率，但不会超出经济的整体增长率。

微观经济（microeconomic） 指单个经济主体，如单个行业或企业的经济行为（参见宏观经济（macroeconomic））。

倍数（multiple） 对于普通股来说，市盈率等于股票价格除以每股盈余。类似地，并购中并购方所支付的对价也可以看做是目标公司收益、现金流量或息税、折旧及摊销前利润的倍数。

多元（multivariate） 指量化建模中使用多个解释变量的做法。

共同基金（mutual fund） 指包含证券投资组合的一种投资工具，通过向投资者发行股票或收益凭证筹集资金。发行公司收取一定的组合投资管理费，而投资者也可以获得低成本进行多元化投资的好处。

净现值（net present value） 指未来现金流入的现值与未来现金流出的现值之间的差额。如下例所示，净现值可用来对不同投资方案进行对比分析。下例中，A、B两个资本项目在第一年都要支出6 000万美元。项目A产生的现金流较大，且项目B预计现金流在以后年度有所降低。在第10年末，项目A的残值也较项目B大。但是，即使是这样，项目B的净现值仍然较高（项目B为1 770万美元，项目A为1 430万美元），其盈利能力更强。

净现值举例

（假定折现率＝20％）

单位：万美元

	年份 0	1	2	3	4	5	6	7	8	9	10	净现值
项目A												
现金流量*	(4 000)	(2 000)	1 600	1 800	2 100	2 400	2 400	2 600	2 600	2 600	2 000	
折现系数	1.000	0.833	0.694	0.579	0.482	0.402	0.335	0.279	0.233	0.194	0.162	
现值	(4 000)	＋(1 666)	＋1 110	＋1 042	＋1 012	＋965	＋804	＋725	＋606	＋504	＋324	＝1 426
项目B												
现金流量*	(1 000)	(5 000)	1 700	2 000	2 200	2 300	2 300	2 300	2 200	2 100	1 700	
折现系数	1.000	0.833	0.694	0.579	0.482	0.402	0.335	0.279	0.233	0.194	0.162	
现值	(1 000)	＋(4 165)	＋1 180	＋1 158	＋1 060	＋925	＋771	＋642	＋513	＋407	＋275	＝1 766

*括号中的数值代表现金流出，即建造成本。第2年到第9年的数值代表现金流入，即净利润加上非现金支出。第10年的数值代表的是设备的预计残值。

名义货币（nominal dollar） 指按货币面值计量，不考虑购买力变动的计量单位（参见实际货币（real dollar））。

经营杠杆（operating leverage） 参见（经营）杠杆（leverage（operating））。

有机增长（organic growth） 收入和盈利的增长源于公司内部经营，而非兼并。

实物支付证券（payment-in-kind security（PIK）） 指发行方可以选择以派发额外债券或股票的方式，代替以现金支付利息或优先股股利的证券（一般指债券或优先股）。

股利支付率（payout ratio） 等于每股股利除以每股收益。根据相关财务理论，较低的股利支付率（非财务困境所引起的股利降低）通常被认为是公司具有较多投资机会的信号。与之相反，对于缺乏良好投资机会的公司来说，选择较高的股利支付率较为合适。通过将盈余的大部分分配给股东，使得股东可以进行其他投资，以赚取更高的收益率。

实物支付证券（PIK） 参见实物支付证券（payment-in-kind security（PIK））。

投资组合（portfolio） 指对一组证券的投资。组合内所有证券在各期间的收益情况不可能总是相同。在同一期间，有的证券价格呈上升趋势，有的则下降，它们之间相互抵消，使得投资组合的收益率相比单个证券投资表现出较大的稳定性（参见分散投资（diversification））。

现值（present value） 指在按既定利率或折现率复利情况下，为获取未来期间的特定价值而在现在需要支付的金额。例如，利用下列公式，计算第5年年末500美元的现值，折现率为7%：

$$\frac{F}{(1+r)^n}$$

式中，F代表的是未来价值或终值；r代表的是利率；n代表的是期间数；P代表的是现值。因此，$500/(1.07)^5=356.79$（美元）（参见折现现金流量（discounted cash flow）、终值（future value）和净现值（net present value））。

预计财务报表（pro forma） 指根据特定假设所编制的财务报表。例如，如果一家公司在某会计年度中期进行并购，那么它必须在假定该并购活动在年初就已经发生的前提下，编制反映并购后公司的全年收入、成本和净利润情况的损益表。

优化改组（rationalization） 指为消除企业或行业生产中存在的产能过剩等非效率情形而采取的措施。

实际货币（real dollar） 指按货币购买力所计算的货币金额，其与指定的基期相关。例如，2001年第三季度末500美元（面值）的购买力只相当于基期1982—1984年相同金额购买力的56.1%。货币的贬值反映了这一期间的通货膨胀问题。因此，2001年9月500美元的实际价值就等于1982—1984年的280.5美元。计算中用到了美国劳工统计局所提供的消费者购买力数据。统计局的网站为 www.bls.gov（参见名义货币（nominal dollar））。

重组程序（reorganization proceedings） 根据美国《破产改革法》第11章的规定，破产企业允许继续从事正常经营活动，而非直接清算，同时通过债务重组以增强未来的生存能力。

报告收益（reported earnings） 指利润表所反映的企业在特定期间的经营损益状况。该金额可能与企业实际的经济收益不同，主要原因有影响收益项目的延迟确认、会计处理的变更以及资产价值的应计项目与实际变动之间的差异。另外，存货核算的细微区别也会引起二者之间的不同。例如，采用后进先出法时，企业的存货科目可能包含了以前年度的存货的取得成本，且（出于记账目的）该成本并没有随着期间的通货膨胀而调整。本期出现销售高峰时，企业会确认早期存货的变现值，较高的收入反映了通货膨胀后的存货价值，而成本还停留在历史较低水平。虽然通货膨胀所带来的名义货币扩大是前期逐渐累积的结果，它们之间的这种不配比还是会使当期的报告收益处于一个不正常的高水平。

售后租回（sale-leaseback） 指企业先将一项资产售出，然后又随即租回使用的一种交易。如此一来，承租人在保持资产使用权的同时又获得了所需资金。进行售后租回业务的另一个原因是承租人和出租人之间的边际税率差异。对于支付高税率的企业实体来说，资产折旧所带来的税盾效应更有价值。

同店销售额（same-store sales） 衡量零售连锁店收入增长的一种方法，指对于当期和上期连续营业的连锁店，当季或当年收入相比以往可比期间的增长情况。

规模经济（scale economics） 参见规模经济（economics of scale）。

美国证券交易委员会（SEC） 参见美国证券交易委员会（Securities and Exchange Commission（SEC））。

美国证券交易委员会（Securities and Exchange Commission（SEC）） 隶属于联邦政府的一个机构。证券交易委员会的主要权限是负责各类证券的发行和交易，规范投资公司及投资顾问的行为，以及制定上市公司财务报告准则。

敏感性分析（sensitivity analysis） 指在财务报表分析中进行的假设情景分析。一般而言，敏感性分析测量的是一个变量（如销售收入、利润边际等）发生一定变化时，对另一个变量（如盈余、现金流等）的可能影响。在财务预测中，敏感性分析可以用来计算在模型某个假设出现偏差（高估或低估）时，预计值的变动。

财务会计准则公告（SFAS） 指由财务会计准则委员会发布的一系列财务会计的规范性文件。

淘汰（shakeout） 指（由于经营失败或企业合并所带来的）竞争者数量的减少。一般的，快速增长的行业在进入成熟期后会出现这种现象。企业要在淘汰期生存下来，主要取决于其额外融资的能力、规模经济效益以及卓越的管理水平。

股票的卖空比例（short interest ratio） 指卖空的股数与股票的平均每日交易量之间的比例。卖空比例越高，说明更多的人预期未来股价会下跌。

闲置的生产能力（slack） 指企业未利用的生产能力。虽然闲置通常暗含了非效率的意思，但是管理层可能会有意识地保留一定的闲置生产能力。例如，在萧条期，虽然企业对劳动力的需求下降，但是保留住有经验的员工对企业还是有利的。因为在下一个繁荣期，企业仍需招聘具备同等技能水平的员工，由此所带来的成本会抵消在萧条期解聘员工所带来的成本节约的好处。又如，从事证券或商品交易的企业通常会有备用的交易大厅。这是因为在发生自然灾害或内乱时，主交易大厅可能会遭到毁灭性破坏而被迫关闭，从而备用的交易大厅是有必要的。

标准估计误差（standard error of estimate） 指回归分析中，观测值散点分布的一个度量指标。按统计学定义，标准估计误差等于观测值与最小二乘法拟合线之间垂直偏差的标准差。

法定税率（statutory tax rate） 当企业的所有报告收益都要按联邦法律规定的公司所得税税率纳税时，计算得出的所得税税款占税前利润的比率就等于法定税率。法定税率和实际税率之间的差异产生于税收抵免（tax credit）、国内外税率差异等原因。

直线折旧法（straight-line method） 折旧方法的一种。在直线法下，资产每年按相等的金额计提折旧。在存在通货膨胀的情况下，按照直线法所计算的折旧金额会低估资本消耗的实际经济影响。也就是说，由于资产重置成本的增加，为补偿资产损耗所需计提的折旧会高于按原始取得成本所计算的金额。在这种情况下，采用加速折旧法，即在资产使用前期多计折旧、后期少计折旧，体现了费用报告的谨慎性原则。

次级债权（subordinated debt） 指企业清算时，受偿权在其他优先债之后的债权。企业发生破产时，次级债权人的受偿要求只有在优先债得到偿付后才能满足。

协同效应（synergy） 指由于并购所带来的公司业绩相比两个公司独立存在时业绩的增长。协同效应主要来源于规模经济和范围经济。

技术违约（technical default） 指由于违背了具体债券条款的情况，诸如违背了维持盈利比利息倍数比率为最低比值的要求，并不包括未能偿还本金或利息的情况。

总企业价值（total enterprise value） 指如果将企业售出可以获得的价值，通常用公司的销售收入、盈余或息税前收益等指标的倍数进行估值（参见市场价值（market capitalization））。

变动成本（variable cost） 指随产量变动而变动的成本。如原材料、燃料、动力和工资等。

营运资本（working capital） 指流动资产减去流动负债之后的余额。营运资本一般用来衡量企业的流动能力，但是，在对该指标进行分析时，还应该考虑其他相关因素。一些具备较强信用基础的公司，其资产负债表上营运资本通常很小（或为负）。这些公司对存货加强管理，同时从供应商处获得宽松的信用条款，包括较长的付款期限，公司因此会出现很高的应付账款余额。在这种情况下，虽然当前营运周期内流动负债高出流动资产水平，但是并不能表明公司正面临流动性威胁。

参考文献

Browne, Lynn E., and Eric S. Rosengren (Eds.). *The Merger Boom: Proceedings of a Conference Held in October 1987*. Boston: Federal Reserve Bank of Boston, 1988.

Fabozzi, Frank J., and T. Dessa Fabozzi (Eds.). *The Handbook of Fixed Income Securities*, 4th ed. Burr Ridge, IL: Irwin, 1995.

Fridson, Martin S. *High Yield Bonds: Identifying Value and Assessing Risk of Speculative-Grade Securities*. Chicago: Probus, 1989.

Gitman, Lawrence J. *Principles of Managerial Finance*, 7th ed. New York: HarperCollins, 1994.

Hale, Roger H. *Credit Analysis: A Complete Guide*. New York: John Wiley & Sons, 1983.

Levine, Sumner N. (Ed.). *Handbook of Turnaround & Bankruptcy Investing*. New York: Harper & Row, 1991.

Maginn, John L., and Donald L. Tuttle (Eds.). *Managing Investment Portfolios: A Dynamic Process*, 2nd ed. Boston: Warren, Gorham & Lamont, 1989.

Malonis, Jane A. (Ed.). *Encyclopedia of Business*, 2nd ed. Detroit: Gale, 1999.

McConnell, Campbell R. *Economics: Principles, Problems and Policies*, 10th ed. New York: McGraw-Hill, 1987.

Mosteller, Frederick, Robert K. E. Rourke, and George B. Thomas Jr. *Probability with Statistical Applications*, 2nd ed. Reading, MA: Addison-Wesley, 1970.

Moyer, Stephen. *Distressed Debt Analysis: Strategies for Speculative Investors*. Ft. Lauderdale, FL: J. Ross Publishing, 2004.

Pass, Christopher, Bryan Lowes, Leslie Davis, and Sidney J. Kronish (Eds.). *The HarperCollins Dictionary of Economics*. New York: HarperCollins, 1991.

Prochnow, Herbert V. (Ed.). *Bank Credit*. New York: Harper & Row, 1981.

Reilly, Frank K. *Investment Analysis and Portfolio Management*, 3rd ed. Orlando, FL: Dryden, 1989.

Roe, Mark J. *Bankruptcy and Corporate Reorganization: Legal and Financial Materials*, 2nd ed. New York: The Foundation Press.

Siegel, Joel G., and Jae K. Shim. *Dictionary of Accounting Terms*. New York: Barron's, 1987.

Standard & Poor's Municipal Finance Criteria. New York: Standard & Poor's, 1989.

White, Gerald I., and Ashwinpaul C. Sondhi (Eds.). *CFA Readings in Financial Statement Analysis*. Charlottesville, VA: Institute of Chartered Financial Analysts, 1985.

关于注册估值分析师（CVA）认证考试

CVA 考试简介

注册估值分析师（Chartered Valuation Analyst，CVA）认证考试是由注册估值分析师协会（CVA Institution）组织考核并提供资质认证的一门考试，旨在提高投资估值领域从业人员的实际分析与操作技能。本门考试从专业实务及实际估值建模等专业知识和岗位技能进行考核，主要涉及企业价值评估、并购估值及项目投资决策。考试分为实务基础知识和 Excel 案例建模两个科目，内容包括：会计与财务分析、公司金融、企业估值方法、并购分析、项目投资决策、信用分析、财务估值建模七个部分。考生可通过针对各科重点、难点内容的专题培训课程，掌握中外机构普遍使用的财务分析和企业估值方法，演练企业财务预测与估值建模、项目投资决策建模、上市公司估值建模、并购与股权投资估值建模等实际分析操作案例，快速掌握投资估值基础知识和高效规范的建模技巧。

- **实务基础知识**——是专业综合知识考试，主要考查投资并购、估值领域的理论与实践知识及岗位综合能力，考试范围包括会计与财务分析、公司金融、企业估值方法、并购分析、项目投资决策、信用分析这 6 部分内容。本科目由 120 道单项选择题组成，考试时长为 3 小时。
- **Excel 案例建模**——是财务估值建模与分析考试，要求考生根据实际案例中企业历史财务数据和假设条件，运用 Excel 搭建出标准、可靠、实用、高效的财务模型，完成企业未来财务报表预测、企业估值和相应的敏感性分析。本科目为 Excel 财务建模形式，考试时长为 3 小时。

职业发展方向

CVA 资格获得者具备企业并购、项目投资决策等投资岗位实务知识、技能和高效规范的建模技巧，能够掌握中外机构普遍使用的财务分析和企业估值方法，并可以熟练进行企业财务预测与估值建模、项目投资决策建模、上市公司估值建模、并购与股权投资估值建模等实际分析操作。

CVA 注册估值分析师的持证人可胜任企业集团投资发展部、并购基金、产业投资基金、私募股权投资、财务顾问、券商投行部门、银行信贷审批等金融投资相关机构的核心岗位工作。

证书优势

岗位实操分析能力优势——CVA 考试内容紧密联系实际案例，侧重于提高从业人员的实务技能并迅速应用到实际工作中，使 CVA 持证人达到高效、系统和专业的职业水平。

标准规范化的职业素质优势——CVA 资格认证旨在推动投融资估值行业的标准化与规范化，提高执业人员的从业水平。CVA 持证人在工作流程与方法中能够遵循标准化体系，提高效率与正确率。

国际同步知识体系优势——CVA 考试采用的教材均为 CVA 协会精选并引进出版的国外最实用的优秀教材。CVA 持证人将国际先进的知识体系与国内实践应用相结合，推行高效标准的建模方法。

配套专业实务型课程——CVA 协会联合国内一流金融教育机构开展注册估值分析师的培训课程，邀请行业内资深专家进行现场或视频授课。课程内容侧重行业实务和技能实操，结合当前典型案例，选用 CVA 协会引进的国外优秀教材，帮助学员快速实现职业化、专业化和国际化，满足中国企业“走出去”进行海外并购的人才急需。

企业内训

CVA 协会致力于协助企业系统培养国际型投资专业人才，掌握专业、实务、有效的专业知识。CVA 企业内训及考试内容紧密联系实际案例，侧重于提高从业人员的实务技能并迅速应用到实际工作中，使企业人才具备高效专业的职业素养和优秀系统的分析能力。

- 以客户为导向的人性化培训体验，独一无二的特别定制课程体系
- 专业化投资及并购估值方法相关的优质教学内容，行业经验丰富的超强师资
- 课程采用国外优秀教材，完善科学的培训测评与运作体系

考试专业内容

会计与财务分析

财务报表分析，是通过收集、整理企业财务会计报告中的有关数据，并结合其他有关补充信息，对企业的财务状况、经营成果和现金流量情况进行综合比较和评价，为财务会计报告使用者提供管理决策和控制依据的一项管理工作。本部分主要考核如何通过对企业会计报表的定量分析来判断企业的偿债能力、营运能力、盈利能力及其他方面的财务状况，内容涵盖利润的质量分析、资产的质量分析和现金流量表分析等。会计与财务分析能力是估值与并购专业人员的重要的基本执业技能之一。

公司金融

公司金融用于考察公司如何有效地利用各种融资渠道，获得最低成本的资金来源，形成最佳资本结构，还包括企业投资、利润分配、运营资金管理及财务分析等方面。本部分主要考查如何利用各种分析工具来管理公司的财务，例如使用现金流折现法（DCF）来为投资计划进行评估，同时考察有关资本成本、资本资产定价模型等基本知识。

企业估值方法

企业的资产及其获利能力决定了企业的内在价值，因此企业估值是投融资、并购交易的重要前提，也是非常专业而复杂的问题。本部分主要考核企业估值中最常用的估值方法及不同估值方法的综合应用，诸如 P/E，EV/EBITDA 等估值乘数的实际应用，以及可比公司、可比交易、现金流折现模型、杠杆收购等估值方法的应用。

并购分析

并购与股权投资中的定量分析技术在财务结构设计、目标企业估值、风险收益评估的应用已经愈加成为并购以及股权专业投资人员做必须掌握的核心技术，同时也是各类投资者解读并购交易及分析并购双方企业价值所必须掌握的分析技能。本部分主要考核企业并购的基本分析方法，独立完成企业并购分析，如合并报表假设模拟，可变价格分析、贡献率分析、相对 PE 分析、所有权分析、信用分析、增厚/稀释分析等常见并购分析方法。

项目投资决策

项目投资决策是企业所有决策中最为关键、最为重要的决策，就是企业对某一项目（包括有形、无形资产、技术、经营权等）投资前进行的分析、研究和方案选择，适合大型企业的项目投资决策，也适合 PPP 项目投资决策。本部分主要考查项目投资决策的程序、影响因素和投资评价指标。投资评价指标是指考虑时间价值因素的指标，主要包括净现值、动态投资回收期、内部收益率等。

信用分析

信用分析是对债务人的道德品格、资本实力、还款能力、担保及环境条件等进行系统分析，以确定是否给与贷款及相应的贷款条件。本部分主要考查常用信用分析的基本方法及常用的信用比率。

财务估值建模

本部分主要在 Excel 案例建模科目考试中进行考查。包括涉及 EXCEL 常用函数及建模最佳惯例，使用现金流折现方法的 EXCEL 财务模型构建，要求考生根据企业历史财务数据，对企业未来财务数据进行预测，计算自由现金流、资本成本、企业价值及股权价值，掌握敏感性分析的使用方法；并需要考生掌握利润表、资产负债表、现金流量表、流动资金估算表、折旧计算表、贷款偿还表等有关科目及报表勾稽关系。

考试安排

CVA 考试每年于 4 月、11 月的第三个周日举行，具体考试时间安排及考前报名，请访问 CVA 协会官方网站 www. CVAinstitute. org

CVA 协会简介

注册估值分析师协会（Chartered Valuation Analyst Institute）是全球性及非营利性的专业机构，总部设于香港，致力于建立全球金融投资估值的行业标准，负责在亚太地区主理 CVA 考试资格认证、企业人才内训、第三方估值服务、研究出版年度行业估值报告以及进行 CVA 协会事务运营和会员管理。

联系方式

官方网站：http：//www. cvainstitute. org

电话：4006 - 777 - 630

E - mail：contactus@cvainstitute. org

新浪微博：注册估值分析师协会

协会官网二维码

微信平台二维码

经济科学译丛

序号	书名	作者	Author	单价	出版年份	ISBN
1	国际经济学:理论与政策(第十版)	保罗·R·克鲁格曼等	Paul R. Krugman	89.00	2016	978-7-300-22710-8
2	国际金融(第十版)	保罗·R·克鲁格曼等	Paul R. Krugman	55.00	2016	978-7-300-22089-5
3	国际贸易(第十版)	保罗·R·克鲁格曼等	Paul R. Krugman	42.00	2016	978-7-300-22088-8
4	经济学精要(第3版)	斯坦利·L·布鲁伊等	Stanley L. Brue	58.00	2016	978-7-300-22301-8
5	经济分析史(第七版)	英格里德·H·里马	Ingrid H. Rima	72.00	2016	978-7-300-22294-3
6	投资学精要(第九版)	兹维·博迪等	Zvi Bodie	108.00	2016	978-7-300-22236-3
7	环境经济学(第二版)	查尔斯·D·科尔斯塔德	Charles D. Kolstad	68.00	2016	978-7-300-22255-4
8	MWG《微观经济理论》习题解答	原千晶等	Chiaki Hara	75.00	2016	978-7-300-22306-3
9	现代战略分析(第七版)	罗伯特·M·格兰特	Robert M. Grant	68.00	2016	978-7-300-17123-4
10	横截面与面板数据的计量经济分析(第二版)	杰弗里·M·伍德里奇	Jeffrey M. Wooldridge	128.00	2016	978-7-300-21938-7
11	宏观经济学(第十二版)	罗伯特·J·戈登	Robert J. Gordon	75.00	2016	978-7-300-21978-3
12	经济学(微观部分)	达龙·阿西莫格鲁等	Daron Acemoglu	59.00	2016	978-7-300-21786-4
13	经济学(宏观部分)	达龙·阿西莫格鲁等	Daron Acemoglu	45.00	2016	978-7-300-21886-1
14	动态最优化基础	蒋中一	Alpha C. Chiang	42.00	2015	978-7-300-22068-0
15	城市经济学	布伦丹·奥弗莱厄蒂	Brendan O'Flaherty	69.80	2015	978-7-300-22067-3
16	管理经济学:理论、应用与案例(第八版)	布鲁斯·艾伦等	Bruce Allen	79.80	2015	978-7-300-21991-2
17	经济政策:理论与实践	阿格尼丝·贝纳西-奎里等	Agnès Bénassy-Quéré	79.80	2015	978-7-300-21921-9
18	微观经济分析(第三版)	哈尔·R·范里安	Hal R. Varian	68.00	2015	978-7-300-21536-5
19	财政学(第十版)	哈维·S·罗森等	Harvey S. Rosen	68.00	2015	978-7-300-21754-3
20	经济数学(第三版)	迈克尔·霍伊等	Michael Hoy	88.00	2015	978-7-300-21674-4
21	发展经济学(第九版)	A.P.瑟尔沃	A. P. Thirlwall	69.80	2015	978-7-300-21193-0
22	宏观经济学(第五版)	斯蒂芬·D·威廉森	Stephen D. Williamson	69.00	2015	978-7-300-21169-5
23	资源经济学(第三版)	约翰·C·伯格斯特罗姆等	John C. Bergstrom	58.00	2015	978-7-300-20742-1
24	应用中级宏观经济学	凯文·D·胡佛	Kevin D. Hoover	78.00	2015	978-7-300-21000-1
25	计量经济学导论:现代观点(第五版)	杰弗里·M·伍德里奇	Jeffrey M. Wooldridge	99.00	2015	978-7-300-20815-2
26	现代时间序列分析导论(第二版)	约根·沃特斯等	Jürgen Wolters	39.80	2015	978-7-300-20625-7
27	空间计量经济学——从横截面数据到空间面板	J·保罗·埃尔霍斯特	J. Paul Elhorst	32.00	2015	978-7-300-21024-7
28	国际经济学原理	肯尼思·A·赖纳特	Kenneth A. Reinert	58.00	2015	978-7-300-20830-5
29	经济写作(第二版)	迪尔德丽·N·麦克洛斯基	Deirdre N. McCloskey	39.80	2015	978-7-300-20914-2
30	计量经济学方法与应用(第五版)	巴蒂·H·巴尔塔基	Badi H. Baltagi	58.00	2015	978-7-300-20584-7
31	战略经济学(第五版)	戴维·贝赞可等	David Besanko	78.00	2015	978-7-300-20679-0
32	博弈论导论	史蒂文·泰迪里斯	Steven Tadelis	58.00	2015	978-7-300-19993-1
33	社会问题经济学(第二十版)	安塞尔·M·夏普等	Ansel M. Sharp	49.00	2015	978-7-300-20279-2
34	博弈论:矛盾冲突分析	罗杰·B·迈尔森	Roger B. Myerson	58.00	2015	978-7-300-20212-9
35	时间序列分析	詹姆斯·D·汉密尔顿	James D. Hamilton	118.00	2015	978-7-300-20213-6
36	经济问题与政策(第五版)	杰奎琳·默里·布鲁克斯	Jacqueline Murray Brux	58.00	2014	978-7-300-17799-1
37	微观经济理论	安德鲁·马斯-克莱尔等	Andreu Mas-Collel	148.00	2014	978-7-300-19986-3
38	产业组织:理论与实践(第四版)	唐·E·瓦尔德曼等	Don E. Waldman	75.00	2014	978-7-300-19722-7
39	公司金融理论	让·梯若尔	Jean Tirole	128.00	2014	978-7-300-20178-8
40	经济学精要(第三版)	R·格伦·哈伯德等	R. Glenn Hubbard	85.00	2014	978-7-300-19362-5
41	公共部门经济学	理查德·W·特里西	Richard W. Tresch	49.00	2014	978-7-300-18442-5
42	计量经济学原理(第六版)	彼得·肯尼迪	Peter Kennedy	69.80	2014	978-7-300-19342-7
43	统计学:在经济中的应用	玛格丽特·刘易斯	Margaret Lewis	45.00	2014	978-7-300-19082-2
44	产业组织:现代理论与实践(第四版)	林恩·佩波尔等	Lynne Pepall	88.00	2014	978-7-300-19166-9
45	计量经济学导论(第三版)	詹姆斯·H·斯托克等	James H. Stock	69.00	2014	978-7-300-18467-8
46	发展经济学导论(第四版)	秋山裕	秋山裕	39.80	2014	978-7-300-19127-0
47	中级微观经济学(第六版)	杰弗里·M·佩罗夫	Jeffrey M. Perloff	89.00	2014	978-7-300-18441-8
48	平狄克《微观经济学》(第八版)学习指导	乔纳森·汉密尔顿等	Jonathan Hamilton	32.00	2014	978-7-300-18970-3
49	微观银行经济学(第二版)	哈维尔·弗雷克斯等	Xavier Freixas	48.00	2014	978-7-300-18940-6

经济科学译丛						
序号	书名	作者	Author	单价	出版年份	ISBN
50	施米托夫论出口贸易——国际贸易法律与实务(第11版)	克利夫·M·施米托夫等	Clive M. Schmitthoff	168.00	2014	978-7-300-18425-8
51	曼昆版《宏观经济学》习题集	南希·A·加纳科波罗斯等	Nancy A. Jianakoplos	32.00	2013	978-7-300-18245-2
52	微观经济学思维	玛莎·L·奥尔尼	Martha L. Olney	29.80	2013	978-7-300-17280-4
53	宏观经济学思维	玛莎·L·奥尔尼	Martha L. Olney	39.80	2013	978-7-300-17279-8
54	计量经济学原理与实践	达摩达尔·N·古扎拉蒂	Damodar N. Gujarati	49.80	2013	978-7-300-18169-1
55	现代战略分析案例集	罗伯特·M·格兰特	Robert M. Grant	48.00	2013	978-7-300-16038-2
56	高级国际贸易:理论与实证	罗伯特·C·芬斯特拉	Robert C. Feenstra	59.00	2013	978-7-300-17157-9
57	经济学简史——处理沉闷科学的巧妙方法(第二版)	E·雷·坎特伯里	E. Ray Canterbery	58.00	2013	978-7-300-17571-3
58	微观经济学(第八版)	罗伯特·S·平狄克等	Robert S. Pindyck	79.00	2013	978-7-300-17133-3
59	克鲁格曼《微观经济学(第二版)》学习手册	伊丽莎白·索耶·凯利	Elizabeth Sawyer Kelly	58.00	2013	978-7-300-17002-2
60	克鲁格曼《宏观经济学(第二版)》学习手册	伊丽莎白·索耶·凯利	Elizabeth Sawyer Kelly	36.00	2013	978-7-300-17024-4
61	管理经济学(第四版)	方博亮等	Ivan Png	80.00	2013	978-7-300-17000-8
62	微观经济学原理(第五版)	巴德、帕金	Bade, Parkin	65.00	2013	978-7-300-16930-9
63	宏观经济学原理(第五版)	巴德、帕金	Bade, Parkin	63.00	2013	978-7-300-16929-3
64	环境经济学	彼得·伯克等	Peter Berck	55.00	2013	978-7-300-16538-7
65	高级微观经济理论	杰弗里·杰里	Geoffrey A. Jehle	69.00	2012	978-7-300-16613-1
66	多恩布什《宏观经济学(第十版)》学习指导	鲁迪格·多恩布什等	Rudiger Dornbusch	29.00	2012	978-7-300-16030-6
67	高级宏观经济学导论:增长与经济周期(第二版)	彼得·伯奇·索伦森等	Peter Birch Sørensen	95.00	2012	978-7-300-15871-6
68	宏观经济学:政策与实践	弗雷德里克·S·米什金	Frederic S. Mishkin	69.00	2012	978-7-300-16443-4
69	宏观经济学(第二版)	保罗·克鲁格曼	Paul Krugman	45.00	2012	978-7-300-15029-1
70	微观经济学(第二版)	保罗·克鲁格曼	Paul Krugman	69.80	2012	978-7-300-14835-9
71	微观经济学(第十一版)	埃德温·曼斯费尔德	Edwin Mansfield	88.00	2012	978-7-300-15050-5
72	《计量经济学基础》(第五版)学生习题解答手册	达摩达尔·N·古扎拉蒂等	Damodar N. Gujarati	23.00	2012	978-7-300-15091-8
73	国际宏观经济学	罗伯特·C·芬斯特拉等	Feenstra, Taylor	64.00	2011	978-7-300-14795-6
74	卫生经济学(第六版)	舍曼·富兰德等	Sherman Folland	79.00	2011	978-7-300-14645-4
75	宏观经济学(第七版)	安德鲁·B·亚伯等	Andrew B. Abel	78.00	2011	978-7-300-14223-4
76	现代劳动经济学:理论与公共政策(第十版)	罗纳德·G·伊兰伯格等	Ronald G. Ehrenberg	69.00	2011	978-7-300-14482-5
77	宏观经济学(第七版)	N·格里高利·曼昆	N. Gregory Mankiw	65.00	2011	978-7-300-14018-6
78	环境与自然资源经济学(第八版)	汤姆·蒂坦伯格等	Tom Tietenberg	69.00	2011	978-7-300-14810-0
79	宏观经济学:理论与政策(第九版)	理查德·T·弗罗恩	Richard T. Froyen	55.00	2011	978-7-300-14108-4
80	经济学原理(第四版)	威廉·博伊斯等	William Boyes	59.00	2011	978-7-300-13518-2
81	计量经济学基础(第五版)(上下册)	达摩达尔·N·古扎拉蒂	Damodar N. Gujarati	99.00	2011	978-7-300-13693-6
82	计量经济分析(第六版)(上下册)	威廉·H·格林	William H. Greene	128.00	2011	978-7-300-12779-8
83	国际贸易	罗伯特·C·芬斯特拉等	Robert C. Feenstra	49.00	2011	978-7-300-13704-9
84	经济增长(第二版)	戴维·N·韦尔	David N. Weil	63.00	2011	978-7-300-12778-1
85	投资科学	戴维·G·卢恩伯格	David G. Luenberger	58.00	2011	978-7-300-14747-5
86	宏观经济学(第十版)	鲁迪格·多恩布什等	Rudiger Dornbusch	60.00	2010	978-7-300-11528-3
87	计量经济学导论(第四版)	杰弗里·M·伍德里奇	Jeffrey M. Wooldridge	95.00	2010	978-7-300-12319-6
88	货币金融学(第九版)	弗雷德里克·S·米什金等	Frederic S. Mishkin	79.00	2010	978-7-300-12926-6
89	金融学(第二版)	兹维·博迪等	Zvi Bodie	59.00	2010	978-7-300-11134-6
90	博弈论	朱·弗登博格等	Drew Fudenberg	68.00	2010	978-7-300-11785-0

经济科学译库						
序号	书名	作者	Author	单价	出版年份	ISBN
1	克鲁格曼经济学原理(第二版)	保罗·克鲁格曼等	Paul Krugman	65.00	2013	978-7-300-17409-9
2	国际经济学(第13版)	罗伯特·J·凯伯等	Robert J. Carbaugh	68.00	2013	978-7-300-16931-6

经济科学译库

序号	书名	作者	Author	单价	出版年份	ISBN
3	货币政策:目标、机构、策略和工具	彼得·博芬格	Peter Bofinger	55.00	2013	978-7-300-17166-1
4	MBA微观经济学(第二版)	理查德·B·麦肯齐等	Richard B. McKenzie	55.00	2013	978-7-300-17003-9
5	激励理论:动机与信息经济学	唐纳德·E·坎贝尔	Donald E. Campbell	69.80	2013	978-7-300-17025-1
6	微观经济学:价格理论观点(第八版)	斯蒂文·E·兰德斯博格	Steven E. Landsburg	78.00	2013	978-7-300-15885-3
7	经济数学与金融数学	迈克尔·哈里森等	Michael Harrison	65.00	2012	978-7-300-16689-6
8	策略博弈(第三版)	阿维纳什·迪克西特等	Avinash Dixit	72.00	2012	978-7-300-16033-7
9	高级宏观经济学基础	本·J·海德拉等	Ben J. Heijdra	78.00	2012	978-7-300-14836-6
10	行为经济学	尼克·威尔金森	Nick Wilkinson	58.00	2012	978-7-300-16150-1
11	金融风险管理师考试手册(第六版)	菲利普·乔瑞	Philippe Jorion	168.00	2012	978-7-300-14837-3
12	服务经济学	简·欧文·詹森	Jan Owen Jansson	42.00	2012	978-7-300-15886-0
13	统计学:在经济和管理中的应用(第八版)	杰拉德·凯勒	Gerald Keller	98.00	2012	978-7-300-16609-4
14	面板数据分析(第二版)	萧政	Cheng Hsiao	45.00	2012	978-7-300-16708-4
15	中级微观经济学:理论与应用(第10版)	沃尔特·尼科尔森等	Walter Nicholson	85.00	2012	978-7-300-16400-7
16	经济学中的数学	卡尔·P·西蒙等	Carl P. Simon	65.00	2012	978-7-300-16449-6
17	社会网络分析:方法与应用	斯坦利·沃瑟曼等	Stanley Wasserman	78.00	2012	978-7-300-15030-7
18	用Stata学计量经济学	克里斯托弗·F·鲍姆	Christopher F. Baum	65.00	2012	978-7-300-16293-5
19	美国经济史(第10版)	加里·沃尔顿等	Gary M. Walton	78.00	2011	978-7-300-14529-7
20	增长经济学	菲利普·阿格因	Philippe Aghion	58.00	2011	978-7-300-14208-1
21	经济地理学:区域和国家一体化	皮埃尔-菲利普·库姆斯等	Pierre-Philippe Combes	42.00	2011	978-7-300-13702-5
22	社会与经济网络	马修·O·杰克逊	Matthew O. Jackson	58.00	2011	978-7-300-13707-0
23	空间经济学——城市、区域与国际贸易	保罗·克鲁格曼等	Paul Krugman	42.00	2011	978-7-300-13037-8
24	国际贸易理论:对偶和一般均衡方法	阿维纳什·迪克西特等	Avinash Dixit	45.00	2011	978-7-300-13098-9
25	契约经济学:理论和应用	埃里克·布鲁索等	Eric Brousseau	68.00	2011	978-7-300-13223-5
26	反垄断与管制经济学(第四版)	W·基普·维斯库斯等	W. Kip Viscusi	89.00	2010	978-7-300-12615-9
27	拍卖理论	维佳·克里斯纳等	Vijay Krishna	42.00	2010	978-7-300-12664-7
28	管理者宏观经济学	迈克尔·K·伊万斯等	Michael K. Evans	68.00	2010	978-7-300-12262-5
29	利息与价格——货币政策理论基础	迈克尔·伍德福德	Michael Woodford	68.00	2010	978-7-300-11661-7
30	理解资本主义:竞争、统制与变革(第三版)	塞缪尔·鲍尔斯等	Samuel Bowles	66.00	2010	978-7-300-11596-2
31	递归宏观经济理论(第二版)	萨金特等	Thomas J. Sargent	79.00	2010	978-7-300-11595-5

金融学译丛

序号	书名	作者	Author	单价	出版年份	ISBN
1	财务报表分析(第四版)	马丁·弗里德森	Martin Fridson	46.00	2016	978-7-300-23037-5
2	国际金融学	约瑟夫·P·丹尼尔斯等	Joseph P. Daniels	65.00	2016	978-7-300-23037-1
3	国际金融	阿德里安·巴克利	Adrian Buckley	88.00	2016	978-7-300-22668-2
4	个人理财(第六版)	阿瑟·J·基翁	Arthur J. Keown	85.00	2016	978-7-300-22711-5
5	投资学基础(第三版)	戈登·J·亚历山大等	Gordon J. Alexander	79.00	2015	978-7-300-20274-7
6	金融风险管理(第二版)	彼德·F·克里斯托弗森	Peter F. Christoffersen	46.00	2015	978-7-300-21210-4
7	风险管理与保险管理(第十二版)	乔治·E·瑞达等	George E. Rejda	95.00	2015	978-7-300-21486-3
8	个人理财(第五版)	杰夫·马杜拉	Jeff Madura	69.00	2015	978-7-300-20583-0
9	企业价值评估	罗伯特·A·G·蒙克斯等	Robert A. G. Monks	58.00	2015	978-7-300-20582-3
10	基于Excel的金融学原理(第二版)	西蒙·本尼卡	Simon Benninga	79.00	2014	978-7-300-18899-7
11	金融工程学原理(第二版)	萨利赫·N·内夫特奇	Salih N. Neftci	88.00	2014	978-7-300-19348-9
12	投资学导论(第十版)	赫伯特·B·梅奥	Herbert B. Mayo	69.00	2014	978-7-300-18971-0
13	国际金融市场导论(第六版)	斯蒂芬·瓦尔德斯等	Stephen Valdez	59.80	2014	978-7-300-18896-6
14	金融数学:金融工程引论(第二版)	马雷克·凯宾斯基等	Marek Capinski	42.00	2014	978-7-300-17650-5
15	财务管理(第二版)	雷蒙德·布鲁克斯	Raymond Brooks	69.00	2014	978-7-300-19085-3
16	期货与期权市场导论(第七版)	约翰·C·赫尔	John C. Hull	69.00	2014	978-7-300-18994-2

金融学译丛						
序号	书名	作者	Author	单价	出版年份	ISBN
17	固定收益证券手册(第七版)	弗兰克·J·法博齐	Frank J. Fabozzi	188.00	2014	978-7-300-17001-5
18	国际金融:理论与实务	皮特·塞尔居	Piet Sercu	88.00	2014	978-7-300-18413-5
19	金融市场与金融机构(第7版)	弗雷德里克·S·米什金 斯坦利·G·埃金斯	Frederic S. Mishkin Stanley G. Eakins	79.00	2013	978-7-300-18129-5
20	货币、银行和金融体系	R·格伦·哈伯德等	R. Glenn Hubbard	75.00	2013	978-7-300-17856-1
21	并购创造价值(第二版)	萨德·苏达斯纳	Sudi Sudarsanam	89.00	2013	978-7-300-17473-0
22	个人理财——理财技能培养方法(第三版)	杰克·R·卡普尔等	Jack R. Kapoor	66.00	2013	978-7-300-16687-2
23	国际财务管理	吉尔特·贝克特	Geert Bekaert	95.00	2012	978-7-300-16031-3
24	金融理论与公司政策(第四版)	托马斯·科普兰等	Thomas Copeland	69.00	2012	978-7-300-15822-8
25	应用公司财务(第三版)	阿斯沃思·达摩达兰	Aswath Damodaran	88.00	2012	978-7-300-16034-4
26	资本市场:机构与工具(第四版)	弗兰克·J·法博齐	Frank J. Fabozzi	85.00	2011	978-7-300-13828-2
27	衍生品市场(第二版)	罗伯特·L·麦克唐纳	Robert L. McDonald	98.00	2011	978-7-300-13130-6
28	债券市场:分析与策略(第七版)	弗兰克·J·法博齐	Frank J. Fabozzi	89.00	2011	978-7-300-13081-1
29	跨国金融原理(第三版)	迈克尔·H·莫菲特等	Michael H. Moffett	78.00	2011	978-7-300-12781-1
30	风险管理与保险原理(第十版)	乔治·E·瑞达	George E. Rejda	95.00	2010	978-7-300-12739-2
31	兼并、收购和公司重组(第四版)	帕特里克·A·高根	Patrick A. Gaughan	69.00	2010	978-7-300-12465-0
32	统计与金融	戴维·鲁珀特	David Ruppert	48.00	2010	978-7-300-11547-4
33	国际投资(第六版)	布鲁诺·索尔尼克等	Bruno Solnik	62.00	2010	978-7-300-11289-3

Financial Statement Analysis: A Practitioner's Guide, 4th edition by Martin Fridson, Fernando Alvarez

图书在版编目（CIP）数据

财务报表分析：第四版/（美）马丁·弗里德森，（美）费尔南多·阿尔瓦雷斯著；刘婷译．—北京：中国人民大学出版社，2016.6

（金融学译丛）

书名原文：Financial Statement Analysis：A Practitioner's Guide（Fourth Edition）

ISBN 978-7-300-23037-5

Ⅰ.①财…　Ⅱ.①马…②费…③刘…　Ⅲ.①会计报表-会计分析　Ⅳ.①F231.5

中国版本图书馆CIP数据核字（2016）第145828号

金融学译丛

财务报表分析（第四版）

马丁·弗里德森
费尔南多·阿尔瓦雷斯　著

刘婷　译

Caiwu Baobiao Fenxi

出版发行	中国人民大学出版社		
社　址	北京中关村大街31号	邮政编码	100080
电　话	010－62511242（总编室）		010－62511770（质管部）
	010－82501766（邮购部）		010－62514148（门市部）
	010－62515195（发行公司）		010－62515275（盗版举报）
网　址	http://www.crup.com.cn		
经　销	新华书店		
印　刷	涿州市星河印刷有限公司		
规　格	185 mm×260 mm　16开本	版　次	2016年6月第1版
印　张	19.5 插页1	印　次	2019年6月第5次印刷
字　数	376 000	定　价	46.00元